ΣBEST シグマベスト

高校入試 5科の

要点総仕上げ問題集

入試対策模擬テスト

● 実際の入試問題のつもりで，制限時間を守って取り組みましょう。

● テストを終えたら答え合わせをして，間違えたところやわからなかったところは必ず復習して，本番に備えましょう。

教 科	制限時間	学習日	得 点
社会（p.2～ p.5）	50分	月　　日	点
理科（p.6～ p.9）	50分	月　　日	点
数学（p.10～ p.13）	50分	月　　日	点
英語（p.14～ p.18）	50分	月　　日	点
国語（p.24～ p.19）	50分	月　　日	点

➡国語は p.24から始まります。
解答は，別冊の〈解答と解説〉に掲載されています。

文英堂

社会 入試対策模擬テスト

制限時間 50分　目標点 70点
解答 別冊 p.59

得点
／100点

1　次の問いに答えなさい。

(1)　下のグラフは，**地図１**中の**ア～エ**のいずれかの都市の気温と降水量を示したものである。あてはまる都市を１つ選び，記号で答えよ。

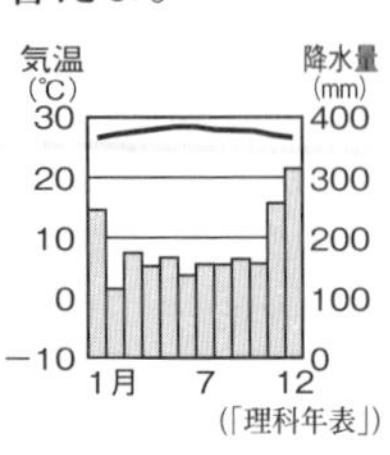

(「理科年表」)

地図1

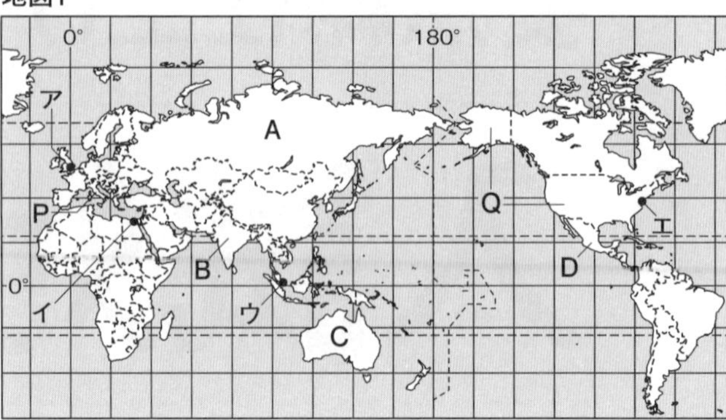

(2)　**地図１**中の長ぐつの形をした**Ｐ**国について述べた文として適切なものを次から１つ選び，記号で答えよ。

ア　この国の首都には，世界最小の国がある。

イ　この国の首都には，世界遺産に登録されているパルテノン神殿がある。

ウ　この国は，小麦などの穀物栽培(さいばい)と，家畜(かちく)の飼育を組み合わせた混合農業がさかんである。

(3)　**グラフ１**は，ある国の日本への輸出品目別割合を示している。あてはまる国を，**地図１**中の**Ａ～Ｄ**から１つ選び，記号と国名を書け。

グラフ1

液化天然ガス	石炭	鉄鉱石	その他
33.8%	26.8	14.1	25.3

(2020年)　(2021/22年版「日本国勢図会」)

(4)　東京が2021年の１月１日午前９時のとき，**地図１**中の**Ｑ**国の首都は，何年の何月何日何時か答えよ。(ただし，**Ｑ**国の首都の標準時は西経75度を基準にしている。)

(5)　次の文の空欄(くうらん)にあてはまる県名を書け。また，その県を**地図２**中の**ア～キ**から１つ選び，記号で答えよ。

> 日本海に面している［　　］は，さくらんぼの生産がさかんであり，2019年において，その生産量は47都道府県のうちもっとも多い。

地図2

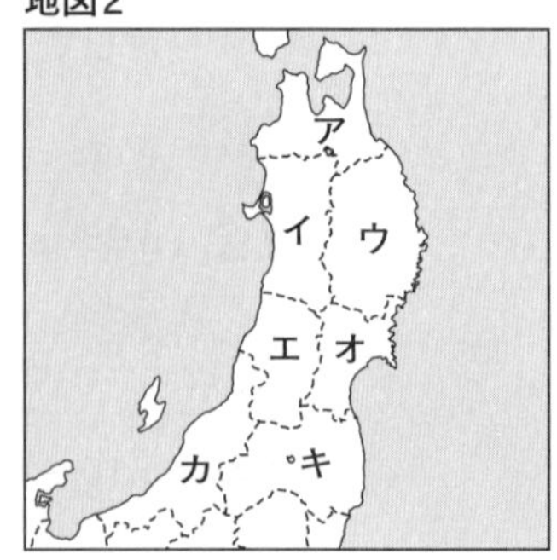

(6)　**グラフ２**は，日本の産業別人口の割合の推移を示したものである。**Ａ～Ｃ**にあてはまる数字を，それぞれ漢字で答えよ。

グラフ2

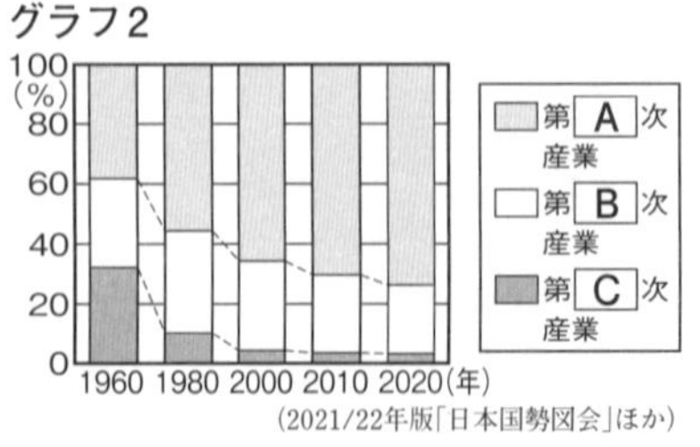

(2021/22年版「日本国勢図会」ほか)

((6)完答５点，他３点×７)

答	(1)		(2)		(3) 記号	国名	(4)	
	(5) 県名		記号		(6) A	B	C	

2 右の年表をみて，次の問いに答えなさい。

世紀	できごと	
7	中大兄皇子らが［ ① ］の改新とよばれる改革を行う	A
9	遣唐使が廃止される	B
14	［ ② ］が京都に幕府を開く	C
17	島原・天草一揆のあと，鎖国が完成する	D
18	田沼意次が老中となる	E

(1) ①，②にあてはまる語句や人名を答えよ。

(2) Bについて，このころの社会のようすを示した文として適切なものを次から1つ選び，記号で答えよ。

ア　慈照寺東求堂同仁斎にみられるような書院造の様式が生まれた。

イ　神話や伝承，記録などをもとに『古事記』や『日本書紀』がつくられた。

ウ　浄土真宗や日蓮宗など，新しい仏教の教えが広まった。

エ　仮名文字が発達し，これを用いて紀貫之らにより『古今和歌集』がつくられた。

(3) Dについて，右の地図中のXで示した藩について述べた文として適切なものを次から1つ選び，記号で答えよ。

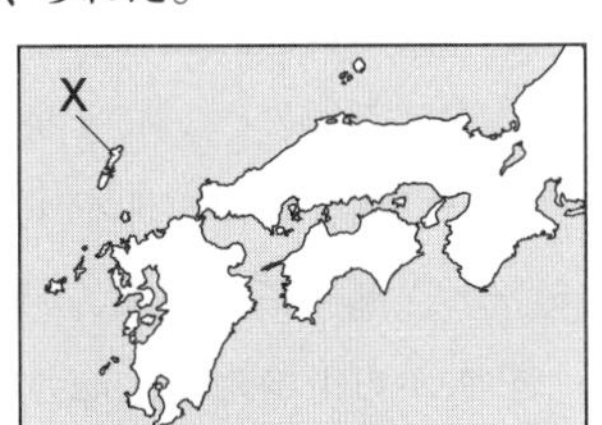

ア　オランダと中国とのみ貿易を行うことが認められた。

イ　朝鮮の釜山に設けられた倭館での貿易が認められた。

ウ　琉球王国を支配下において中国との貿易で利益を得た。

エ　アイヌの人々との取引の権利を独占して利益を得た。

(4) 下の絵の人物による改革が行われた時期は，年表中のどれか。次から1つ選び，記号で答えよ。また，この改革で行われた具体的な政策を，右のグラフを参考にして説明せよ。

幕府の領地における石高の推移

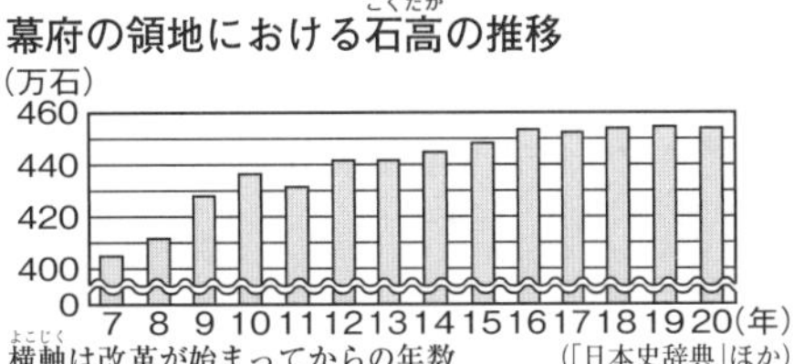

ア　AとBの間　　イ　CとDの間

ウ　DとEの間　　エ　E以後

徳川吉宗

（4点×6）

答	(1)	①	②	(2)		(3)	
	(4)	記号	政策				

3 右の表は，ある記事の見出しの一部である。これをみて，次の問いに答えなさい。

(1) 下線部①について，市場経済において，需要量と供給量が一致したときの価格を何というか答えよ。

(2) 下線部②について，日本では良好な環境を保つため，環境アセスメントが義務付けられている。環境アセスメントとは何か説明せよ。

- 海外進出した企業の①価格競争力は本物か
- 5分でわかる！「②環境アセスメント」
- ③政党政治の過去，現在，未来
- ④裁判員経験者の「⑤裁判に参加して生じた意識の変化」
- ⑥日本国憲法と国際法

(3) 下線部③について，次の日本の政党について述べた文の正誤の組み合わせとして適切なものをあとから１つ選び，記号で答えよ。

A 内閣を組織して政権を担う政党を野党という。
B 過半数の議席を獲得した政党のみが担う政権を連立政権という。

ア AもBも正しい。　イ Aは正しい。Bは誤り。
ウ Aは誤り。Bは正しい。　エ AもBも誤り。

(4) 下線部④について，日本の裁判員制度について述べた文として適切なものを次から１つ選び，記号で答えよ。

ア 裁判員が参加する裁判は，第一審と第二審である。
イ 裁判員制度は，民事裁判のみを対象とする。
ウ 裁判員は，国内で満18歳以上の人からくじで選ばれる。
エ 裁判員は，裁判官とともに話し合い，罪の有無や，有罪の場合は刑の内容を決める。

(5) 下線部⑤について，罪をおかした疑いのある者を被告人として裁判所に訴え，法廷では証拠にもとづいて被告人の有罪を主張し，刑罰を求めるなどのしごとを行う人を何というか答えよ。

(6) 下線部⑥について，日本国憲法の案が作成されたときのようすについて述べた文として適切なものを次から１つ選び，記号で答えよ。

ア 伊藤博文を中心としてドイツ(プロイセン)の憲法を参考にして作成された。
イ GHQから提示された案を基本として議会を通して作成された。
ウ サンフランシスコで48か国との調印をへて作成された。
エ アメリカの仲介によりポーツマスで作成された。

((2)６点，他４点×５)

答	(1)		(2)	
	(3)	(4)	(5)	(6)

4 神奈川県秦野市の近世以降の歴史や産業について調べた次の表をみて，あとの問いに答えなさい。

	おもな歴史	おもな産業のようす
近世	①豊臣秀吉の命により，徳川家康が関東に移り，現在の秦野市付近は小田原藩領などとなる。	たばこの栽培がさかんになる。
近代	1871年の②廃藩置県をへて，1876年に神奈川県に属することになり，1889年に秦野町ができる。	秦野木綿とよばれる木綿の製造がさかんになる。
現代	1963年に西秦野町と合併し，③現在の秦野市となる。	④秦野中井インターチェンジが開設され，新たな工業団地がつくられる。

(1) 下線部①の人物が行ったことについて述べた文として適切なものを次から１つ選び，記号で答えよ。

ア 倭寇を禁じ，明からあたえられた勘合という合い札の証明書を用いて，貿易を始めた。
イ 刀狩を行い，農民や寺から刀・弓・やり・鉄砲などの武器を取り上げた。
ウ 武士として初めて太政大臣となり，一族で高い官職を独占し，高い位についた。
エ 儒学を奨励したほか，極端な動物愛護令である生類憐みの令を出した。

(2) 次の文は，下線部②についてまとめた文である。X，Yにあてはまる語句や文を，あとから1つずつ選び，記号で答えよ。

新政府は近代国家をめざし，［ X ］化をすすめた。そのための政策として，版籍奉還で土地と人民を政府に返させた。これに続いて，新政府は廃藩置県により，藩を廃止して県をおき，［ Y ］

ア 社会主義　　イ 中央集権　　ウ 地方分権

エ 各府県に，府知事や県令を派遣した。

オ 住民による選挙で，各都道府県の知事を選ばせた。

カ 旧藩主を，そのまま地方の政治にあたらせた。

グラフ1
秦野市の令和3年度予算の歳入の内訳

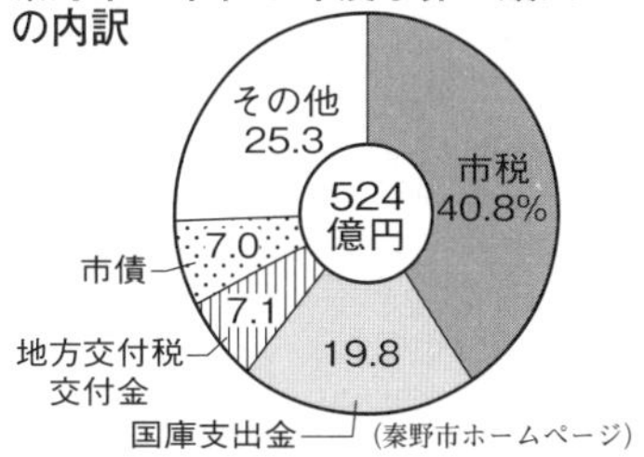

（秦野市ホームページ）

(3) 下線部③について，グラフ1中の国庫支出金について説明した文として適切なものを次から1つ選び，記号で答えよ。

ア 地方公共団体間の財源格差をならすために，国から配分されるものである。

イ 地方公共団体が集める地方独自の財源である。

ウ 地方公共団体の借金である。

エ 義務教育や道路整備など特定の費用の一部について，国から支給されるものである。

(4) 下線部④について，次のA，Bに答えよ。

A 1981年に秦野市内に高速道路のインターチェンジが開設されたことによる産業の変化で，グラフ2とグラフ3から読み取れる内容として誤っている文をあとから1つ選び，記号で答えよ。

グラフ2 秦野市における製造品出荷額の割合の変化

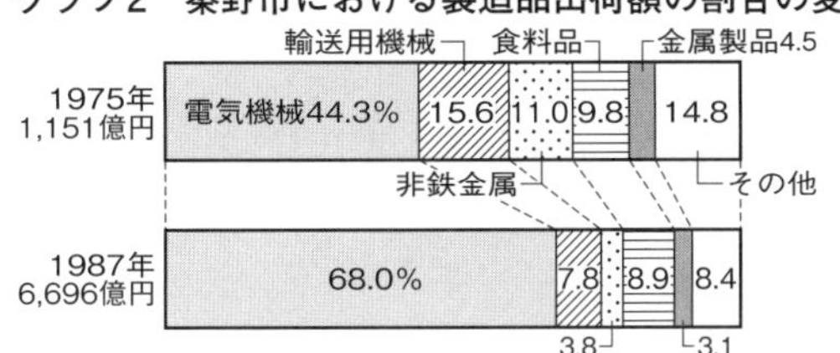

グラフ3 秦野市における産業別従業者数の変化

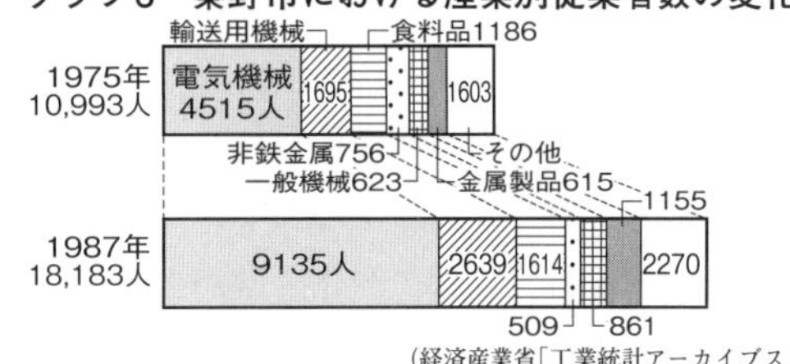

（経済産業省「工業統計アーカイブス」）

ア 1975年と87年をくらべると，食料品の製造品出荷額は2倍以上に増えている。

イ 1975年と87年をくらべると，従業者数の上位3位までの産業の順位は変わらない。

ウ 1987年の電気機械の製造品出荷額と従業者数は，どちらも全体の半分をこえている。

エ 1975年と87年をくらべると，輸送用機械の製造品出荷額は減少しているが従業者数は増えている。

B ある生徒が，工場，事業所などを誘致して産業発展をめざす秦野市の取り組みについて調べ，次のようにまとめた。空欄に共通してあてはまる語句を書け。

秦野市議会は，地方公共団体独自の法である［　　］を定めることで，市外からの企業誘致をする際に，固定資産税の課税を4年間免除するなど，さまざまな優遇措置を設けた。 ［　　］は，各地方公共団体が法律の範囲内で，自由に制定することができるため，それぞれの地域の特徴にそくしたものがつくられている。

（4点×6）

答	(1)		(2)	X	Y
	(3)		(4)	A	B

理科　入試対策模擬テスト

制限時間 50分　目標点 70点
解答 別冊 p.59

得点
/100点

1

夏休みの自由研究として，光合成のしくみを確かめるため，右の図のようなアサガオのふ入りの葉を使って次の操作で実験を行った。ただし，図中のaとbはふ入りの部分，cとdはふ入りでない部分である。

【実験】

操作①　晴れた日の午後，図の点線で囲まれた部分の葉の両面をアルミニウムはくでおおい，光が当たらないようにする。

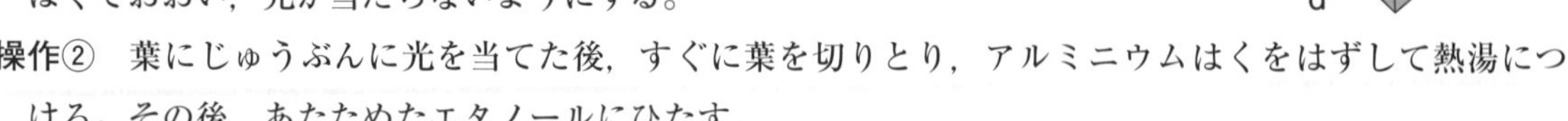

操作②　葉にじゅうぶんに光を当てた後，すぐに葉を切りとり，アルミニウムはくをはずして熱湯につける。その後，あたためたエタノールにひたす。

操作③　葉を水洗いし，薬品Aにひたし，葉が青紫色に染まるかどうかを調べる。

なお，**表1**は，あらかじめ実験結果を予想したもので，**表2**は，実際の実験結果をまとめたものである。

表1　実験結果の予想

	色の変化
a	変化しない
b	変化しない
c	変化しない
d	青紫色に染まる

表2　実験結果

	色の変化
a	変化しなかった
b	変化しなかった
c	青紫色に染まった
d	青紫色に染まった

(1)　光合成は，細胞の中のどの部分で行われるか。その名称を書け。

(2)　**操作②**で，あたためたエタノールに葉をひたす理由を簡単に書け。

(3)　**操作③**で使用した薬品Aは何か。また，葉が青紫色に染まるのは，何という物質によるか。それぞれの名称を書け。

(4)　**表2**の実験結果から確かめられたこととして適切なものを，次から選び，記号で答えよ。

ア　光合成を行うには光が必要である。
イ　光合成を行うには二酸化炭素が必要である。
ウ　光合成を行うには水が必要である。
エ　光合成が行われると酸素が発生する。
オ　光合成は葉の緑色の部分で行われる。

(5)　ふ入りでない部分cの実験結果は，予想と異なっている。異なる結果になった原因の正しい説明を，次から選び，記号で答えよ。

ア　操作①の前に，じゅうぶんな光が葉に当たっていたため予想と異なった。
イ　操作②で，当てた光の量が不足していたため予想と異なった。
ウ　操作②で，アルミニウムはくをはずした葉を熱湯につけた時間が短かったため予想と異なった。
エ　操作③で，葉を水洗いした時間が短かったため予想と異なった。

((2)6点，他3点×5)

答	(1)		(2)					
	(3)	薬品A		物質名	(4)		(5)	

2 水に電気を通したときに出てくる物質を確かめるために，うすい水酸化ナトリウム水溶液を用いて，実験Ⅰ，Ⅱを行った。

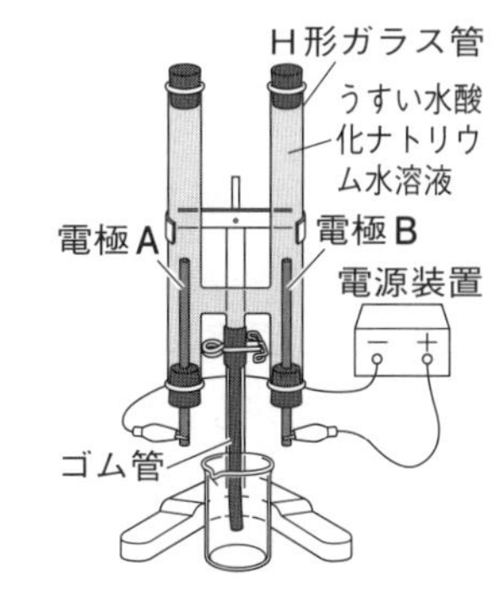

【実験Ⅰ】右の図のように，H形ガラス管の中に5.0%のうすい水酸化ナトリウム水溶液を入れ，電極A，Bに電源装置をつないで電気を通すと，電極Aから気体X，電極Bから気体Yがそれぞれ発生した。

【実験Ⅱ】気体が集まったら電源を切り，ゴム管を閉じて，気体の性質を調べた。気体Xに火のついたマッチを近づけると，音をたてて気体Xが燃えた。次に，気体Yに火のついた線香を入れると，線香が激しく燃えた。

(1) 実験Ⅰでは，純粋な水は電気を通しにくいため，水酸化ナトリウム水溶液を用いた。水酸化ナトリウム水溶液が電気を通しやすい理由について，次の文中の[①]，[②]にあてはまる語句をそれぞれ答えよ。

「水酸化ナトリウム水溶液が電気を通しやすいのは，水酸化ナトリウムの電離によって，ナトリウムイオンと[①]イオンが存在するためである。水酸化ナトリウムのように，水に溶かしたときに電気を通す物質を[②]という。」

(2) ナトリウムイオンのでき方について，次の文中の[　　]にあてはまるものを，あとのア〜エから選び，記号で答えよ。

「ナトリウムイオンは，ナトリウム原子1個が電子1個を[　　]を帯びている。」

ア　失い，全体として＋の電気　　　イ　受けとり，全体として＋の電気
ウ　失い，全体として−の電気　　　エ　受けとり，全体として−の電気

(3) 実験Ⅰでは，H形ガラス管の中に，下線部の水溶液が75cm^{3}入った。下線部の水溶液の密度を1.0g/cm^{3}とすると，この水溶液75cm^{3}の中に含まれる水酸化ナトリウムは何gか。答えは小数第2位を四捨五入して，小数第1位まで答えよ。

(4) 実験Ⅱの結果から，気体Xは何であるとわかるか。その名称を答えよ。

(5) 気体Yと同じ気体を発生させる方法として適切なものを，次から選び，記号で答えよ。

ア　石灰石にうすい塩酸を加える。
イ　亜鉛にうすい塩酸を加える。
ウ　塩化アンモニウムと水酸化カルシウムを混ぜ合わせて加熱する。
エ　二酸化マンガンにうすい過酸化水素水(オキシドール)を加える。

(6) 実験Ⅰで，電極Bから発生する気体Yの体積は，電極Aから発生する気体Xの体積の何倍か。適切なものを，次から選び，記号で答えよ。

ア　約$\frac{1}{3}$倍　　イ　約$\frac{1}{2}$倍　　ウ　約1倍　　エ　約2倍　　オ　約3倍

(7) 水に電気を通すと分解して気体Xと気体Yになる化学変化を，化学反応式で書け。

(8) 気体Xと気体Yから水ができるときに発生するエネルギーを，電気エネルギーとしてとり出す装置を何というか。

((7)5点，他3点×8)

答									
	(1)	①	②	(2)		(3)		(4)	
	(5)		(6)		(7)			(8)	

3

電熱線の発熱について調べるために，抵抗が4Ωの電熱線を1本または2本用いて図1～3のような回路をつくり，図1の回路を用いて〈実験Ⅰ〉を，図2の回路を用いて〈実験Ⅱ〉を，図3の回路を用いて〈実験Ⅲ〉を行った。図1～3の測定器a，bは，一方が電流計，もう一方が電圧計であり，回路に流れる電流と電熱線に加わる電圧の大きさを測定できるようにつながれている。いずれの実験でも，室温と同じ温度の同量の水を発泡ポリスチレンのカップに入れ，カップ内の水をゆっくりかき混ぜながら，電圧計が6Vを示すように電熱線に電圧を加えて10分間電流を流し，水の上昇温度を調べた。これらの実験では，電熱線の抵抗は温度によって変化しないものとし，電熱線から発生した熱はすべて水の温度上昇に使われたものとする。

図1

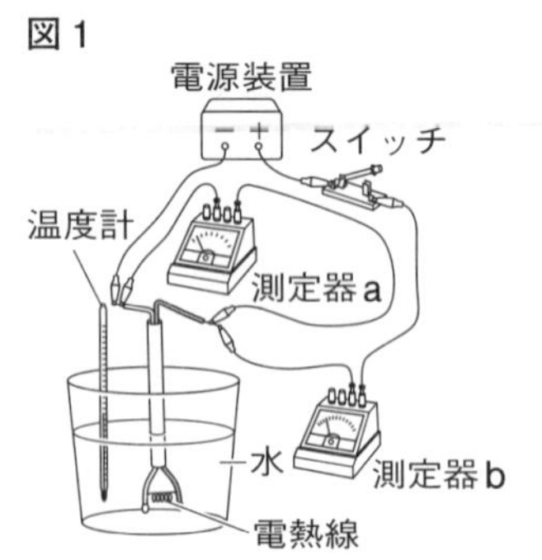

図2

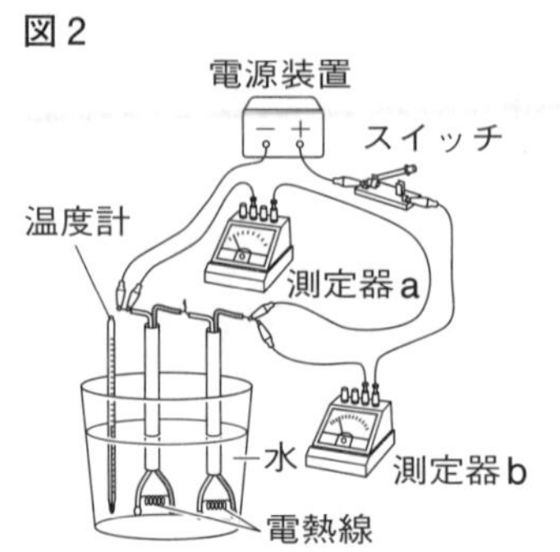

図3

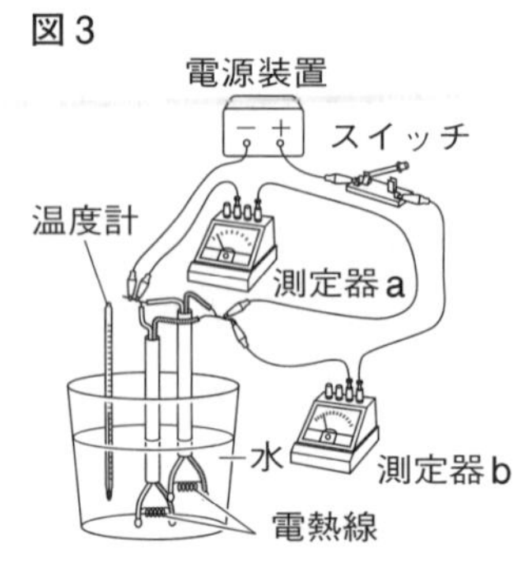

(1) 図4は，電流計の一部を表したものである。図1～3において，電流計は測定器a，bのどちらか。また，図4の3つの−端子のうち，回路に流れる電流の大きさが予想できないときに最初につなぐ端子はどれか。最も適切な組み合わせを，次の表から選び，記号で答えよ。

図4

−端子

50mA 500mA 5A +

A

	電流計	−端子
ア	測定器a	50mAの端子
イ	測定器a	500mAの端子
ウ	測定器a	5Aの端子

	電流計	−端子
エ	測定器b	50mAの端子
オ	測定器b	500mAの端子
カ	測定器b	5Aの端子

(2) 〈実験Ⅰ〉において，10分間電流を流したとき，電熱線から発生した熱量は何Jか。

(3) 〈実験Ⅰ〉～〈実験Ⅲ〉において，それぞれ10分間電流を流したとき，水の上昇温度が大きいものから順に並びかえ，次のア～ウの記号で答えよ。

ア 実験Ⅰ　　イ 実験Ⅱ　　ウ 実験Ⅲ

((3)8点，他6点×2)

答	(1)		(2)		(3)	→ →

4

天体について，次の問いに答えなさい。

(1) 次の文は，太陽系の惑星について述べようとしたものである。

「太陽系には8つの惑星があり，主に岩石からできている［P］型惑星と，厚いガスや氷におおわれている［Q］型惑星の2つのグループにわけられる。［P］型惑星は，［Q］型惑星に比べて，大きさ・質量は［R］，密度は［S］。」

① 文中の[P], [Q]にあてはまる惑星名をそれぞれ答えよ。

② 文中の[R], [S]にあてはまる語句の組み合わせとして最も適切なものを，次から選び，記号で答えよ。

ア R…大きく S…大きい

イ R…大きく S…小さい

ウ R…小さく S…大きい

エ R…小さく S…小さい

(2) 太陽系には，惑星以外にもさまざまな天体がある。月のように，惑星のまわりを公転している天体は，一般に何とよばれるか。

(3) 右の図1は，北半球のある場所で，2月上旬のある日の21時ごろに見えるオリオン座の位置を示したものである。次の文は，同じ場所で，1か月後の同じ時刻に観察したときに見えるオリオン座の位置について述べようとしたものである。文中の①，②の{ }から適切な語句を，それぞれ選び，記号で答えよ。

「オリオン座は，図1中の①{ア Aの向き イ Bの向き}に，②{ウ 約15° エ 約30°}移動した位置に見える。」

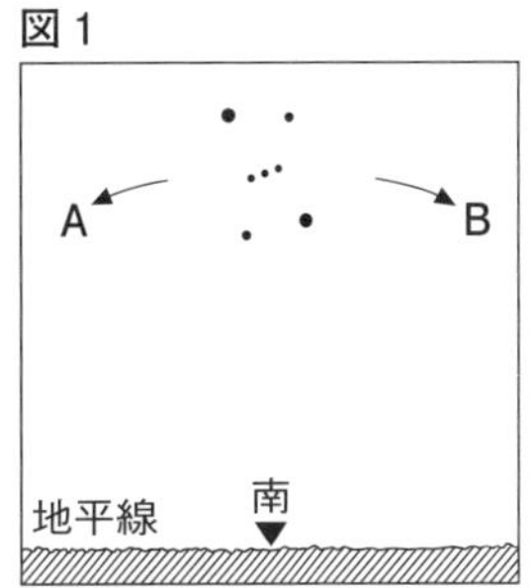

(4) 右の図2は，ある日の太陽と金星と地球の位置関係の模式図である。地球は太陽のまわりを1年で1回公転する。それに対して，金星は約0.62年で1回公転する。次の文は，図2に示した位置関係にある日から，金星が太陽のまわりを1回公転したときに，日本のある地点から，金星がいつごろ，どの方向に見えるかを述べようとしたものである。文中の①，②の{ }から適切な語句を，それぞれ選び，記号で答えよ。

「金星は，①{ア 日の出直前 イ 真夜中 ウ 日の入り直後}に，②{エ 東 オ 天頂付近 カ 西 キ 北}の空に見える。」

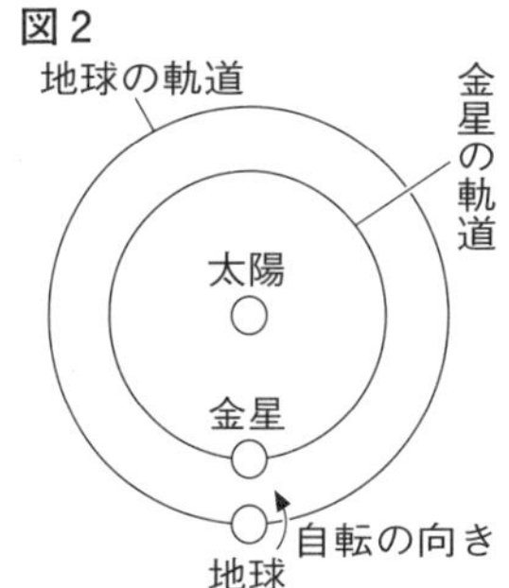

(5) 右の図3は，地球を基準とした，太陽と金星の位置関係の模式図である。また，下の図4は，図3中のXの位置にある金星を天体望遠鏡で観察したときのスケッチである。図3中のY，Zの位置にある金星を，同じ倍率にした天体望遠鏡で観察したときのスケッチは，下の図5中のア～カのうちのどれか。最も適切なものを，それぞれ選び，記号で答えよ。

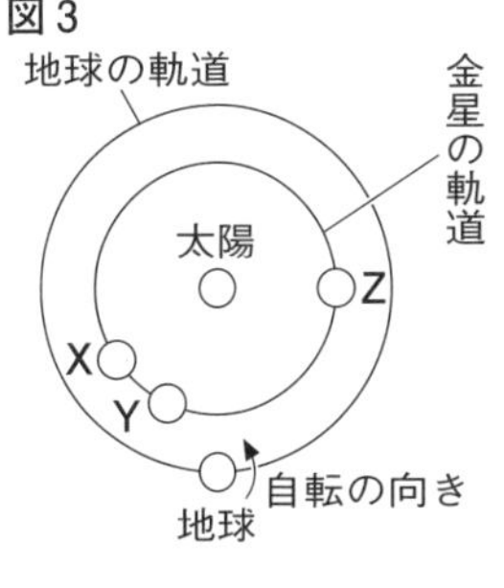

図4と図5のスケッチは，肉眼で見たときのように上下左右の向きを直してある。

（3点×10）

答	(1)	①P	Q		②		(2)	
	(3)	①	②	(4)	①	②	(5)	Y	Z

数学 入試対策模擬テスト

制限時間 50分　目標点 70点
解答 別冊 p.60

得点
/100点

1 次の問いに答えなさい。

(1) 次の計算をしなさい。

ア　$(-2)^2+5\times(-7)$　　イ　$\dfrac{3}{2}x-6y-\dfrac{1}{4}(3x-8y)$

ウ　$\sqrt{2}(\sqrt{18}-2)+\dfrac{4}{\sqrt{2}}$

(2) $(x+1)(x-7)-20$ を因数分解しなさい。

(3) $x=\sqrt{2}$，$y=\sqrt{3}-\sqrt{2}$ のとき，x^2+xy の式の値を求めなさい。

(4) 右の図で，$\angle x$ の大きさを求めなさい。

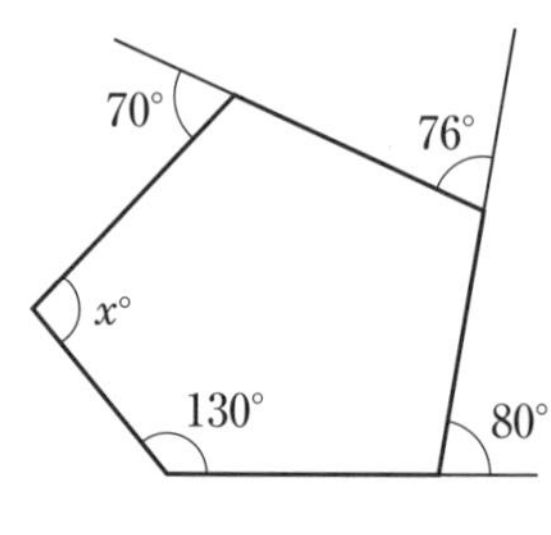

（2点×6）

答	(1)	ア		イ		ウ	
	(2)		(3)		(4)		

2 ある家庭では，昨年1月の電気代と水道代の1日当たりの合計額は530円だった。その後，家族で節電・節水を心がけたため，今年1月の1日当たりの額は，昨年1月と比較して電気代は15%，水道代は10%減り，1日当たりの合計額は460円となった。

次の問いに答えなさい。

(1) 昨年1月の1日当たりの電気代と水道代をそれぞれ x 円，y 円として，連立方程式をつくった。
［ア］と［イ］にあてはまる数式を書きなさい。

［　　　ア　　　］$=530$
［　　　イ　　　］$=460$

(2) 昨年1月の1日当たりの電気代と水道代はそれぞれ何円か，求めなさい。

（4点×2）

答	(1)	ア	イ
	(2)	電気代	，水道代

3 右の図のように，袋の中に1，2，3，4の数字が1つずつ書かれた4個の白玉と，5，6の数字が1つずつ書かれた2個の黒玉が入っている。このとき，次の問いに答えなさい。

(1) この袋から同時に2個の玉を取り出すとき，取り出した玉が2個とも白玉となる確率を求めなさい。

(2) この袋から同時に2個の玉を取り出すとき，取り出した玉に書かれた数の和が6以上となる確率を求めなさい。

（5点×2）

答	(1)		(2)	

4 右の図のように，∠ABC＝60°，∠ACB＝90°の△ABCがある。点Pを，∠APB＝90°となるようにとる。

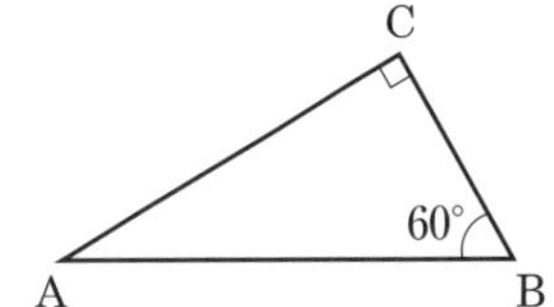

(1) 4点A，B，C，Pは同じ円の周上にある。この円の中心Oを，定規とコンパスを使って解答欄に作図しなさい。ただし，点Oを表す文字Oも書き，作図に用いた線は消さないこと。

(2) 点Pが直線BCについて点Aと同じ側にあるとき，∠BPCの大きさを求めなさい。

（7点×2）

答		
	(1)	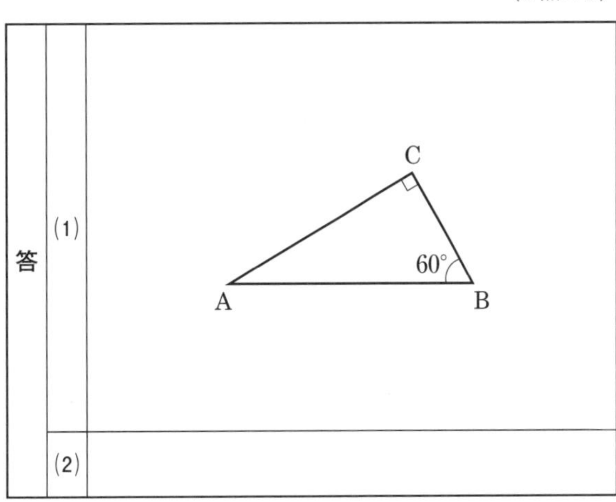
	(2)	

5 右の図のように，∠BAC＝30°，∠ACB＝90°，BC＝6cm の△ABC がある。辺 AB 上に点 O をとり，点 O を中心とする円が，辺 AC と点 D で接している。また，円 O と辺 AB の交点を，A に近い方から順に E，F とする。

このとき，△ABC∽△FED であることを証明しなさい。

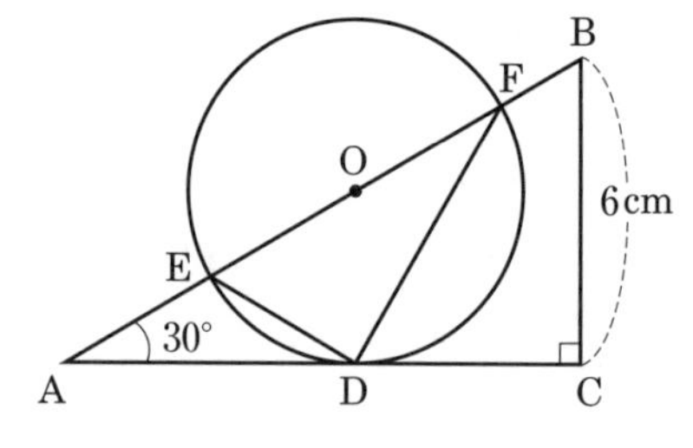

（8点）

6 右の図のように，関数 $y=x^2$ のグラフ…①と関数 $y=-\frac{1}{3}x^2$ のグラフ…②がある。

x 座標が a である点 A を x 軸(じく)上にとり，点 A を通り，x 軸に垂直な直線と①，②との交点をそれぞれ B，C とする。また，点 B，C と y 軸について対称(たいしょう)な点をそれぞれ D，E とする。

このとき，次の問いに答えなさい。ただし，$a>0$ とする。

(1) 関数 $y=x^2$ について，x の変域が $-a\leqq x\leqq a$ で，y の変域が $0\leqq y\leqq 16$ のとき，a の値を求めなさい。

(2) 四角形 BDEC が正方形になるとき，a の値を求めなさい。

(3) 点 A と点 (0, 12) を通る直線が，四角形 BDEC の面積を 2 等分するとき，a の値を求めなさい。また，この直線の式を求めなさい。

（(2) 6点，他5点×3）

答				
	(1)		(2)	
	(3)	a の値		直線の式

7 右の図のように，△ABC があり，BC の中点を D，AD の中点を E とする。さらに，点 D を通り直線 AC に平行な直線と直線 BE との交点を F，直線 AC と直線 BE との交点を G とする。

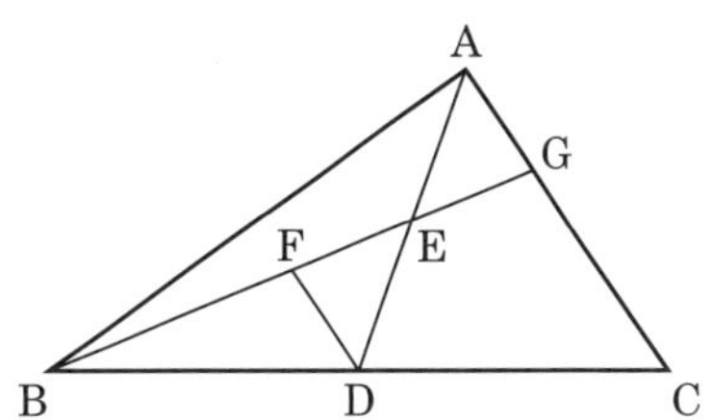

このとき，次の問いに答えなさい。

(1) △AEG≡△DEF であることを証明しなさい。

(2) ∠BAC＝90°，AB＝2cm，BC＝$\sqrt{6}$cm とする。また，点 A から直線 BC に垂線をひき，BC との交点を H とする。

このとき，次の問いに答えなさい。

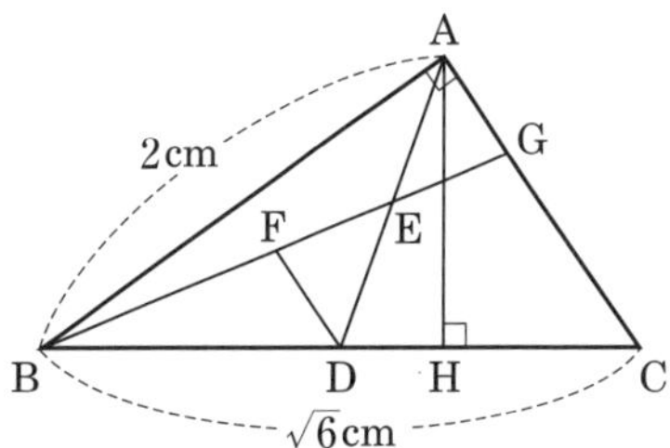

(ア) AC の長さを求めなさい。

(イ) AH の長さを求めなさい。

(ウ) △ABC の面積を S_1，△AHC の面積を S_2 とするとき，$S_1 : S_2$ を最も簡単な整数の比で表しなさい。

(エ) 右の図のように，△ABC の頂点 A，B，C を通る円があり，直線 AD と円との交点で A と異なる点を I，直線 AH と円との交点で A と異なる点を J とする。
このとき，四角形 BIJC の面積を求めなさい。

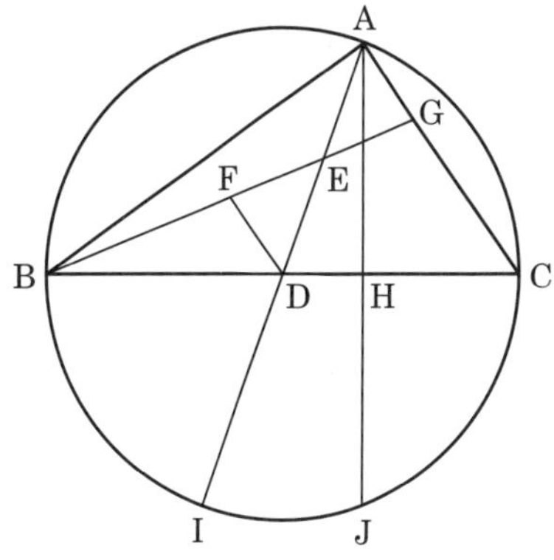

((1) 7 点，(2) 5 点× 4)

<table>
<tr><td rowspan="3">答</td><td>(1)</td><td colspan="4"></td></tr>
<tr><td rowspan="2">(2)</td><td>(ア)</td><td></td><td>(イ)</td><td></td></tr>
<tr><td>(ウ)</td><td></td><td>(エ)</td><td></td></tr>
</table>

英語 入試対策模擬テスト

制限時間 50分　目標点 70点
解答 別冊 p.61

得点
/100点

1 次の(1)～(3)の問い に答えなさい。

(1) 次の英文はある英単語の意味を説明したものです。(　　)内に入れるのに適当な語を書きなさい。

① (　　　) is the season between spring and fall. It is the hottest season in Japan.

② A (　　　) is a person you go to see when you are sick or injured. He / She is in a hospital.

③ (　　　) is the meal which you have in the morning.

④ (　　　) is the color of snow or milk.

(2) 次の英文の(　　)内に入れるのに最も適当な語句を1つずつ選び，記号で答えなさい。

① Takashi (　　　) happy when he plays baseball.
　ア sees　イ looks　ウ watches　エ makes

② Every child (　　　) a different dream.
　ア having　イ are having　ウ have　エ has

③ This machine (　　　) by many people in the future.
　ア will be used　イ use　ウ uses　エ is using

④ My father has been washing his car (　　　) this morning.
　ア at　イ since　ウ in　エ for

(3) 次の対話文の意味が通るように，(　　)内に適当な語を書きなさい。ただし，与(あた)えられた文字で書き始めること。

① A: I'm going to buy some potatoes and eggs. Shall I buy some milk, too?
　B: No, thank you. I bought milk yesterday, so you don't (h　　　) to buy it.

② A: Let's go.
　B: Wait. There is a bag here. (W　　　) bag is this?
　A: Oh, it's mine. Thank you for telling me.

③ A: Yumi, you did a good job.
　B: Thank you, Mom.
　A: I can't believe that you have become the best player in your team.
　B: I can't believe it, (e　　　). I'm really happy now.

(2点×11)

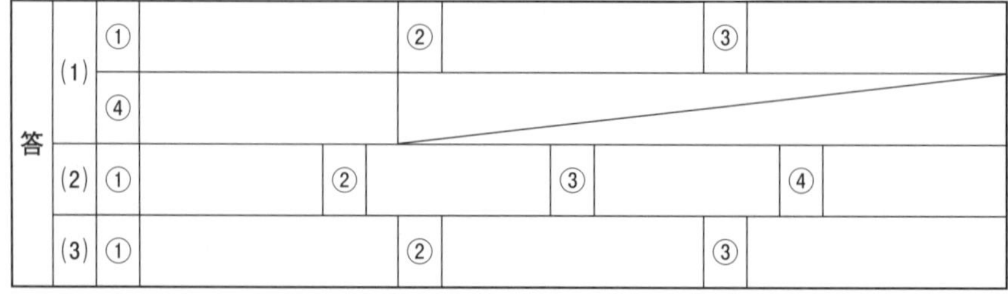

答								
(1)	①		②		③			
(1)	④							
(2)	①		②		③		④	
(3)	①		②		③			

2 日本文に合う英文になるように，(　　)内に適当な語を書きなさい。

(1) ここでうるさくしてはいけません。　You (　　　　　) be noisy here.

(2) 私たちは沖縄を訪れるのを楽しみにしています。

We are looking forward (　　　　　) (　　　　　) Okinawa.

(3) 英語が好きな生徒もいれば，音楽が好きな生徒もいます。

(　　　　　) students like English, (　　　　　) like music.

（2点×3）

答	(1)		(2)		
	(3)				

3 次の各組の文がほぼ同じ意味を表すように，(　　)内に適当な語を書きなさい。

(1) He is the tallest boy in his class.
He is taller (　　　　　) (　　　　　) other boy in his class.

(2) The watch was too expensive for him to buy.
The watch was (　　　　　) expensive (　　　　　) he couldn't buy it.

(3) If you leave early, you'll catch the train.
(　　　　　) (　　　　　), (　　　　　) you'll catch the train.

（3点×3）

答	(1)			(2)		
	(3)					

4 日本文に合う英文になるように，(　　)内の語句を正しい順序に並べかえ，英文を完成しなさい。

(1) 私は彼がなぜ学校を休んだのか知りません。

I don't (from / was / why / he / absent / know) school.

(2) 日本車は世界中で使われています。

(in Japan / are / all / used / made / over / cars) the world.

(3) もし私がネコなら，1日中眠(ねむ)るのに。

(were / sleep / if / would / I / I / a cat / ,) all day.

（3点×3）

答		
	(1)	I don't　　　　　　　　　　　　　　school.
	(2)	the world.
	(3)	all day.

5 次の英文は，中学生の有紀(Yuki)と，彼女の家にホームステイをしているスイスからの留学生サラ(Sara)との対話の一部です。これを読んで，あとの⑴～⑶の問いに答えなさい。

Yuki: Good morning, Sara! What are we going to do today?

Sara: Hi, Yuki. I want to go shopping to buy a Japanese watch for my father.

Yuki: Is your father interested in Japanese watches? I think the watches made in your country are the most famous in the world.

Sara: I think <u>so</u>. But Japanese watches are also popular in my country.

Yuki: Really? I didn't know that. Well, I know a nice watch shop. Let's go there.

Sara: Oh, thank you. How do we go there?

Yuki: By bus. Have you ever taken buses in Japan?

Sara: No. I haven't taken them yet, but I have [　　　] them before. They are interesting because they have many colors!

Yuki: Many colors?

Sara: In my country, *almost all the buses are yellow. We call them "*postbuses." Our *postboxes are yellow and postbuses are also yellow. You may think buses carry only people, but postbuses carry both people and letters.

Yuki: That's interesting!

Sara: Postbuses go to many places, even to the mountains, to carry letters. If we take them, we can go to the villages in the mountains easily.

Yuki: I see. The postbuses really help many people in your country, right?

Sara: That's right. People from foreign countries can take them, too.

Yuki: Really? I want to ride a postbus!

(注) almost all　ほとんどすべての　　postbus　ポストバス　　postbox　郵便ポスト

⑴ 次の文が下線部の内容を表すように，(　　)に適当な日本語を入れなさい。

　スイス製の腕時計(うでどけい)は(　　　　　　　　　　　　　　)ということ。

⑵ 本文中の[　　　]に入れるものとして，最も適当なものはどれですか。記号で答えなさい。

　ア carried　　イ seen　　ウ helped　　エ made

⑶ 次の英文が本文の内容に合うように，①，②それぞれの(　　)内に指定された文字で始まる適当な英語を1語ずつ書きなさい。

In Sara's country, many people use postbuses. The postbuses and the postboxes are the ①(s　　　) color. The postbuses are very ②(u　　　) to many people who go around the country.

(4点×4)

答	⑴					
	⑵		⑶	①		②

6 次の英文を読んで，あとの(1)～(8)の問いに答えなさい。

Haruto is a junior high school student. One day at school Haruto and his classmates were studying about a city life. Their teacher asked, "Do you want to live in a city or in *the country?" Haruto answered, "I want to live in the country," but many other students didn't ①[　　] him. Shin, Haruto's friend, said, "In Tokyo, there are many shops, so ②it is easy to buy my favorite things. We can see famous people, too. Big cities have everything." Then their teacher asked, "Can you find any good things about the country? Try to find out."

At night Haruto told his father about the thing he studied in his class. Haruto's father said, "Why don't you visit your *grandfather Riku with Shin? He lives in the country. You can show Shin some good things there. Well, I have to work this weekend, so I can't take you to Riku's house." Then Haruto asked, "③[　　]" His father answered, "You can go there by train."

Haruto left his house with Shin on Saturday morning. Four hours later they arrived at the station near Riku's house. When Haruto and Shin were walking along a road, they saw a lot of *golden *ears of rice in front of them. Shin said, "How beautiful!" Haruto said, "Look! My grandfather Riku is working over there." Haruto and Shin ran to him.

Just then, a strong *wind came and the ears of rice *waved like the sea. Haruto said, "This is like a beautiful golden sea." Riku said, "You're right. Listen! The sound made by the wind and the ears of rice is like ④wonderful music to me." Shin said, "Oh, I see." Riku said, "Well, it's almost noon. Let's have lunch together." Haruto and Shin said, "Thank you. We are very hungry."

They all enjoyed lunch at Riku's house. Shin said, "This *rice ball is really good." Riku said with a smile, "Thank you. I *grew rice myself. ⑤[　　] But I love my life with rice." Shin said, "Cool!" They enjoyed talking about the country for a long time. Haruto and Shin left Riku's house at three in the afternoon.

When Haruto and Shin were on a train to their city, Shin said, "I want to grow rice myself." Haruto was ⑥[　　] and said, "What? Do you want to live in the country?" He answered, "Yes, I found some good things about the country. They are the golden sea, the wonderful music, and your grandfather's smile. We can't get them in a city."

(注) the country 田舎　grandfather 祖父　golden 金色の　ears of rice 稲穂(いなほ)
wind 風　wave 揺(ゆ)れる　rice ball おにぎり　grew grow(育てる)の過去形

(1) ①の[　　]内にあてはまるものは，本文の内容からみて，次のア～エのうちのどれですか。最も適当なものを 1 つ選び，記号で答えなさい。

ア wish for　イ agree with　ウ stay at　エ come from

(2) 下線部②のitがさしているのはどのようなことがらですか。日本語で書きなさい。

(3) ③の[　　]内には，陽翔(はると)の質問が入ります。本文の内容を参考にして，その質問を 5 語以上の英文 1 文で書きなさい。ただし，疑問符(ぎもんふ)，コンマなどの符号は語として数えません。

(4) 下線部④に wonderful music to me とあるが，陸(りく)がすばらしい音楽にたとえているものは何ですか。日本語で書きなさい。

(5) ⑤の［　　］内にあてはまるものは，本文の内容からみて，次のア～エのうちのどれですか。最も適当なものを 1 つ選び，記号で答えなさい。

ア Taking care of rice is not easy.　　イ Listening to music is not exciting.

ウ Giving water to rice isn't difficult.　　エ Walking along a road is not interesting.

(6) ⑥の［　　］内にあてはまる語は，本文の内容からみて，次のア～エのうちのどれですか。最も適当なものを 1 つ選び，記号で答えなさい。

ア boring　　イ wrong　　ウ surprised　　エ sorry

(7) 次の(a)，(b)の質問に対する答えを，本文の内容に合うように，それぞれ 3 語以上の英文 1 文で書きなさい。ただし，ピリオド，コンマなどの符号は語として数えません。

(a) How long did it take from Haruto's house to the station near Riku's house?

(b) Did Shin find the answer to his teacher's question?

(8) 次のア～カのうちから，本文中で述べられている内容に合っているものを 2 つ選び，記号で答えなさい。

ア When Haruto and his classmates studied about a city life, Haruto said, "Big cities have everything."

イ Haruto's father told Haruto to go to Riku's house with Shin to show him some good things about the country.

ウ When Haruto and Shin arrived at the station near Riku's house, Riku was waiting for them there.

エ Haruto and Shin were very hungry, but they couldn't have lunch until three in the afternoon.

オ Riku told Haruto and Shin to have lunch with him at his house, and they enjoyed lunch very much.

カ Haruto and Shin stayed at Riku's house until midnight because they had a good time together.

((1)(6) 3 点× 2，(2)～(5)(7)(8) 4 点× 8)

答						
(1)		(2)				
(3)						
(4)		(5)		(6)		
(7)	(a)					
	(b)					
(8)						

B

人[a]はおのれをつづまやかにし[＊1]、奢(おご)り[＊2]を退けて、財(たから)を持たず、世をむさぼらざらんぞ[＊3]、いみじかるべき[＊4]。昔より、賢き人[b]の富めるは稀(まれ)なり。唐土(もろこし)に許由(きょゆう)と言ひつる人[c]は、さらに身にしたがへるたくはへもなくて、水をも手して捧(ささ)げて飲みけるを②見て、なりひさこ[＊5]といふ物を人[d]の得させたりければ、ある時、木の枝にかけたりけるが、風にふかれて鳴りけるを、③かしかましとて捨てつ。また手にむすびて[＊6]ぞ水を飲みける。④いかばかり心のうち涼(すず)しかりけん。

(『徒然草(つれづれぐさ)』より)

＊1　つづまやかに＝質素に。
＊2　奢り＝ぜいたく。
＊3　世をむさぼる＝俗世間の名誉や利益をむやみに欲しがる。
＊4　いみじ＝立派である。
＊5　なりひさこ＝瓢箪(ひょうたん)。
＊6　むすぶ＝(手のひらで)すくう。

問一　漢文Aの――線①「得以操飲。」が【書き下し文】の読みになるように返り点をつけた。正しいものを次から一つ選び、記号で答えなさい。

ア　得ㇾ以操ㇾ飲。
イ　得ㇾ以ㇾ操飲。
ウ　得二以操一飲。
エ　得二以操飲一。

問二　古文Bの――線②「見て」の主語として最も適当なものを、文章中の‖線a～dから一つ選び、記号で答えなさい。

問三　古文Bの――線③「かしかまし」の意味を、漢文Aの【現代語訳】の中から、五字以内で抜き出しなさい。

問四　古文Bの――線④「いかばかり心のうち涼しかりけん。」の意味として、最も適当なものを次から一つ選び、記号で答えなさい。

ア　瓢箪を捨てた許由は、どんなにすがすがしかったことだろう。
イ　風で鳴る瓢箪の音は、どんなに澄んで美しかったことだろう。
ウ　許由に瓢箪を贈った人は、どんなに悲しかったことだろう。
エ　許由が手ですくった水は、どんなに冷たかったことだろう。

問五　漢文Aに書かれた故事は、古文Bの中で、作者のどのような主張を述べるための例として用いられているか。文末が「～という主張。」で終わるように、わかりやすく書きなさい。

答		
一	四	五
二		
三		

(5点×5)

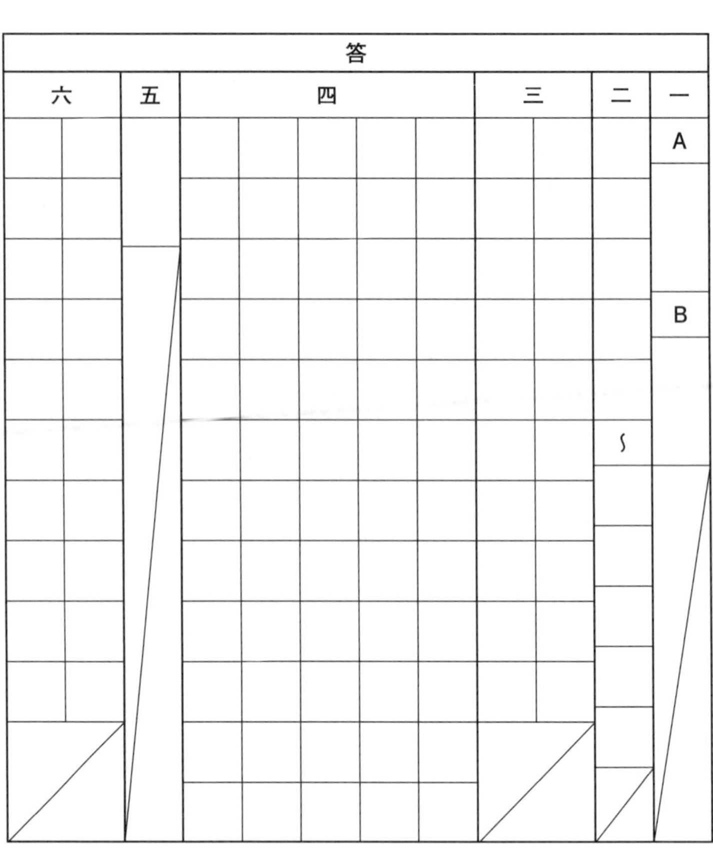

（問一 4点×2、問二・三 5点、問四 7点、問五 5点、問六 7点）

3 次の文章は、中国の故事について書かれた漢文Aと、その内容を例として用いた日本の古文Bである。二つの文章を読んで、あとの問いに答えなさい。

A

許由隠箕山、無盃器。以手捧水飲之。人遺一瓢、①得以操飲。飲訖掛於木上、風吹瀝瀝有声。由以為煩、遂去之。

（『蒙求』より）

【書き下し文】

許由、箕山に隠れ、盃器無し。手を以て水を捧げて之を飲む。人一瓢を遺り、以て操りて飲むことを得たり。飲み訖はりて木の上に掛くるに、風吹き瀝瀝として声有り。由以て煩はしと為し、遂に之を去る。

【現代語訳】

許由は、世間を避けて箕山に隠れ暮らしていた。水を汲む入れ物を持っていないので、手で水をすくって飲んだ。ある人が見かねて、水を入れる瓢箪を一つ贈った。彼はこれで水を汲み、飲むことができた。飲み終わって、それを木の上に掛けておいたところ、風が吹いてころころという音を立てた。許由はうるさいと思い、すぐにそのまま、それを捨てた。

のとなっており、次の日には、それは、あって当然の存在、となってしまう。コンピュータがもたらす快適さや便利さを、私たちはとうてい捨てることはできないのである。

[B]、他方で、対象と私たちの間に、⑤コンピュータが媒介〈メディア〉として介入することで、何か、が失われることもまた確かなことである。失われるのは、世界の物質性と身体との直接的接触なのだろうか。それとも、音を時間を超えて保存するという驚異、光景を空間を超えて保存するという驚異なのだろうか。

例えば、インターネット上で、文字、図像などの情報を見たり聞いたりするというのは、実は私のコンピュータのメモリ上に、オリジナル情報の複製を瞬時に作っている、ということを意味している。このように〈物質〉から離れた〈デジタル〉情報は、私によって〈所有〉されるというよりは、あらゆる人に〈共有〉されるものである。

物質であれば、ここにある、ということは、その他の場所にはない、ということを意味する。私が所有する〈本〉は、私との一体感、私の所有感を満たす。物質からデジタル情報への変化は、〈偏在から遍在へ〉、〈所有から共有へ〉、という実に大きな変化をもたらすのだといえるのだろう。私のモノ〈例えば、アールデコ[*4]時代の美しい書籍、中世の手写本〉への愛着、あるいは執着は、デジタル情報に対しては、発生しようのない種類のものであるのだろう。

（黒崎政男（くろさきまさお）『哲学者クロサキの哲学する骨董（こっとう）』より）

＊1　ブラックボックス＝使い方はわかるが、原理がわからない装置。
＊2　タイプライター＝指で鍵盤をたたいて文字を紙に印字する機械。
＊3　ctrl＋C、M＋Q＝キーボード上の操作。
＊4　アールデコ＝二十世紀はじめ、フランスを中心に流行した装飾様式で、実用的で、単純・直線的なデザインを特徴とする。

問一　[A]、[B]にあてはまる言葉として最も適当なものを、次から一つずつ選び、記号で答えなさい。

ア　むしろ　　イ　ましてや　　ウ　だが
エ　つまり　　オ　それとも

問二　――線①とあるが、その内容を具体的に説明している一文を文章中から抜き出し、最初と最後の五字を書きなさい。

問三　――線②は、どのようなことについて述べているか。具体的に表している部分を、文章中から二十字以内で抜き出しなさい。

問四　――線③のように言えるのはなぜか。その理由を、文章中の言葉を使って、六十字以内で書きなさい。

問五　――線④について、筆者がこのように考える理由として最も適当なものを次から一つ選び、記号で答えなさい。

ア　コンピュータがもたらす効率性や便利さは、現代社会を発展させ、豊かな人生に不可欠なものであると言えるから。
イ　コンピュータがもたらす効率性や便利さは、初めは不要に思えても、次第に快適で不可欠なものに思えてくるから。
ウ　コンピュータをはじめとする科学技術の便利さは、私たちを怠惰な生活へと導く危険なものであると言えるから。
エ　コンピュータをはじめとする科学技術によってもたらされる豊かな生活を、私たちは進んで享受しているから。

問六　――線⑤とあるが、筆者の場合、何が失われると述べているか。文章中の言葉を使って、二十字以内で書きなさい。

答							
一			二	三	四	五	六
a	b	c					60

（問一 3点×3、問二〜問四5点、問五・六7点）

2 次の文章を読んで、あとの問いに答えなさい。

二十一世紀の今日、文字、音、写真、図像、動画などの〈表現〉は、デジタルテクノロジーによって、0と1の集合という形の情報に還元された、といえる。［A］、①文字も絵も音も、すべて一台のコンピュータで扱うことができるようになった。オーディオに特有の、写真に特有の、文字・図像に特有の、これまで見てきたような各々に固有の原理と装置は、労苦と喜びは、すべて、コンピュータというブラックボックス[*1]の中に吸収された、ということだ。

コンピュータというマシンは一台で、オーディオ録音再生装置でもあり、写真撮影焼き付け装置でもあり、写真アルバムでもあり、画像発生処理装置でもあり、タイプライター[*2]でもあり、電話機でもある。音を鳴らすとはどういうことか、写真を撮るとはどういうことか、絵を描くとはどういうことか。これらは、コンピュータでは、すべて規約的に約束事として決められたスイッチ、つまり、キーボード上のいくつかのボタンを押すことに還元される。

情報を複製するスイッチは、例えば、ctrl＋C[*3]であり、保存するスイッチは、例えばSであり、音楽を再生するスイッチは、例えば、M[*]＋Qかもしれないが、それらは完全に②人為的な規約、約束事であり、現象とそのスイッチの間には、内的な、あるいは有縁的な関係は一切ない。だから、デジタル生活においては、複製をコンピュータ上でどうやってするかが分からないときに、③複製とはそもそも何か、という根源に立ち返って考えてみても、なんの役にも立たない。一番重要なのは、知っている人に聞くか、マニュアルを見るか、のどちらかである。

つまり、さまざまなテクノロジーがどのような原理で成立しているか、という内的な構造は、すべてコンピュータというブラックボックスの中に吸収されたので、人間はただ、したいと思うことを命令すればよい。原理を知らなくても、命令の言葉を知っていれば、事足りる、ということである。クリック一つで、すべてを自在に扱うことができるし、諸〈表現〉諸〈動作〉の間の交流・複合もなんら困難を伴わない。なんという徹底した効率性だろう。なんという画期的な出来事だろうか。

④私たちは、便利さや効率性や速度の幻惑には徹底的に弱い存在である。こんな速さは必要ない、こんなに便利になってどうするんだ。そんなことをつぶやいた次の日には、その速さや便利さは、心地よいも

「さ、綾ちゃん、おんぶしてあげる」

と言ってくれた。やれうれしやと、私はためらわずに従姉の肩に手をかけた。途端に姉の百合子の声が飛んだ。

「恵美ちゃん、おんぶしないで！　癖になるから」

*7毅然とした声だった。いつもの優しい姉の声ではなかった。私はひどくきまりの悪い思いで、今かけた手を従姉の肩からはなした。

「そうかい」

従姉も立ち上がった。私は、

「おんぶしないで！　癖になるから」

と言った言葉を、その時実によく納得がいって受け入れた。私は疲れてはいたが、歩けば歩くことが出来た。疲れてはいたが、誰かに背負って欲しいと思うほどではなかった。だから私が従姉に背負われようとしたことは甘えであった。私は子供なりに、姉の言った「癖になる」という言葉を、誤りなく受け取ったように思う。自分はもうだいぶ大きくなったのだ。いつまでも人におんぶしてもらってはならないのだ、という自覚があの時与えられたような気がする。その後私は、誰かがおんぶしてあげようと言っても、「癖になるから」と、姉の言葉をそっくり使って、cことわるようになった。私にとって、裸に三尺帯を巻きつけて歩いた時よりも、姉にこの言葉を言われた時のほうが恥ずかしかった。そして、③優しい姉にもまして、この時のきびしい姉に、姉らしさを感じたのだった。

（三浦綾子『草のうた』より）

＊1　長さ約百十四センチメートルの子供用の帯。
＊2　表面に細かなしわのある織物。
＊3　約五十メートル。
＊4　水がさかんに流れる様子。
＊5　田畑に水を引き入れるための水路。
＊6　北海道にある川の名。
＊7　意志が強く動じないさま。

問一　＝＝線a、bの漢字に読みがなをつけ、cのひらがなを漢字に直して書きなさい。

問二　〰〰線の語は和語に分類される。一般に和語とは、漢語、外来語に対して、日本固有のものと考えられる語のことである。本文中で使われている次の語の中から、和語であるものを一つ選び、記号で答えなさい。

ア　子供　　イ　時間　　ウ　奇妙　　エ　年齢

問三　本文中の①で示した部分には、大人になった筆者が、周囲から見たそのときの自分の様子を想像して表現した一文がある。その一文を抜き出し、最初の五字を書きなさい。

問四　本文中の□にあてはまる言葉として最も適当なものを次から一つ選び、記号で答えなさい。

ア　失敗　　イ　異様　　ウ　名案　　エ　親切

問五　姉が——線②のようにしたことによって、このときの「私」のどのような気持ちが慰められたと考えられるか。本文中の、「私」の気持ちを表す言葉を用いて書きなさい。

問六　「私」が——線③のように感じたのはなぜか。そのように感じるきっかけとなった姉の言葉を「私」がどのような意味に理解したかを含めて、六十字程度で書きなさい。

国語

入試対策模擬テスト

制限時間 50分　解答 別冊p.62　目標点 70点

得点　　／100点

1　次の文章を読んで、あとの問いに答えなさい。

> 「私」は五歳くらいの頃、母と弟と共に行った風呂屋(ふろ)で、膝に抱えた見知らぬ赤ん坊に浴衣(ゆかた)を汚されてしまった。

①母は私の汚れた着物を持って、

「すぐに迎えに来るから、ここで待っていなさい」

と、弟を連れて帰って行った。夏のことで、浴衣一枚しか着ていなかったから、その一枚を持って帰られると、着る物がなかった。裸で帰るわけにもいかず、私は家人の迎えを待っていた。だが、わが家からはなかなか迎えに来てはくれない。私は子供だったから、待てなかったのかも知れない。短い時間が長く思われたのかも知れない。私は裸でいつまでもその場にいるのが不安になった。私はついに帰ることにした。帰るといっても着るものはない。真っ裸で帰るわけにはいかない。と、どうしたことか、母は私の着物だけを持って、私の三尺帯[*1]を置いて行ったことに気づいた。私はその三尺帯を肩から斜め[a]に体に巻きつけた。か細い子供の体である。幅広い三尺帯である。ゆったりと膝のあたりまで巻きつけることが出来た。あの時の、橙色(だいだいいろ)のちりめん[*2]の帯の感触は今も私は覚えている。多分その姿は、珍妙であったにちがいない。風呂屋にいる人たちが笑っているのを子供心に感じながら、私はまだ明るい夕方の街に出た。

銭湯のすぐそばで、半裸の男が道路に水を撒(ま)いていた。男は驚いて、二メートルほどの長い柄の柄杓(ひしゃく)を持ったまま、まじまじと私の姿をみつめた。私は広い道路の真ん中を、悠々と歩いて帰って行った。恥ずかしい気がした。が、一方、裸ではないのだという気持ちがあって、誇らしい思いもあったような気がする。つまり、三尺帯を巻きつけるとは、われながら［　　］と言いたいところだったのだろう。

家まで、あと半丁[*3]という所まで来た時、風呂敷(ふろしき)包みを抱えて、私を迎えに来た姉に出会った。姉は私の奇妙な姿を見て、

「まあ！」

と、実に何ともいえない優しい笑顔を見せた。そして、②ふだんより何倍も優しい語調で私を慰め、太い柳の木の下で、ぐるぐる巻きの帯を取り、風呂敷の中の浴衣を着せてくれた。私はこの時、初めて姉の姉らしさに触れたのである。私がようやく、自分以外の人間を意識する年齢になっていたからであろうか。きょうだい愛をたっぷりと私は浴衣と共に着たのであった。

その後、この姉らしさはたびたび感ずるようになった。それは必ずしも「優しさ」となって現れるとは限らなかった。これはその翌年くらいの頃のことであったろうか。夏休みで、近郊[b]に住む従姉妹(いとこ)たちが、私の家にしばらく来ていた。彼女たちの住む家のそばには、滔々(とうとう)[*4]たる灌漑溝(かんがいこう)[*5]があって、従姉妹たちは水泳が巧みであった。が、私の家に来ては、そう手近な所に水遊びをする場所はない。一キロほど離れた辺りに忠別川(ちゅうべつがわ)[*6]が流れていた。そこにみんなで行ったわけだが、私には生まれて初めての遠距離であった。帰り道、私は水遊びと太陽の暑さで疲れていた。歩き方がおぼつかなかったのだろう。③姉と同じ齢(とし)の従姉(いとこ)が、いきなり私に背を向けて屈(かが)み、

ΣBEST シグマベスト

高校入試5科の要点総仕上げ問題集

文英堂

特色と使い方

1 各教科14日間で，5教科の重要問題の確認ができる問題集です。

各問題は過去の入試問題を徹底的に分析して，入試にねらわれやすい問題ばかりで構成しています。さらに効率よく学習するためには，アイコンのついた問題を特に注意して解きましょう。

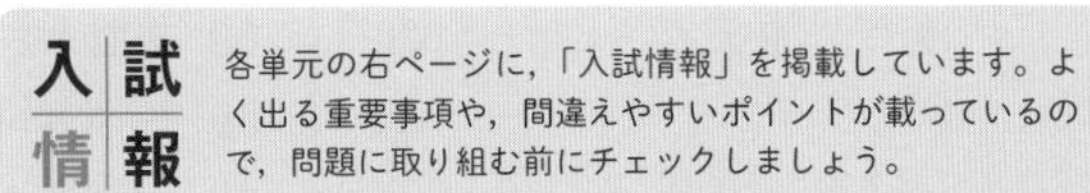

入試情報
各単元の右ページに，「入試情報」を掲載しています。よく出る重要事項や，間違えやすいポイントが載っているので，問題に取り組む前にチェックしましょう。

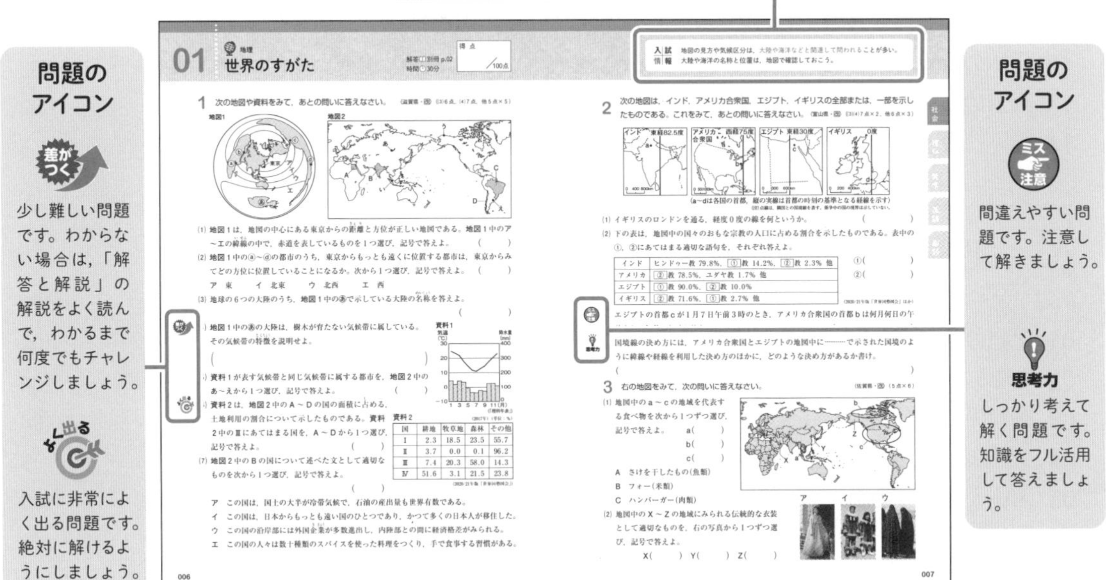

問題のアイコン
差がつく
少し難しい問題です。わからない場合は，「解答と解説」の解説をよく読んで，わかるまで何度でもチャレンジしましょう。
よく出る
入試に非常によく出る問題です。絶対に解けるようにしましょう。
01 地理 世界のすがた
問題のアイコン
ミス注意
間違えやすい問題です。注意して解きましょう。
思考力
しっかり考えて解く問題です。知識をフル活用して答えましょう。

2 入試対策模擬テストで，本番の入試に備えることができます。

別冊付録の「入試対策模擬テスト」は，本番の試験を想定してつくってあります。制限時間を守り，実際の入試問題を解くつもりでトライしましょう。

高校入試5科の要点総仕上げ問題集 入試対策模擬テスト

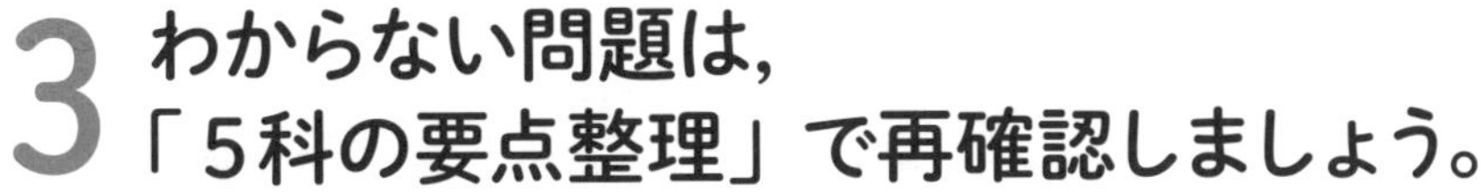

3 わからない問題は，「5科の要点整理」で再確認しましょう。

この問題集は，参考書「5科の要点整理」と同じ内容配列にしてあるので，問題集でつまずいた部分は参考書で復習しましょう。

もくじ

社会

数学

理科

英語

国語

※国語は，p.160から始まります。

別冊付録

入試対策模擬テスト

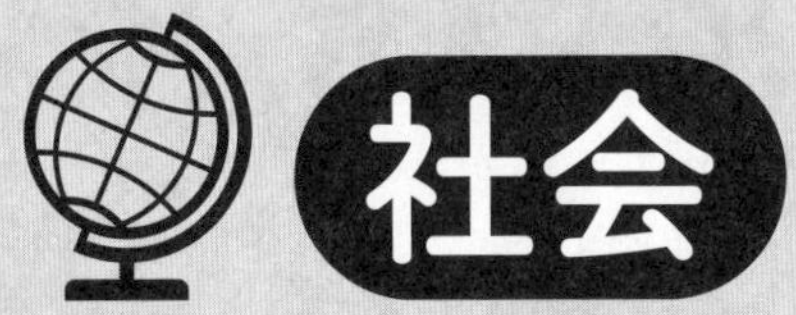

入試によく出る1問1答

地理

□ ① 三大洋のうち，インドの南部に広がる海洋は何か。	① インド洋
□ ② 六大陸のうち，面積がもっとも大きいのは何大陸か。	② ユーラシア大陸
□ ③ イギリスのロンドンを通っている，経度0度の経線を何というか。	③ 本初子午線
□ ④ オーストラリア大陸と，そのまわりの島国（海洋国）からなる州は何州か。	④ オセアニア州
□ ⑤ 日本も属する温帯気候は，大きく3つに分けられる。西岸海洋性気候，地中海性気候と，あと1つは何気候か。	⑤ 温暖湿潤気候
□ ⑥ 三大宗教とは，仏教，キリスト教と，あと1つは何か。	⑥ イスラム教
□ ⑦ 中国で資本や技術を導入するため，外国企業に開放したシェンチェンなどの地域を何というか。	⑦ 経済特区
□ ⑧ 人口の多さが世界第2位で，ヒンドゥー教徒が多い南アジアの国はどこか。	⑧ インド
□ ⑨ 大西洋を北東に流れ，西ヨーロッパに温暖な気候をもたらしている海流を何というか。	⑨ 北大西洋海流
□ ⑩ 北アフリカに広がる，世界でもっとも広い砂漠を何というか。	⑩ サハラ砂漠
□ ⑪ アメリカ合衆国のほぼ北緯37度以南で，電子工業や航空・宇宙産業などの先端技術の工業がさかんな地域を何というか。	⑪ サンベルト
□ ⑫ 南アメリカを流れるアマゾン川は，三大洋のうち，どの海洋に流れ込むか。	⑫ 大西洋
□ ⑬ オーストラリアの南東部や南西部で多く飼育されている家畜は何か。	⑬ 羊
□ ⑭ 日本がロシア連邦から返還を求めている領土を，まとめて何というか。	⑭ 北方領土
□ ⑮ 日本もふくまれる，火山活動や地震が多い地帯の連なりを何というか。	⑮ 変動帯（環太平洋造山帯）
□ ⑯ 日本列島の太平洋側を，北へ流れる暖流を何というか。	⑯ 黒潮（日本海流）
□ ⑰ 夏は太平洋側，冬は日本海側から日本列島に向かって吹く風を何というか。	⑰ 季節風（モンスーン）
□ ⑱ 縮尺2万5千分の1の地図上で 8 cmの長さの場合，実際の距離は何kmか。	⑱ 2 km
□ ⑲ 日本の工業地帯・地域が帯状に集中する，臨海部の地域を何というか。	⑲ 太平洋ベルト
□ ⑳ 地域の河川の氾濫や地震の被害予測が書かれた地図を何というか。	⑳ ハザードマップ（防災マップ）
□ ㉑ インターネットの発達により成長している産業を何というか。	㉑ ICT（情報通信技術）産業
□ ㉒ 温暖な気候を利用して，高知平野や宮崎平野で行われている，野菜などの出荷時期を早める栽培方法を何というか。	㉒ 促成栽培
□ ㉓ 20世紀末に開通した，中国地方・近畿地方と四国地方を結ぶ3つのルートをまとめて何というか。	㉓ 本州四国連絡橋
□ ㉔「京阪神地方の水がめ」ともよばれる，日本最大の面積の湖は何か。	㉔ 琵琶湖
□ ㉕ 自動車産業が発達し，全国一の工業製品出荷額をあげる工業地帯はどこか。	㉕ 中京工業地帯
□ ㉖ 大都市の近くで，大消費地向けに野菜や果物，生花などを栽培する農業を何というか。	㉖ 近郊農業
□ ㉗ 酪農がさかんで，大規模な農業経営が行われている北海道東部の台地は何か。	㉗ 根釧台地

歴史

□ ① エジプト文明の特徴の１つで，国王の墓とされる巨大な建築物を何というか。	① ピラミッド
□ ② ねずみや湿気を防ぐ工夫がこらされた，稲を貯蔵する建物を何というか。	② 高床倉庫
□ ③ 聖徳太子が行った，家柄にとらわれずに才能がある人物を役人に取り立てるための制度を何というか。	③ 冠位十二階
□ ④ 645年に中大兄皇子らが蘇我氏をたおしてすすめた政治改革を何というか。	④ 大化の改新
□ ⑤ 743年に出された，新しく開墾した土地の永久私有を認める法律を何というか。	⑤ 墾田永年私財法
□ ⑥ 平安時代に，漢字をもとにつくられた文字を何というか。	⑥ 仮名文字
□ ⑦ 1167年に武士として初めて太政大臣となった人物はだれか。	⑦ 平清盛
□ ⑧ 1232年に北条泰時が裁判の基準などを御家人に示した法律を何というか。	⑧ 御成敗(貞永)式目
□ ⑨ 文永の役・弘安の役と続いた，元軍による襲来を何というか。	⑨ 元寇
□ ⑩ 鎌倉時代に法然が広めた仏教の宗派を何というか。	⑩ 浄土宗
□ ⑪ 鎌倉幕府滅亡後に，後醍醐天皇が行った貴族中心の政治を何というか。	⑪ 建武の新政
□ ⑫ 1338年に北朝から征夷大将軍に任命され，室町幕府を開いたのはだれか。	⑫ 足利尊氏
□ ⑬ 1467年に将軍の跡継ぎ問題などが原因で，京都でおきた戦乱を何というか。	⑬ 応仁の乱
□ ⑭ 雪舟が中国で学んだ，墨一色でえがかれた絵画を何というか。	⑭ 水墨画
□ ⑮ スペイン女王の協力を得て，1492年に西インド諸島に到達したのはだれか。	⑮ コロンブス
□ ⑯ 1549年に日本にキリスト教を伝えた宣教師はだれか。	⑯ ザビエル
□ ⑰ 織田信長が商工業の発展をはかるために行った，税を免除し，座の特権を廃止する政策を何というか。	⑰ 楽市・楽座
□ ⑱ 豊臣秀吉が一揆を防ぐために，農民から武器を取り上げた政策を何というか。	⑱ 刀狩
□ ⑲ 1600年に徳川家康が石田三成らに勝利した戦いを何というか。	⑲ 関ヶ原の戦い
□ ⑳ 鎖国を行った江戸幕府の３代将軍はだれか。	⑳ 徳川家光
□ ㉑ 老中松平定信が行った政治改革を何というか。	㉑ 寛政の改革
□ ㉒ 西洋の解剖書を翻訳して『解体新書』を著した人物は前野良沢とだれか。	㉒ 杉田玄白
□ ㉓ 1858年にアメリカと結ばれた，アメリカの領事裁判権を認めるなどの内容が日本にとって不利な条約を何というか。	㉓ 日米修好通商条約
□ ㉔ 西南日本の２つの藩が，坂本龍馬らの仲立ちにより結んだ同盟を何というか。	㉔ 薩長同盟
□ ㉕ 1867年に徳川慶喜が政権を朝廷に返上したできごとを何というか。	㉕ 大政奉還
□ ㉖ 1868年に明治政府が出した新しい政治方針を何というか。	㉖ 五箇条の御誓文
□ ㉗ 明治政府は地価を定め，その３％を税金(地租)として現金によって納めさせる税制に改めた。これを何というか。	㉗ 地租改正
□ ㉘ 日清戦争後に結ばれた講和条約を何というか。	㉘ 下関条約
□ ㉙ ロシアの南下に対抗するため，日本とイギリスが結んだ同盟を何というか。	㉙ 日英同盟
□ ㉚ 1910年，日本が朝鮮半島の国を植民地にしたことを何というか。	㉚ 韓国併合
□ ㉛ 第一次世界大戦中に，日本が中国に対して出した要求を何というか。	㉛ 二十一か条の要求
□ ㉜ 第一次世界大戦の講和会議で，連合国とドイツとの間で結ばれた条約は何か。	㉜ ベルサイユ条約
□ ㉝ 1925年に成立し，満25歳以上の男性全員に選挙権をあたえた法律は何か。	㉝ 普通選挙法
□ ㉞ 世界恐慌の対策としてアメリカのローズベルト大統領が行った政策は何か。	㉞ ニューディール
□ ㉟ 1951年に結ばれ，日本が独立を回復した講和条約を何というか。	㉟ サンフランシスコ平和条約

公民

□ ① 情報が社会の中で果たす役割が大きくなることを何というか。	① 情報化
□ ② 世界中の経済や文化などが，地球規模で一体化される動きを何というか。	② グローバル化
□ ③ 総人口に占める割合で子どもが減り，65歳以上が増えた社会を何というか。	③ 少子高齢社会
□ ④ 日本国憲法の三大原則は，平和主義，基本的人権の尊重と，あと１つは何か。	④ 国民主権
□ ⑤ 内閣の助言と承認にもとづく，天皇の形式的・儀礼的な行為を何というか。	⑤ 国事行為
□ ⑥ 日本国憲法で定められている国民の三大義務は，子どもに普通教育をうけさせる義務，勤労の義務と，あと１つは何か。	⑥ 納税の義務
□ ⑦ 自由権を３つに分けたとき，集会・結社・表現の自由は何の自由にあたるか。	⑦ 精神の自由
□ ⑧「国民全体の福祉と利益」は，憲法第13条では何ということばで表現されるか。	⑧ 公共の福祉
□ ⑨ １つの選挙区から１人の代表者を選出する選挙制度を何というか。	⑨ 小選挙区制
□ ⑩ 内閣を組織し，政権を担当する政党は何とよばれるか。	⑩ 与党
□ ⑪ 国会は衆議院と参議院から成り立っているが，このことを何というか。	⑪ 二院制
□ ⑫ 国会は国の予算を審議，議決する。予算を作成する機関はどこか。	⑫ 内閣
□ ⑬ 内閣は，内閣総理大臣と，内閣総理大臣から任命されるだれによって組織されるか。	⑬ 国務大臣
□ ⑭ １つの事件について３回まで裁判をうけることができる制度を何というか。	⑭ 三審制
□ ⑮ 法律などが合憲か違憲かについて最終決定権をもち，「憲法の番人」ともよばれる機関はどこか。	⑮ 最高裁判所
□ ⑯ 地方公共団体の住民が条例の制定を請求するとき，必要な署名は有権者総数のどれだけか。	⑯ 50分の１以上（$\frac{1}{50}$以上）
□ ⑰ ものやサービスなどの商品が，生産者からさまざまな人の手をへて，消費者に届くまでの流れを何というか。	⑰ 流通
□ ⑱ 需要量と供給量が一致するときの価格を何というか。	⑱ 均衡価格
□ ⑲「発券銀行」「政府の銀行」などの役割をもつ，日本の中央銀行を何というか。	⑲ 日本銀行
□ ⑳ 株主や会社の役員などが出席して開かれ，会社の方針などを決定する機関を何というか。	⑳ 株主総会
□ ㉑ １ドル100円が１ドル120円になった場合，円高と円安のどちらの状態か。	㉑ 円安
□ ㉒ 労働基準法，労働組合法，労働関係調整法の３つを合わせて何というか。	㉒ 労働三法
□ ㉓ 課税対象の金額が多くなるほど，税率が高くなる制度を何というか。	㉓ 累進課税（制度）
□ ㉔ 日本の社会保障制度の４本柱とは，社会保険，社会福祉，公衆衛生と，あと１つは何か。	㉔ 公的扶助
□ ㉕ 商品の購入後でも，一定期間内であれば契約を解除できる制度を何というか。	㉕ クーリング・オフ
□ ㉖ 高度経済成長期に問題となった四大公害で，富山県で発生した公害病は何か。	㉖ イタイイタイ病
□ ㉗ 国家が成立するための３つの条件は，領域，国民とあと１つ何が必要か。	㉗ 主権
□ ㉘ 沿岸国に水産資源などの権利がある，沿岸からの12海里を除いた200海里までの範囲を何というか。	㉘ 排他的経済水域
□ ㉙ 国際連合の本部が置かれている都市はどこか。	㉙ ニューヨーク
□ ㉚ 紛争地域に部隊を派遣し，停戦の監視などを行う国連の活動を何というか。	㉚ 平和維持活動（PKO）
□ ㉛ 発展途上国に対して先進国の政府が行う開発援助のことを何というか。	㉛ 政府開発援助（ODA）
□ ㉜ 1997年に地球温暖化防止会議が開催された日本の都市はどこか。	㉜ 京都市

01 地理 世界のすがた

解答📖別冊 p.02
時間🕐30分

得点 ／100点

1 次の地図や資料をみて，あとの問いに答えなさい。

〈滋賀県・改〉（(3)6点，(4)7点，他5点×5）

地図1

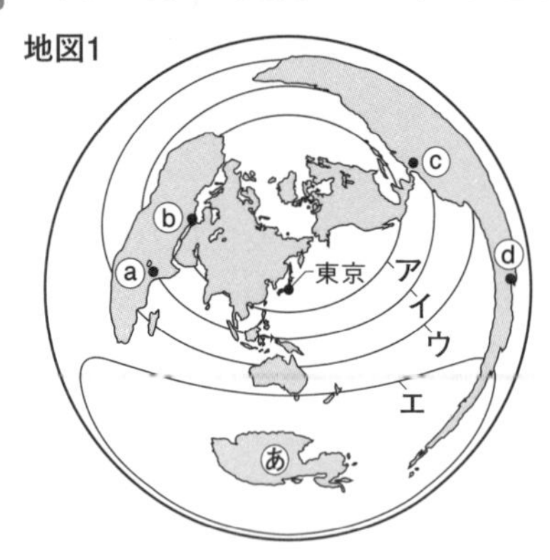

地図2

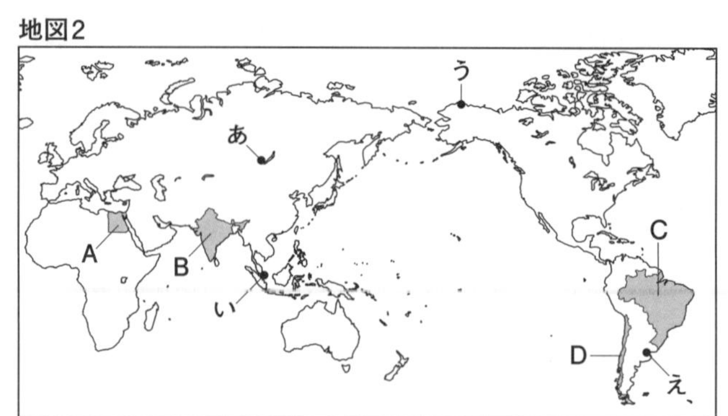

(1) 地図1は，地図の中心にある東京からの距離（きょり）と方位が正しい地図である。地図1中のア～エの緯線（いせん）の中で，赤道を表しているものを1つ選び，記号で答えよ。（　　）

(2) 地図1中のⓐ～ⓓの都市のうち，東京からもっとも遠くに位置する都市は，東京からみてどの方位に位置していることになるか。次から1つ選び，記号で答えよ。（　　）

ア　東　　イ　北東　　ウ　北西　　エ　西

(3) 地球の6つの大陸のうち，地図1中のあで示している大陸の名称（めいしょう）を答えよ。

（　　　）

(4) 地図1中のあの大陸は，樹木が育たない気候帯に属している。その気候帯の特徴（とくちょう）を説明せよ。

（　　　　　　　　　　　　）

資料1

気温（℃）　降水量（mm）

30 400
20 300
10 200
0 100
−10 0
1 3 5 7 9 11（月）

（「理科年表」）

(5) 資料1が表す気候帯と同じ気候帯に属する都市を，地図2中のあ～えから1つ選び，記号で答えよ。（　　）

(6) 資料2は，地図2中のA～Dの国の面積に占（し）める，土地利用の割合について示したものである。資料2中のⅢにあてはまる国を，A～Dから1つ選び，記号で答えよ。（　　）

資料2　（2017年）（単位：%）

国	耕地	牧草地	森林	その他
Ⅰ	2.3	18.5	23.5	55.7
Ⅱ	3.7	0.0	0.1	96.2
Ⅲ	7.4	20.3	58.0	14.3
Ⅳ	51.6	3.1	21.5	23.8

（2020/21年版「世界国勢図会」）

(7) 地図2中のBの国について述べた文として適切なものを次から1つ選び，記号で答えよ。

（　　）

ア　この国は，国土の大半が冷帯気候で，石油の産出量も世界有数である。
イ　この国は，日本からもっとも遠い国のひとつであり，かつて多くの日本人が移住した。
ウ　この国の沿岸部には外国企業（きぎょう）が多数進出し，内陸部との間に経済格差がみられる。
エ　この国の人々は数十種類のスパイスを使った料理をつくり，手で食事する習慣がある。

入試情報 地図の見方や気候区分は，大陸や海洋などと関連して問われることが多い。大陸や海洋の名称と位置は，地図で確認しておこう。

2

次の地図は，インド，アメリカ合衆国，エジプト，イギリスの全部または，一部を示したものである。これをみて，あとの問いに答えなさい。〈富山県・改〉（(3)(4)7点×2，他6点×3）

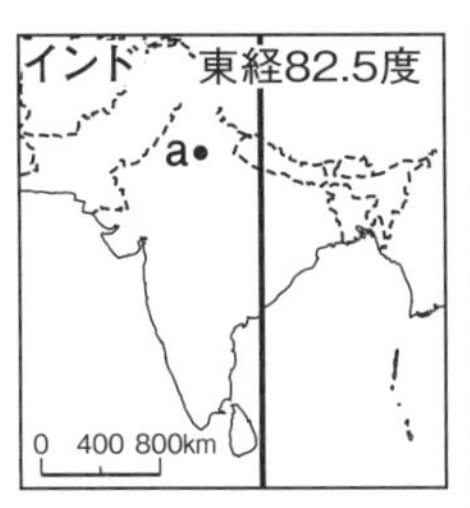

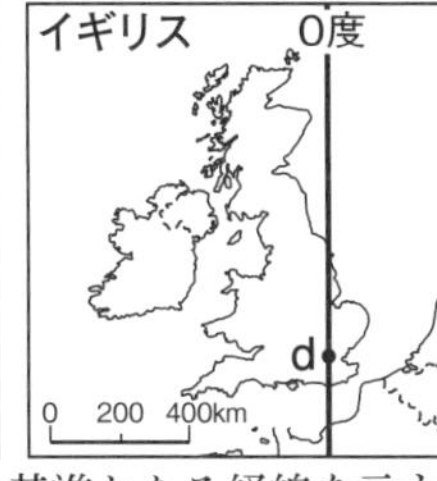

（a～dは各国の首都，縦の実線は首都の時刻の基準となる経線を示す）
（注）点線は，隣国との国境線を表す。係争中の国の境界は示していない。

(1) イギリスのロンドンを通る，経度0度の線を何というか。 （　　　）

(2) 下の表は，地図中の国々のおもな宗教の人口に占める割合を示したものである。表中の①，②にあてはまる適切な語句を，それぞれ答えよ。

インド	ヒンドゥー教 79.8%，①教 14.2%，②教 2.3% 他
アメリカ	②教 78.5%，ユダヤ教 1.7% 他
エジプト	①教 90.0%，②教 10.0%
イギリス	②教 71.6%，①教 2.7% 他

（2020/21年版「世界国勢図会」ほか）

①（　　　）
②（　　　）

(3) エジプトの首都cが1月7日午前3時のとき，アメリカ合衆国の首都bは何月何日の午前または午後の何時か答えよ。 （　　　）

(4) 国境線の決め方には，アメリカ合衆国とエジプトの地図中に---------で示された国境のように緯線や経線を利用した決め方のほかに，どのような決め方があるか書け。
（　　　）

3

右の地図をみて，次の問いに答えなさい。〈佐賀県・改〉（5点×6）

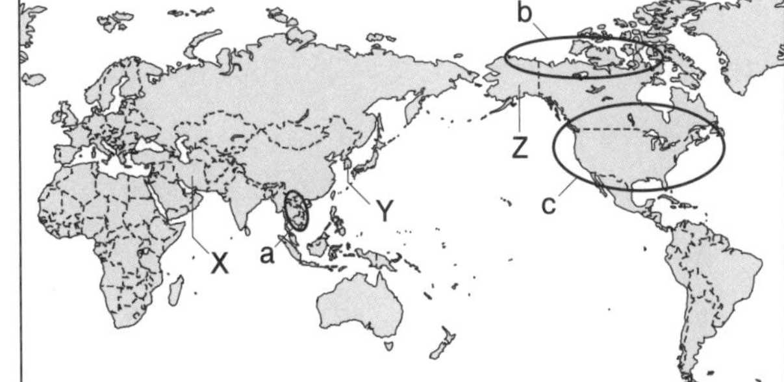

(1) 地図中のa～cの地域を代表する食べ物を次から1つずつ選び，記号で答えよ。 a（　　）
b（　　）
c（　　）

A さけを干したもの（魚類）
B フォー（米類）
C ハンバーガー（肉類）

(2) 地図中のX～Zの地域にみられる伝統的な衣装として適切なものを，右の写真から1つずつ選び，記号で答えよ。

X（　　） Y（　　） Z（　　）

ア

イ

ウ

02 地理

日本のすがた

解答 別冊 p.02
時間 30分

1 右の地図をみて，次の問いに答えなさい。

〈香川県・改〉（(3)7点，他4点×2）

(1) 地図中のXは，現在，日本がロシア連邦に対して返還を求めている地域である。この地域にふくまれる島として誤っているものを次から1つ選び，記号で答えよ。（　　）

ア 択捉島　　イ 国後島
ウ 歯舞群島　　エ 南鳥島

(2) 地図中のYの水域について，適切に述べている文を次から1つ選び，記号で答えよ。（　　）

ア この水域は，日本の主権のおよぶ範囲を示している。
イ 外国の船は，この水域を航行することはできない。
ウ この水域で得られる鉱産資源は，日本のものとすることができる。
エ この水域で得られる水産資源は，どの国も自由にとることができる。

差がつく (3) 日本は国土面積が小さいわりには，Yの水域の面積が大きくなっている。その理由を説明せよ。

（　　　　　　　　　　　　）

2 右の地図をみて，次の問いに答えなさい。

〈高知県・改〉（(5)7点，他5点×6）

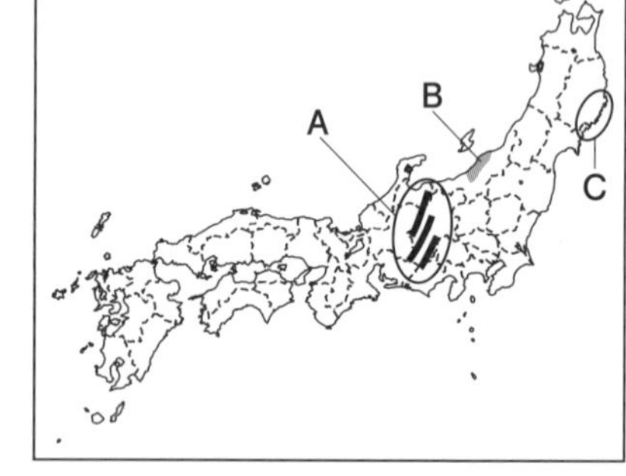

(1) 地図中のAの3つの山脈は合わせて何とよばれるか答えよ。（　　）

(2) 地図中のBの平野と，ここを流れる日本でもっとも長い川の名称を答えよ。平野（　　）
川（　　）

(3) 地図中のCで発達している，出入りの多い複雑な海岸地形を何というか答えよ。（　　）

(4) 九州地方には県名と県庁所在地名の異なる県が1つある。その県と県庁所在地の名称を答えよ。県（　　）県庁所在地（　　）

思考力 (5) 下の資料は，日本の4つの川と外国の6つの川について，河口からの距離と標高の関係を示したものである。これをみて，日本の川の特徴を説明せよ。

（　　　　　　　　　　　　）

常願寺川　富士川　木曽川　利根川　ガロンヌ川（ヨーロッパ）　ロアール川（ヨーロッパ）　コロラド川（北アメリカ）　アマゾン川（南アメリカ）　ナイル川（アフリカ）　メコン川（東南アジア）

標高（m）　河口からの距離（km）

（注）河口からの距離は1,300km，標高は1,200mまでの範囲で作成。　（「理科年表」ほか）

入試情報　日本の自然については各地方の特徴と関連して問われることが多い。山や川の位置は地図で，気候はグラフでしっかり確認しておこう。

3 右の地図をみて，次の問いに答えなさい。

〈富山県・改〉（(1)(2)4点×3，(3)6点×3）

(1) 冬の季節風の風向きを表しているものを，地図中のX，Yから選び，記号で答えよ。（　　）

(2) 親潮（おやしお）とよばれる寒流を，地図中のア～エから1つ選び，記号と海流の名称を答えよ。

記号（　　）　海流（　　　　）

よく出る

(3) 次のA～Cのグラフは，地図中の富山市，高山（たかやま）市，名古屋（なごや）市の気温と降水量を表したものである。A～Cにあてはまる市名を，それぞれ答えよ。

A（　　　　）B（　　　　）C（　　　　）

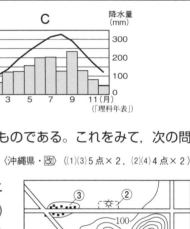

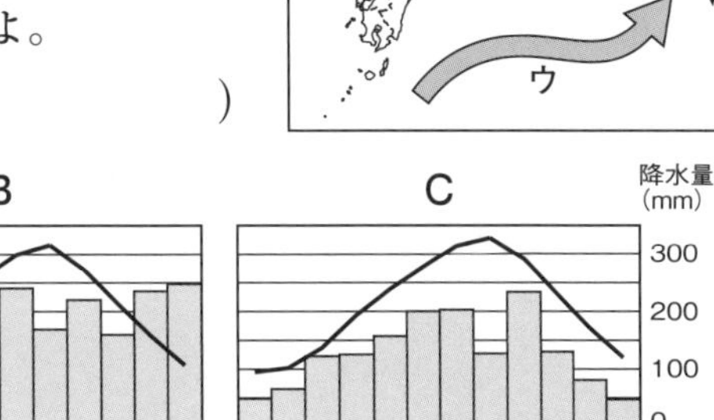
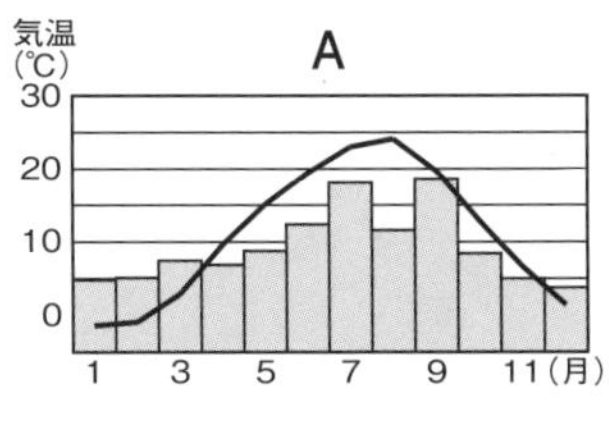
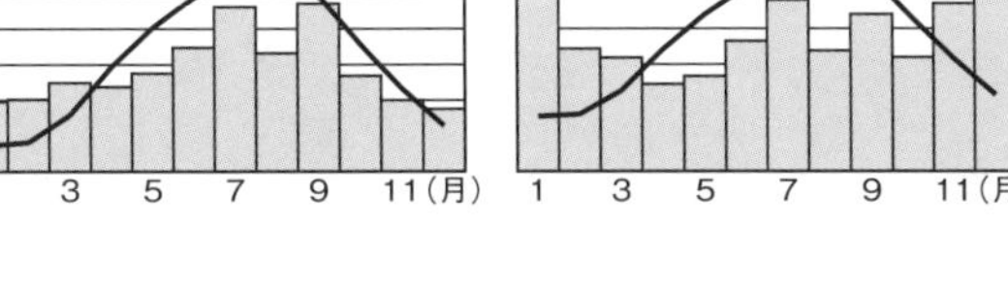

4 右の地図は，地形図のきまりにしたがってかかれたものである。これをみて，次の問いに答えなさい。

〈沖縄県・改〉（(1)(3)5点×2，(2)(4)4点×2）

(1) 地形図を発行している，国土交通省に属する機関はどこか答えよ。（　　　　）

(2) この地図の縮尺はいくらか。次から1つ選び，記号で答えよ。（　　）

ア　1万分の1　　　イ　2万5千分の1

ウ　5万分の1　　　エ　20万分の1

ミス注意

(3) この地図について，適切に述べている文を次から1つ選び，記号で答えよ。（　　）

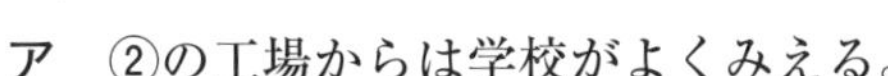

ア　②の工場からは学校がよくみえる。

イ　①の神社の裏山にある樹木のほとんどは針葉樹林である。

ウ　③の付近は警察署や郵便局のある市街地より建物が密集している。

エ　④の団地から学校の往復に自転車を使うと，行きのほうが帰りより楽である。

(4) この地域に老人ホームを建設することになった。老人ホームを表す地図記号を次から1つ選び，記号で答えよ。（　　）

ア 　イ 　ウ 　エ 

03 地理 世界の諸地域

解答 別冊 p.03
時間 30分

得点 /100点

1 右の地図は，シベリア地方を除いたアジア州を5つに分けてかいたものである。これをみて，次の問いに答えなさい。

〈岩手県・改〉（(1)4点，(2)6点，(3)8点）

(1) 中央アジアとよばれるのは，地図中のどの模様で示された地域か。次から1つ選び，記号で答えよ。（　　）

ア　イ　ウ 

エ　オ

(2) 地図中の■で示した地域は，政府が海外の資本や技術を導入するために開放し，海外企業にさまざまな優遇措置をとっている。これらの地域を何というか，漢字4字で答えよ。（　　　　）

(3) 中国は近年，急速に経済が発展しているが，同時にいくつかの問題も発生している。中国の経済上の問題点を，「沿岸部」と「内陸部」の2つの語句を用いて説明せよ。

（　　　　　　　　　　　　）

2 右の地図をみて，次の問いに答えなさい。

〈栃木県・改〉（(2)4点，(4)8点，他6点×3）

(1) 地図中の地域では1993年に，ある国際組織が発足し，政治的・経済的統合をめざしている。この組織の名称を答えよ。（　　　　）

(2) 地図中のア～エのうち，アルプス山脈の位置を表しているものを1つ選び，記号で答えよ。（　　）

(3) ヨーロッパ最大の農業国で，小麦や乳製品など多くの農産物を周辺の国々にも輸出している国はどこか。また，この国やドイツなどで行われている，農耕と牧畜を組み合わせた農業を何というか答えよ。

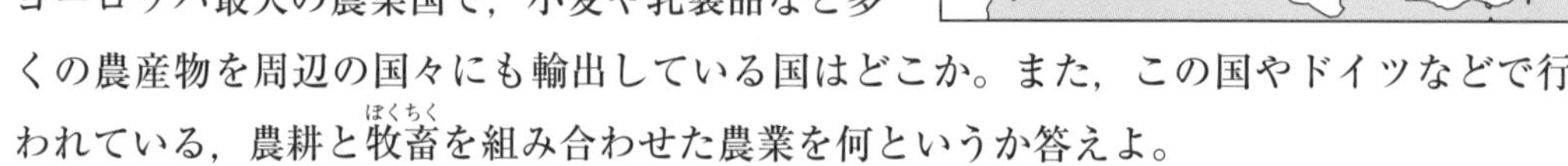

国（　　　　）　農業（　　　　）

(4) 地図中の国々の多くは，日本より高緯度に位置しているが，大西洋に面した地域の気候は，緯度が高いわりに冬でも暖かい。その理由を説明せよ。

（　　　　　　　　　　　　）

3 次の問いに答えなさい。

〈和歌山県・改〉（(1)4点，他6点×3）

(1) アフリカ大陸の形を表したものを次から1つ選び，記号で答えよ。（　　）

ア 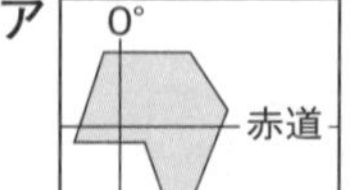

イ 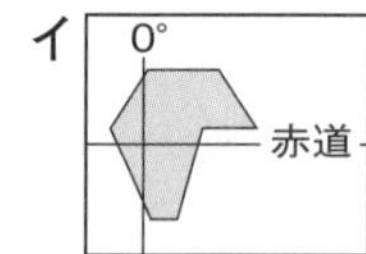

ウ 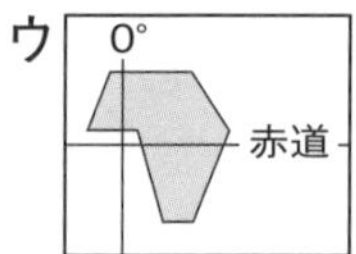

エ 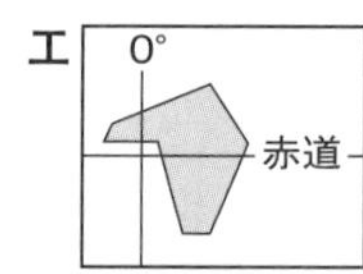

入試情報 世界の州ごとの自然，農業，工業をおさえておくこと。特に，農業はその地域の気候との関連が深いので，気候区分の学習内容は覚えておこう。

(2) アフリカ大陸にある，世界最大の砂漠（さばく）と世界最長の河川の名称を答えよ。

砂漠(　　　　　　)　河川(　　　　　　)

(3) ギニア湾（わん）に面し，アフリカ大陸でもっとも人口が多い国はどこか答えよ。(　　　　　　)

4 右の地図をみて，次の問いに答えなさい。

〈福島県・改〉((1)6点，(3)8点，他4点×2)

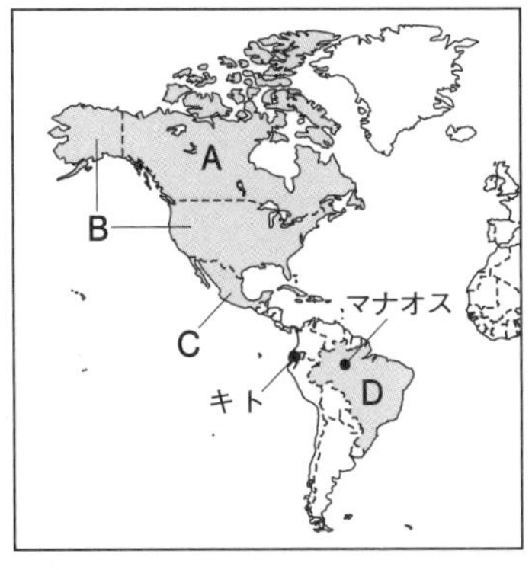

(1) 地図中のA，B，Cの3か国が，貿易や投資の自由化などをめざして結んでいる協定の略称を，アルファベット5字で答えよ。(　　　　　　)

(2) 資料1は，D国で生産量が多い，ある鉱産資源の国別生産量の割合を表している。ある鉱産資源とは何か。次から1つ選び，記号で答えよ。(　　　)

ア　原油　　イ　石炭　　ウ　鉄鉱石

資料1
「ある鉱産資源」の国別生産量の割合

オーストラリア 36.5%	D国 17.9	中国 14.9	インド 8.3	その他 22.4

(2020/21年版「世界国勢図会」)

(3) 資料2をみて，キトの月平均気温がマナオスにくらべて低い理由を，キトが位置する山脈の名称を用いて説明せよ。

(　　　　　　　　　　　　　　　　　　)

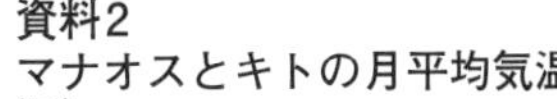
資料2
マナオスとキトの月平均気温

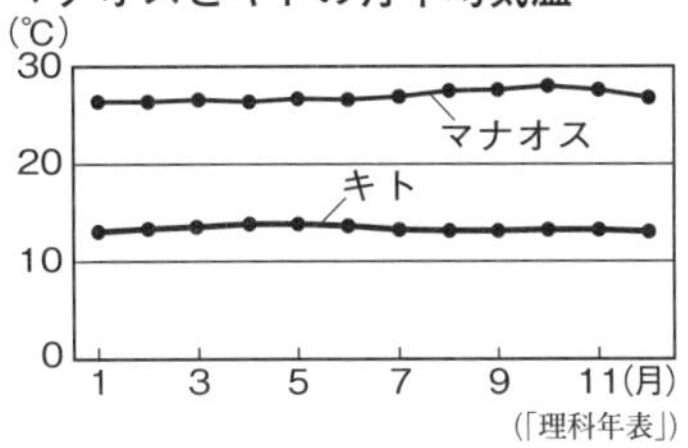

(「理科年表」)

よく出る

(4) アメリカ合衆国の農業の特徴（とくちょう）を述べたものとして誤っている文を次から1つ選び，記号で答えよ。(　　　)

ア　せまい耕地で多くの人手をかけて生産している。
イ　その土地の気候に合った作物を大量に栽培（さいばい）している。
ウ　農業関連の企業が，生産や販売（はんばい）などを手がけている。
エ　とうもろこしや大豆の生産・輸出量は，世界有数である。

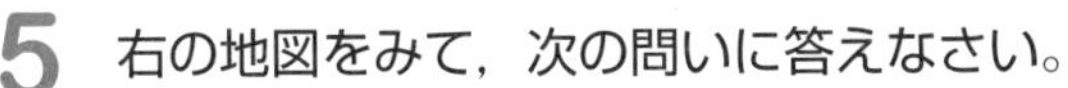

5 右の地図をみて，次の問いに答えなさい。

〈岩手県・改〉(4点×2)

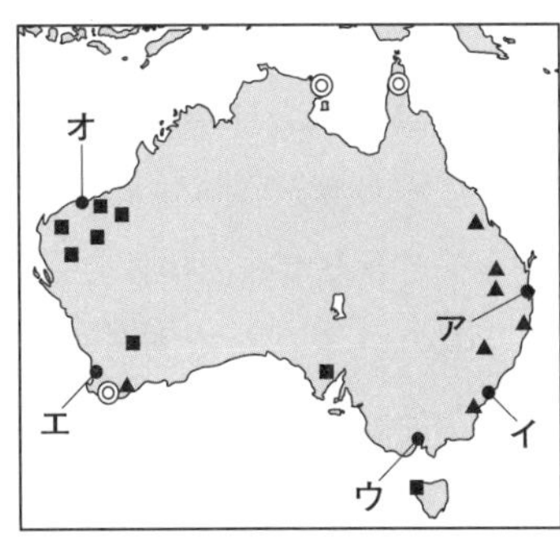

(1) 鉱産資源の産地を表している▲◎■と鉱産資源の組み合わせを次から1つ選び，記号で答えよ。(　　　)

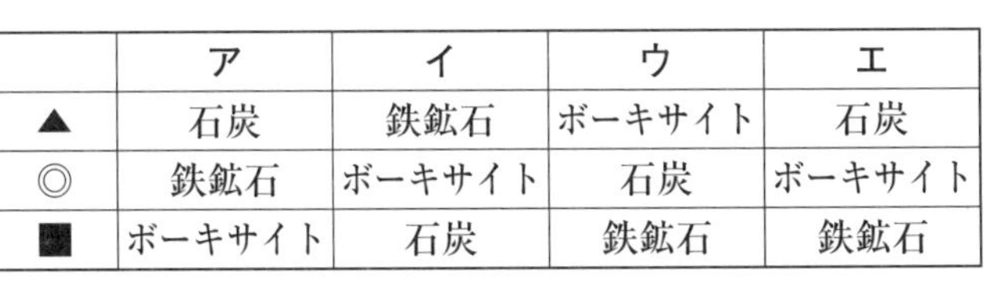

	ア	イ	ウ	エ
▲	石炭	鉄鉱石	ボーキサイト	石炭
◎	鉄鉱石	ボーキサイト	石炭	ボーキサイト
■	ボーキサイト	石炭	鉄鉱石	鉄鉱石

(2) オーストラリアでもっとも人口が多い都市であるシドニーの位置を，地図中のア～オから1つ選び，記号で答えよ。(　　　)

04 地理 日本の特色

解答 別冊 p.04
時間 30分

1 次の地図や資料をみて，あとの問いに答えなさい。 〈福岡県・改〉 (⑴5点×4, ⑵6点×2, ⑶7点)

地図

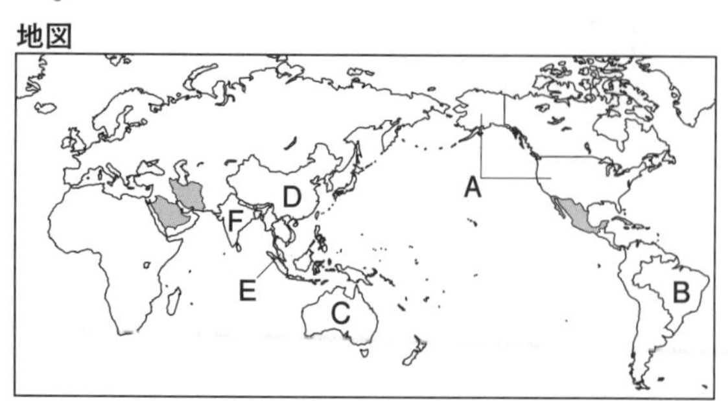

資料1

項目＼国	エネルギー消費量（千万 t）
ア	216
イ	43
ウ	8
エ	306

1人あたりエネルギー消費量

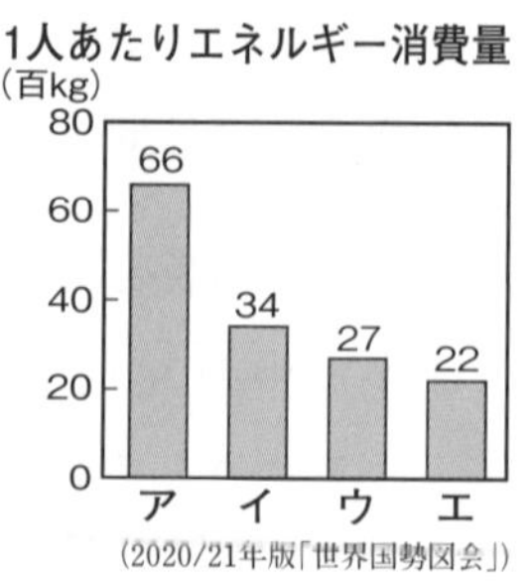

（2020/21年版「世界国勢図会」）

⑴ **資料1**は，**地図**中のA，D，Eおよび日本のエネルギー消費量と1人あたりエネルギー消費量を示している。A，D，Eと日本を示すのはそれぞれどれか。**資料1**中の**ア～エ**から1つずつ選び，記号で答えよ。 A（　　） D（　　） E（　　） 日本（　　）

⑵ 右の**資料2**は，石炭，原油，鉄鉱石の上位3位までの産出国を示している。石炭にあてはまるのはどれか。**資料2**中の**あ～う**から1つ選び，記号で答えよ。また，□にあてはまる国を，**地図**中の■で示した国から選び，その国名を答えよ。

資料2

資源＼順位	第1位	第2位	第3位
あ	C 〈36.5%〉	B 〈17.9〉	D 〈14.9〉
い	D 〈54.7〉	F 〈10.5〉	インドネシア〈7.2〉
う	A 〈15.3〉	ロシア〈14.0〉	□ 〈12.2〉

（2020/21年版「世界国勢図会」）

石炭（　　） 国（　　）

⑶ 現在，新しいエネルギーとして地熱発電，風力発電に注目が集まっている。その理由を，「火力発電」の語句を用いて説明せよ。
（　　　　）

2 次の問いに答えなさい。 〈兵庫県・改〉 (⑴5点，⑵7点)

⑴ 右の表は面積，人口密度，日本への輸出額，日本からの輸入額を示しており，①～④はインド，サウジアラビア，中国，アメリカ合衆国のいずれかである。①と④の組み合わせとして適切なものを次から1つ選び，記号で答えよ。 （　　）

国	面積（万 km²）	人口密度（人/km²）	日本への輸出額（億円）	日本からの輸入額（億円）
①	983	34	74,369	126,122
②	960	150	174,931	150,819
③	329	420	5,046	9,710
④	221	16	19,696	4,526

（面積2018年，他2020年） （2020/21年版「世界国勢図会」ほか）

ア ① 中国 ④ サウジアラビア
イ ① 中国 ④ インド
ウ ① インド ④ 中国
エ ① インド ④ アメリカ合衆国
オ ① アメリカ合衆国 ④ インド
カ ① アメリカ合衆国 ④ サウジアラビア

入試情報 入試では，貿易に関する問題がよく出題される。貿易品，主要相手国の特徴などをグラフや表から読み取れるようにしよう。

(2) 右の資料は，成田国際空港と横浜港の輸出総額と輸出品目の割合を示している。A，Bのうち，成田国際空港を表しているものを，選んだ理由と合わせて答えよ。

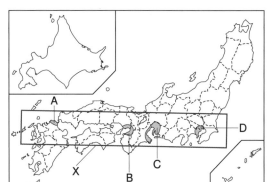

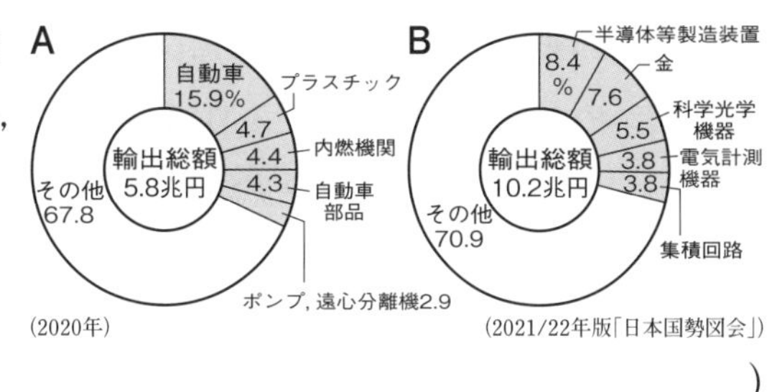

(2020年) (2021/22年版「日本国勢図会」)

(　　　　　　　　)

3 右の地図をみて，次の問いに答えなさい。

〈福島県・改〉（(1)5点，(3)(6)7点×2，他6点×5）

(1) 下のグラフは，地図中のA～Dの工業地帯・地域の出荷額に占める工業製品の割合を示したものである。地図中のCにあてはまるものを，ア～エのグラフから1つ選び，記号で答えよ。 (　　　)

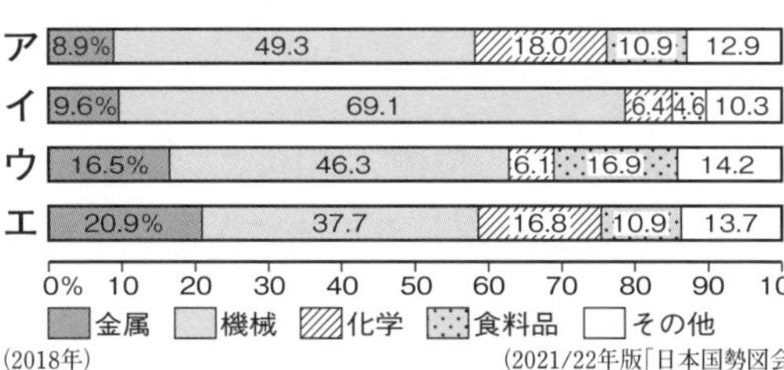

(2018年) (2021/22年版「日本国勢図会」)

(2) 地図中のXの地域は，工業地帯・地域が集中している。この地域を何というか答えよ。

(　　　　　　)

よく出る (3) 地図中のXの地域に工業地帯・地域が集中する理由を，資源に着目して説明せよ。

(　　　　　　　　)

(4) 右のグラフは，鹿児島県，香川県，石川県，長野県における農業産出額と，農業産出額に占める米，野菜，果実，畜産の割合を示したものである。①～③にあてはまる県名を，それぞれ答えよ。

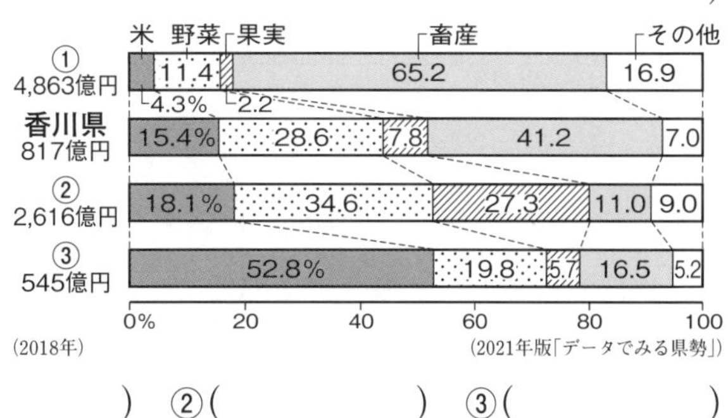

(2018年) (2021年版「データでみる県勢」)

①(　　　　) ②(　　　　) ③(　　　　)

(5) ガラス温室やビニールハウスを使用して，花や野菜を生産する農業を何というか答えよ。

(　　　　　　)

思考力 (6) 日本の水産業では，年々漁獲量が減少していく中，「育てる漁業」に力が入れられている。「育てる漁業」の中の「栽培漁業」とはどのような漁業か説明せよ。

(　　　　　　　　)

05 地理 日本の諸地域

解答 別冊 p.04
時間 30分

得点 /100点

1 右の地図をみて，次の問いに答えなさい。 〈高知県・改〉（5点×8）

(1) 地図中の で示したA～Dの都道府県にあてはまる文を次から1つずつ選び，記号で答えよ。

A（　　） B（　　）
C（　　） D（　　）

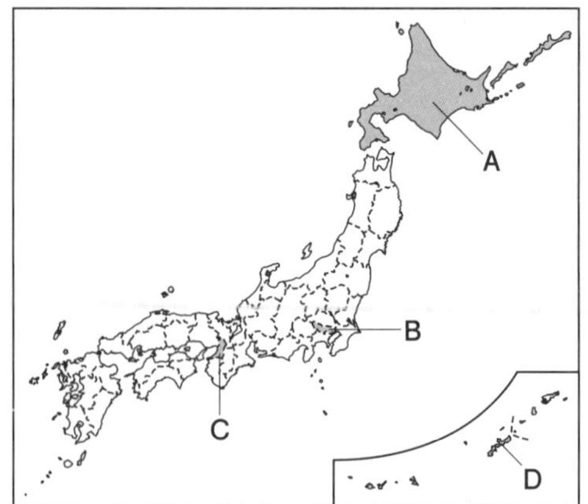

ア　国会議事堂や中央官庁などの日本の政治を動かす中枢(ちゅうすう)機能が集まっている。

イ　第三次産業が中心であるが，さとうきびやパイナップルの生産もさかんである。

ウ　十勝(とかち)平野などの広い平野があり，耕地面積は全国第1位。小麦やじゃがいもなど，収穫(しゅうかく)量が全国第1位の作物も多い。

エ　高い技術力をもった中小企業(きぎょう)が多く，商工業都市としての性格が強い。1994年に関西国際空港が開港した。

ミス注意 (2) 下の表は，7つの地方（北海道，東北，関東，中部，近畿，中国・四国，九州）別に，全国に占(し)める人口，面積，漁獲(ぎょかく)量，工業生産出(しゅっか)荷額の割合を示したものである。それぞれにあてはまるものを，表中のア～エから1つずつ選び，記号で答えよ。

人口（　　） 面積（　　） 漁獲量（　　） 工業生産出荷額（　　）

	北海道	東北	関東	中部	近畿	中国・四国	九州
ア	27.3%	13.8	15.1	10.4	6.5	11.3	15.5
イ	1.9%	5.6	25.6	28.8	19.4	11.0	7.7
ウ	22.1%	17.7	8.6	17.7	8.8	13.4	11.8
エ	4.2%	6.9	34.5	16.8	17.7	8.7	11.3

（2021/22年版「日本国勢図会」）

2 右の地図をみて，次の問いに答えなさい。 〈福島県・改〉（(1)6点，(3)7点，他8点×2）

(1) 地図中のAは，讃岐(さぬき)平野を示している。次の文中の空欄(くうらん)にあてはまる，気候の特色を表す語句を答えよ。

（　　　　　　）

> 讃岐平野では，産業用水などを供給するための，ため池が多くみられる。その理由として，1年を通して（　　）という特色があることや，大きな河川がないことなどがあげられる。

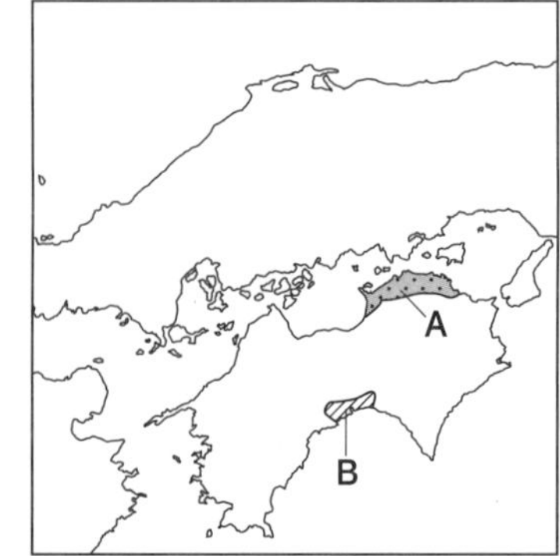

> **入試情報** 特定の地方に属する複数の地域の比較や２つ以上の地方を比較する出題が多い。各地方ごとの自然，工業，農業の特徴をおさえておこう。

思考力 (2) 地図中のＢは，高知平野を示している。ここでは野菜などの促成栽培がさかんであり，時期を早めて市場に出荷している。時期を早める理由を，「供給量」「価格」の語句を用いて説明せよ。

（　　　　　　　　　　　　　　　　　　　　）

資料１　中国・四国地方の県別の人口密度（2019年）

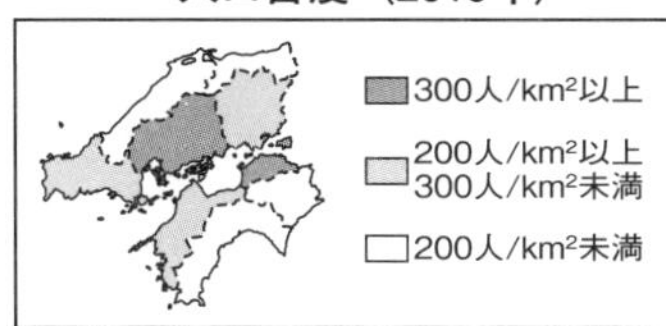

(3) **資料１**をみて，人口密度が300人 /km²以上の県をすべて答えよ。（　　　　　　）

差がつく (4) **資料１**と**資料２**をみて，人口密度と第一次産業就業者数の割合の関係について，読み取れることを書け。

（　　　　　　　　　　　　　　　　　　　　）

資料２　中国・四国地方の県別の第一次産業就業者数の割合

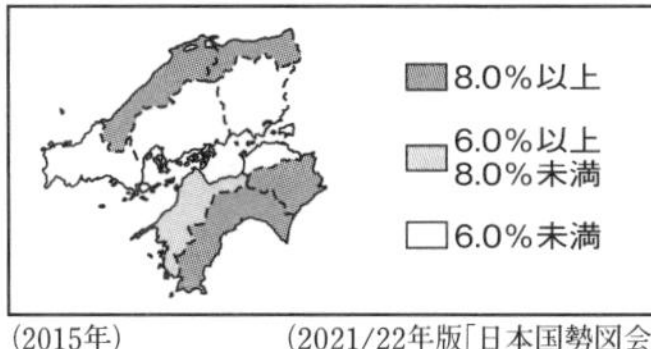

(2015年)　　(2021/22年版「日本国勢図会」)

3　次の問いに答えなさい。

〈三重県・改〉（(1)5点，(4)8点，他6点×3）

(1) 右の資料は，北海道地方，関東地方の農業産出額の内訳であり，Ａ～Ｄは，米，野菜，畜産，果実のいずれかを示したものである。Ａにあてはまる農産物としてもっとも適切なものはどれか。次から１つ選び，記号で答えよ。（　　）

ア　米　　イ　野菜　　ウ　畜産　　エ　果実

北海道地方 12,593（億円）：Ａ 58.3％，Ｂ 18.0，Ｃ 8.9，Ｄ 0.4，その他 14.4（2018年）

関東地方 16,787（億円）：Ｂ 38.0％，Ａ 30.6，Ｃ 17.2，Ｄ 3.6，その他 10.6

(2021年版「データでみる県勢」)

(2) 次の文中の空欄にあてはまる，民族の名称を答えよ。（　　　　　）

> ・北海道という名称は，三重県出身の松浦武四郎が「北加伊道」と提案したことによる。
> ・武四郎が提案した「北加伊道」という名称は，この地の先住民である（　　）民族を指す古いことばが「カイ」であるという話を，天塩川を調査した際に地元の古老から聞いたことによる。
>
> (「三重の文化 郷土の文化編」など)

(3) ブナの原生林が広がり，1993年に世界自然遺産として登録された山地を右の地図中のａ～ｄから１つ選び，記号とその名称を答えよ。

記号（　　　）　名称（　　　　　　）

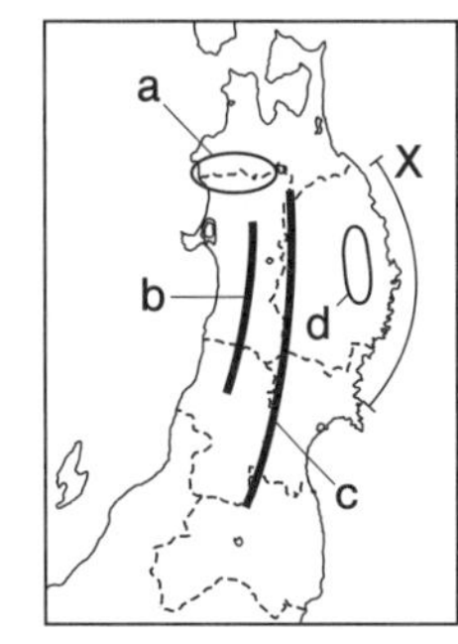

よく出る (4) 地図中のＸの地域の沖合いは，プランクトンが豊富でよい漁場になっている。その理由を海流に着目して説明せよ。

（　　　　　　　　　　　　　　　　　　　　）

06 歴史 古代までの日本

解答 別冊 p.05
時間 30分

得点
/100点

1 四大文明について，右の地図をみて，次の問いに答えなさい。

〈千葉県・改〉（(4)7点，他5点×5）

(1) チグリス川，ユーフラテス川の流域で文明が発達した。その場所として適切なものを，地図中のア～エから1つ選び，記号で答えよ。また，ここで栄えた古代文明を何というか答えよ。

記号（　　　）

文明（　　　）

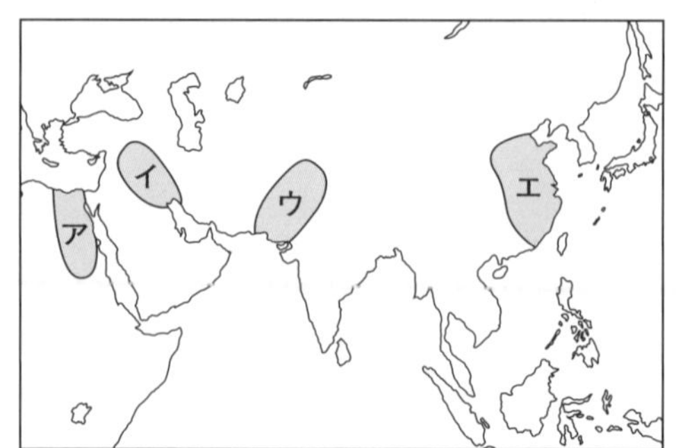

(2) 地図中のエの地域に栄えた国では，占(うらな)いによって政治が行われ，その占いの内容や結果は現在の漢字のもとになった右の資料のような文字で書かれた。この文字を何というか答えよ。

（　　　）

(3) 地図中のエの地域で，紀元前221年にこの地域を統一した国の名称(めいしょう)と，統一した人物名を答えよ。　国（　　　）　人物（　　　）

思考力

(4) 地図中の文明は，いずれも大河流域に発達することが多いが，その理由を説明せよ。

（　　　）

2 次の文を読んで，あとの問いに答えなさい。

〈佐賀県・改〉（(5)6点，他5点×4）

A	1世紀，奴国(なこく)の王が中国の皇帝(こうてい)から金印(きんいん)を授けられた。
B	3世紀，邪馬台国(やまたいこく)の女王が中国の皇帝から金印を授けられた。

(1) Aの文中の「中国」にあてはまるものを次から1つ選び，記号で答えよ。（　　　）

ア 殷(いん)　イ 後漢(ごかん)　ウ 周(しゅう)　エ 秦(しん)

(2) Aの金印は江戸(えど)時代に発見された。この金印が発見された府県を次から1つ選び，記号で答えよ。（　　　）

ア 京都府　イ 奈良県　ウ 福岡県　エ 大阪府

よく出る

(3) Bの文中の女王の名前を答えよ。（　　　）

(4) (3)の女王について述べた文として誤っているものを次から1つ選び，記号で答えよ。

ア 大和(やまと)の地方で，大王(おおきみ)とよばれていた。（　　　）

イ 神に仕え，まじないによって政治を行っていた。

ウ 中国の皇帝から「親魏倭王(しんぎわおう)」という称号があたえられた。

エ 30あまりの小さな国々を従えていた。

(5) Bは，3世紀ごろの日本のようすを記した中国の歴史書に記されている。この歴史書を何というか答えよ。（　　　）

入試情報 世界の原始，古代の出題は少ないが四大文明は要注意。また，律令政治の流れと荘園の発達は長い期間にわたるので，整理しておこう。

3 右の年表をみて，次の問いに答えなさい。

〈香川県・改〉（(4)7点，他6点×4）

年	できごと	
593	①聖徳太子が摂政となる	
		↕A
618	唐が建国される	
		↕B
645	大化の改新が始まる	
		↕C
672	壬申の乱がおこる	
		↕D
701	②大宝律令が定められる	
		↕E
710	平城京に都を移す	

(1) 下線部①について，聖徳太子は何天皇の摂政であったか答えよ。

（　　　　　　）

(2) 聖徳太子は小野妹子を使いとして中国に送った。このときの中国の王朝を答えよ。

（　　　　　　）

(3) 倭(日本)の軍が新羅・唐の連合軍と朝鮮半島で戦った白村江の戦いでの敗戦は，中大兄皇子が国内改革をすすめるきっかけとなった。この白村江の戦いがおこったのは，年表中のA～Eのどの時期か。1つ選び，記号で答えよ。　（　　　）

(4) 年表中の下線部②について，大宝律令が定められるとあるが，律令国家のもとで地方はどのように治められたか。「中央」「国司」の2つの語句を用いて説明せよ。

（　　　　　　　　　　　　　　　　　　　　　　　　　　　　）

(5) わが国の古代の文化について述べた次のア～エのうち，下線部が誤っているものはどれか。次から1つ選び，記号で答えよ。　（　　　）

ア　大和政権の時代，朝鮮半島や中国から移り住んだ渡来人が，漢字を伝えた。

イ　律令国家の成立とともに，『古事記』や『日本書紀』といった歴史書がつくられた。

ウ　『風土記』には，天皇や貴族だけでなく，庶民や防人がつくった歌もおさめられた。

エ　漢字から変形した仮名文字を使った『古今和歌集』が編集されるなど，国風文化が栄えた。

4 次の問いに答えなさい。

〈愛媛県・改〉（(1)5点，(2)6点）

(1) 桓武天皇が都を現在の京都市に移して政治を行ったころの，わが国のできごとについて述べた文として適切なものを次から1つ選び，記号で答えよ。　（　　　）

ア　日本は百済を助けるために，新羅に対して大軍を送った。

イ　都に東大寺が建立され，金銅の大仏がつくられた。

ウ　前方後円墳がつくられるようになり，巨大な大仙古墳が築かれた。

エ　朝廷は，東北地方の蝦夷に対して大軍を送り，勢力を広げた。

(2) 平安時代の後半におこった次のア～エのできごとを，古い順にならべよ。

（　　　→　　　→　　　→　　　）

ア　白河上皇が院政を始めた。　　イ　藤原道長が摂政になった。

ウ　平清盛が太政大臣になった。　エ　保元の乱，平治の乱がおこった。

07 歴史 武家政治の展開

解答 別冊 p.06
時間 30分

得点 ／100点

1 右の年表をみて，次の問いに答えなさい。

〈茨城県・改〉（(1)(7)9点×2，他6点×5）

年	できごと
1192	①源頼朝が征夷大将軍となる
1221	②承久の乱がおこる
1232	③御成敗式目が制定される

(1) 鎌倉時代の将軍と御家人の関係について，御家人たちは将軍からの「御恩」に対して「奉公」にはげんだ。御家人たちは「奉公」としてどのようなことを行ったか。具体的に１つ書け。

（　　　　）

ミス注意 (2) 下線部①に関連して，鎌倉幕府における守護の説明として適切なものを次から１つ選び，記号で答えよ。（　　）

ア　国ごとにおかれ，軍事・警察や御家人の統率にあたった。

イ　荘園や公領ごとにおかれ，その管理や年貢の取り立てにあたった。

ウ　京都の警備や朝廷の監視などにあたった。

エ　訴訟の処理や裁判のしごとにあたった。

(3) 下線部①に関連して，次の文中の空欄にあてはまる語句を答えよ。（　　）

> 源氏の将軍が３代で途絶えたあと，北条氏による（　　）政治が行われた。

(4) 下線部②について，朝廷の権力の回復をめざして，この乱をおこした上皇の名前を答えよ。（　　）

(5) 下線部②について，この挙兵の結果について述べたものを次から１つ選び，記号で答えよ。（　　）

ア　上皇側が勝ったが，武士との関係が悪くなり，南北朝の分裂がおこった。

イ　幕府側が勝ったが，生活に苦しむ御家人の反感が強まり，幕府は衰えた。

ウ　幕府側が勝ち，朝廷を監視するために，京都に六波羅探題をおいた。

エ　上皇側が勝ち，上皇がみずから政治を行う政治のしくみが復活した。

(6) 下線部③について，御成敗式目を定めたのはだれか答えよ。（　　）

思考力 (7) 下線部③について，次の資料は御成敗式目について書かれた手紙の一部の要約である。御成敗式目はどのようなことを定めた法律か。資料を参考にして説明せよ。

（　　　　）

> ところでこの御成敗式目は何を根拠として制定したものかと，京都の公家たちが非難するかもしれない。そのとおりこれといった中国の書籍によったわけではなく，ただ武家社会の道理を書き記したものである。こうした規定を前もって制定しておかないと，幕府の裁判において事実の真理によらず，原告と被告の力のちがいによって判決がなされたり，以前の判決の例を無視して裁判がおこされたりすることがある。

入試情報 承久の乱，元寇，応仁の乱など，時代の節目になったできごとがポイント。室町時代では，生活や産業など経済にも注意しよう。

2 次の資料をみて，あとの問いに答えなさい。

〈和歌山県・改〉（(4)8点，他6点×3）

元軍は，中国や朝鮮半島だけでなく，日本も従えようとして二度にわたって攻めてきた。右の絵は，そのときのようすをえがいたものである。御家人たちは命をかけて戦い，これをしりぞけたが，戦いののち，幕府への不満を強めていった。

(1) このできごとは何とよばれるか答えよ。（　　　　）

(2) このときの元軍と日本軍の戦い方の説明として適切なものを次から1つ選び，記号で答えよ。（　　　）

ア　元軍は馬に乗って戦った。　イ　日本の武士は「てつはう」という武器を使った。

ウ　元軍は刀を用いて攻撃した。　エ　日本の武士は一騎打ち戦法をとった。

(3) 日本を襲ったころ，元を支配していたのはだれか。次から1つ選び，記号で答えよ。

ア　チンギス・ハン　イ　フビライ・ハン（　　　）

ウ　ナポレオン　エ　始皇帝

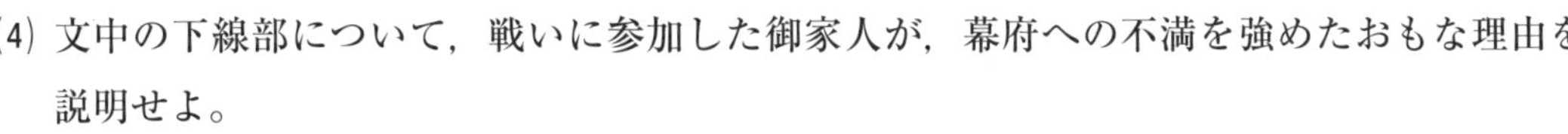

差がつく (4) 文中の下線部について，戦いに参加した御家人が，幕府への不満を強めたおもな理由を説明せよ。

（　　　　　　　　　　　　　　　　　　　　）

3 次の文を読んで，あとの問いに答えなさい。

〈岐阜県・改〉（(2)8点，他6点×3）

鎌倉幕府の滅亡後は，南北朝の動乱が続いたが，室町幕府の3代将軍の足利義満が動乱をおさめ，のちに①明との貿易を開始した。しかし，②8代将軍の足利義政のときに応仁の乱が始まり，戦乱は京都から全国に広がっていった。

(1) 下線部①について，合い札の証明書を用いたことから，この明との貿易を何というか答えよ。（　　　　）

(2) 下線部①の明との貿易において，合い札の証明書が用いられた目的を簡潔に説明せよ。

（　　　　　　　　　　　　　　　　　　　　）

(3) 明との貿易が行われていたころ，商人や手工業者は同業者ごとに団体をつくり，貴族や寺社の保護をうけ，営業を独占していた。その団体を次から1つ選び，記号で答えよ。

ア　馬借　イ　寄合　ウ　座　エ　町衆（　　　）

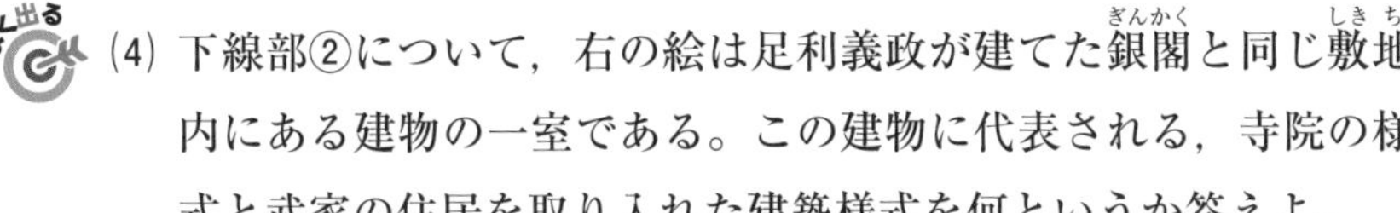

よく出る (4) 下線部②について，右の絵は足利義政が建てた銀閣と同じ敷地内にある建物の一室である。この建物に代表される，寺院の様式と武家の住居を取り入れた建築様式を何というか答えよ。

（　　　　）

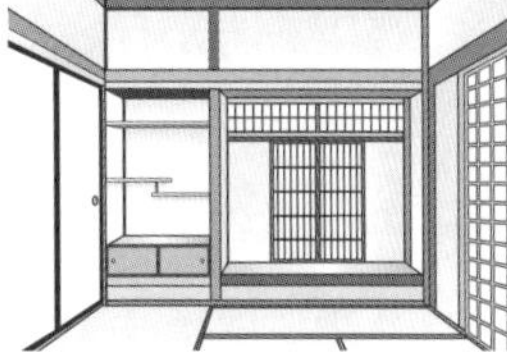

08 歴史 全国統一と江戸幕府

解答 別冊 p.06
時間 30分

得点 /100点

1 次の文を読んで，あとの問いに答えなさい。

〈沖縄県・改〉（(2)8点，他6点×3）

15世紀末になると，①ヨーロッパ人がさかんにアジアへ進出するようになった。一方，日本では16世紀中ごろ，ポルトガル人を乗せた船が(　　)に流れ着き，鉄砲(てっぽう)が伝えられた。また，②宣教師ザビエルが鹿児島に上陸し，日本で布教活動を行った。

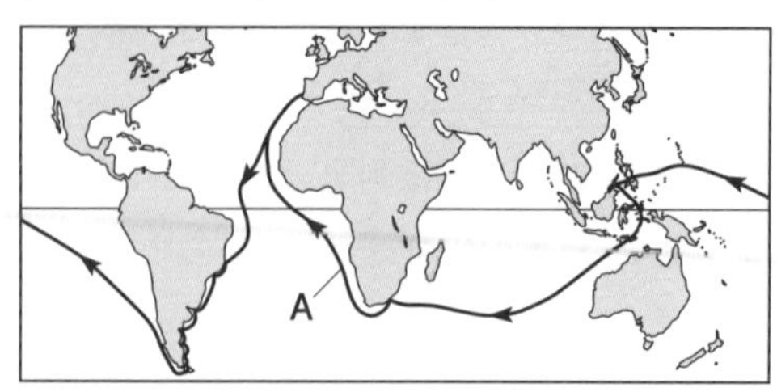

(1) 下線部①について，右の図の新航路Aを開拓(かいたく)した人物を次から1つ選び，記号で答えよ。

ア　バスコ・ダ・ガマ　(　　)
イ　マゼラン一行
ウ　マルコ・ポーロ
エ　コロンブス

(2) ヨーロッパ人が新航路を開拓し，アジアに進出した目的を簡潔に説明せよ。
(　　)

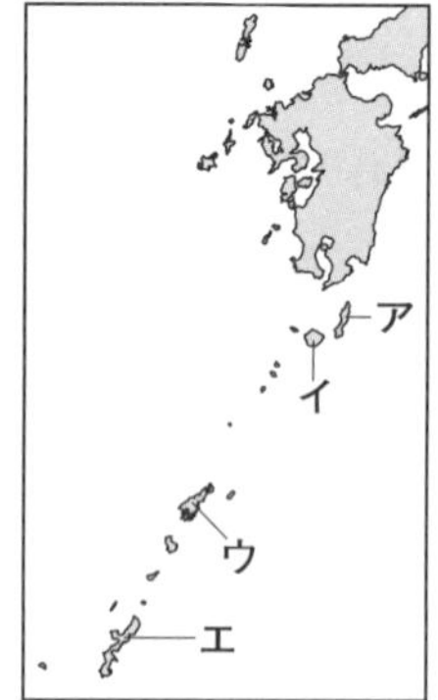

(3) 文中の空欄(くうらん)にあてはまる島の位置を，右の地図中のア～エから1つ選び，記号で答えよ。　(　　)

(4) 下線部②について，これと関連が深い世界の動きについて説明した文として適切なものを次から1つ選び，記号で答えよ。　(　　)

ア　宗教改革に対抗して，カトリック教会の立て直しをめざす動きがあらわれた。
イ　清(しん)では太平天国(たいへいてんごく)による反乱が広がり，この混乱に乗じてイギリスなどが北京(ペキン)を占領(せんりょう)した。

ウ　大河のほとりで農耕や牧畜(ぼくちく)が発達し，やがて神殿(しんでん)や宮殿をもつ都市が生まれた。
エ　宋(そう)を滅(ほろ)ぼし中国全土を支配した元(げん)には，ヨーロッパからも宣教師や商人が訪れた。

2 次の問いに答えなさい。

〈滋賀県・改〉（(1)9点，他7点×4）

(1) 右の資料は，豊臣秀吉(とよとみひでよし)が武士以外の者から武器を取り上げる目的で出した法令である。この目的を説明せよ。

> 一．諸国の百姓(ひゃくしょう)が，刀，わきざし，弓，やり，鉄砲，その他の武具を所持することを，固く禁止する。
>
> （『小早川家文書』より一部要約）

(　　)

(2) 豊臣秀吉が行った，田畑の面積や収穫高(しゅうかくだか)を調べた政策を何というか答えよ。
(　　)

(3) (1)と(2)の政策により，豊臣秀吉は武士と農民の区別を明らかにした。このことを何というか，漢字4字で答えよ。　(　　)

入試情報　世界の歴史の問題が単独で出題されることは少ない。同じころの日本のできごとに注意する。幕府の改革は，人物と政策，時期をおさえておこう。

(4) 織田信長や豊臣秀吉が活躍していたころ栄えた文化の特色を次から１つ選び，記号で答えよ。（　　）

ア　日本の風土に合った貴族の文化　　イ　禅宗の影響をうけた簡素な文化
ウ　武士中心の素朴で力強い文化　　エ　新興の大名や豪商による雄大な文化

(5) 織田信長や豊臣秀吉に起用され，ふすま絵や屏風絵などの制作に技量を発揮した画家はだれか。次から１つ選び，記号で答えよ。（　　）

ア　歌川広重　　イ　葛飾北斎　　ウ　狩野永徳　　エ　喜多川歌麿

3　右の年表をみて，次の問いに答えなさい。

〈石川県・改〉（(4)９点，他７点×４）

世紀	できごと
17	徳川家光が鎖国を完成させる
	↕A
19	①水野忠邦が政治改革を行う

(1) 鎖国中，日本で唯一ヨーロッパの国との貿易が認められた長崎の人工島を何というか答えよ。（　　）

(2) 鎖国中，幕府が対馬藩を通じて国交を結んでいた国を次から１つ選び，記号で答えよ。（　　）

ア　朝鮮　　イ　琉球王国　　ウ　中国　　エ　イギリス

ミス注意 (3) Aの時期に行われた経済政策について，右の表のようにまとめた。表の各欄には次のア～クのいずれか１つがあてはまる。X，Yにあてはまるものを１つずつ選び，記号で答えよ。　X（　　）Y（　　）

年代の古い順	人物	経済政策
1		
2		Y
3	X	
4		

ア　田沼意次　　イ　徳川綱吉
ウ　松平定信　　エ　徳川吉宗
オ　旗本や御家人を生活苦から救うため，町人からの借金を帳消しにした。
カ　財政再建のため，年貢率を引き上げた。
キ　質の悪い貨幣を大量に発行して，歳入の増加をはかった。
ク　海産物を輸出し金銀を輸入するなど，長崎貿易を拡大した。

思考力 (4) 次の資料は，下線部①で株仲間の解散が命じられたことを示すものである。水野忠邦は，株仲間の解散でどのような経済効果を期待したのか。「物価」の語句を用いて説明せよ。

> すべてどこの国から出荷されたどんな品にしても，素人が直接売買することは自由である。かつまた諸国の国産品，そのほかすべて江戸へ送ってきた品々も，問屋に限らず，それぞれ出入りの商人が引き受け売りさばくこともこれまた自由であるので，心得ること。

（　　　　　　　　）

歴史

日本の近代化

解答 別冊 p.07
時間 30分

得点
／100点

1 次の文を読んで，あとの問いに答えなさい。

〈静岡県・改〉（⑶10点×２，他６点×３）

> 1853年，４隻の軍艦を率いて浦賀に入港したペリーは，開国を求める国書を幕府に差し出した。翌年，幕府は再び来航したペリーと①日米和親条約を結び，さらに，1858年には，②日米修好通商条約を結んだ。

⑴ 下線部①の条約には，日本がアメリカに対して２つの港を開くことが記されていた。この条約で開かれることになった港を，右の地図中のア～オから２つ選び，記号で答えよ。

（　　　）（　　　）

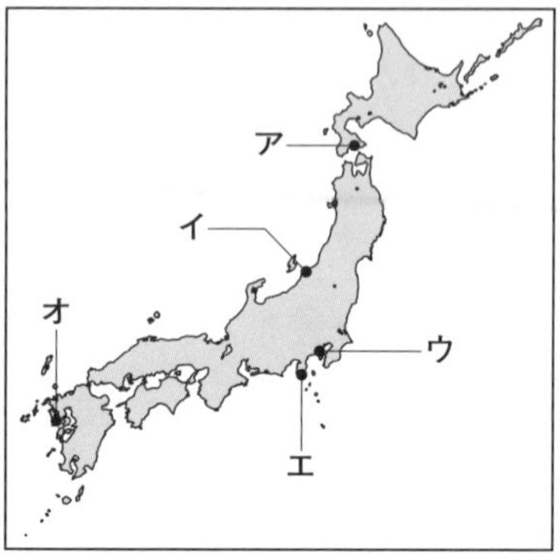

⑵ 下線部②の条約を幕府が勝手に結んだため，急速に広まった運動を何というか答えよ。

（　　　　　）

思考力 ⑶ 下線部②の条約は，わが国にとって不平等な内容をふくんでいた。不平等な内容を２つ書け。

（　　　　　　　　　　　　　　　　　　　　）
（　　　　　　　　　　　　　　　　　　　　）

2 次の問いに答えなさい。

〈埼玉県・改〉（⑴７点，⑵10点）

⑴ 右のグラフは，幕末における日本の輸出を示したものである。また，下の文はグラフをもとに，幕末における輸出と明治政府の殖産興業政策をまとめたものである。AとBにあてはまる語句の組み合わせとして，適切なものをあとから１つ選び，記号で答えよ。

（　　）

> 幕末における最大の貿易港は，輸出額に占める割合がもっとも多い（　A　）で，おもな輸出品は（　B　）であった。江戸幕府がたおれると，明治政府は殖産興業をすすめようと，はじめての鉄道を新橋と（　A　）との間に敷いたり，群馬県の官営模範工場で（　B　）を生産したりした。

ア　A：神戸　B：生糸　　イ　A：神戸　B：綿織物
ウ　A：横浜　B：生糸　　エ　A：横浜　B：綿織物

輸出額における各港が占める割合

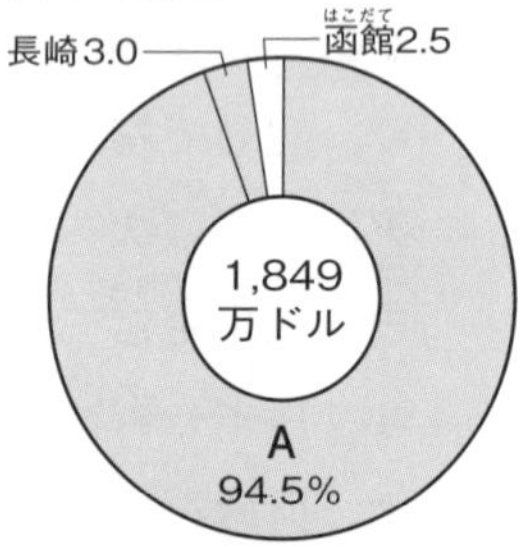

輸出品の内訳

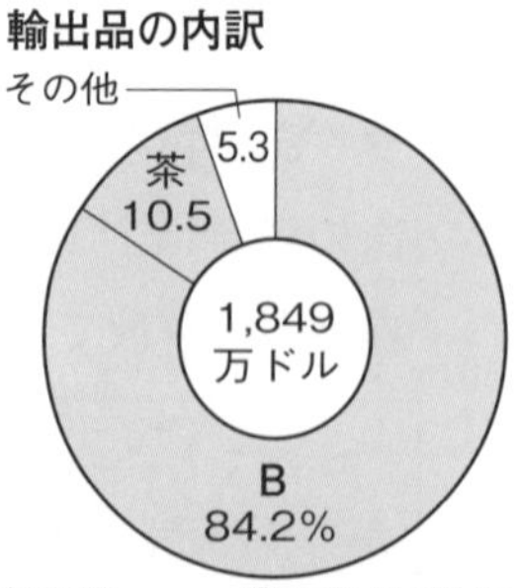

（1865年）　（「日本経済史3」ほか）

⑵ 徳川慶喜が行った大政奉還とは何か。「朝廷」「政権」の２つの語句を用いて説明せよ。

（　　　　　　　　　　　　　　　　　　　　）

入試情報　明治時代は出題率が高い。特に自由民権運動と憲法制定や，日清戦争・日露戦争と条約改正などが重要。教科書の地図や写真もチェックしよう。

3

右の写真は，明治時代初めに派遣(はけん)された岩倉(いわくら)使節団に参加した政府の有力者を写したものである。次の問いに答えなさい。　〈福島県・改〉（(2)10点，他7点×2）

(1) この使節団に参加した人物について述べたものを次から1つ選び，記号で答えよ。また，その人物名を答えよ。

記号（　　　）　人物（　　　　　）

ア　憲法制定に力を尽(つ)くし，初代内閣総理大臣となった。

イ　民撰(みんせん)議院設立の建白(けんぱく)書を政府に提出し，立志社(りっししゃ)を結成した。

ウ　鹿児島の士族らにおされ西南(せいなん)戦争を指揮したが，敗れて自害した。

(2) この使節団が派遣されたおもな目的は，欧米(おうべい)の政治や産業を視察することのほかにもう1つあった。それは何か説明せよ。

（　　　　　　　　　　　　　　　　）

4

右の年表をみて，次の問いに答えなさい。　〈大分県・改〉（7点×3）

年	できごと
1889	①大日本帝国(ていこく)憲法が発布される
1894	②日清(にっしん)戦争が始まる
1904	③日露(にちろ)戦争が始まる

(1) 下線部①の大日本帝国憲法についての説明のうち，誤っているものを次から1つ選び，記号で答えよ。　（　　　）

ア　憲法は，天皇が国民にあたえるという形で発布された。

イ　憲法では，帝国議会は国権の最高機関と位置づけられた。

ウ　憲法では，天皇が国の元首として統治すると定められた。

エ　憲法では，人権は天皇が恩恵(おんけい)によってあたえた権利とされた。

(2) 下線部②の日清戦争の引き金となったできごとを次から1つ選び，記号で答えよ。　（　　　）

ア　太平天国(たいへいてんごく)の乱　　イ　アヘン戦争

ウ　甲午(こうご)農民戦争　　エ　満州事変(まんしゅうじへん)

(3) 下線部③について，右の図は，そのころの日本をとりまく国際情勢について表したものである。図中のA，Bにそれぞれあてはまる国名の組み合わせとして適切なものを1つ選び，記号で答えよ。　（　　　）

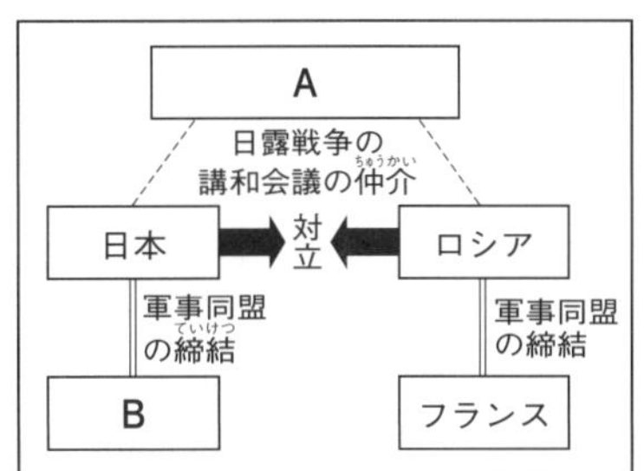

ア　A：イギリス　B：ドイツ

イ　A：イギリス　B：アメリカ

ウ　A：アメリカ　B：ドイツ

エ　A：アメリカ　B：イギリス

10 歴史 二度の世界大戦と日本

解答 別冊 p.08
時間 30分

得点 /100点

1 第一次世界大戦について，次の問いに答えなさい。

〈静岡県・改〉（(4)9点，他5点×5）

(1) 右の図は，第一次世界大戦の原因となった対立関係を表したものである。A，Bにあてはまる国名を答えよ。　A(　　　　) B(　　　　)

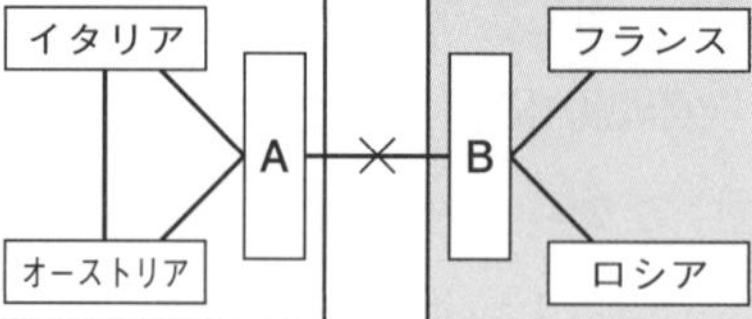

ミス注意 (2) 第一次世界大戦の説明として誤っているものを次から1つ選び，記号で答えよ。　(　　)

ア　オーストリア皇太子夫妻の暗殺事件がきっかけで始まった。

イ　日本は，中国政府に対して二十一か条の要求を行った。

ウ　インドなどの植民地の人々も，兵士として戦場に動員された。

エ　講和会議が開かれ，その際にワシントン条約が結ばれた。

(3) 日本が連合国側として参戦する理由とした同盟は何か答えよ。　(　　　　)

(4) 国際連盟が設立された理由を，「第一次世界大戦」の語句を用いて簡潔に書け。

(　　　　　　　　　　　　　　　　)

(5) 第一次世界大戦がおきた大正(たいしょう)時代の日本の文化や人々の生活について，適切なものを次から1つ選び，記号で答えよ。　(　　)

ア　白黒テレビ，電気洗たく機，電気冷蔵庫などの家庭電化製品が普及(ふきゅう)し，くらしが便利になった。

イ　学制の公布により教育制度が整い，福沢諭吉(ふくざわゆきち)の『学問のすゝ(す)め』が影響(えいきょう)をあたえた。

ウ　洋装，肉食などが流行し，都市では洋風の建物が建てられ，ガス灯がともった。

エ　発行部数が100万部をこえる新聞や，ラジオ放送の開始など，大衆文化が広まった。

2 アジアにおける独立運動について，次の問いに答えなさい。

〈愛知県・改〉（5点×3）

(1) 右の写真の人物は，イギリスの植民地支配に対抗してアジアで活動していた指導者である。この人物について述べた次の文中のA，Bにあてはまる語句を，それぞれ漢字2字で答えよ。　A(　　　　) B(　　　　)

> 祖国の独立をめざして，非(　A　)・非協力・不(　B　)を提唱するとともに，国産品の使用をすすめるなどの運動を展開した。

(2) パリ講和会議で日本の中国における権益の拡大が認められたことから，1919年に中国でおこった事件または運動は何か。次から1つ選び，記号で答えよ。　(　　)

ア　二(に)・二六(にろく)事件　　イ　三(さん)・一(いち)独立運動

ウ　五(ご)・一五(いちご)事件　　エ　五(ご)・四(し)運動

入試情報 入試では，第一次世界大戦後の世界や日本の情勢がよく出る。大戦後の国際体制が，第二次世界大戦へ向けてどのように変化したのかを理解しておこう。

3 世界恐慌について，次の問いに答えなさい。

〈愛媛県・改〉（(1)6点，(2)9点）

(1) 次のア～エは，1900年から1960年の間におきたわが国のできごとである。世界恐慌が始まった年ともっとも近い年におきたできごとを1つ選び，記号で答えよ。（　　）

ア 米騒動の直後，原敬を内閣総理大臣とする政党内閣が成立した。

イ 日ソ共同宣言が調印され，ソ連との国交が回復した。

ウ ポーツマス条約により北緯50度以南の樺太をゆずりうけた。

エ 満25歳以上の男性に選挙権をあたえる普通選挙法が成立した。

思考力 (2) 世界恐慌に対して，イギリスはどのような経済政策をとったか。「植民地」「外国の商品」の2つの語句を用いて説明せよ。

（　　）

4 右の年表をみて，次の問いに答えなさい。

〈青森県・改〉（6点×6）

年	できごと
1931	①満州事変がおこる
1937	②日中戦争が始まる
1945	ポツダム宣言が受諾される
	↕ A
1952	③日本が独立を回復する

(1) 下線部①について，日本の軍部(関東軍)は，中国の鉄道の一部を爆破し，軍事行動を開始した。この鉄道を何というか答えよ。（　　）

(2) 下線部②の日中戦争が長引くことにより，国家予算の大部分が軍事費にあてられるようになった。日中戦争が始まった翌年に定められた，政府が国民生活全体を統制できる法律を何というか答えよ。（　　）

(3) 次の資料は，ある新聞記事の一部である。この記事が開戦を伝えている戦争を何というか答えよ。（　　）

> 9か月にわたる対米交渉にもかかわらず，アメリカ政府は戦争の準備をしている。そこで，政府は，12月8日午前8時半に，交渉の打ち切りを発表し，アメリカ・イギリスと戦闘状態に入った。

(4) Aの時期におきた日本のできごととして誤っているものを次から1つ選び，記号で答えよ。（　　）

ア 教育基本法の公布　　イ 労働組合法の公布

ウ 農地改革の実施　　エ 国際連合への加盟

よく出る (5) 下線部③の前年に，日本がアメリカなど48か国と結んだ条約を何というか答えよ。

（　　）

(6) 下線部③の前年に結んだ条約によって，1972年までアメリカの統治下におかれたのは現在の何県か答えよ。（　　）

11 公民 現代社会と民主政治

解答 別冊 p.08
時間 30分

得点 /100点

1 次の問いに答えなさい。

〈群馬県・改〉（(1)6点，(2)10点）

(1) 高度経済成長期の日本のようすとして適切なものを次から1つ選び，記号で答えよ。

ア　冷蔵庫や洗たく機などの家庭電化製品が広く普及(ふきゅう)した。　（　　）

イ　ラジオ放送が始まり，新聞とならぶ情報源となった。

ウ　インターネット，Eメールを利用し，世界各地と情報交換(こうかん)ができるようになった。

エ　土地や株の価格が異常に上がるバブル経済がおこり，利益をあげる企業(きぎょう)が増えた。

差がつく (2) 右の図は，ある施設(しせつ)の受付を待つ客のならび方のルールを表したものである。このルールは，どのような考えにもとづいて合意されているか。「効率」と「公正」の観点をふまえて説明せよ。

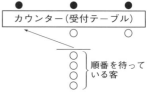

（　　　　　　　　　　　　）

受付を待つ客のならび方のルール
●店員　○客
カウンター（受付テーブル）
順番を待っている客

2 次の文を読んで，あとの問いに答えなさい。

〈長野県・改〉（7点×2）

17世紀以降，自由で（　A　）な社会の実現をめざした近代革命がおこり，フランスでは革命中に（　B　）が出された。第一次世界大戦後には，ドイツのワイマール憲法で，生存権をふくむ（　C　）が保障された。

(1) 文中のA～Cにあてはまる語句の組み合わせとして適切なものを次から1つ選び，記号で答えよ。　（　　）

ア　A：民主的　B：独立宣言　C：社会権　　イ　A：平等　B：人権宣言　C：社会権

ウ　A：豊か　B：人権宣言　C：請願権(せいがん)　　エ　A：基本的　B：独立宣言　C：請願権

(2) 下線部について，この革命に影響(えいきょう)をあたえた人物と，その著書の組み合わせとして適切なものを次から1つ選び，記号で答えよ。　（　　）

ア　モンテスキュー：『統治二論』　　イ　ルソー：『法の精神』

ウ　モンテスキュー：『社会契約(けいやく)論』　　エ　ルソー：『社会契約論』

3 次の文を読んで，あとの問いに答えなさい。

〈福井県・改〉（(2)10点，他7点×6）

日本国憲法は，①国の最高法規である。この憲法は，国民主権，（　　）主義，②基本的人権の尊重を三大原則としている。また，天皇については③国事行為(こくじこうい)を行うと規定されている。

よく出る (1) 文中の空欄(くうらん)にあてはまる語句を答えよ。　（　　）

(2) 下線部①について，憲法と法律や命令の関係を「効力」の語句を用いて，「憲法に違反(いはん)する」の書き出しに続けて書け。

（憲法に違反する　　　　　　　　　　）

入試情報	日本国憲法の3つの基本原理は，最重要事項。おもな基本的人権の内容や選挙区・選挙権など，ポイントをしぼって理解するようにしよう。

(3) 下線部②について定めた次の日本国憲法のA，Bにあてはまる語句を，あとのア～カから1つずつ選び，記号で答えよ。 A(　　) B(　　)

> 第11条　(前略)この憲法が国民に保障する基本的人権は，侵(おか)すことのできない(　A　)の権利として，現在及(およ)び将来の国民に与(あた(え))へられる。
> 第13条　すべて国民は(　B　)として尊重される。(後略)

ア　特権　　イ　幸福追求　　ウ　個人　　エ　権利　　オ　永久　　カ　努力

(4) 自由権についてもっとも適切なものを次から1つ選び，記号で答えよ。 (　　)

ア　原則として，現行犯の場合を除いては，令状がなければ逮捕(たいほ)されない。
イ　養育する子どもに対して普通教育を受けさせる義務を負っている。
ウ　勤労者の団結権，団体交渉(こうしょう)権，団体行動権が認められている。
エ　家族生活において，夫婦は，同等の権利があることを基本としている。

(5) 下線部③について，天皇の国事行為として**あてはまらない**ものを次から1つ選び，記号で答えよ。 (　　)

ア　国会の召集(しょうしゅう)　　イ　衆議院の解散　　ウ　国会議員の総選挙の公示
エ　条約の承認　　オ　栄典の授与(じゅよ)

ミス注意 (6) 次のア～エは，日本国憲法の改正に関わるおもな手続きを表したものである。その流れを順にならべよ。 (　　→　　→　　→　　)

ア　衆議院・参議院それぞれの総議員の3分の2以上の賛成で可決する。
イ　天皇が国民の名において公布する。
ウ　国民投票を行い，有効投票の過半数の賛成を得る。
エ　国会が憲法改正の発議をする。

4 次の問いに答えなさい。

〈福島県・改〉(6点×3)

(1) 衆議院または参議院の選挙制度を説明した文として適切なものを次から1つ選び，記号で答えよ。 (　　)

ア　衆議院議員選挙では，比例代表で有権者が政党名または候補者名を書いて投票する。
イ　衆議院議員選挙では，同じ候補者が小選挙区と比例代表の両方に立候補できる。
ウ　参議院議員選挙では，選挙区よりも比例代表で選出される議員数が多い。
エ　参議院議員選挙では，議員の半数を選挙区と比例代表により2年ごとに改選する。

思考力 (2) 単独で内閣を組織し，政権を担当できる政党を，右の図中のA～D党から1つ選び，答えよ。 (　　)

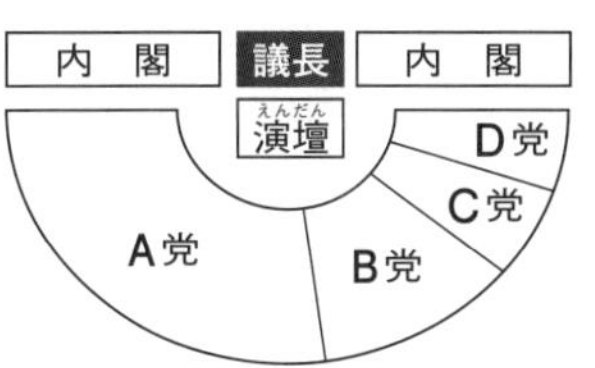

(3) 2つ以上の政党が政策で合意し，内閣を組織する政権を何というか答えよ。 (　　)

12 公民 日本の政治のしくみ

解答 別冊 p.09
時間 30分

得点　／100点

1 次の文は，国会にかかわる日本国憲法の条文の一部を示したものである。これについて，あとの問いに答えなさい。

〈岐阜県・改〉（(4)10点，他７点×４）

> 第41条　国会は，国権の(　A　)であって，国の唯一の立法機関である。
> 第42条　国会は，衆議院及び参議院の両議院でこれを構成する。
> 第43条　両議院は，全国民を(　B　)する選挙された議員でこれを組織する。

(1) A，Bにあてはまる語句を，それぞれ答えよ。　A(　　　　　)　B(　　　　　)

(2) 下線部について述べた文として適切なものを次から１つ選び，記号で答えよ。(　　　)

ア　衆議院議員，参議院議員ともに，被選挙権は25歳以上である。

イ　衆議院議員の任期は，参議院議員よりも長い。

ウ　両議院で議決が異なったとき，多くの場合で衆議院の優越が認められる。

エ　両議院とも解散制度があり，解散した場合は総選挙を行う。

よく出る (3) 国会のはたらきについて述べた文として適切なものを次から１つ選び，記号で答えよ。

ア　予算案を作成し，衆議院から先に審議し議決する。　(　　　)

イ　弾劾裁判を行い，国会議員をやめさせるかどうか判断する。

ウ　内閣総理大臣を任命，国務大臣を認証する。

エ　国政調査権をもち，証人をよんで質問することができる。

(4) 国会での議案の議決は，原則として多数決で行われる。多数決で決定する場合に，配慮されなければならないことを１つ書け。

(　　　　　　　　　　　　　　　　　　　　　　　　　　)

2 次の問いに答えなさい。

〈三重県・改〉（７点×２）

(1) 右の図は，衆議院解散後の新しい内閣が成立するまでの流れを示している。A～Cにあてはまる語句の組み合わせとして適切なものを次から１つ選び，記号で答えよ。　(　　　)

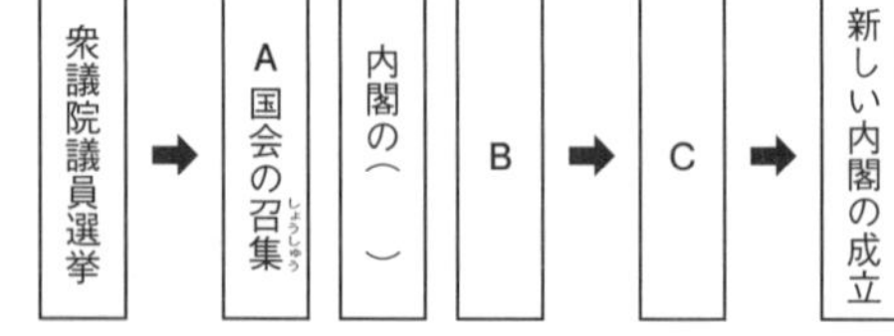

ア　A：特別　B：国務大臣の任命　C：内閣総理大臣の指名

イ　A：特別　B：内閣総理大臣の指名　C：国務大臣の任命

ウ　A：臨時　B：国務大臣の任命　C：内閣総理大臣の指名

エ　A：臨時　B：内閣総理大臣の指名　C：国務大臣の任命

(2) 内閣の国会に対する連帯責任について，衆議院で内閣不信任案が可決された場合，憲法上，内閣はどのような対応をとらなければならないか。空欄にあてはまる語句を答えよ。

(　　　　　　)

> 10日以内に衆議院が解散されない限り，内閣は(　　)をしなければならない。

入試情報　国会と内閣，裁判所は関連する部分が多い。三権分立の関係は出題率がとても高いので，それぞれの権限の区別をしっかりしておこう。

3 わが国の司法制度について，次の問いに答えなさい。〈滋賀県・改〉（(1)7点，(2)10点）

(1) 裁判官は，裁判を公正に行うために在任中の身分が保障されているが，裁判官を罷免することができるものを次から1つ選び，記号で答えよ。（　　）

ア 国会議員による弾劾裁判　イ 国民による解職請求(リコール)

ウ 内閣の助言と承認による国事行為　エ 最高裁判所による判決

差がつく (2) 司法制度改革の一環として2009年に始まった裁判員制度は，裁判にどのような効果があると期待されているか。「国民」の語句を用いて説明せよ。

（　　　　　　　　）

4 右の図は，わが国の政治のしくみを表したもので，権力の行き過ぎを防ぐはたらきを矢印で示したものである。これについて，次の問いに答えなさい。〈岩手県・改〉（(1)7点，(2)10点）

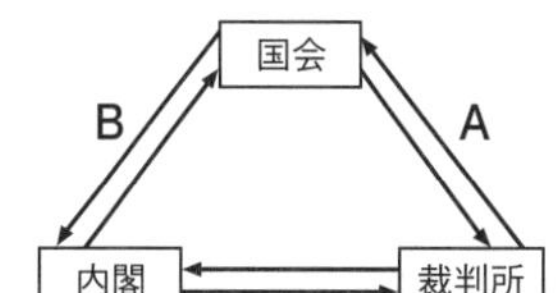

(1) 図中のAとBにあてはまる語句の組み合わせとして適切なものを次から1つ選び，記号で答えよ。（　　）

ア A：裁判官の弾劾　B：国会召集の決定

イ A：裁判官の弾劾　B：内閣不信任の決議

ウ A：法律の違憲審査　B：国会召集の決定

エ A：法律の違憲審査　B：内閣不信任の決議

思考力 (2) 図のように，国の政治組織を立法，行政，司法の三権に分けているのはなぜか。「濫用」の語句を用いて説明せよ。

（　　　　　　　　）

5 次の文を読んで，あとの問いに答えなさい。〈福島県・改〉（7点×2）

> 地方の政治は，その地域に住む住民の意思を代表する地方議会と首長によって運営される。地方議会は条例の制定や予算の議決などを，首長は予算の執行などを行う。
> また，住民には<u>条例の制定・改廃や議会の解散などを求める権利</u>が認められている。

(1) 地方議会と首長の関係を説明した文として適切なものを次から1つ選び，記号で答えよ。（　　）

ア 地方議会は，首長の不信任決議をすることができない。

イ 地方議会は，議員の中から首長を決定することができる。

ウ 首長は，地方議会を解散させることができない。

エ 首長は，地方議会の議決に対して再議を求めることができる。

(2) 下線部の権利をまとめて何というか答えよ。（　　）

13 公民 経済のしくみと国民生活

解答 別冊 p.10
時間 30分

得点 /100点

1 右の図は，家計，企業，政府の経済的な関係を表したものである。これをみて，次の問いに答えなさい。〈広島県・改〉（(4)(5)9点×2，他8点×3）

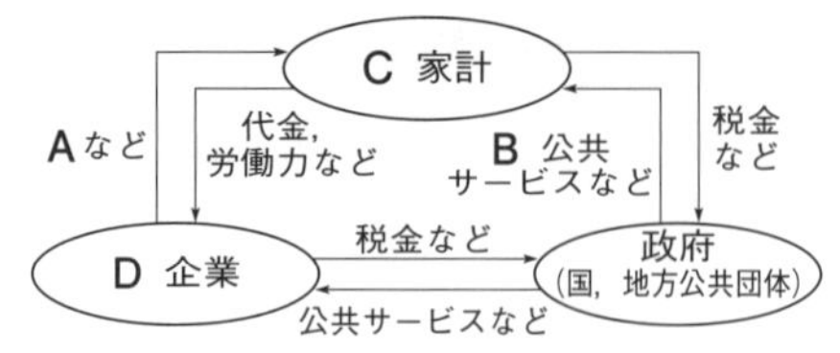

(1) 図中のAについて，家計が労働力と引き換えに企業からうけ取るものを次から1つ選び，記号で答えよ。（　　）

ア 賃金　イ 配当　ウ 資金　エ 利子

(2) 図中のBの公共サービスとして誤っているものを次から1つ選び，記号で答えよ。

ア 下水道の整備　イ 消防の活動　（　　）
ウ 雇用保険の運営　エ クレジットカードの発行

(3) 図中のCについて，家計の支出のうち消費支出にあてはまるものを次から1つ選び，記号で答えよ。（　　）

ア 銀行への預金　イ 食料品の購入　ウ 相続税の納入　エ 家賃の収入

(4) 図中のDについて，製品の欠陥により消費者が被害をうけた場合，企業が消費者に賠償しなければならないという法律を何というか答えよ。（　　）

(5) 商品が流通する流れの中で，商品を仕入れ，小売業に売る業種を何というか答えよ。
（　　）

2 次の問いに答えなさい。〈徳島県・改〉（(3)10点，他8点×4）

よく出る

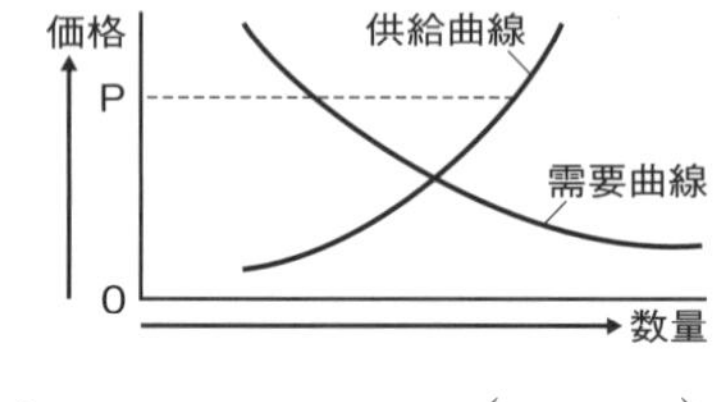

(1) 右の図は，ある商品の需要量・供給量と価格の関係を表したものである。商品の価格がPのときの状態について説明した次の文で，A～Cにあてはまる語句の組み合わせとして適切なものをあとから1つ選び，記号で答えよ。（　　）

> 価格がPのとき，（ A ）量が（ B ）量を上回っているので，その商品の価格は（ C ）していくと考えられる。

ア A：需要　B：供給　C：上昇　イ A：需要　B：供給　C：下落
ウ A：供給　B：需要　C：上昇　エ A：供給　B：需要　C：下落

(2) 需要と供給の関係で変化する価格に対し，国や地方公共団体が管理する価格として公共料金がある。公共料金として誤っているものを次から1つ選び，記号で答えよ。

ア 鉄道運賃　イ 映画料金　（　　）
ウ 介護報酬　エ 郵便料金

(3) 公共料金が国や地方公共団体によって管理されている理由を，「国民」の語句を用いて説明せよ。
（　　）

入試情報　家計，価格，物価や社会保障制度に関する基礎知識がよく出題される。さまざまな経済用語が出てくるので，それぞれの意味を確認しておこう。

(4) わが国の中央銀行である日本銀行は，景気を安定させるために金融政策を行っている。その内容として適切なものを次から1つ選び，記号で答えよ。（　　）

ア　減税や増税を行うことで，家計の消費活動を調節する。

イ　公共投資を増減させることで，企業の生産活動を調節する。

ウ　国債などを売買することで，市場に出回る通貨の量を調節する。

エ　社会保障制度を充実させることで，所得格差を調節する。

(5) 次のA～Dまでの文は，景気変動の局面を説明したものである。Aを出発点とした場合，B～Dまでを景気変動が生じる順にならべたものはどれか。適切なものをあとから1つ選び，記号で答えよ。（　　）

A　商品が売れ，物価が上昇し，企業は生産を拡大する。
B　消費が回復し，在庫がなくなり，企業は新しい投資を始める。
C　需要と供給のバランスが崩れ，生産過剰となる。
D　物価が下落し，企業は生産や投資を控える。

ア　A→B→C→D　イ　A→B→D→C　ウ　A→C→B→D

エ　A→C→D→B　オ　A→D→B→C　カ　A→D→C→B

3 次の文を読んで，あとの問いに答えなさい。

〈和歌山県・改〉（8点×2）

国民が納める税金には，①国に納める国税と，地方公共団体に納める地方税がある。また，税金を納める人と実際に負担する人が同じ場合の税金を直接税といい，ちがう場合の税金を間接税という。国の税金の使いみちでいちばん多いのは，②社会保障関係費である。

(1) 下線部①について，右の表はわが国のおもな税金を分類したものである。表中のA～Cにあてはまる語句の組み合わせとして適切なものを次から1つ選び，記号で答えよ。（　　）

	国税	地方税
直接税	所得税，A，相続税など	事業税，B，固定資産税など
間接税	消費税，C，関税など	地方消費税，入湯税など

ア　A：法人税　B：自動車税　C：酒税　イ　A：自動車税　B：法人税　C：酒税

ウ　A：自動車税　B：酒税　C：法人税　エ　A：法人税　B：酒税　C：自動車税

(2) 下線部②について，わが国の社会保障制度の柱の1つである「公的扶助」ともっとも関係のあるものを次から1つ選び，記号で答えよ。（　　）

ア　病気になったり，介護が必要になったりしたときに保険金を給付する。

イ　自立するのが困難な人たちの生活を保障し，その福祉を向上させる。

ウ　感染症の予防や，上下水道の整備，廃棄物の処理などを行う。

エ　生活に困っている人たちに対して，生活費や教育費を支給する。

社会
理科
数学
英語
国語

14 公民 国際社会と世界の平和

解答 別冊 p.11
時間 30分

得点　／100点

1 排他的経済水域について，次の問いに答えなさい。

〈福井県・改〉（(1)6点，(2)10点）

(1) 日本の排他的経済水域の範囲を表したものとしてもっとも適切なものを，右の図中のア～エから1つ選び，記号で答えよ。（　　）

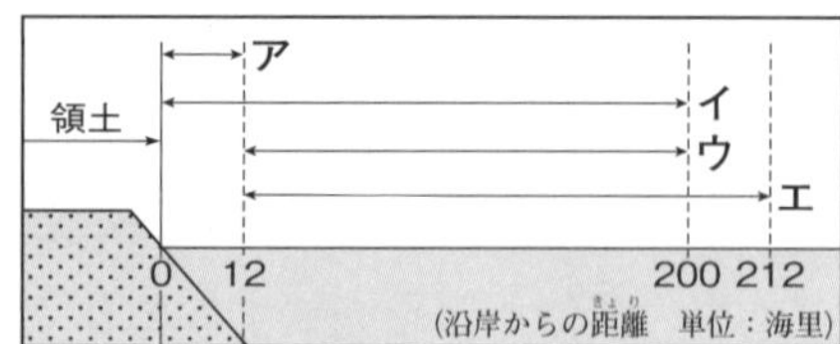

(2) 排他的経済水域とは，沿岸国にとって何ができる水域か説明せよ。

（　　　　　　　　　　　　　　　　　　　　　）

2 次の文を読んで，あとの問いに答えなさい。

〈埼玉県・改〉（(4)6点×2，他7点×4）

国際連合は，経済，社会，文化，環境，人権などの分野で，人々のくらしの向上をはかっている。国連の主要機関のうち，世界の平和と安全の維持に責任をもつのが（　　）である。ここでは，重要な議案は常任理事国のうち1国でも反対すると決定できないことになっている。

(1) 文中の空欄にあてはまる語句を答えよ。（　　　）

(2) 文中の下線部について，常任理事国のみがもつ，このような権限を何というか答えよ。

（　　　）

(3) 国際連合の専門機関の1つであるUNESCOについて述べた文として適切なものを次から1つ選び，記号で答えよ。（　　）

ア　世界各地の紛争地域で，停戦の監視などを行っている。

イ　世界遺産条約を制定し，世界遺産の登録や保護などに取り組んでいる。

ウ　発展途上国の経済発展を推進し，通貨や為替の安定に取り組んでいる。

エ　新型コロナウイルス対策のように，世界の人々の健康の維持と増進に奉仕している。

(4) 右の表は，国連加盟国数の地域別内訳の推移を示したものである。表中のア～エは，ヨーロッパ・旧ソ連，アフリカ，南北アメリカ，オセアニアのいずれかの地域である。このうち，ヨーロッパ・旧ソ連とアフリカにあてはまるものをそれぞれ1つずつ選び，記号で答えよ。

	地域	アジア	ア	イ	ウ	エ	総計
加盟国数	1945年	9	2	14	22	4	51
	1970年	29	3	27	26	42	127
	1995年	38	10	49	35	53	185
	2021年	39	14	51	35	54	193

（国連広報センター資料ほか）

ヨーロッパ・旧ソ連（　　）　アフリカ（　　）

(5) 下の文は，1948年に国際連合の総会において採択された宣言の一部である。この宣言を何というか，漢字で答えよ。（　　　）

第1条　すべての人は生まれながらに自由であって，その尊厳と権利とについては平等である。人間は道理をわきまえる才(理性)と良心とをもっており，たがいに同胞の精神をもって行動しなければならない。

入試情報　国際社会については国際連合，特に安全保障理事会のしくみが重要。国際情勢は，日ごろから新聞やニュースなどでも親しんでおこう。

3 国際社会について，次の問いに答えなさい。

〈新潟県・改〉（6点×4）

(1) 現在の国際社会では，ある一定の地域でまとまりをつくり，経済活動を行いやすいしくみをつくろうとする動きがある。このうち，右の地図中の▭で示した国によってのみ構成されているまとまりとして適切なものを次から1つ選び，記号で答えよ。（　　　）

ア　EU　　イ　ASEAN（アセアン）

ウ　APEC（エイペック）　　エ　MERCOSUR（メルコスール）

(2) 現在の国際社会においてみられる，先進工業国と発展途上国との間の経済格差や，そこから生じるさまざまな問題のことを何というか答えよ。（　　　）

(3) 国際社会におけるわが国の取り組みについて書かれた下の文で，下線部①，②について，それぞれの略称（りゃくしょう）として適切なものを，あとから1つずつ選び，記号で答えよ。

①（　　　）　②（　　　）

> わが国は，約160もの国や地域に対して①<u>政府開発援助（えんじょ）</u>を行っている。これらの援助はさまざまな分野にわたり，各地で大きな役割を果たしている。しかし，政府の援助では手が届きにくい分野においては，現地の人々のニーズをつかんで活動している②<u>非政府組織</u>とも協力しながら，援助を行う必要がある。

ア　IMF	イ　ILO	ウ　NPO	エ　WHO
オ　NGO	カ　GDP	キ　ODA	ク　WTO

4 次の資料は，地球温暖化に関する会議に出席したA～Dの国々の意見をまとめたものである。これについて，あとの問いに答えなさい。

〈長野県・改〉（5点×4）

> A　温暖化対策にともない石油消費量が減ると，経済的な損害をうける。気候変動への取り組みが，化石燃料の輸出に大きく依存（いぞん）する発展途上国にあたえる影響（えいきょう）を考慮（こうりょ）してほしい。
> B　温暖化がすすむと海面上昇（じょうしょう）で国土が浸水（しんすい）したり，生態系が破壊（はかい）されてしまう。さらなる温暖化対策について早急に検討してほしい。
> C　世界の二酸化炭素排出（はいしゅつ）量の約2割は熱帯雨林の消失によるものである。森林の減少をくい止めることを排出削減（さくげん）として認めてほしい。
> D　現在，世界第1位の二酸化炭素排出国となったが，国民1人あたりの排出量はさほど多くない。先進工業国は再生可能エネルギーの促進（そくしん）など，まだまだやるべきことはある。

資料中のA～Dは，どの国または国々の意見か。もっとも適切なものを次から1つずつ選び，記号で答えよ。　A（　　　）　B（　　　）　C（　　　）　D（　　　）

ア　アジア州・アフリカ州などにある石油を輸出する国々　　イ　中国

ウ　南太平洋の島の国々　　エ　アメリカ合衆国　　オ　熱帯雨林がある国々

社会　理科　数学　英語　国語

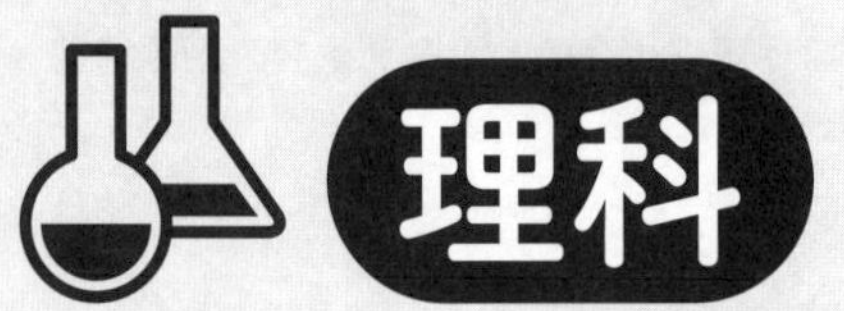

入試によく出る１問１答

生命

□ ① 接眼レンズの倍率を15倍，対物レンズの倍率を20倍にすると，顕微鏡の倍率は何倍になるか。	① 300倍
□ ② 被子植物の花のつくりで，受粉後に種子になる部分を何というか。	② 胚珠
□ ③ 被子植物の胚珠は，めしべの何というつくりの中にあるか。	③ 子房
□ ④ 根・茎・葉の区別や維管束がないのは，コケ植物とシダ植物のどちらか。	④ コケ植物
□ ⑤ 維管束が輪状に並んでいる被子植物は何類とよばれるか。	⑤ 双子葉類
□ ⑥ コケ植物は，何をつくってなかまをふやすか。	⑥ 胞子
□ ⑦ 植物のつくりで，葉でつくられた栄養分が通る管を何というか。	⑦ 師管
□ ⑧ 植物の細胞の中にあるつくりで，光合成を行うものを何というか。	⑧ 葉緑体
□ ⑨ 植物の葉に見られる，二酸化炭素や酸素の出入り口や，水蒸気の出口となるすき間を何というか。	⑨ 気孔
□ ⑩ 植物のからだから，水が水蒸気となって空気中に出ていく現象を何というか。	⑩ 蒸散
□ ⑪ 子が母親の体内である程度育ってからうまれる子のうまれ方を何というか。	⑪ 胎生
□ ⑫ イカやアサリのように，内臓が外とう膜でおおわれている動物を何というか。	⑫ 軟体動物
□ ⑬ 動物の細胞にないつくりは，細胞膜，細胞壁，核のうち，どれか。	⑬ 細胞壁
□ ⑭ だ液に含まれていて，デンプンを分解する消化酵素を何というか。	⑭ アミラーゼ
□ ⑮ タンパク質は，消化液によって最終的に何という物質に分解されるか。	⑮ アミノ酸
□ ⑯ 血液中の成分のうち，酸素を運ぶはたらきをするものを何というか。	⑯ 赤血球
□ ⑰ ヒトの細胞のまわりは，血液の成分である血しょうがしみ出た液で満たされている。この液を何というか。	⑰ 組織液
□ ⑱ ヒトの器官で，アンモニアを無害な尿素に変えるはたらきをするのはどこか。	⑱ 肝臓
□ ⑲ ヒトの器官で，尿をつくり出すはたらきをする器官はどこか。	⑲ じん臓
□ ⑳ 刺激の信号を脳や脊髄に伝える神経を何というか。	⑳ 感覚神経
□ ㉑ 刺激に対して無意識に起こる反応を何というか。	㉑ 反射
□ ㉒ 細胞分裂のときに，細胞の中に見られるひものようなものを何というか。	㉒ 染色体
□ ㉓ からだが分裂したり，からだの一部から新しい個体ができたりしてふえる生殖を何というか。	㉓ 無性生殖
□ ㉔ 精子や卵がつくられるときに行われる特別な細胞分裂を何というか。	㉔ 減数分裂
□ ㉕ 形質の異なる純系どうしをかけ合わせたとき，子に現れる形質を何というか。	㉕ 顕性(の)形質
□ ㉖ 染色体に含まれ，遺伝子の本体である物質を何というか。アルファベット３文字で答えよ。	㉖ DNA
□ ㉗ 脊椎動物には，形やはたらきは異なるが，骨格の基本的なつくりがよく似ている器官がある。このような器官を何というか。	㉗ 相同器官
□ ㉘ 植物はエネルギー源となる有機物を自分でつくることから何とよばれるか。	㉘ 生産者

地 球

□ ① 火成岩のうち，マグマが地表や地表付近で急速に冷え固まってできた岩石を何というか。	① 火山岩
□ ② 石基がなく，大きな鉱物が組み合わさった深成岩のつくりを何というか。	② 等粒状組織
□ ③ 白っぽい色に見える火成岩中の鉱物には，長石のほかに何があるか。	③ 石英
□ ④ 岩石が破壊されて地震が起こった場所を何というか。	④ 震源
□ ⑤ 地震のゆれのうち，はじめにくる小さなゆれを何というか。	⑤ 初期微動
□ ⑥ 地震のゆれのうち，小さなゆれの後にくる大きなゆれを何というか。	⑥ 主要動
□ ⑦ 地震の規模を表すのは，震度とマグニチュードのどちらか。	⑦ マグニチュード
□ ⑧ 流れる水のはたらきによって，岩石がけずられることを何というか。	⑧ 侵食
□ ⑨ 地層ができた年代を推定するのに役立つ化石を何化石というか。	⑨ 示準化石
□ ⑩ 凝灰岩(ぎょうかいがん)はおもに何が堆積して固まったものか。	⑩ 火山灰
□ ⑪ 地層に大きな力がはたらいてできた，地層のずれを何というか。	⑪ 断層
□ ⑫ 力の大きさが変わらないとき，圧力は力がはたらく面積が(　　)ほど大きくなる。(　　)に入る語句を答えよ。	⑫ 小さい
□ ⑬ 空気中に含まれる水蒸気が6.4g/m³，飽和水蒸気量(ほうわすいじょうきりょう)が12.8g/m³のときの湿度は何％か。	⑬ 50%
□ ⑭ 空気が上昇し，気温が(　　)に達すると，空気中の水蒸気が水滴となり，雲ができる。(　　)に入る語句を答えよ。	⑭ 露点(ろてん)
□ ⑮ 低気圧の中心付近では，上昇気流と下降気流のどちらが生じるか。	⑮ 上昇気流
□ ⑯ 寒冷前線が通り過ぎると，気温は下がるか，上がるか。	⑯ 下がる。
□ ⑰ 冬になると日本の北西で発達する気団を何というか。	⑰ シベリア気団
□ ⑱ 冬の日本付近で見られる，特徴的な気圧配置を何というか。	⑱ 西高東低
□ ⑲ 夏になると日本の南の太平洋上で発達する気団を何というか。	⑲ 小笠原気団(おがさわらきだん)
□ ⑳ 夏になると，日本には北西と南東のどちらの向きから季節風が吹くか。	⑳ 南東
□ ㉑ 低気圧や台風の進路に影響を与える，西よりの強い風を何というか。	㉑ 偏西風
□ ㉒ １日のうちで，太陽の高さが最も高くなるときの高度を何というか。	㉒ 南中高度
□ ㉓ 太陽の１日の見かけの運動が起こるのは，地球が何という運動をしているためか。	㉓ 自転
□ ㉔ 北の空の星は，北極星を中心に１時間に何度，反時計回りに回転しているように見えるか。	㉔ 15°
□ ㉕ 星座を観察して１か月後の同じ時刻に同じ星座を観察すると，星座はちがう位置に見える。これは地球が何という運動をしているからか。	㉕ 公転
□ ㉖ 日の出の位置が１年で最も北よりになるのは，春分，夏至(げし)，秋分，冬至(とうじ)のうち，どれか。	㉖ 夏至
□ ㉗ 太陽のように，自ら光りかがやいている天体を何というか。	㉗ 恒星
□ ㉘ 太陽の外側に広がる高温・希薄(きはく)なガスの層を何というか。	㉘ コロナ
□ ㉙ 地球から太陽を観察すると，黒点は毎日同じ方向に移動していた。これは，太陽が何という運動をしているためか。	㉙ 自転
□ ㉚ 夕方，地球から金星を観察すると，東の空，西の空のどちらに見えるか。	㉚ 西の空
□ ㉛ 金星のように半径が小さく，表面が岩石でできている惑星を何というか。	㉛ 地球型惑星

物 質

□ ① 砂糖やプラスチックのように炭素を含(ふく)む物質を何というか。	① 有機物
□ ② ロウを集気びんの中で燃焼させた後，石灰水を入れてよく振ると，石灰水が白くにごった。これは何という気体が発生したからか。	② 二酸化炭素
□ ③ 質量 31.5g，体積 3 cm^3の物体の密度は何 g/cm^3か。	③ 10.5g/cm^3
□ ④ 水上置換法で集められるのは，どのような性質をもった気体か。	④ 水に溶けにくい性質
□ ⑤ 二酸化マンガンにうすい過酸化水素水を加えると発生する気体は何か。	⑤ 酸素
□ ⑥ 水 80g に砂糖 20g を溶かした砂糖水の質量パーセント濃度は何 % か。	⑥ 20%
□ ⑦ 水 100g に物質を溶かして飽和水溶液(ほうわすいようえき)にしたときの，溶けた物質の質量を何というか。	⑦ 溶解度
□ ⑧ いったん水に溶かした物質を再び固体としてとり出すことを何というか。	⑧ 再結晶
□ ⑨ 氷が水になると，体積は増えるか，減るか。	⑨ 減る。
□ ⑩ 液体を沸騰(ふっとう)させて出てきた気体を冷やし，再び液体にして集める方法を何というか。	⑩ 蒸留
□ ⑪ エタノールと水の混合物を加熱すると，先にエタノールが気体になる。これは，エタノールと水の(　　)がちがうためである。(　　)に入る語句を答えよ。	⑪ 沸点
□ ⑫ 炭酸水素ナトリウムを加熱したときにできた液体に青色の塩化コバルト紙をつけると，塩化コバルト紙は何色に変化するか。	⑫ 赤(桃)色
□ ⑬ 2種類以上の元素からできている物質を何というか。	⑬ 化合物
□ ⑭ 硫黄(いおう)と鉄の混合物を加熱したときにできる物質は何か。	⑭ 硫化鉄(りゅうかてつ)
□ ⑮ 次の式は，銅を空気中で加熱して起こる化学変化を化学反応式で表したものである。(　　)に入る係数と化学式を答えよ。 $2Cu + O_2 \longrightarrow$ (　　)	⑮ 2CuO
□ ⑯ 酸化銅に炭素の粉末を混ぜて加熱すると，酸化銅は銅になった。このとき酸化銅に起こった化学変化を何というか。	⑯ 還元(かんげん)
□ ⑰ 塩化アンモニウムと水酸化バリウムを混ぜ合わせると，温度はどうなるか。	⑰ 下がる。
□ ⑱ 銅と酸素が結びつくときの質量の比(銅：酸素)は 4 ：1である。銅0.80g を十分に加熱すると，銅と結びつく酸素は何 g か。	⑱ 0.20g
□ ⑲ 化学変化の前後で，その化学変化に関係している物質全体の質量は変わらない。この法則を何というか。	⑲ 質量保存の法則
□ ⑳ 原子核には，＋の電気をもつ陽子と電気をもたない(　　)が存在する。(　　)に入る語句を答えよ。	⑳ 中性子
□ ㉑ 水に溶かすと，電気を通す物質を何というか。	㉑ 電解質
□ ㉒ 次の式は，塩化銅の電離のようすを化学式で表したものである。(　　)に入る係数と化学式を答えよ。 $CuCl_2 \longrightarrow Cu^{2+}$ + (　　)	㉒ $2Cl^-$
□ ㉓ 塩酸にひたした銅板と亜鉛板(あえんばん)を導線でつなぐと，電流が流れる。このように，化学変化によって電気エネルギーをとり出す装置を何というか。	㉓ 電池(化学電池)
□ ㉔ BTB 溶液を加えると，黄色に変化する水溶液は何性か。	㉔ 酸性
□ ㉕ 塩酸が酸性を示すのは，塩酸中に何というイオンが含まれているからか。化学式で答えよ。	㉕ H^+
□ ㉖ 酸性の塩酸とアルカリ性の水酸化ナトリウム水溶液を混ぜ合わせると，たがいの性質を打ち消し合う反応が起こる。このような化学変化を何というか。	㉖ 中和

エネルギー

□ ① 光が水中から空気中に向かって進むとき，入射角がある大きさをこえると，空気中へ出ていく光がなくなる。この現象を何というか。	① 全反射
□ ② 物体を凸(とつ)レンズと焦点(しょうてん)の間に置いて凸レンズを通して物体を見ると，実際の物体より大きな像が見える。このような像を何というか。	② 虚像(きょぞう)
□ ③ 花火が開くのが見えてから音が聞こえるまでの時間をはかると，３秒だった。空気中で音が伝わる速さが340m/sのとき，花火までの距離は何mか。	③ 1020m
□ ④ 弦(げん)をはじくと出る音を大きくするには，弦をはじく強さをどうすればよいか。	④ 強くする。
□ ⑤ 弦の振動数が少なくなるほど，音の高さはどうなるか。	⑤ 低くなる。
□ ⑥ 机の上で物体が静止しているとき，物体が机から受けている力を何というか。	⑥ 垂直抗力
□ ⑦ 地球上の物体には，地球の中心に向かって引っ張ろうとする力がはたらく。この力を何というか。	⑦ 重力
□ ⑧ ばねにはたらく力の大きさとばねののびは比例関係にある。この関係を何の法則というか。	⑧ フックの法則
□ ⑨ 電流の大きさが予想できない回路に電流計をつなぐとき，はじめに使う－端子(たんし)は，50mA，500mA，５Aのうち，どれか。	⑨ 5A
□ ⑩ 抵抗が20Ωの電熱線に，4.0Vの電圧を加えると，何Aの電流が流れるか。	⑩ 0.2A
□ ⑪ 回路全体の抵抗が小さくなるのは，電熱線A，Bを直列につないだときか，並列につないだときか。	⑪ 並列
□ ⑫ ６V－６Wの電熱線に６Vの電圧をかけて２分間電流を流したとき，電熱線で発生した熱量は何Jか。	⑫ 720J
□ ⑬ ２つの異なる物体をこすると物体が静電気を帯びるのは，物体の間で電気をもった粒子が移動するからである。この粒子を何というか。	⑬ 電子
□ ⑭ 電流が磁界から受ける力を大きくするには，電流の大きさをどうすればよいか。	⑭ 大きくする。
□ ⑮ コイルの内部の磁界が変化すると，コイルに電流が流れる現象を何というか。	⑮ 電磁誘導(でんじゆうどう)
□ ⑯ 乾電池から得られる電流は，直流と交流のどちらか。	⑯ 直流
□ ⑰ 水中にある物体が受ける上向きの力を何というか。	⑰ 浮力(ふりょく)
□ ⑱ 物体に力がはたらかなければ，あるいは，力がはたらいていてもそれがつり合っていれば，静止している物体はいつまでも静止し，運動している物体はいつまでも等速直線運動を続けようとする。これを何の法則というか。	⑱ 慣性の法則
□ ⑲ １つの物体が別の物体に力を加えると，それぞれが同時に相手の物体から，一直線上で同じ大きさの逆向きの力を受ける。これを何の法則というか。	⑲ 作用・反作用の法則
□ ⑳ 物体を糸でつるし，３Nの力で床から30cmの高さまで手でゆっくりもち上げた。このとき手がした仕事は何Jか。	⑳ 0.9J
□ ㉑ 同じ仕事をするのに，手で直接しても，道具を使っても仕事の量は変わらない。このことを何というか。	㉑ 仕事の原理
□ ㉒ 物体の位置が高くなるほど，物体がもつ位置エネルギーはどうなるか。	㉒ 大きくなる。
□ ㉓ 位置エネルギーと運動エネルギーの和を何というか。	㉓ 力学的エネルギー
□ ㉔ 水をあたためると，あたためられた水が移動して熱が水全体に伝わっていく。このような熱の伝わり方を何というか。	㉔ 対流

01 生命

植物のなかまわけとからだのつくり

解答 別冊 p.12
時間 30分

得点 /100点

1 図1は植物を分類したものである。〈富山県〉（(3)7点×2，他5点×8）

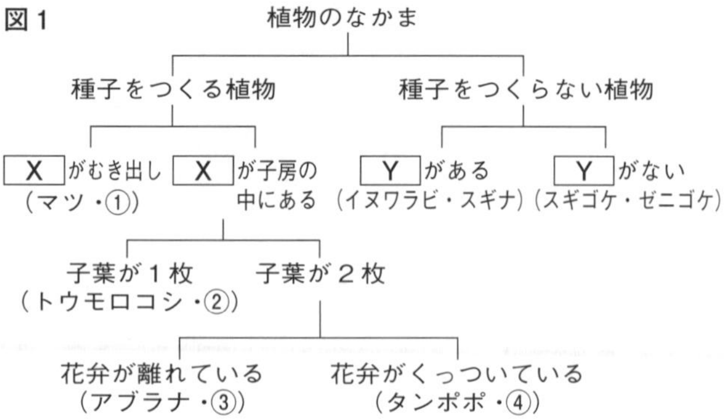

(1) X，Yには分類する手がかりになるつくりがそれぞれ1つずつ入る。X，Yに入る語句を答えよ。

X（　　　　）

Y（　　　　）

図1

植物のなかま
- 種子をつくる植物
  - X がむき出し（マツ・①）
  - X が子房の中にある
    - 子葉が1枚（トウモロコシ・②）
    - 子葉が2枚
      - 花弁が離れている（アブラナ・③）
      - 花弁がくっついている（タンポポ・④）
- 種子をつくらない植物
  - Y がある（イヌワラビ・スギナ）
  - Y がない（スギゴケ・ゼニゴケ）

ミス注意 (2) 図2はマツの花のりん片，図3はアブラナの花を模式的（もしきてき）に表したものである。マツの花のAにあたる部分を，図3のa～dから選び，記号で答えよ。（　　）

図2

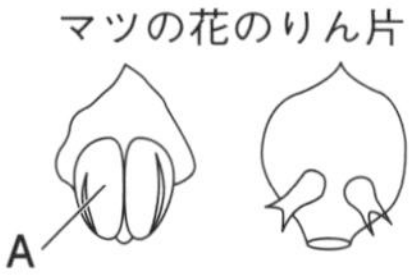

マツの花のりん片

A

図3

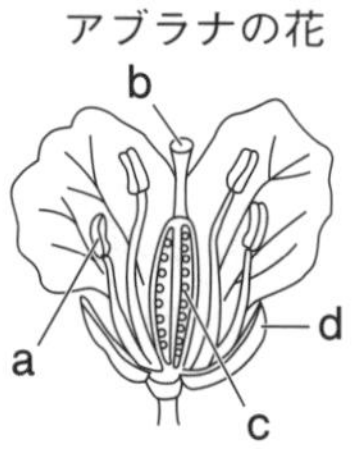

アブラナの花

a b c d

(3) 子葉が1枚の植物のなかまの葉脈と，根のつき方の特徴がわかるように図4に図で表せ。

図4

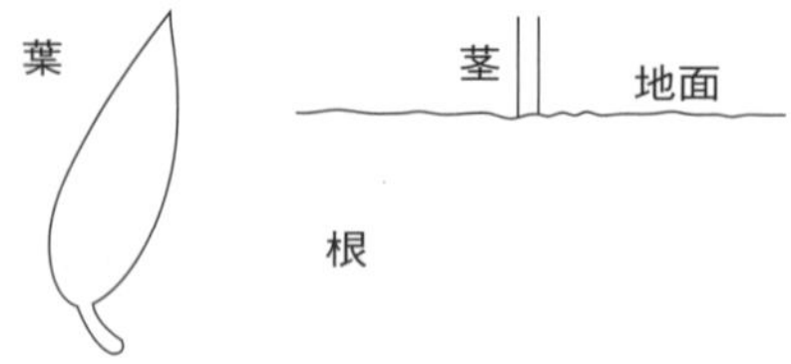

葉　茎　地面　根

(4) スギゴケやゼニゴケにあてはまるものを，次からすべて選び，記号で答えよ。（　　　　）

ア　根・茎・葉の区別がある。

イ　雄株と雌株がある。

ウ　乾燥に強く，日なたを好む。

エ　花がさく。

オ　日光を受けて光合成を行う。

(5) 図1の①～④に入る植物を，次からそれぞれ1つずつ選び，記号で答えよ。

①（　　）②（　　）③（　　）④（　　）

ア　アサガオ　　イ　ユリ　　ウ　イチョウ　　エ　サクラ

2 植物の葉の表皮を調べるために，次の観察をした。〈香川県・改〉（(1)7点，他5点×3）

【観察】 ムラサキツユクサの葉の裏側の表皮をはぎとり，その表皮を小さく切ってスライドガラスの上に広げて置いた。次に，水を1滴落としてからカバーガラスをかけてプレパラートをつくり，顕微鏡（けんびきょう）で観察した。

(1) プレパラートをつくるときには，カバーガラスを端からゆっくりと下げるのがよい。その理由を簡潔に説明せよ。

（　　　　　　　　）

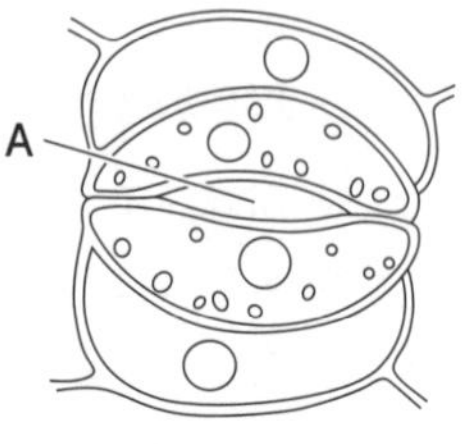

(2) 右の図は，観察した表皮の細胞（さいぼう）を模式的に表したものである。

A

① 右の図にAで示した，三日月形の細胞に囲まれたすき間は何とよばれるか。（　　　　）

入試情報　被子植物と裸子植物のちがい，単子葉類と双子葉類のちがいはよく出題される。顕微鏡の使い方もよく出題されるので復習しておく。

② 前ページの図のAのはたらきについて述べた次の文章のX，Yの｛　｝から適切なものをそれぞれ選び，記号で答えよ。　X(　　　)　Y(　　　)

「根から吸収された水や肥料分は，X｛ア　道管　　イ　師管｝とよばれる管を通って，植物のからだ全体の細胞に運ばれる。運ばれた水は光合成などに使われるが，その多くは，水蒸気となってAから大気中に出ていく。この現象をY｛ウ　蒸散　　エ　蒸留｝とよぶ。」

3

植物の光合成と呼吸に関する実験を以下の1～3の手順で行ったところ，表のような結果が得られた。ただし，試験管A，Bは葉における光合成について，試験管C，Dは葉における呼吸について調べるための対照実験である。〈鹿児島県・改〉（(1)(3)5点×2，(2)(4)7点×2）

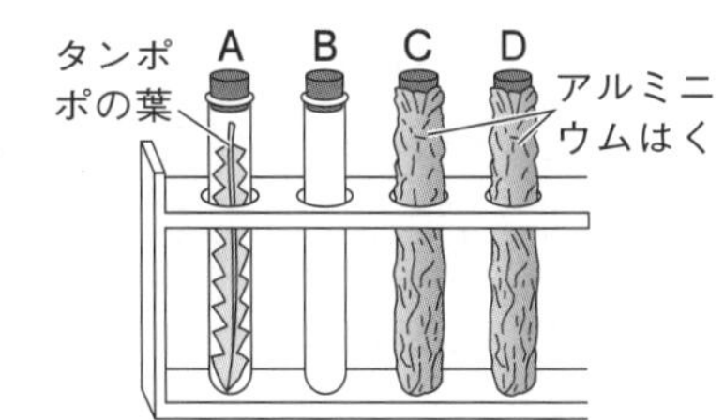

1 試験管Aはタンポポの葉を入れ，二酸化炭素を吹きこみ，ゴム栓をする。試験管Bは［　a　］，ゴム栓をする。

2 試験管Cはタンポポの葉を入れ，ゴム栓をし，アルミニウムはくで包む。試験管Dは［　b　］，ゴム栓をし，アルミニウムはくで包む。

3 すべての試験管をじゅうぶん光の当たるところに一定時間置いた後，試験管A～Dに少量の石灰水を入れ，ゴム栓をしてよく振り，石灰水の変化を見る。

試験管	A	B	C	D
石灰水の変化	変化なし。	白くにごった。	白くにごった。	変化なし。

(1) 葉の細胞の中で，光合成を行う部分を何というか。　(　　　　　)

(2) 野外のタンポポを観察したところ，葉が重なり合わないようについていた。これは光合成を行うとき，どのような点で都合がよいか。

(　　　　　　　　　　　　　　　　　　　　　　)

(3) ［　a　］，［　b　］にあてはまる語句の組み合わせとして適切なものを，次から選び，記号で答えよ。　(　　　)

ア　a…二酸化炭素を吹きこみ　　b…何も入れずに
イ　a…二酸化炭素を吹きこみ　　b…二酸化炭素を吹きこみ
ウ　a…何も入れずに　　b…何も入れずに
エ　a…何も入れずに　　b…二酸化炭素を吹きこみ

(4) 試験管Aに入れた石灰水が変化しなかった理由を，「光合成」「呼吸」の２つの語句を使って説明せよ。

(　　　　　　　　　　　　　　　　　　　　　　)

動物のなかまわけと生物のからだのつくり

解答 別冊 p.12
時間 30分

得点 /100点

1 図1は，いろいろな特徴をもとに動物をなかまわけする過程を表したものである。

〈石川県・改〉（(4)② 9点，他5点×7）

図1

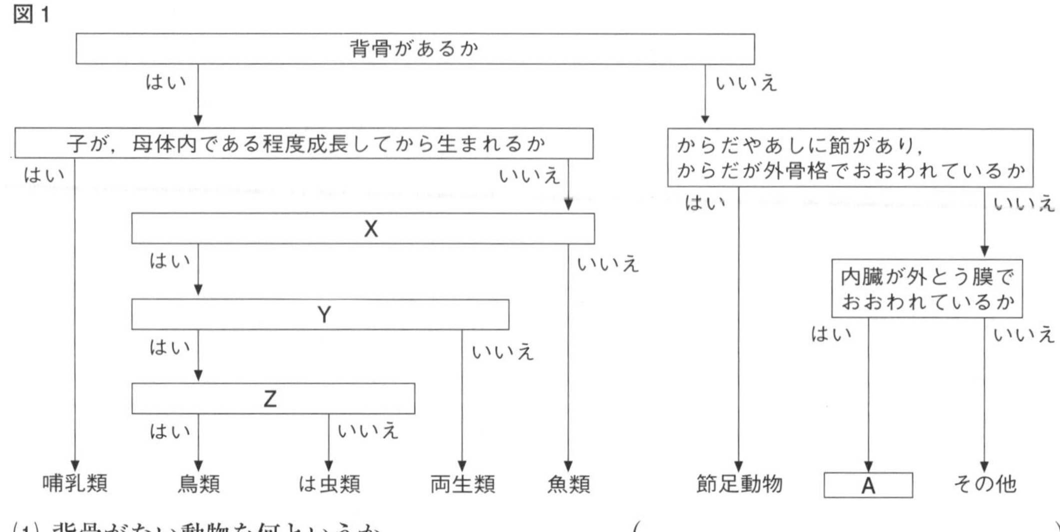

(1) 背骨がない動物を何というか。　（　　　　　　　）

(2) 図1のAは何というなかまか。また，Aのなかまに入る動物を次からすべて選び，記号で答えよ。　名称（　　　　　　　）　記号（　　　　　　　）

ア　ダンゴムシ　　イ　ウニ　　ウ　イカ　　エ　アサリ　　オ　クラゲ

ミス注意 (3) 図1のX～Zに入る適切なものを次からそれぞれ選び，記号で答えよ。

X（　　　）　Y（　　　）　Z（　　　）

ア　水中で生活する時期があるか　　イ　殻（から）のある卵をうむか

ウ　からだが羽毛でおおわれているか　　エ　親(おとな)は肺で呼吸するか

(4) 図2は，ある哺乳類の頭骨のスケッチである。①この動物は草食動物と肉食動物のどちらか。また，②そう判断した理由を，歯の種類とその特徴を示して説明せよ。

図2

①（　　　　　　　）

②（　　　　　　　）

2 オオカナダモの葉の細胞（さいぼう）とヒトのほおの内側の細胞を観察した。右の図は，オオカナダモの葉の細胞のつくりを模式的に表したものであり，図のa～dは，それぞれ細胞壁（さいぼうへき），細胞膜（さいぼうまく），葉緑体，核（かく）のいずれかにあたる。次の(1)，(2)の文はそれぞれa～dのいずれかを説明したものである。(1)，(2)が説明している細胞のつくりとして適切なものを，それぞれa～dから選び，記号で答えよ。また，その名称を細胞壁，細胞膜，葉緑体，核からそれぞれ選んで書け。

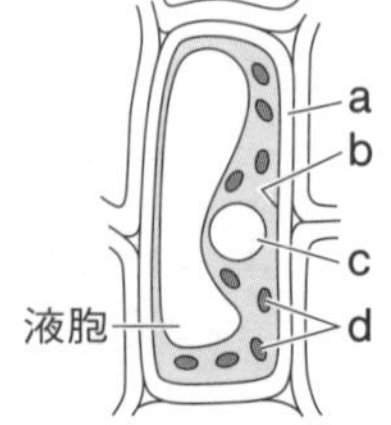

〈愛媛県・改〉（4点×4）

入試情報 動物の分類，動物細胞と植物細胞の共通点と相違点，だ液のはたらきに関する問題がよく出題される。

よく出る (1) オオカナダモの葉の細胞とヒトのほおの内側の細胞に共通して見られるつくりで，酢酸(さくさん)オルセイン溶液によく染まる。　記号(　　) 名称(　　　　)

(2) ヒトのほおの内側の細胞には見られないが，オオカナダモの葉の細胞には見られるつくりで，細胞質の一部である。　記号(　　) 名称(　　　　)

3

デンプンに対するだ液のはたらきを調べる実験を行った。次の1～5は，その実験レポートの一部を示したもので，図はその手順の一部を表したものである。

〈福岡県・改〉((1)8点，他4点×8)

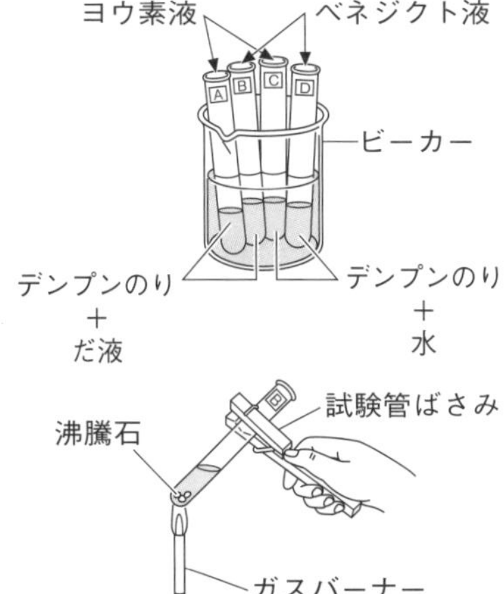

1 4本の試験管A～Dのそれぞれにデンプンのりを5cm³ずつ入れる。

2 AとBにはだ液を2cm³，CとDには水を2cm³加え，それぞれの試験管をよく混ぜ合わせて，ヒトの体温くらいの湯の中に10分間入れておく。

3 AとCにはヨウ素液を，BとDにはベネジクト液を，それぞれ2，3滴加える。

4 BとDをビーカーからとり出し，沸騰石(ふっとうせき)を入れ，ガスバーナーでゆっくりと加熱する。

5 A～Dに入っている液体のそれぞれの色の変化を見る。

【結果】

試験管	A	B	C	D
色の変化	変化がない。	赤かっ色になった。	青紫色になった。	変化がない。

【まとめ】

比較した試験管	2つの試験管を比較してわかったこと
試験管(ア)と試験管(イ)	だ液のはたらきでデンプンがなくなった。
試験管Bと試験管(ウ)	だ液のはたらきで(エ)ができた。

(1) 下線部の操作を行う理由を説明せよ。(　　　　)

差がつく (2) レポート中の(ア)～(ウ)にあてはまる試験管をそれぞれA～Dから選び，記号で答えよ。また，(エ)にあてはまる語句を答えよ。　(ア)(　　) (イ)(　　) (ウ)(　　)

(エ)(　　　　)

(3) だ液などの消化液に含まれる消化酵素について述べた次の文の空欄(くうらん)①～④にあてはまる語句を，あとの□からそれぞれ選んで答えよ。

「消化液に含まれる消化酵素には，食物を①(　　)分子から②(　　)分子へ③(　　)し，④(　　)されやすい物質に変えるはたらきがある。」

分解	合成	交換	吸収	大きな	小さな

03 生命

動物のからだのつくりと生物の進化

解答 別冊 p.13
時間 30分

得点 /100点

1 ヒトの場合，鼻や口からとりこまれた空気は，気管を通って，左右の肺に入る。図1のように，肺には毛細血管に囲まれた$_X$ 小さな袋状のものがたくさんあり，酸素と二酸化炭素の交換を効率よく行っている。また，血管はからだのすみずみにまではりめぐらされており，その中を血液が流れている。血液は全身をめぐりながら，細胞に必要な酸素や栄養分を送りとどけ，$_Y$ 細胞の活動によって生じた不要物を運び去るはたらきをしている。なお，図2は，血液の循環(じゅんかん)の経路を表したものである。〈長崎県・改〉（7点×5）

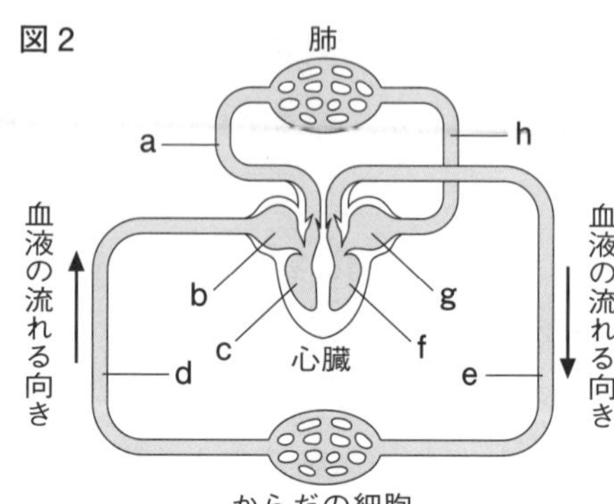

(1) 下線部Xの名称を答えよ。

（　　　　　　　　）

(2) 図1，2において，酸素を多く含(ふく)んだ血液が流れる部分の組み合わせとして適切なものを，次から選び，記号で答えよ。（　　）

ア　図1…血管A　図2…a，b，c，d　　イ　図1…血管A　図2…e，f，g，h

ウ　図1…血管B　図2…a，b，c，d　　エ　図1…血管B　図2…e，f，g，h

ミス注意 (3) 血液について説明した文として適切なものを，次から選び，記号で答えよ。（　　）

ア　血しょうは血液の液体成分で，毛細血管からしみ出して組織液になる。

イ　白血球は細菌(さいきん)や異物，呼吸でつくられた二酸化炭素を分解する。

ウ　ヘモグロビンは，酸素が多いところでは，酸素をはなす性質をもっている。

エ　消化管で吸収された栄養分は，赤血球にとりこまれて，全身に運ばれる。

(4) 下線部Yに関して，細胞の活動によって生じた不要物にアンモニアがある。血液によるアンモニアの運搬(うんぱん)について述べた次の文章の空欄にあてはまる語句を答えよ。

「細胞の活動にともなって不要物である有害なアンモニアができる。アンモニアは血液によって①（　　　　　　　　）に運ばれ，無害な尿素(にょうそ)に変えられる。さらに血液によって②（　　　　　　　　）に運ばれて，尿中に排出される。」

2 動物は外界から刺激を受け，さまざまな反応をする。図1は刺激を受け反応するまでの経路を表した模式図であり，AからFの矢印は神経を通る信号の伝わる向きを示している。また，図2は明るさのちがいによるヒトのひとみの大きさの変化を表した模式図であり，a，bの矢印は変化の向きを示している。〈栃木県〉（(3)② 9点，他7点×5）

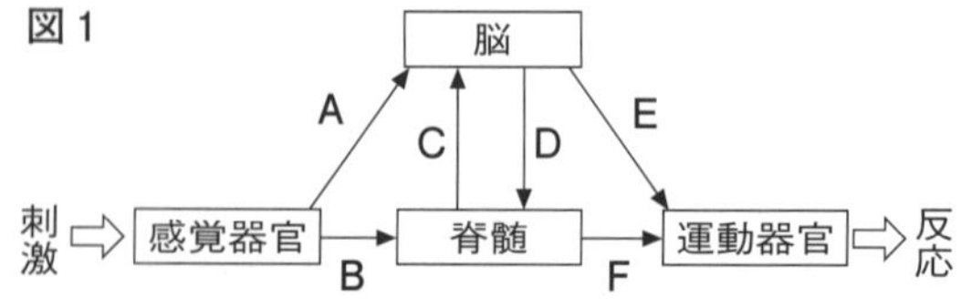

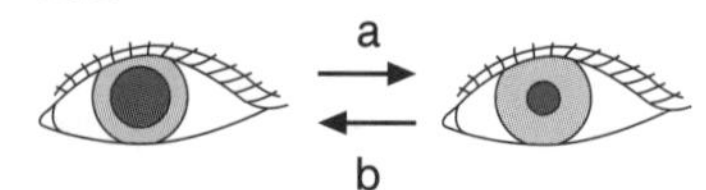

(1) 図1のBの向きに信号を伝える神経を何というか。　(　　　　　　)

(2) 次の①～③はヒトの反応の例を示している。これらの反応が起きたとき，図1のどのような経路で信号が伝わったか。信号が伝わった向きの組み合わせとして適切なものをあとのア～エからそれぞれ選び，記号で答えよ。

①(　　　)　②(　　　)　③(　　　)

① 熱いものに手がふれたとき，無意識に手を引っこめた。
② くつの中に砂が入ったのを感じて，くつを脱いだ。
③ 黒板に書かれた文字を見て，ノートを書いた。

ア　B—C—D—F　　イ　A—D—F　　ウ　A—E　　エ　B—F

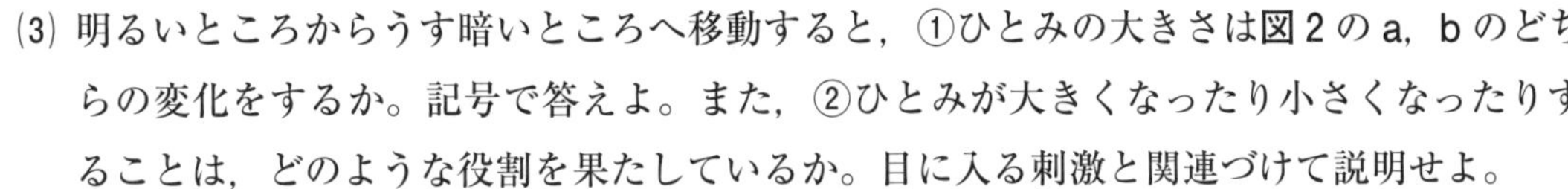

差がつく　(3) 明るいところからうす暗いところへ移動すると，①ひとみの大きさは図2のa，bのどちらの変化をするか。記号で答えよ。また，②ひとみが大きくなったり小さくなったりすることは，どのような役割を果たしているか。目に入る刺激と関連づけて説明せよ。

①(　　　)

②(　　　　　　　　　　　　　　　　　　　)

3

脊椎動物の骨格を調べると，右の図のようにヒトの手とうでにあたる部分があることがわかる。このように，外形やはたらきは異なっていても，もとは同じでそれが変化したものだと考えると，図のような対応関係がうまく説明できる。

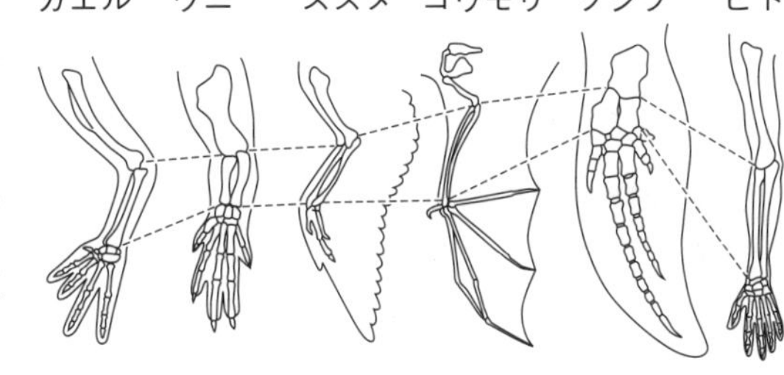

〈佐賀県・改〉（7点×3）

よく出る　(1) カエルやワニの前あし，スズメやコウモリのつばさ，クジラの胸びれの骨格のように，同じものから変化したと考えられるからだの部分を何というか。

(　　　　　　)

(2) ドイツの南部の古い地層から発見された動物の化石の1つに，シソチョウがある。シソチョウはからだのつくりから，あるグループと鳥類の中間の生物と考えられている。そのグループとして適切なものを次から選び，記号で答えよ。　(　　　)

ア　哺乳類　　イ　は虫類　　ウ　魚類　　エ　両生類

(3) 化石や現存する生物のからだのつくりから，生物は長い時間をかけて，多くの世代を重ねながら変化していくと考えることができる。このことを何というか。

(　　　　　　)

04 生命 生物の成長とふえ方・自然界のつり合い

解答 別冊 p.13
時間 30分

得点 ／100点

1 植物の細胞分裂のようすを調べる実験を行った。

〈長崎県・改〉（(2)(6) 7点×2，他5点×4）

【実験】 タマネギの$_A$ある部分を切りとり，$_B$うすい塩酸に入れて，60℃くらいの湯で数分間あたためた。その後，よく水洗いして，スライドガラスにのせ，柄つき針で細かくほぐし，$_C$染色液を数滴加えた。数分後，カバーガラスをかけて，ろ紙をのせ，指で静かにおしつぶした。できあがったプレパラートを顕微鏡で観察した。

(1) 下線部Aについて，細胞分裂を観察するために用いる部分として適切なものはどれか。次から選び，記号で答えよ。なお，選択肢ア～エはそれぞれ図1に示したア～エと対応している。（　　）

ア　タマネギの表皮　　　イ　根のつけ根付近

ウ　根の中央付近　　　　エ　根の先端付近

図1

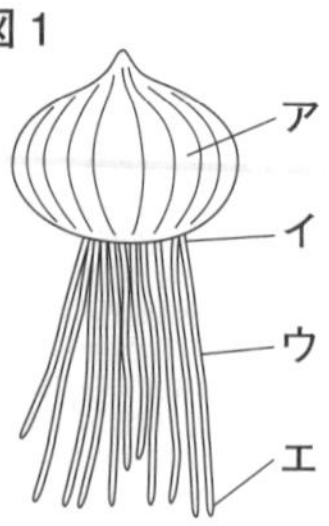

ア
イ
ウ
エ

(2) 下線部Bについて，この処理には細胞分裂を止める目的のほかに，もう1つ目的がある。それは何か説明せよ。

（　　　　　　　　　　　　　　　　）

(3) 下線部Cについて，用いる染色液の名称を書け。（　　　　　）

よく出る

(4) 図2は，実験で作成したプレパラートを顕微鏡で観察したもののスケッチである。図2の太線で囲んだa～eは，それぞれ細胞分裂の過程における異なった段階の細胞を表している。aをはじまりとして，b～eを分裂の進む順に並べかえ，記号を左から書け。

（a →　　　→　　　→　　　→　　　）

図2

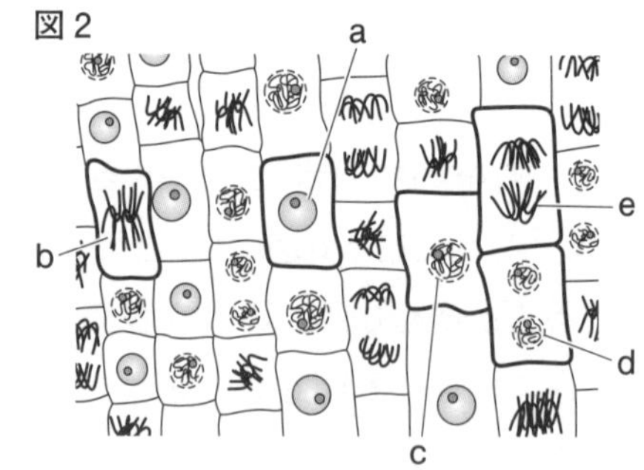

(5) 細胞の核には，染色体が含まれており，染色体には遺伝子の本体である物質が存在する。この物質を何というか。（　　　　　）

(6) この実験で観察された細胞分裂において，細胞分裂の前と細胞分裂の終了後で1個の細胞内の染色体数はどうなるか説明せよ。

（　　　　　　　　　　　　　　　　）

2 親から子，子から孫への形質の伝わり方を調べるために，エンドウの種子の形に注目して，次の実験を行った。

〈栃木県〉（6点×5）

1 丸い種子をつくる純系のエンドウのめしべに，しわのある種子をつくる純系のエンドウの花粉をつけたところ，できた種子（子にあたる）はすべて丸い種子であった。

2 1でできた種子をまいて育てたエンドウを自家受粉させたところ，できた種子（孫にあたる）には，丸い種子としわのある種子の両方があった。

入試情報　体細胞分裂の順序を問う問題，親から子・子から孫への遺伝子の伝わり方，形質の現れ方がよく出題される。

(1) 1のように，形質の異なる純系どうしをかけ合わせたとき，子に現れるほうの形質を何というか。　(　　　　　)

(2) 右の図は，2で遺伝子が子から孫へ，生殖(せいしょく)細胞を通じて伝わるしくみを模式的に表したものである。Aは丸い種子をつくる遺伝子，aはしわのある種子をつくる遺伝子を表す記号である。◯と○に入る記号のうち，①，②にあてはまるものをそれぞれ書け。

子　◯　Aa
生殖細胞　○　①　○　○
孫　AA　②　◯　◯

①(　　　)　②(　　　)

よく出る
(3) 2でできた種子を6000個集めた。このうち，しわのある種子の数はどれか。次から適切なものを選び，記号で答えよ。　(　　　)

ア　約1500個　　イ　約2000個　　ウ　約3000個　　エ　約4500個

(4) 1でできた種子をまいて育てたエンドウと，しわのある種子をつくる純系のエンドウをかけ合わせるとする。このときできる，丸い種子の数としわのある種子の数の比(丸い種子：しわのある種子)を，最も簡単な整数の比で表せ。　(　　　：　　　)

3

右の図は，自然界での炭素の循環(じゅんかん)を模式的に表したものであり，矢印a～iは，無機物に含まれている炭素の流れや有機物に含まれている炭素の流れを示している。ただし，図にはかかれていない炭素の流れの矢印が1本ある。

〈青森県〉((3)(4)②8点×2，他5点×4)

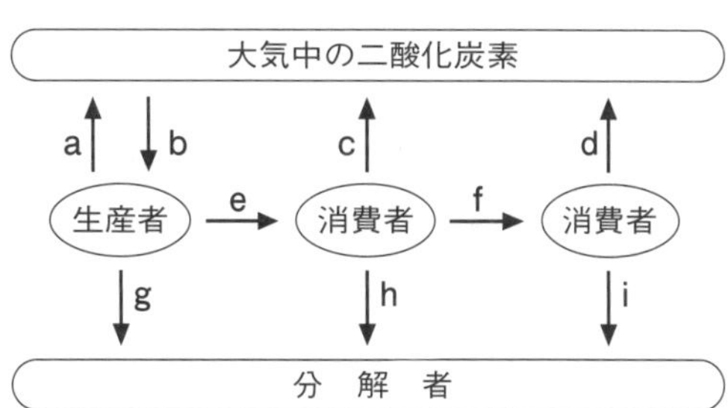

(1) 図の矢印aとbは，それぞれ生産者の何というはたらきによる炭素の流れを示しているか。

a(　　　　　)　b(　　　　　)

(2) 有機物に含まれている炭素の流れを示している矢印はどれか。図のa～iからすべて選び，記号で答えよ。　(　　　　　)

(3) 図にかかれていない炭素の流れの矢印を，図に1本かき入れよ。

(4) 大気中の二酸化炭素について，

① 大気中の二酸化炭素の濃度が近年増加している原因の1つとして，石油や石炭の大量消費が考えられる。この石油や石炭は，大昔の生物の遺がいが変化したものであることから何とよばれているか。　(　　　　　)

② 大気中の二酸化炭素の濃度が増加すると，地球の年平均気温が上昇してくるといわれている。これは，二酸化炭素にどのような性質があるからか説明せよ。

(　　　　　　　　　　　　　　　　　　　　)

05 地球

火山・地震・地層

解答 別冊 p.14
時間 30分

得点 /100点

1

火成岩のつくりを調べるために，2種類の火成岩A，Bの一面をみがき，肉眼やルーペで観察を行った。右の表は，火成岩A，Bのスケッチと観察結果をまとめたものである。 〈高知県〉（(3)8点，他6点×3）

	スケッチ	観察結果
火成岩A		ところどころにやや大きな白っぽい鉱物や黒っぽい鉱物があり，そのまわりには小さな粒がつまっている。
火成岩B		同じくらいの大きさの白っぽい鉱物や黒っぽい鉱物が，きっちりと組み合わさっている。

(1) 火成岩Aのような岩石のつくりを何というか。
（　　　　　　）

(2) 火成岩Aの色が，火成岩Bの色に比べて全体的に黒っぽく見えた。火成岩Aの色が黒っぽく見えるのはなぜか。その理由として適切なものを次から選び，記号で答えよ。（　　）

ア　火成岩Aは，火成岩Bに比べて，含(ふく)まれる鉱物がきっちりと組み合わさっていないため。

イ　火成岩Aは，火成岩Bに比べて，含まれる鉱物の粒の大きさが小さいため。

ウ　火成岩Aは，火成岩Bに比べて，含まれる有色鉱物の割合が大きいため。

エ　火成岩Aは，火成岩Bに比べて，含まれる鉱物の種類が多いため。

よく出る

(3) 火成岩Bは，地下深くでできたもので，粒の大きい鉱物が多く観察される。この鉱物の粒が大きい理由を説明せよ。（　　　　　　）

(4) 火成岩Bには，黒雲母(くろうんも)のほかに長い柱状の黒っぽい色の鉱物が含まれていた。この鉱物は何か。次から選び，記号で答えよ。（　　）

ア　角セン石　　イ　カンラン石　　ウ　石英　　エ　長石

2

ある地震(じしん)について，地震のゆれのようすとそのゆれの伝わり方を調べた。右の図は，地点Pでの地震計の記録である。また，下の表は，地点A～Cについて，震源(しんげん)からの距離とゆれが始まった時刻をまとめたものである。

〈岐阜県〉（6点×8）

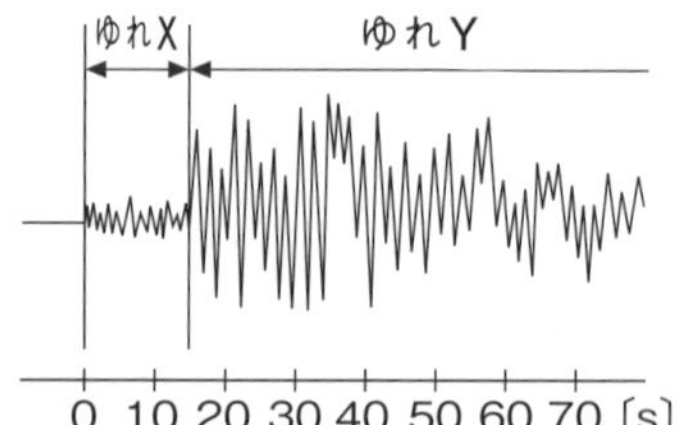

地点	A	B	C
震源からの距離〔km〕	61	140	183
ゆれXが始まった時刻	9時59分35秒	9時59分46秒	9時59分52秒
ゆれYが始まった時刻	9時59分43秒	10時00分04秒	10時00分15秒

(1) 図のゆれX，ゆれYをそれぞれ何というか。ことばで答えよ。

X（　　　　　　）　Y（　　　　　　）

(2) 表から，この地震において，ゆれXを伝える波の速さは何km/sとわかるか。答えは小数第2位を四捨五入せよ。（　　　　）

入試情報 火成岩のでき方やつくりの問題，初期微動と主要動のグラフの問題，柱状図から地層の広がりや傾きを問う問題がよく出題される。

(3) 地点Ｐでは，ゆれＸが始まってからゆれＹが始まるまでの時間が15秒であった。震源から地点Ｐまでの距離についてあてはまるものを次から選び，記号で答えよ。（　　　）

ア　61km 未満　　　イ　61km 以上140km 未満

ウ　140km 以上183km 未満　　　エ　183km 以上

(4) 次の文章の空欄（くうらん）にあてはまることばを書け。

「観測地点での地震のゆれの強さは①（　　　　　　　）で表され，10階級に分けられている。また，地震の規模の大小は②（　　　　　　　）〔記号M〕で表される。」

(5) 地震について正しく述べた文を次から２つ選び，記号で答えよ。（　　　）（　　　）

ア　地震が発生した地下の場所を震央という。

イ　地震計で記録されたゆれＸとゆれＹが始まった時刻に差が生じるのは，それぞれのゆれを伝える波の発生する時刻がちがうからである。

ウ　地震が発生すると，土地が隆起したり，沈降したりすることがある。

エ　日本付近で発生する地震は，大陸側のプレートが太平洋側のプレートの下に沈みこむときに大きな力がはたらくことで発生すると考えられている。

オ　くり返しずれて活動したあとが残っている断層を活断層といい，今後も活動して地震を起こす可能性がある断層として注目されている。

3

図１はボーリング調査が行われたＡ，Ｂ，Ｃの３地点とその標高を示す地図，図２は各地点の柱状図である。この地域では凝灰岩（ぎょうかいがん）の層は１つしかない。また，地層には上下逆転や断層は見られず，各層は平行に重なり，ある一定の方向に傾いている。

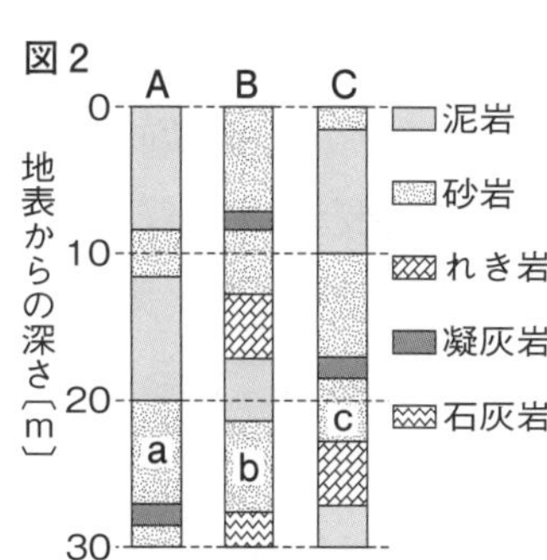

〈栃木県〉（(2)８点，他６点×３）

(1) 泥岩（でいがん），砂岩，れき岩，凝灰岩のうち，かつてこの地域の近くで火山の噴火（ふんか）があったことを示しているのはどれか。（　　　　　）

(2) Ｂ地点の石灰岩の層からサンゴの化石が見つかった。この層が堆積した当時，この地域はどのような環境であったか説明せよ。（　　　　　　　　　　）

(3) 図２のａ，ｂ，ｃの層を，堆積した時代が古い順に並べよ。（　　→　　→　　）

(4) この地域の地層が傾いて低くなっている方角はどれか。次から選び，記号で答えよ。（　　　）

ア 東　　　イ 西　　　ウ 南　　　エ 北

06 地球 天気の変化

解答 別冊 p.15
時間 30分

得点 /100点

1 水蒸気の凝結を調べるために，次の実験を行った。まず，金属製のコップに半分の高さまでくみ置きの水を入れ，部屋の温度とコップの水の温度を測定したところ，ともに26℃であった。次に，右の図のように，氷を入れた試験管を差しこみ，ガラス棒でかき混ぜ，コップの水の温度を測定しながら，コップの外側のようすを観察した。水の温度が20℃のとき，コップの外側がくもり始めた。表は，気温に対する飽和水蒸気量を示したものの一部である。〈高知県〉（(4)10点，他6点×3）

気温〔℃〕	飽和水蒸気量〔g/m³〕
16	13.6
18	15.4
20	17.3
22	19.4
24	21.8
26	24.4
28	27.2

(1) 金属製のコップの外側がくもり始めたときの温度を何というか。（　　　　）

(2) この実験の結果から，部屋の湿度は何％とわかるか。答えは小数第2位を四捨五入せよ。（　　　　）

(3) この部屋の空間の体積は50m³であった。この実験の結果から，部屋の中には水蒸気が何g含まれているとわかるか。（　　　　）

(4) 湿度が高いほど，洗濯物が乾きにくい理由を「水蒸気量」という語句を使って説明せよ。
（　　　　　　　　　　）

2 長野県内のある地点で，3月の連続した3日間の気象観測を行い，結果を図1のグラフに表した。この3日間の同じ時刻の天気図として，図2のA～Cを用意した。ただし，日付順に並んでいるとは限らない。〈長野県・改〉
（(3)完答10点，(5)②8点，他6点×6）

図1

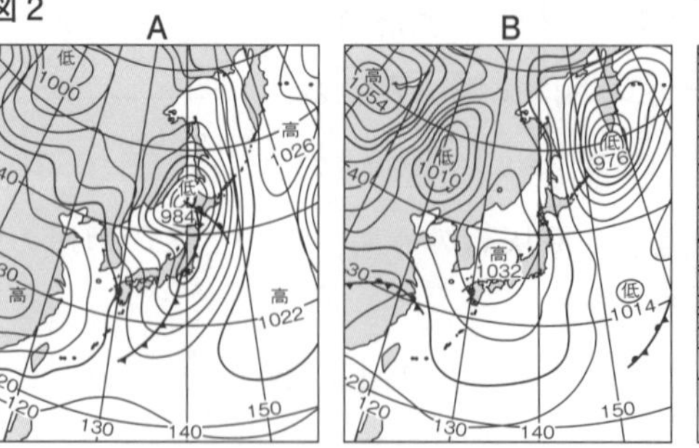

図2

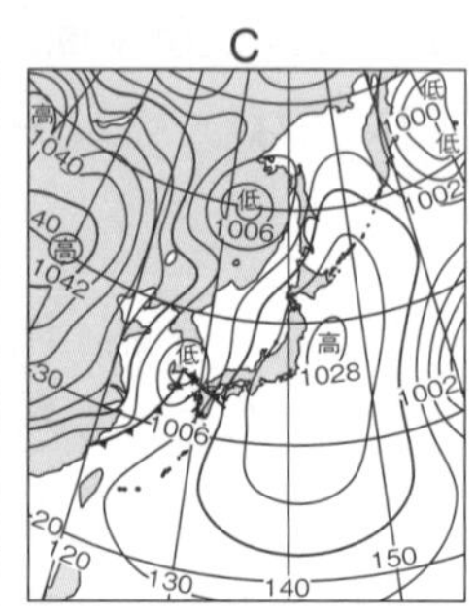

(1) 図1のグラフXが表す気象要素は何か。
（　　　　）

(2) 図3は，図1の2日目12時の天気図記号である。この天気図記号から天気，風向，風力を読みとり，それぞれ答えよ。ただし，風向は漢字で書け。

天気（　　　　）　風向（　　　　）
風力（　　　　）

図3

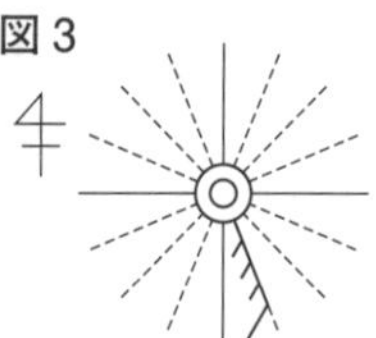

(3) 1～3日目の天気図は図2のA～Cのどれか。それぞれ選び，記号で答えよ。

1日目(　　　)　2日目(　　　)　3日目(　　　)

(4) 図1から，寒冷前線はいつ観測地点を通過したと考えられるか。適切なものを次から選び，記号で答えよ。(　　　)

ア　1日目の12時から18時の間　　イ　2日目の9時から15時の間

ウ　3日目の3時から9時の間　　エ　3日目の12時から18時の間

(5) 3日間の気象観測を終えた翌日，この観測地点では1日中同じ天気が続いた。

① この日の天気は何か。天気を表す語句を書け。(　　　　　　)

② ①のように判断した理由を，図2の天気図をもとに説明せよ。

(　　　　　　　　　　　　　　　　　　　)

3 地球の大気の動きに関して，次の問いに答えよ。

〈京都府〉(6点×3)

(1) 図1は，ある季節の特徴的な天気図である。図1のような気圧配置を特徴とする季節における日本の天気を説明した文として適切なものを，下の①群から選び，記号で答えよ。また，図1のような気圧配置を特徴とする季節において，日本の天気が最も影響を受ける気団の名前と，その気団の性質の組み合わせとして適切なものを，下の②群から選び，記号で答えよ。

①群(　　　)　②群(　　　)

図1

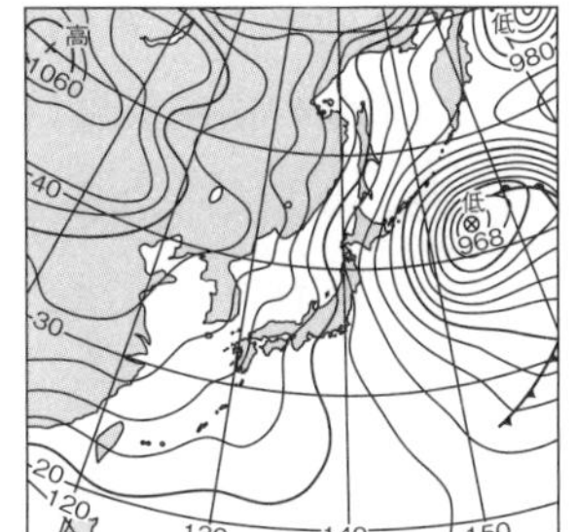

[①群]　ア　太平洋から南東の季節風がふき，蒸し暑い日が続く。

イ　日本海側では雪の日が多く，太平洋側では乾燥した晴れの日が多い。

ウ　東西にわたって帯状に雲が停滞し，雨の日が多い。

[②群]

	気団の名前	気団の性質
カ	オホーツク海気団	温暖・乾燥
キ	オホーツク海気団	寒冷・乾燥
ク	オホーツク海気団	寒冷・湿潤

	気団の名前	気団の性質
ケ	シベリア気団	温暖・乾燥
コ	シベリア気団	寒冷・乾燥
サ	シベリア気団	寒冷・湿潤

(2) 図2は，台風の月別のおもな進路を矢印で表したものである。7月から10月にかけて発生した台風は，おもに最初は北西に向かって進み，その後，向きを変えて北東に進む傾向がある。これは小笠原気団(おがさわらきだん)(小笠原高気圧)とある大気の動きに影響されるためである。この大気の動きを何風(ふう)というか。ひらがな4字で書け。(　　　　　風)

図2

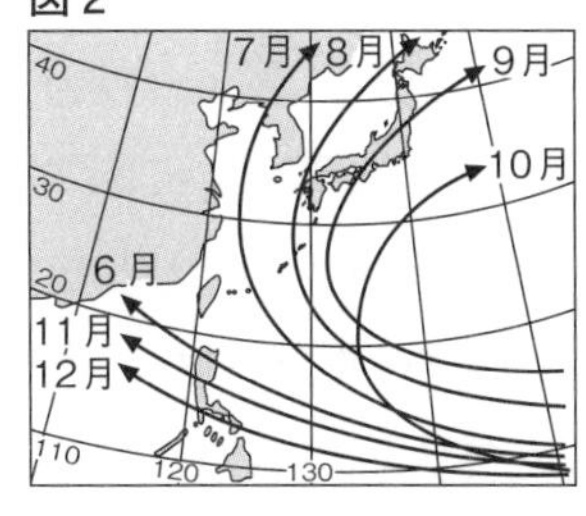

07 地球
地球と宇宙

解答 別冊 p.16
時間 30分

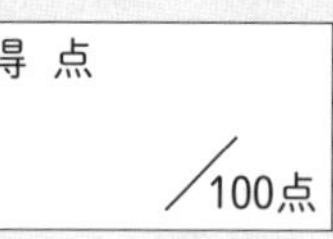

1 太陽の動きを調べるために，次の実験を行った。 〈兵庫県〉（⑸10点，他６点×４）

【実験】 晴れた日に，図１のように，水平な厚紙に半円周30cm の透明半球を置いて，９時から14時まで１時間ごとに，サインペンの先の影が円の中心Ｏ点にくるようにして，太陽の位置を透明半球上に • 印で記録した。次に，記録した • 印をなめらかな線で結び，厚紙と交わるところまでのばした。太陽の高度が最も高くなるときの位置をＰ点とした。図１のＡ～Ｄは，東，西，南，北の方位を示す点である。また，図２は，図１の透明半球上に記録した点を，細く切った紙テープにうつしとったものである。

図１

13時　14時　P　12時　11時　10時　9時　A　B　C　D　O　厚紙

図２

7.6cm　7.2cm　P　N　M

14時　13時　12時　11時　10時　9時

⑴ 図１において，西の方位を示している点をＡ～Ｄから選び，記号で答えよ。（　　　）

⑵ 太陽の南中高度を図１の記号を用いて，例にならって答えよ。 例：∠XYZ

（　　　　　　）

⑶ 図１のＰ点とＡ点を結ぶ弧の長さを測定すると7.5cm であった。このことから，この日の太陽の南中高度は何度か。（　　　　　　）

ミス注意 ⑷ 図２のとなり合う • 印の間隔を測定するとすべて同じであり，MN 間と MP 間の長さは，それぞれ7.2cm と7.6cm であった。このことから，太陽が南中した時刻は何時何分か。

（　　　時　　　分）

⑸ 透明半球上に記録された太陽の１日の動きは太陽の日周運動とよばれ，見かけの動きである。見かけの動きが起こる理由を説明せよ。

（　　　　　　　　　　　　　　　　　　　　）

2 季節によって星座の見え方が変わることを調べるために，太陽が中心にある図１のような模型をつくった。この模型は，日本において，春分，夏至（げし），秋分，冬至（とうじ）のときに真夜中に南中する４つの星座と，そのときの地球の位置関係を表している。Ａ～Ｄは，春分，夏至，秋分，冬至のうちのいずれかのときの地球の位置を表している。また，図２は，図１の中の地球の模型を拡大したものである。 〈福島県〉（６点×７）

図１

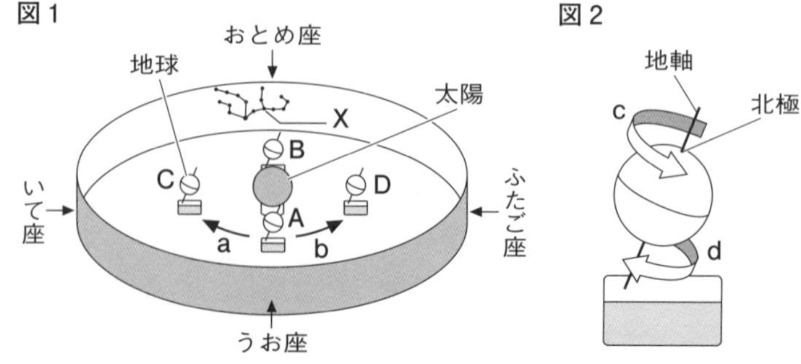

図２

地軸　北極　c　d

入試情報 太陽の日周運動の観察の問題，春・夏・秋・冬に見える星座の問題がよく出題される。また，月の運動では，日食・月食の問題がよく出題される。

(1) 地球の公転の向きは，図1のa，bのどちらか。また，地球の自転の向きは，図2のc，dのどちらか。それぞれ選び，記号で答えよ。

公転の向き（　　　）　自転の向き（　　　）

(2) 日本が夏至であるのは，地球がどの位置にあるときか。図1のA～Dから選び，記号で答えよ。（　　　）

(3) 地球がDの位置にあるとき，日本において真夜中に南中するのは，うお座，おとめ座，いて座，ふたご座の中のどの星座か。星座名を答えよ。（　　　）

(4) 次の文章の①～③にあてはまるものは何か。①，②は図1のA～Dから，③はア～エからそれぞれ選び，記号で答えよ。　①（　　　）②（　　　）③（　　　）

「日本のある地点において日没（にちぼつ）のとき，おとめ座の中の恒星Xが真東の地平線上に見えた。このときの地球の位置は，（　①　）である。同じ地点において日の出のとき，おとめ座の中の恒星Xが南中した。このときの地球の位置は（　②　）である。地球が（　①　）の位置から（　②　）の位置に移動するには③｛ア　3　　イ　6　　ウ　9　　エ　12｝か月かかる。」

3

三重県のある地点で，ある日の朝に日食を観察し，次の日から2週間，日の入り後に，月の位置と形を観察した。図1は，太陽・月・地球の位置関係を模式的に表したものである。

〈三重県・改〉（6点×4）

図1

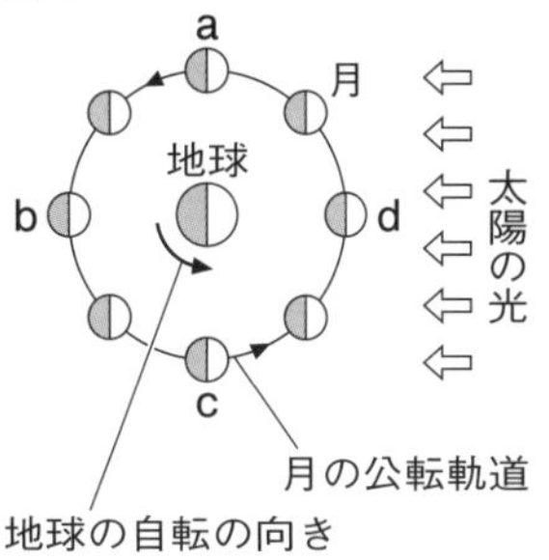

a　月　b　地球　d　c　太陽の光　月の公転軌道　地球の自転の向き

(1) 日食について，次の①，②の問いに答えよ。

① 日食が見られるのは，月がどの位置にあるときか。適切なものを図1のa～dから選び，記号で答えよ。（　　　）

② 日食が見られるときの月を何というか。適切なものを次から選び，記号で答えよ。（　　　）

ア　満月　　　イ　新月

ウ　上弦の月　　　エ　下弦の月

図2

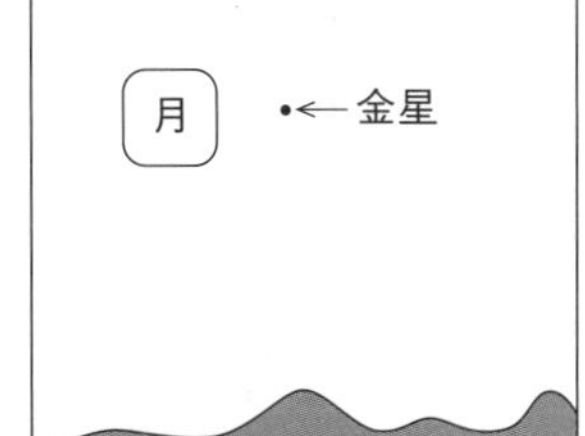

(2) 月のように，惑星（わくせい）のまわりを公転している天体を何というか。

（　　　）

差がつく

(3) 図2は，日食を観察した日とは別の日の日の入り後に観察した月と金星の位置を，模式的に表したものである。金星の近くにある月はどのような形に見えるか。図3から選び，記号で答えよ。

（　　　）

図3

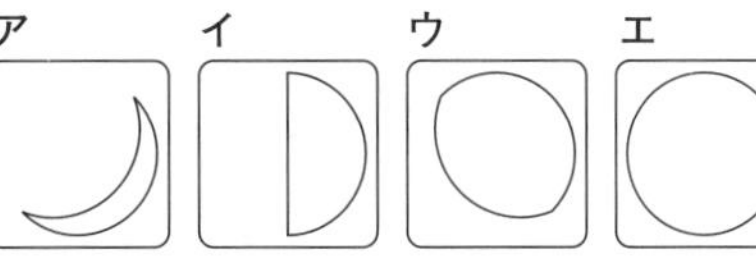

08 物質 身のまわりの物質

解答 別冊 p.17
時間 30分

得点　/100点

1 右の図のように，うすい塩酸を入れた試験管Aに亜鉛粒(あえんりゅう)を少量入れ，発生した気体を試験管Bに集めた。　〈新潟県〉（6点×4）

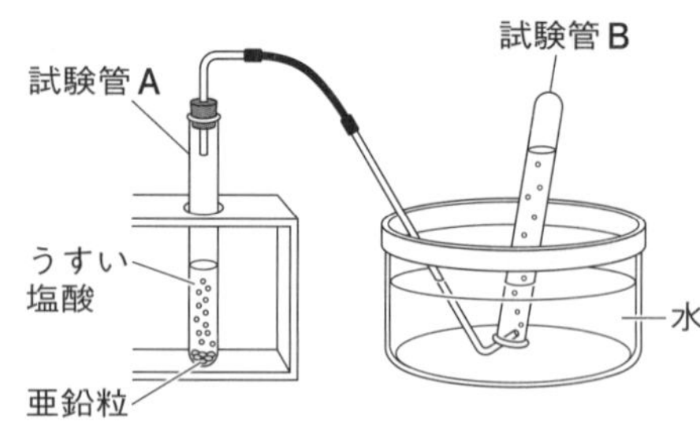

よく出る

(1) 図のようにして気体を集める方法を何というか。また，この方法は，この気体のどのような性質を利用したものか。

方法(　　　　　　　)　性質(　　　　　　　)

(2) 発生した気体の性質として適切なものを，次から選び，記号で答えよ。(　　)

ア　鼻をさすような特有のにおいがする。

イ　物質を燃やすはたらきがある。

ウ　水に湿らせた青色リトマス紙を，赤色に変化させる。

エ　空気と混合すると爆発しやすくなる。

(3) うすい塩酸を加えるとこの実験と同じ気体が発生する物質を，次から選び記号で答えよ。

(　　)

ア　貝殻(かいがら)　　イ　スチールウール

ウ　ポリエチレン　　エ　二酸化マンガン

2 水溶液(すいようえき)の性質を調べるために，次の実験Ⅰ，Ⅱを行った。右の図は，硝酸(しょうさん)カリウム，食塩のそれぞれについて，水の温度と，100gの水に溶ける物質の質量との関係を，グラフに表したものである。　〈香川県〉（(5)10点，他7点×4）

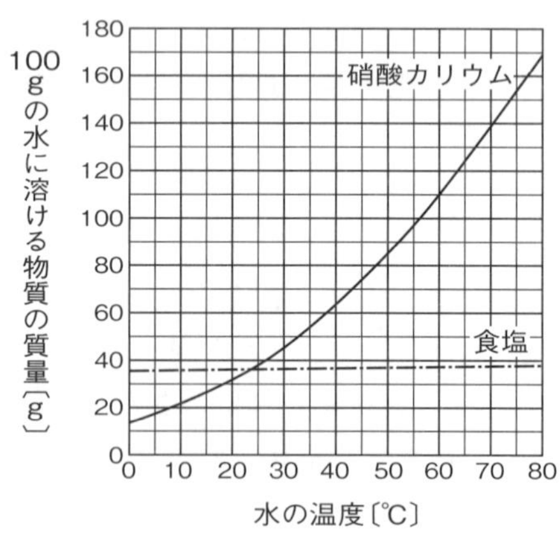

【実験Ⅰ】 10℃の水5.0gを入れた試験管に，硝酸カリウム3.0gを入れてよく振り混ぜたところ，試験管の底には，溶け残りが見られた。次に，この試験管をよく振り混ぜながらゆっくり熱すると，すべての硝酸カリウムが溶けた。

(1) 水溶液における水のように，溶質を溶かす液体を何というか。(　　　　　)

(2) 実験Ⅰにおいて，硝酸カリウムがすべて溶けたときの水溶液の温度は，およそ何℃であったと考えられるか。図から考えて，次から最も近いものを選び，記号で答えよ。

(　　)

ア　23℃　　イ　38℃　　ウ　48℃　　エ　57℃

差がつく

(3) 水5.0gに，硝酸カリウム3.0gがすべて溶けたときと同じ濃度の水溶液を120gつくりたい。そのとき，必要な硝酸カリウムは何gか。(　　　　　)

【実験Ⅱ】 10℃の水100gを入れた2つのビーカーに，硝酸カリウム109g，食塩37gをそれぞれ入れて，よくかき混ぜながら60℃までゆっくり熱した。60℃になったとき，どちらのビーカーにも，溶け残りは見られなかった。次に，これらの水溶液を20℃まで冷やしたところ，硝酸カリウムの結晶は出てきたが，食塩の結晶はほとんど出てこなかった。

(4) 実験Ⅱにおいて，硝酸カリウムの水溶液を20℃まで冷やしたときに，出てきた硝酸カリウムの結晶は，およそ何gであったと考えられるか。図から考えて，次から最も近いものを選び，記号で答えよ。（　　）

ア 32g　　イ 64g　　ウ 77g　　エ 109g

(5) 実験Ⅱにおいて，それぞれの水溶液を20℃まで冷やしたときに，硝酸カリウムのほうが，食塩に比べて多くの結晶が出てきたのはなぜか。その理由を説明せよ。

（　　　　　　　　　　　　　　　　　　　　）

3 水溶液中に含まれている物質をとり出すことに興味をもち，次の実験を行った。

〈大阪府・改〉（(1)(2)10点×2，他6点×3）

【実験】 水40.0cm³とエタノール10.0cm³の混合物と沸騰石をフラスコに入れ，右の図のように加熱すると水とエタノールの混合物が沸騰し，目盛りつきの試験管に液体がたまり始めた。この液体を4.0cm³ずつ，5本の試験管A，B，C，D，Eの順に集めたところで加熱をやめた。次に，試験管A，B，C，D，Eに集めた液体をそれぞれ蒸発皿に移して火を近づけると試験管A，B内の液体は燃えたが，試験管C，D，E内の液体は燃えなかった。

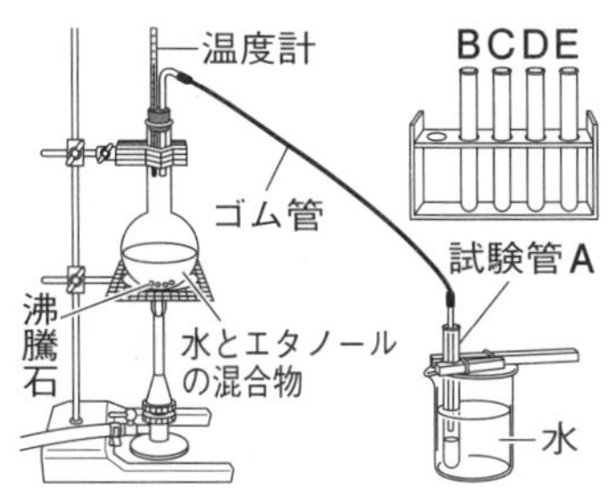

(1) フラスコに沸騰石を入れたのは，フラスコ内部でどのような現象が起こるのを防ぐためか。その現象を説明せよ。（　　　　　　）

(2) この実験において，図のビーカー内の水はどのようなはたらきをしているか。そのはたらきを説明せよ。（　　　　　　）

ミス注意 (3) 水40.0cm³とエタノール10.0cm³の混合物の質量を測定すると47.9gであった。20℃におけるエタノールの密度は何g/cm³と考えられるか。ただし，20℃における水の密度は1.00g/cm³とし，体積の測定は20℃で行ったものとする。（　　　　）

(4) 次の文章は，この実験について述べたものである。文章の①，②の｛　｝から適切なものをそれぞれ選び，記号で答えよ。①（　　）②（　　）

「試験管A，B内の液体は燃えたが，試験管C，D，E内の液体は燃えなかったことから，試験管A，B内の液体は，試験管C，D，E内の液体よりも①｛ア 水　イ エタノール｝を多く含むと考えられる。これは，水とエタノールの②｛ウ 密度　エ 融点　オ 沸点｝にちがいがあるためであると考えられる。」

09 物質

化学変化と原子・分子①

解答 別冊 p.18
時間 30分

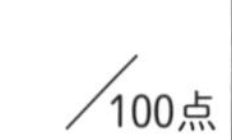

1 炭酸水素ナトリウムを加熱したときの化学変化について調べるために，実験を行った。〈新潟県・改〉（6点×5）

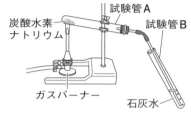

試験管A
炭酸水素ナトリウム
試験管B
ガスバーナー
石灰水

[1] 右の図のように，乾いた試験管Aに炭酸水素ナトリウムを入れ，加熱したところ気体が発生した。

[2] 発生した気体を試験管Bの石灰水に導いたところ，石灰水は白くにごった。このとき，試験管Aの口のほうに無色の液体が生じた。

[3] 気体が発生しなくなってから，加熱をやめた。試験管Aの中には，白い粉が残った。

(1) [2]で，石灰水を白くにごらせた気体は何か。化学式で答えよ。（　　　　　）

(2) 上の実験は，加熱により分解という化学変化が起こった例である。この実験と同じ化学変化を起こす例として適切なものを次から選び，記号で答えよ。（　　　）

ア　ステンレス皿に銅の粉末をのせて加熱する。

イ　試験管に水酸化カルシウムと塩化アンモニウムを入れて加熱する。

ウ　試験管に酸化銀の粉末を入れて加熱する。

(3) [2]，[3]について，次の①，②の問いに答えよ。

① 塩化コバルト紙を試験管Aの口のほうに生じた液体につけたところ，塩化コバルト紙の色が変化した。色の変化として適切なものを次から選び，記号で答えよ。（　　　）

ア　青色から黄色　　　イ　黄色から青色

ウ　青色から桃色　　　エ　桃色から青色

② 次の文章は，加熱後の試験管Aに残った白い粉と，もとの炭酸水素ナトリウムのちがいを調べるために行った実験について述べたものである。文章のX，Yの｛　｝から適切なものをそれぞれ選び，記号で答えよ。　X（　　　）　Y（　　　）

「加熱後に残った白い粉と同じ質量の炭酸水素ナトリウムを，それぞれ水に溶かしたとき，水に溶けやすいのは，X｛ア　加熱後に残った白い粉　　イ　炭酸水素ナトリウム｝のほうである。また，溶かした液にそれぞれフェノールフタレイン溶液を加えて色を観察すると両方Y｛ウ　酸　　エ　アルカリ｝性とわかるが，色の濃さを比較すると，加熱後に残った白い粉を溶かしたほうが濃い赤色となり，より強いY性であることがわかる。」

2 右の図のような装置で，水酸化ナトリウム水溶液に一定の電流を流して，電気分解を行った。発生した気体Aと気体Bの体積比は1：2であった。発生した気体を調べるために，気体Aに火のついた線香を入れると炎をあげて激しく燃えた。また，気体Bに，火のついたマッチを近づけるとポンと音がして気体が燃えた。

〈兵庫県・改〉（(1)10点，他5点×4）

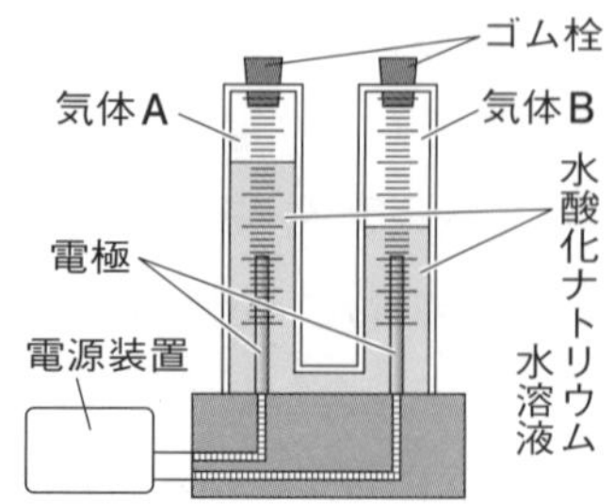

(1) 水の電気分解に水酸化ナトリウム水溶液を用いるのはなぜか。その理由を説明せよ。

(　　　　　　　　　　)

(2) 気体A，Bの化学式をそれぞれ答えよ。

A(　　　　)　B(　　　　)

(3) 気体A，Bのように，1種類の元素だけからできている物質を何というか。

(　　　　)

ミス注意 (4) 電気分解を行った後，図の電源装置のかわりに，電子オルゴールにつなぐと，しばらくなり続けた。このときに起こっている化学変化を化学反応式で表せ。

(　　　　)

3 鉄と硫黄(いおう)の化学変化について調べるために，実験を行った。

〈三重県・改〉（8点×5）

[1] 図1のように，鉄粉14gと硫黄8gを乳鉢(にゅうばち)に入れ，よく混ぜ合わせて混合物をつくり，試験管Aと試験管Bに均等にわけた。

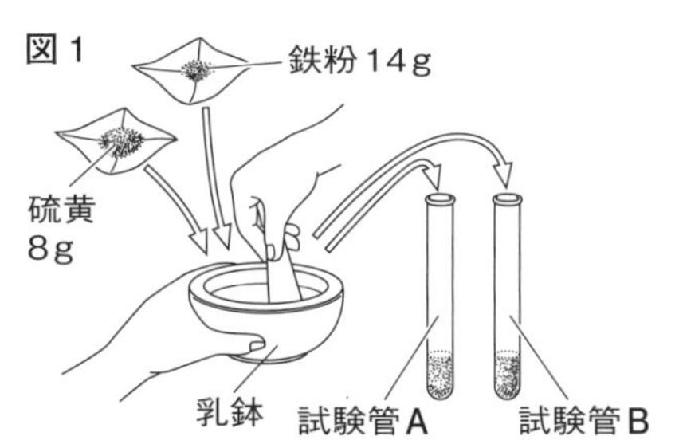

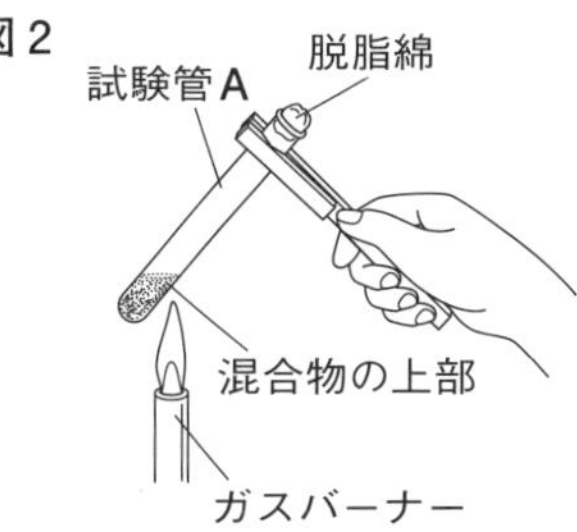

[2] 図2のように，試験管Aの口に脱脂綿でゆるく栓(せん)をして，ガスバーナーで混合物の上部を加熱した。混合物の一部が赤くなり始めたところで加熱をやめたが，混合物全体に反応が広がり，鉄と硫黄が結びついて黒色の硫化鉄(りゅうかてつ)ができた。試験管Bは加熱しなかった。

[3] 試験管Aと試験管B，それぞれにうすい塩酸を2，3滴加え，試験管内の変化を調べた。

(1) [2]について，次の①，②の問いに答えよ。ただし，できた硫化鉄は，鉄と硫黄の原子が1：1の割合で結びついたものとする。

① 試験管Aで起きた鉄と硫黄の化学変化を，化学反応式で表すとどうなるか。

(　　　　)

② 試験管Aでは，鉄と硫黄は残らず反応し，すべて硫化鉄になった。新たに準備した試験管に，鉄粉10gと硫黄5.2gをよく混ぜ合わせてつくった混合物を入れて加熱し，いずれか一方の物質を完全に反応させたとき，反応せずに残る物質は鉄と硫黄のどちらか。また，そのとき反応せずに残る物質の質量は何gか。

物質(　　　　)　質量(　　　　)

(2) [3]について，試験管Aと試験管Bにうすい塩酸を加えたときの変化として適切なものを次からそれぞれ選び，記号で答えよ。

A(　　)　B(　　)

ア　無臭の気体が発生した。　　イ　特有の刺激臭のある気体が発生した。

ウ　白色の固体が試験管に付着した。　　エ　変化しなかった。

10 物質 化学変化と原子・分子②

解答 別冊 p.18
時間 30分

得点 /100点

1

酸化銅(CuO)と炭素の粉末をよく混ぜ合わせた。これを右の図のように試験管Xに入れて加熱すると，気体が発生して試験管Yの石灰水が白くにごり，試験管Xの中に赤色の銅ができた。この後，ガラス管を石灰水からとり出し，ガスバーナーの火を消した。〈愛媛県・改〉((1)8点，他4点×5)

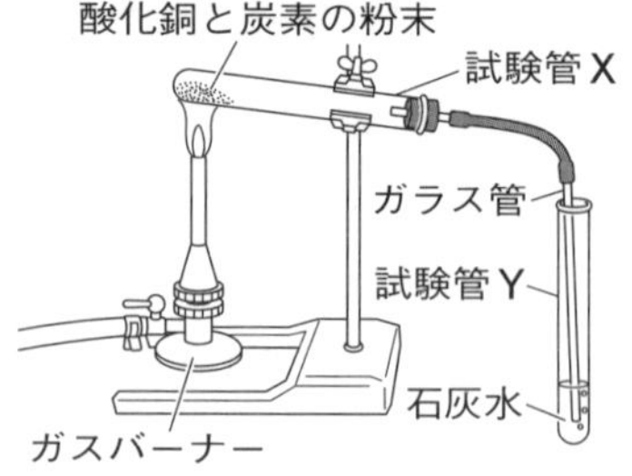

よく出る
(1) この実験で，ガスバーナーの火を消す前に下線部の操作を行うのはなぜか。その理由を，「石灰水」という語句を使って説明せよ。
( )

(2) 次の文章の①，②の｛ ｝から適切なものをそれぞれ選び，記号で答えよ。
①( ) ②( )

「この実験で，酸化銅は炭素によって①｛ア 酸化 イ 還元(かんげん)｝されて銅になった。また，試験管Xの中にある固体の物質の質量の合計は，加熱によって②｛ウ 増加した エ 減少した｝。」

(3) 酸化銅から銅をとり出すには，この実験のように炭素を用いる方法のほかに，水素を用いる方法もある。酸化銅が水素と反応して銅になる化学変化を，化学反応式で表すとどうなるか。次の空欄(くうらん)にあてはまる化学式をそれぞれ書き，化学反応式を完成させよ。

CuO + ①( ) ⟶ ②( ) + ③( )

2

炭酸水素ナトリウムとうすい塩酸を使って，化学変化の前後の質量について調べるため，次の実験Ⅰ，Ⅱを行ったところ，表のような結果になった。〈茨城県〉((1)(3)8点×2，他5点×6)

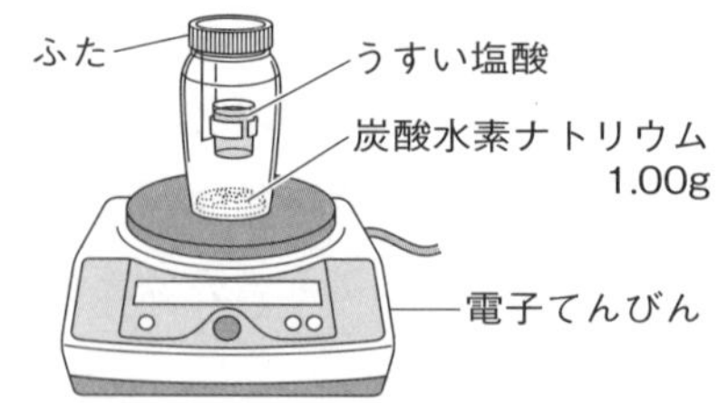

【実験Ⅰ】 右の図のように容器に炭酸水素ナトリウム1.00gとうすい塩酸を入れ，容器のふたを閉めて装置全体の質量をはかる。次に，ふたを閉めたまま，炭酸水素ナトリウムとうすい塩酸を反応させ，化学変化が終わった後，装置全体の質量をはかる。

【実験Ⅱ】 実験Ⅰと同じ容器に炭酸水素ナトリウム1.00gとうすい塩酸を入れ，容器のふたを閉めて装置全体の質量をはかる。次に，ふたを開けて，炭酸水素ナトリウムとうすい塩酸を反応させ，化学変化が終わった後，ふたを含(ふく)む装置全体の質量をはかる。

	化学変化前	化学変化後
実験Ⅰ	102.43g	102.43g
実験Ⅱ	102.43g	101.91g

(1) 実験Ⅰ，Ⅱにおいて，容器内のようすがどのようになると，化学変化が終わったと考えられるか。( )

(2) 実験Ⅰ，Ⅱの化学変化では，炭酸水素ナトリウムと塩酸の2種類の物質から3種類の物質が生成する。生成する3種類の物質を化学式で答えよ。

( )( )( )

(3) 実験Ⅱの結果について，化学変化の前後で質量が変化した理由を説明せよ。
(　　　　　　　　　　)

(4) 次の文章の空欄①，②にあてはまる語句を答えよ。
「化学変化の前後で全体の質量が変化しないことを①(　　　　)の法則という。それは化学変化の前後で②(　　　　)の種類や数が変わらないからである。」

(5) 次のア〜エの実験を，実験Ⅱと同様に行った場合，化学変化の前後で，ふたを含む装置全体の質量が変化しないものはどれか。適切なものを選び，記号で答えよ。(　　　)

ア　炭酸ナトリウム水溶液と塩化カルシウム水溶液を反応させる。
イ　硫化鉄とうすい塩酸を反応させる。
ウ　二酸化マンガンとうすい過酸化水素水(オキシドール)を反応させる。
エ　亜鉛とうすい塩酸を反応させる。

3

マグネシウムの質量と，マグネシウムと結びつく酸素の質量との関係を調べるために，次の準備をし，操作1，2，3，4の順で実験を行った。〈栃木県・改〉（(2)(3)8点×2，他5点×2）

【準備】 同じ質量のステンレス皿を6枚用意した。次に，異なる質量のマグネシウム粉末を，5枚のステンレス皿にそれぞれ入れた。そして，マグネシウム粉末の入ったステンレス皿5枚と空のステンレス皿1枚を，A班からF班の6班に1枚ずつ配った。このとき，A班は空のステンレス皿だった。

1 皿全体の質量をはかった。B班からF班はマグネシウム粉末をうすく広げた。
2 皿をガスバーナーで加熱し，じゅうぶんに冷ましてから，皿全体の質量をはかった。B班からF班では，皿の中のマグネシウムが<u>白い物質</u>に変化していた。
3 再び皿を加熱し，冷却後，皿全体の質量をはかった。
4 皿全体の質量が変わらなくなるまで，3を繰り返した。右の表は，これらの実験結果をまとめたものである。

皿全体の質量	A班	B班	C班	D班	E班	F班
加熱前〔g〕	16.3	17.8	16.9	17.5	17.2	16.6
加熱後〔g〕	16.3	18.8	17.3	18.3	17.8	16.8

(1) 下線部の物質は何か。化学式で答えよ。(　　　　)
(2) A班の実験結果からわかることは何か。
(　　　　　　　　)
(3) 実験結果の表から，マグネシウムの質量とマグネシウムと結びついた酸素の質量との関係を表すグラフを右の図に表せ。

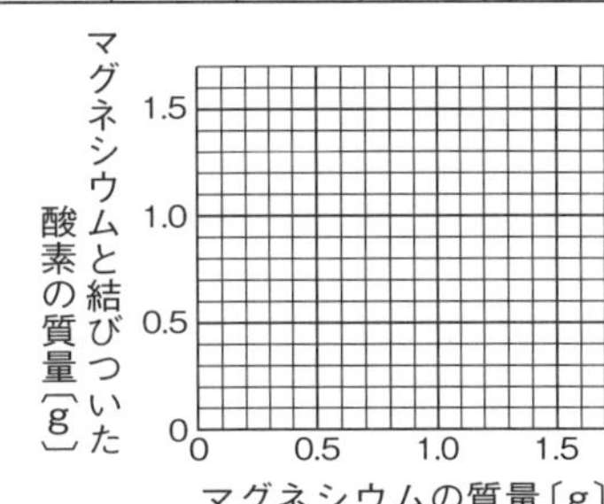

ミス注意

(4) マグネシウム粉末4.8gをステンレス皿に入れ，加熱したが，一部のマグネシウムが酸化されず，加熱後の物質の質量は7.0gだった。酸化されたマグネシウムは，加熱前のマグネシウムの質量の何%か。小数第1位を四捨五入して整数で答えよ。(　　　　)

11 物質 化学変化とイオン

解答 別冊 p.19
時間 30分

得点 /100点

1 次の文章は，原子の構造について説明したものである。

〈佐賀県・改〉（6点×3）

「原子の中心には，＋の電気をもった［①］が1個あり，そのまわりには－の電気をもった電子がある。①には，＋の電気をもつ陽子と電気をもたない［②］がある。」

(1) 上の文章の［①］，［②］にあてはまる語句をそれぞれ答えよ。

①（　　　　　）②（　　　　　）

ミス注意 (2) カルシウム原子は陽子を20個もつ原子であり，カルシウムイオンのイオン式はCa^{2+}で表される。カルシウムイオンのもつ電子の数は何個か。（　　　　　）

2 水溶液と金属板で電流がとり出せるか調べるために，次の実験を行った。

〈秋田県・改〉（(1)(3)①② 8点×3，他5点×3）

【実験】 右の図のように，亜鉛板（あえんばん）と銅板を濃度5％のうすい塩酸に入れ，導線でモーターをつないで回るかどうかを調べた。次に，それぞれ濃度5％の砂糖水，食塩水，エタノールの水溶液で同じように調べた。金属板を別の水溶液（すいようえき）に入れるときには，そのつど精製水（蒸留水）で洗った。また，金属板の組み合わせを変えて同じように調べ，結果を表にまとめた。

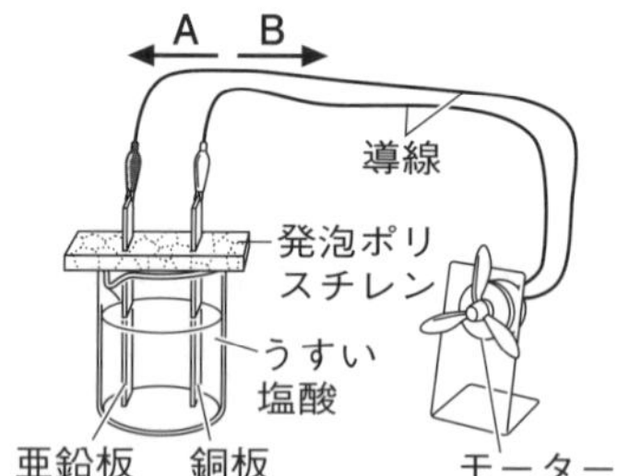

金属板の組み合わせ ＼ 水溶液		うすい塩酸	砂糖水	食塩水	エタノールの水溶液
亜鉛板	銅板	○	×	○	×
亜鉛板	マグネシウムリボン	○	×	○	×
亜鉛板	亜鉛板	×	×	×	×
銅板	マグネシウムリボン	○	×	○	×
銅板	銅板	×	×	×	×
マグネシウムリボン	マグネシウムリボン	×	×	×	×

○…回った　×…回らなかった

(1) 下線部の操作をするのは何のためか説明せよ。

（　　　　　）

よく出る (2) 図のように，亜鉛板と銅板，うすい塩酸で実験をしたとき，モーターが回り銅板の表面から気体が発生した。

① 発生した気体は何か。化学式で答えよ。（　　　　　）

② 亜鉛板につないだ導線中の電流の向きと電子の移動の向きは図のA，Bのどちらか。正しい組み合わせを次から選び，記号で答えよ。（　　　）

ア 電流…A，電子…A　　イ 電流…A，電子…B

ウ 電流…B，電子…A　　エ 電流…B，電子…B

③ この実験で気体が発生し始めると生じるイオンは何か。化学式で答えよ。

( )

(3) 表から，電流がとり出せるのは，①水溶液の条件と②金属板の組み合わせの条件がそろったときであることがわかる。①，②の条件をそれぞれ説明せよ。

①( )

②( )

3 水溶液の性質を調べるために，うすい水酸化ナトリウム水溶液とうすい塩酸を用いて，次の実験を行った。

〈石川県・改〉（(3)② 8点，他5点×7）

【実験】 水酸化ナトリウム水溶液を$10cm^3$ずつ，6つのビーカーに入れた。

水溶液	A液	B液	C液	D液	E液	F液
水酸化ナトリウム水溶液〔cm^3〕	10	10	10	10	10	10
塩酸〔cm^3〕	0	2	4	6	8	10

それぞれに，表に示した量の塩酸を加えてよくかき混ぜ，A液～F液をつくった。その後，これらの水溶液にBTB溶液を2，3滴ずつ入れ，水溶液の色を調べた。その結果，E液だけが中性であることがわかった。

(1) BTB溶液を入れた後の，A液とE液はそれぞれ何色か。

A液( ) E液( )

(2) E液1滴をスライドガラスにとり，水分を蒸発させたところ，白色の物質が現れた。この物質を双眼実体顕微鏡（そうがんじったいけんびきょう）で観察して見えた結晶のスケッチとして適切なものを，図1から選び，記号で答えよ。また，その物質の化学式を答えよ。

図1

ア
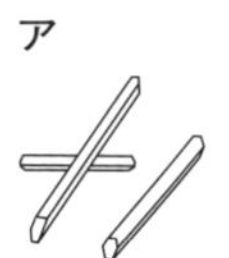
イ
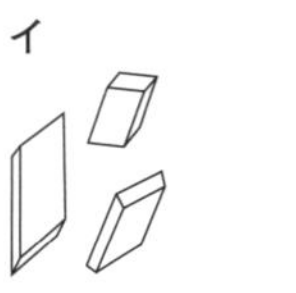
ウ

結晶( ) 化学式( )

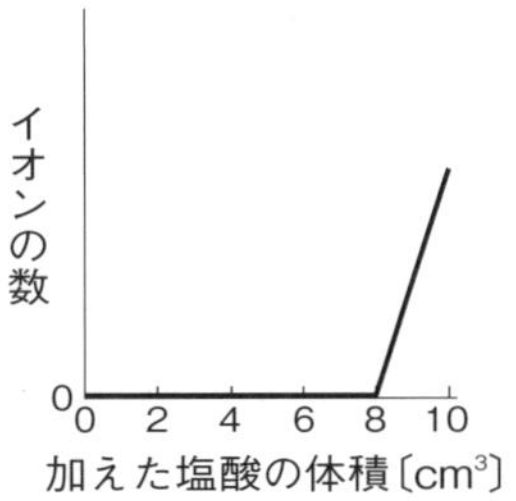

差がつく

(3) 図2のグラフは，水酸化ナトリウム水溶液$10cm^3$に，塩酸を少しずつ加えたときの，加えた塩酸の体積と，あるイオンの数との関係を示したものである。①このイオンは何か。化学式で答えよ。また，②このようなグラフになる理由を説明せよ。

図2

縦軸：イオンの数
横軸：加えた塩酸の体積〔cm^3〕（0, 2, 4, 6, 8, 10）

①( )

②( )

(4) 実験後，A液～F液の6種類の液をすべて混ぜ合わせた。この液を中性にするためには，水酸化ナトリウム水溶液と塩酸のどちらを加えればよいか。また，どれだけ加えればよいか，その体積を求めよ。

物質( ) 体積( )

12 エネルギー 光・音・力

解答 別冊 p.20
時間 30分

得点 /100点

1 焦点距離(しょうてんきょり)が15cm の凸(とつ)レンズを用いて，次の実験Ⅰ～Ⅲを行った。

〈長崎県〉((4)8点，他6点×4)

【実験Ⅰ】 図1のように凸レンズを光学台に固定し，F字形の穴を開けた厚紙を凸レンズから50cm 離れたところに置いた。その後，スクリーンにはっきりした像ができるようにスクリーンを動かした。

図1

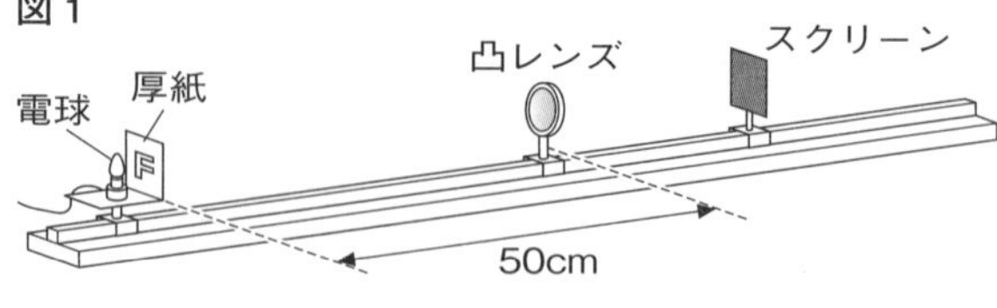

(1) 実験Ⅰでスクリーンにできた像は，凸レンズ側から見るとどうなるか。図2から選び，記号で答えよ。 (　　)

図2

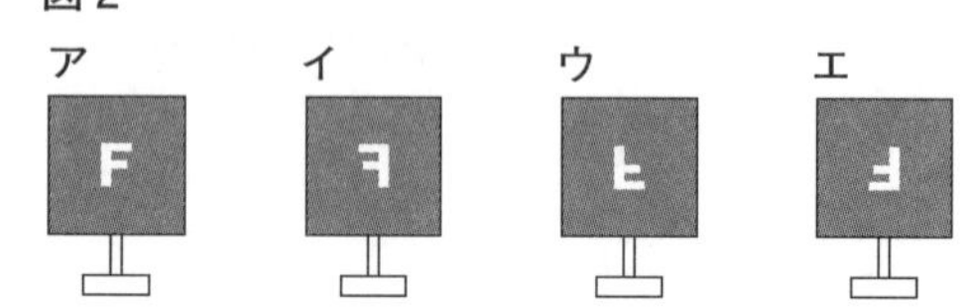

【実験Ⅱ】 実験Ⅰと同様の装置を用い，凸レンズを固定して，厚紙と凸レンズとの距離を45cm，40cm，35cm，30cm に変え，それぞれについてはっきりした像ができるように，スクリーンを動かした。

よく出る

(2) 実験Ⅱの結果について述べた次の文の空欄(くうらん)①，②にあてはまる語句をそれぞれ答えよ。
「厚紙から凸レンズまでの距離が短くなるにつれ，凸レンズとスクリーンとの距離は①(　　　　)なり，できる像の大きさは②(　　　　)なる。」

(3) 実験Ⅱで厚紙と凸レンズとの距離を30cm にしたとき，凸レンズとスクリーンとの距離として適切なものを次から選び，記号で答えよ。 (　　)

ア 7.5cm　　イ 15cm　　ウ 30cm　　エ 45cm

【実験Ⅲ】 実験Ⅰの装置から電球とスクリーンをとりはずし，厚紙のかわりに鉛筆を置いた。鉛筆を焦点の内側に置き，凸レンズを通して見える鉛筆の虚像(きょぞう)について調べた。

(4) 実験Ⅲで，図3のように鉛筆と凸レンズとの距離を7.5cm にした。凸レンズを通して見える鉛筆の虚像を，その位置と大きさがわかるように図3に作図せよ。ただし，作図に用いた線は消さずに残しておくこと。

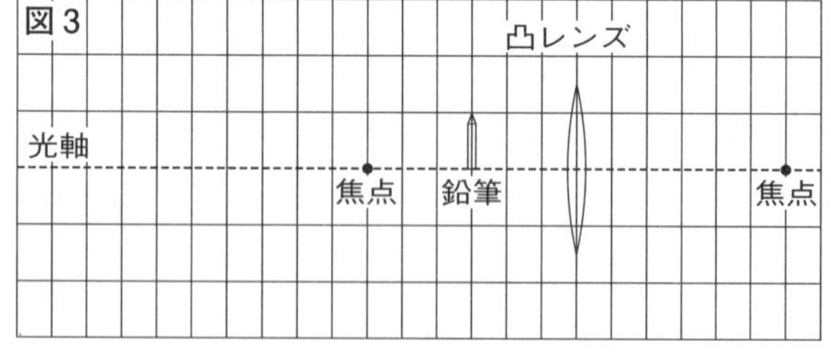

2 図1のように，モノコードの弦(げん)をはじき，マイクを通してコンピュータの画面に表示された音のようすを調べた。

〈大阪府・改〉((1)8点，他6点×2)

図1

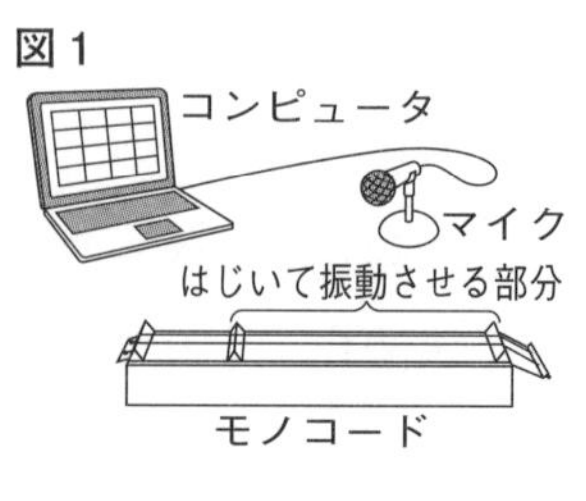

(1) この実験において，「はじいて振動させる部分」を短くして弦をはじくと音の高さはどのようになり，また，弦の振動数はどのようになるか説明せよ。(　　　　)

(2) 図2と図3は，この実験における2種類の音のようすをそれぞれ横軸を時間，縦軸を振動の幅としてグラフで模式的に表したものである。図2と図3は，ともに横軸の1目盛りが0.002秒である。また，図2，図3の←→で示した範囲の波の形は弦の1回の振動で生じたものであり，図2では弦が4回振動したときのようすを表している。

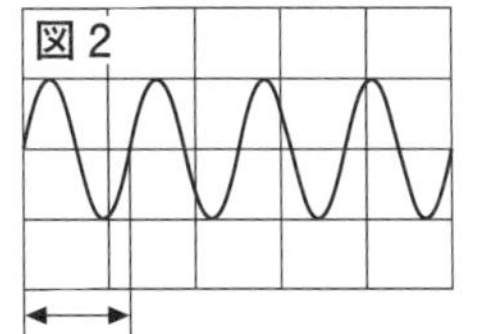

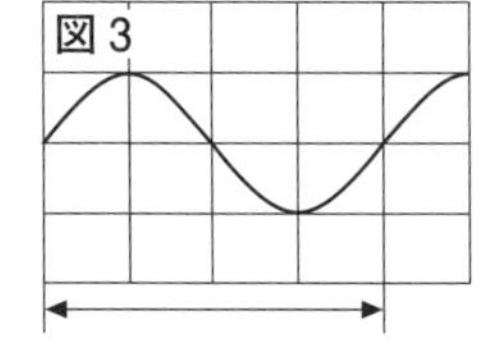

① 図2の音を出している弦が160回振動するのに要する時間で，図3の音を出している弦が振動する回数はいくらか。　(　　　)

② 図2の音を出している弦の振動数は何Hzと考えられるか。(　　　)

3 図1のように，水が入っていない水槽の底面に，直方体の物体を置いた。次に，フックに糸を結び，水槽に水を入れ，図2の模式図のようにまっすぐ引き上げながら，水槽の底面から物体の下面までの距離とばねばかりの示した値との関係を調べた。図3は，その結果を表したものである。ただし，フックと糸の質量や体積は考えないものとする。

〈青森県・改〉（8点×6）

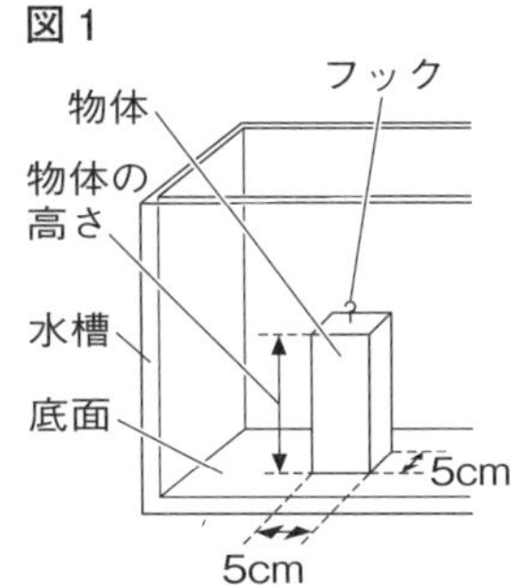

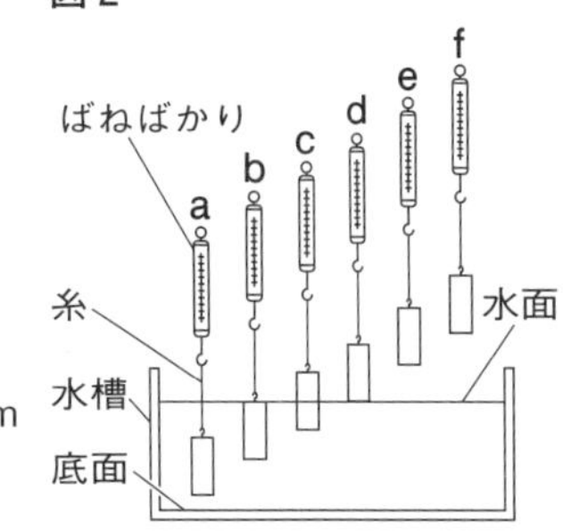

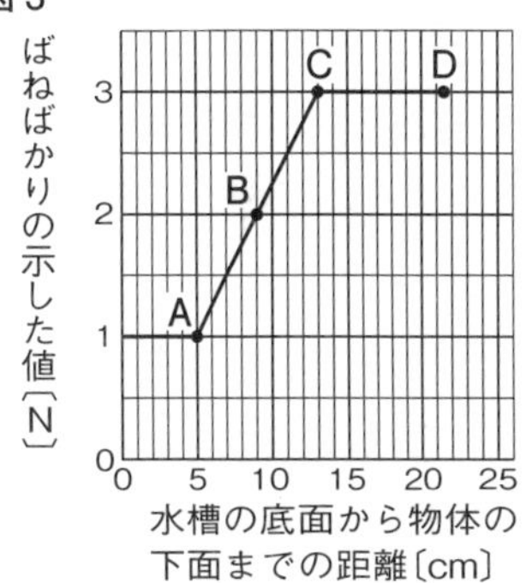

(1) 図1で，物体が水槽の底面におよぼす圧力は何Paか。

(　　　)

(2) 図2のaについて，次の①，②の問いに答えよ。

① 次の文は，物体にはたらく水圧について述べたものである。X，Yの｛　｝から適切なものをそれぞれ選び，記号で答えよ。　X(　　)　Y(　　)

「物体の上面と下面では，X｛ア　上　　イ　下｝面にはたらく水圧のほうが大きい。このため，上面と下面にはたらく水圧の差の分だけ，物体はY｛ウ　上　　エ　下｝向きの力を受ける。」

② 物体にはたらく重力と浮力の大きさの関係を表した式として適切なものを，次から選び，記号で答えよ。　(　　)

ア　重力＜浮力　　イ　重力＞浮力　　ウ　重力＝浮力　　エ　重力＝浮力＝0

(3) 図2のcのときの水槽の底面から物体の下面までの距離とばねばかりの示した値との関係を表しているのは，図3のA～Dのどの点か。記号で答えよ。　(　　)

(4) 物体の高さは何cmか。　(　　　)

電流と磁界

解答 別冊 p.21
時間 30分

得点 /100点

1 電熱線を用いて，実験Ⅰ，Ⅱを行った。

〈岐阜県・改〉（(2)10点，他７点×４）

【実験Ⅰ】 電熱線ａを用いて，図１のように回路をつくり，電源装置で回路に電圧を加え，電圧計の目盛りが1.0Ｖのときの電流の大きさを測定した。同様に，電圧計の目盛りが，2.0Ｖ，3.0Ｖ，4.0Ｖ，5.0Ｖのときの電流の大きさをそれぞれ測定した。

【実験Ⅱ】 実験Ⅰで用いた電熱線ａと，別の電熱線ｂを用いて，図２のように回路をつくり，電源装置で回路に電圧を加え，電圧計の目盛りが1.0Ｖのときの電流の大きさを測定した。同様に，電圧計の目盛りが，2.0Ｖ，3.0Ｖ，4.0Ｖ，5.0Ｖのときの電流の大きさをそれぞれ測定した。表は実験Ⅰ，Ⅱの結果をまとめたものである。

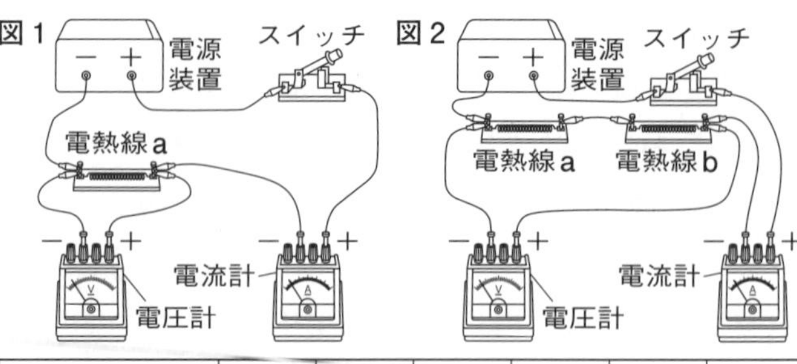

電圧〔Ｖ〕		0	1.0	2.0	3.0	4.0	5.0
電流〔Ａ〕	実験Ⅰ	0	0.05	0.10	0.15	0.20	0.25
	実験Ⅱ	0	0.02	0.04	0.06	0.08	0.10

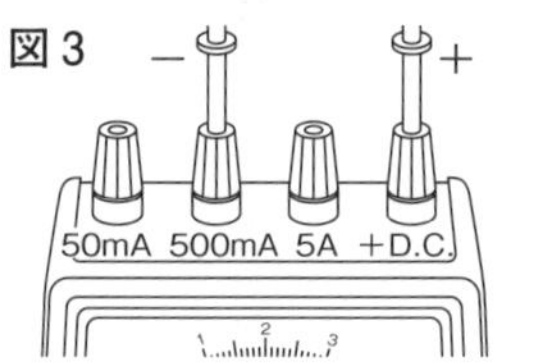

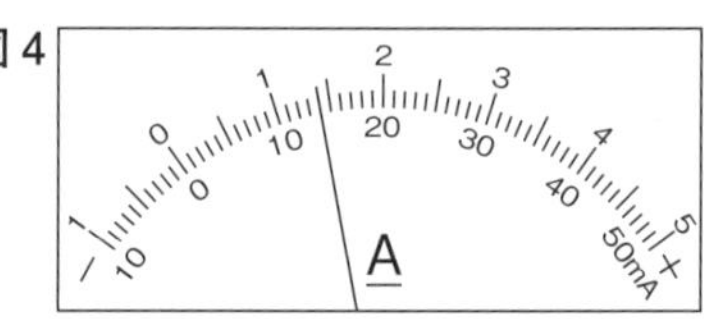

図５

電流〔Ａ〕

0 1.0 2.0 3.0 4.0 5.0

電圧〔Ｖ〕

ミス注意

(1) 図３のように，電流計の500mAの－端子を使って電流の大きさを測定したところ，電流計の針は図４のようになった。電流の大きさは何Ａか。

（　　　　　　）

(2) 実験Ⅰの結果をもとに，電熱線ａに加わる電圧と，電熱線ａを流れる電流の関係を，図５にグラフでかけ。なお，グラフの縦軸には適切な数値を書け。

(3) 電熱線ａの抵抗の値は何Ωか。 （　　　　　　）

(4) 図２のように，電熱線ａと電熱線ｂを直列につないだとき，電熱線ａと電熱線ｂを流れる電流の大きさについて，正しく述べている文はどれか。次から選び，記号で答えよ。

（　　）

ア 電熱線ａを流れる電流は，電熱線ｂを流れる電流と同じ大きさである。

イ 電熱線ａを流れる電流のほうが，電熱線ｂを流れる電流より大きい。

ウ 電熱線ｂを流れる電流のほうが，電熱線ａを流れる電流より大きい。

差がつく

(5) 実験Ⅱで，電圧計の目盛りが5.0Ｖのとき，電熱線ｂで消費される電力は何Ｗか。

（　　　　　　）

入試情報 実験の結果を示した表やグラフを読みとり，オームの法則を使って解く問題がよく出題される。陰極線(電子線)や電磁誘導の問題も出題されやすい。

2 図1のような十字板の入ったクルックス管のA，Bの電極間に大きな電圧をかけると，蛍光面に十字板の影ができた。また，図2のような電極P，Qを入れたクルックス管のC，Dの電極間にDが＋極となるように大きな電圧をかけると，蛍光板に光るすじが見られた。 〈佐賀県・改〉((3)10点，他7点×4)

図1

図2

(1) 1対の電極を入れたガラス管の内部の空気をぬいて管内の圧力を小さくし，電極に大きな電圧をかけると，電流が流れてガラス管が光る。このような現象を何というか。 (　　　　　　　)

(2) 次の文章は，図1の実験について述べたものである。①～③の{　}から適切なものをそれぞれ選び，記号で答えよ。 ①(　　　) ②(　　　) ③(　　　)

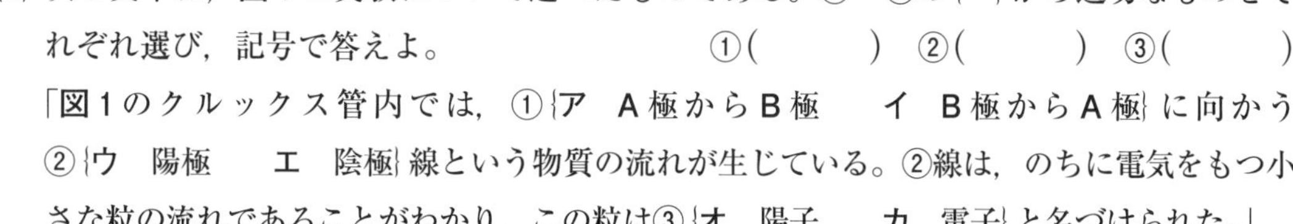

「図1のクルックス管内では，①{ア　A極からB極　　イ　B極からA極}に向かう②{ウ　陽極　　エ　陰極}線という物質の流れが生じている。②線は，のちに電気をもつ小さな粒の流れであることがわかり，この粒は③{オ　陽子　　カ　電子}と名づけられた。」

(3) 図2の状態で，P，Qの電極板の間にPが＋極となるように電圧をかけると，蛍光板に見られる光るすじはどうなるか。図3には，蛍光板に見られる光るすじを途中までかいているので，その続きを実線でかけ。

図3

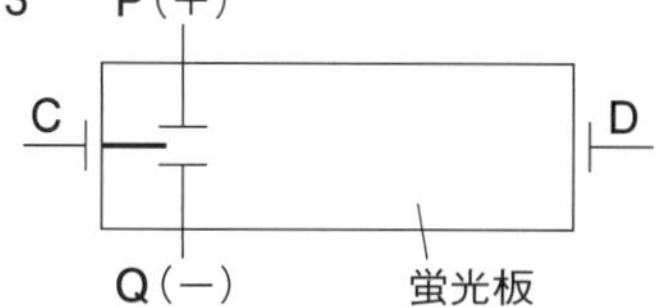

3 図のように，コイルと検流計をつないだ実験装置をつくり，固定したコイルにN極を下にした棒磁石を上から入れると，電流が流れ検流計の針が左に振れた。 〈三重県〉((2)10点，他7点×2)

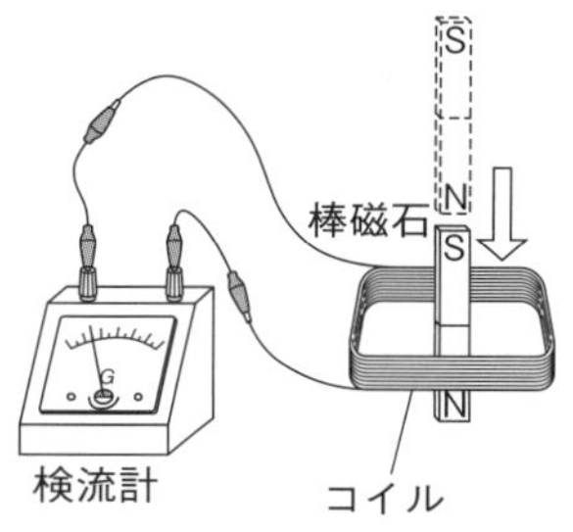

(1) 棒磁石をコイルに出し入れして，コイル内部の磁界を変化させると，電圧が生じコイルに電流が流れる。この現象を何というか。 (　　　　　　　)

(2) 図と同じ実験装置と棒磁石を用いて，固定したコイルに流れる電流を大きくするにはどうすればよいか。その方法を説明せよ。(　　　　　　　)

(3) 図と同じ実験装置と棒磁石を用いて，棒磁石やコイルを動かしたとき，電流が流れ，検流計の針が左に振れるのはどの場合か。次からすべて選び，記号で答えよ。(　　　　　)

ア
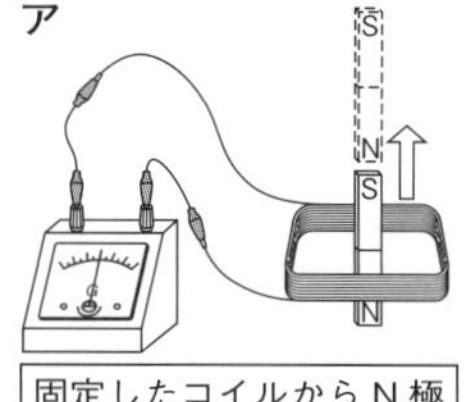
固定したコイルからN極を下にした棒磁石を上に出す。

イ
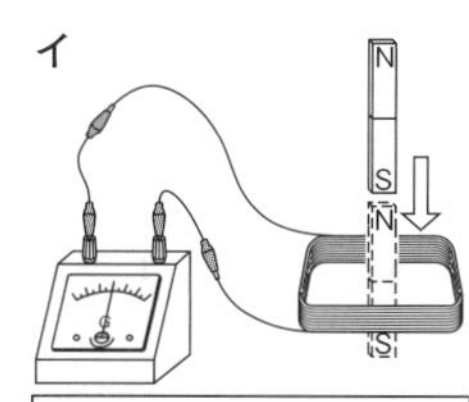
固定したコイルにS極を下にした棒磁石を上から入れる。

ウ
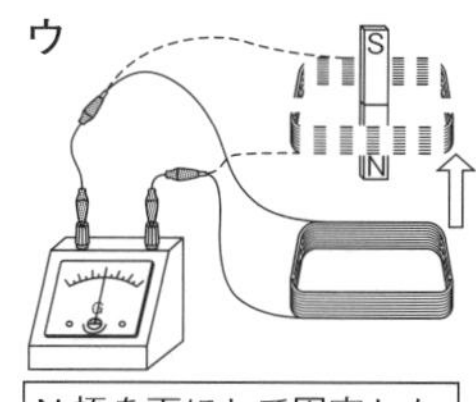
N極を下にして固定した棒磁石にコイルを下から近づける。

エ
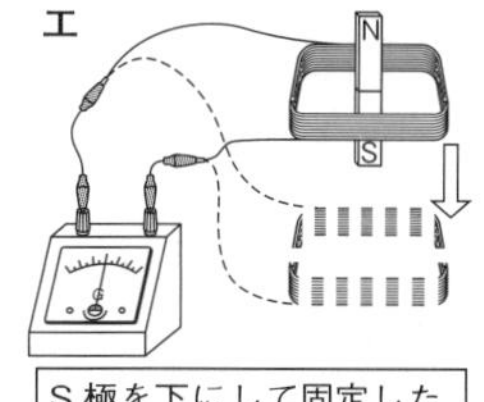
S極を下にして固定した棒磁石からコイルを下に遠ざける。

14 運動とエネルギー

解答 別冊 p.22
時間 30分

得点 ／100点

1 台車の運動を調べるために，１秒間に50回打点する記録タイマーを用いて，次の実験Ⅰ～Ⅲを行った。
〈新潟県・改〉（10点×４）

【実験Ⅰ】 図１のように，紙テープをつけた台車を水平面に置いて，手で水平方向に軽く押したところ，台車はまっすぐに進んだ。このときの台車の運動を紙テープＰに記録した。

【実験Ⅱ】 図２のように，紙テープをつけた台車を斜面（しゃめん）の上に置いて，手を静かにはなしたところ，台車は斜面にそってまっすぐに下り始めた。このときの台車の運動を紙テープＱに記録した。

【実験Ⅲ】 図３のように，実験Ⅱで使用した斜面の角度を大きくして，実験Ⅱと同じ手順で実験を行い，台車の運動を紙テープＲに記録した。

図１
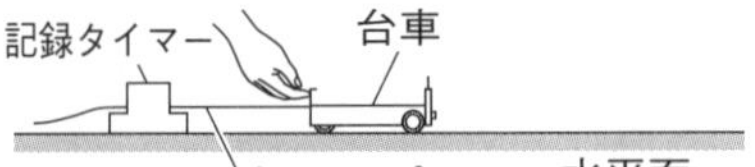

図２
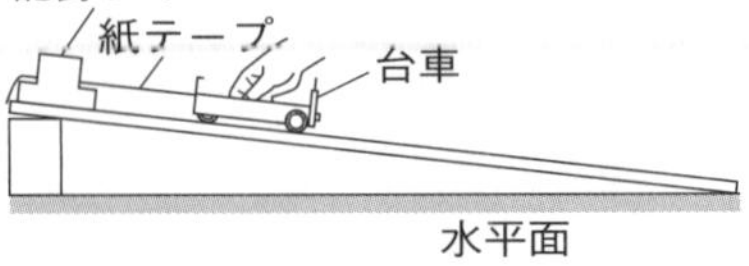

図３
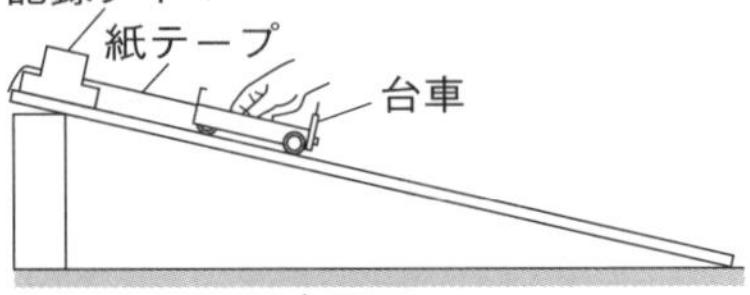

図４は，実験Ⅰ～Ⅲで，台車の運動を記録したＰ～Ｒの紙テープであり，実験後，それぞれの紙テープに，記録された最初の打点の位置と，そこから５打点ごとの位置に線を引いた。また，紙テープの下に示した数値は，最初の打点から，それぞれの線までの距離をはかったものである。

図４
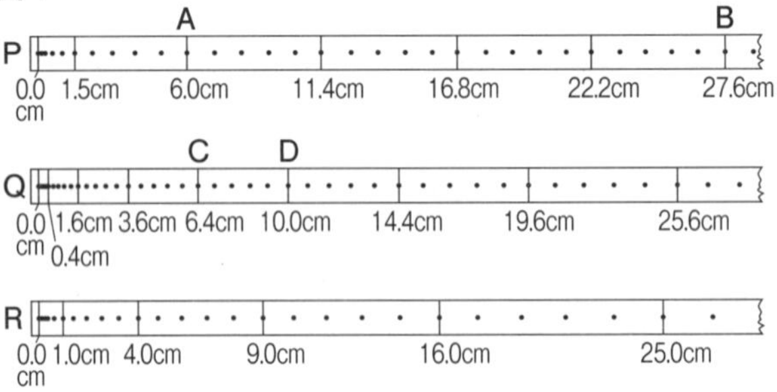

(1) 実験Ⅰについて，打点ＡからＢまでに記録された台車の運動を何運動というか。
（　　　　　　　　　　）

よく出る
(2) 実験Ⅱについて，打点ＣからＤまでの台車の平均の速さは何 cm/s か。（　　　　　）

(3) 実験Ⅲについて，Ｒの紙テープに記録された結果をもとにして，記録を始めてからの時間と台車の速さとの関係をグラフに表した。そのグラフとして適切なものを図５から選び，記号で答えよ。
（　　　）

図５
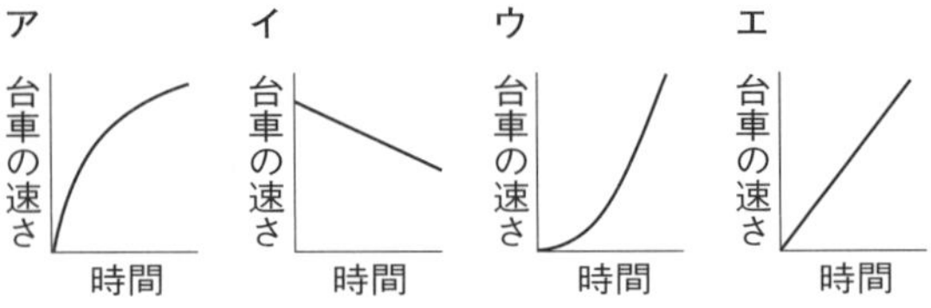

(4) 実験Ⅲについて，紙テープＲに記録された運動を，実験Ⅱで紙テープＱに記録された運動と比べたとき，紙テープＲに記録された台車の速さの変化が大きくなったのはなぜか。その理由を，「斜面方向の力」という語句を用いて説明せよ。
（　　　　　　　　　　）

入試情報　記録タイマーを用いた台車の運動の問題や，運動エネルギーと位置エネルギーの移り変わりを問う問題がよく出題される。

2

次の(1)，(2)の各問いに答えよ。ただし，100g の物体にはたらく重力の大きさを 1 N とする。

〈佐賀県・改〉（10点×6）

(1) 500g の物体を一定の速さで上向きに2m もち上げた。

① このときにした仕事は何 J か。（　　　　　　）

② ①の作業に 2 秒間かかった。このときの仕事率は何 W か。（　　　　　　）

(2) 図 1 のように20kg の物体を，板，ひも，滑車を使って板の上の点 A から点 B まで一定の速さで引き上げた。点 A から点 B までの距離は4m であり，高さの差は2m である。ただし，滑車やひもの重さ，滑車とひもの摩擦（まさつ），物体と板の摩擦，空気の抵抗は考えないものとする。

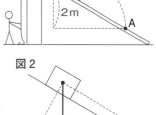

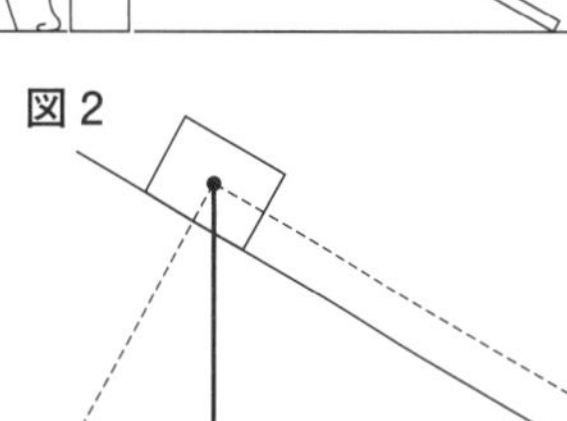

図 2

W

① 図 2 のように，板の上の物体にはたらく重力 W は，板の面にそった方向の力 X と板の面に垂直な方向の力 Y に分解できる。重力 W のように矢印を使い，力 X と力 Y を図に表せ。ただし，作図のために用いた線は残しておくこと。

② 物体を点 A から点 B まで引き上げるためにひもを4m 引いた。このときのひもを引く力の大きさは何 N か。（　　　　　　）

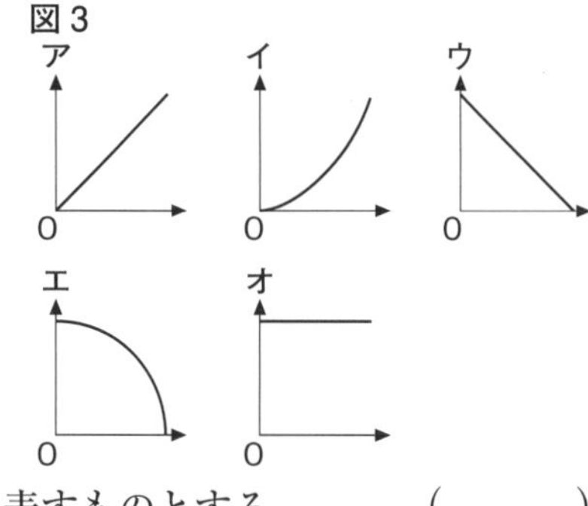

③ 物体を点 B まで引き上げた後，ひもを静かにはなした。物体が点 B から点 A まですべる間の物体がもつ力学的エネルギーはどのようになるか。適切なものを図 3 から選び，記号で答えよ。ただし，縦軸（たてじく）は力学的エネルギー，横軸は点 B からの距離を表すものとする。（　　）

④ 板の傾きの角度を図 1 のときより大きくして，物体を点 B から静かにすべらせる。物体が点 B から点 A まで4m すべるとき，点 A での物体がもつ運動エネルギーは，板の傾きの角度を図 1 と同じにして物体を点 B から静かにすべらせる場合と比べてどう変わるか。適切なものを次から選び，記号で答えよ。（　　）

ア　点 A と点 B の高さの差が大きくなり，点 A と点 B での物体がもつ位置エネルギーの差が大きくなるので，点 A での運動エネルギーは大きくなる。

イ　点 A と点 B の高さの差が大きくなり，点 A と点 B での物体がもつ位置エネルギーの差が大きくなるので，点 A での運動エネルギーは小さくなる。

ウ　点 A と点 B の高さの差が大きくなり，点 A と点 B での物体がもつ位置エネルギーの差が小さくなるので，点 A での運動エネルギーは大きくなる。

エ　点 A と点 B の高さの差が大きくなり，点 A と点 B での物体がもつ位置エネルギーの差が小さくなるので，点 A での運動エネルギーは小さくなる。

数学

入試によく出る定理・公式集

数と式

❶ 平方根(へいほうこん)の計算($a>0$, $b>0$のとき)

- $\sqrt{a}\times\sqrt{b}=\sqrt{ab}$
- $\sqrt{a}\div\sqrt{b}=\sqrt{\dfrac{a}{b}}$
- $\sqrt{a^2b}=a\sqrt{b}$
- $m\sqrt{a}+n\sqrt{a}=(m+n)\sqrt{a}$

» 練習 次の計算をしなさい。

□(1) $2\sqrt{3}+3\sqrt{3}$　□(2) $\sqrt{18}-\dfrac{1}{\sqrt{2}}$

□(3) $\sqrt{6}\times\sqrt{24}$　□(4) $\sqrt{45}\div\sqrt{10}$

»練習の答え

(1) $5\sqrt{3}$　(2) $\dfrac{5\sqrt{2}}{2}$

(3) 12　(4) $\dfrac{3\sqrt{2}}{2}$

❷ 乗法公式

- $(x+a)(x+b)=x^2+(a+b)x+ab$
- $(x+a)^2=x^2+2ax+a^2$
- $(x-a)^2=x^2-2ax+a^2$
- $(x+a)(x-a)=x^2-a^2$

» 練習 次の計算をしなさい。

□(1) $(x+3)(x-9)$

□(2) $(x-8)^2$

□(3) $(x+4)(x-4)$

□(4) $(x-2)(x+3)-\left(x+\dfrac{1}{2}\right)^2$

»練習の答え

(1) $x^2-6x-27$

(2) $x^2-16x+64$

(3) x^2-16

(4) $-\dfrac{25}{4}$

❸ 因数分解(いんすうぶんかい)の公式

- $x^2+(a+b)x+ab=(x+a)(x+b)$
- $x^2+2ax+a^2=(x+a)^2$
- $x^2-2ax+a^2=(x-a)^2$
- $x^2-a^2=(x+a)(x-a)$

» 練習 次の式を因数分解しなさい。

□(1) $x^2+3x-18$

□(2) $x^2+14x+49$

□(3) $x^2-\dfrac{1}{9}$

□(4) $(x+2)(2x-5)-(x+2)^2$

»練習の答え

(1) $(x-3)(x+6)$

(2) $(x+7)^2$

(3) $\left(x+\dfrac{1}{3}\right)\left(x-\dfrac{1}{3}\right)$

(4) $(x+2)(x-7)$

❹ 2次方程式の解き方

・2次方程式 $ax^2+bx+c=0$ の解の公式　$x=\dfrac{-b\pm\sqrt{b^2-4ac}}{2a}$

・$(x-a)(x-b)=0$ のとき，$x=a$　または　$x=b$

≫ 練習 次の方程式を解きなさい。

□ (1) $x^2+5x-24=0$

□ (2) $x^2-16=0$

□ (3) $x^2+4x-2=0$

□ (4) $2x^2+5x+2=0$

≫練習の答え

(1) $x=3,\ -8$

(2) $x=\pm4$

(3) $x=-2\pm\sqrt{6}$

(4) $x=-\dfrac{1}{2},\ -2$

関数

❶ 比例，反比例，1次関数，2乗に比例する関数の式

・比例の式　$y=ax$　（a は比例定数）

・反比例の式　$y=\dfrac{a}{x}$　（a は比例定数）

・1次関数の式　$y=ax+b$

・2乗に比例する関数の式　$y=ax^2$　（a は比例定数）

≫ 練習 次の関数の式を求めなさい。

□ (1) y は x に反比例し，$x=2$ のとき $y=-6$ である。

□ (2) y は x の2乗に比例し，グラフが点(4，4)を通る。

≫練習の答え

(1) $y=-\dfrac{12}{x}$

(2) $y=\dfrac{1}{4}x^2$

❷ 変化の割合と変域

・変化の割合 $=\dfrac{y\text{の増加量}}{x\text{の増加量}}$

・1次関数では，変化の割合は一定である。

・関数 $y=ax^2$ では，変化の割合は一定ではない。

・関数 $y=x^2$ について，変域は次のようになる。

$-2\leqq x\leqq -1$

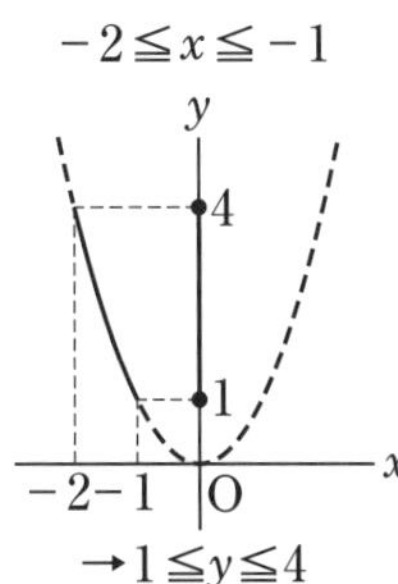

$\rightarrow 1\leqq y\leqq 4$

$-2\leqq x\leqq 1$

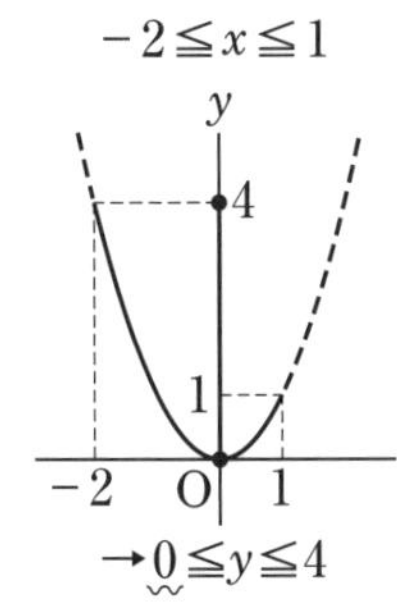

$\rightarrow 0\leqq y\leqq 4$

$1\leqq x\leqq 2$

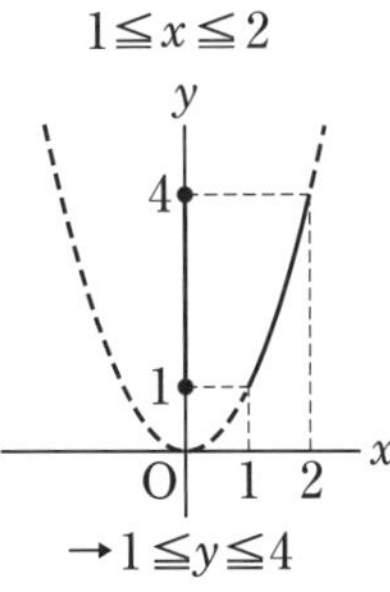

$\rightarrow 1\leqq y\leqq 4$

≫ 練習 関数 $y=-2x^2$ で，x の変域が次のときの y の変域を求めなさい。

□ (1) $3\leqq x\leqq 5$

□ (2) $-2\leqq x\leqq 6$

≫練習の答え

(1) $-50\leqq y\leqq -18$

(2) $-72\leqq y\leqq 0$

社会　理科　数学　英語　国語

❶ おうぎ形の弧（こ）の長さと面積

・おうぎ形の中心角を $a°$，半径を r，弧の長さを ℓ，面積を S とすると，

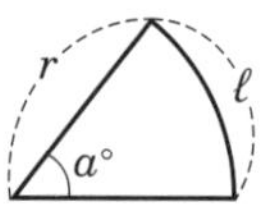

$$\ell=2\pi r\times\frac{a}{360}\qquad S=\pi r^2\times\frac{a}{360}\quad \text{または}\quad S=\frac{1}{2}\ell r$$

>> 練習

□ 半径が 6cm で中心角が 80° のおうぎ形の弧の長さと面積を求めなさい。

>>練習の答え

弧の長さ… $\frac{8}{3}\pi$cm

面積… 8πcm^2

❷ 角錐（かくすい）や円錐の体積

・角錐または円錐の底面積を S，高さを h，体積を V とすると，

$$V=\frac{1}{3}Sh$$

>> 練習

□ 底面が 1 辺 2cm の正方形で，高さが 4cm の正四角錐の体積を求めなさい。

>>練習の答え

$\frac{16}{3}$cm^3

❸ 球の表面積と体積

・球の半径を r，表面積を S，体積を V とすると，

$$S=4\pi r^2\qquad V=\frac{4}{3}\pi r^3$$

>> 練習

□ 半径が 6cm の球の表面積と体積を求めなさい。

>>練習の答え

表面積… 144πcm^2

体積… 288πcm^3

❹ 平行線と比の定理，中点連結定理

・△ABC の辺 AB，AC 上の点をそれぞれ D，E とすると，

DE∥BC ⟺ AD：AB＝AE：AC

DE∥BC ⟺ AD：DB＝AE：EC

DE∥BC ⟺ AD：AB＝DE：BC

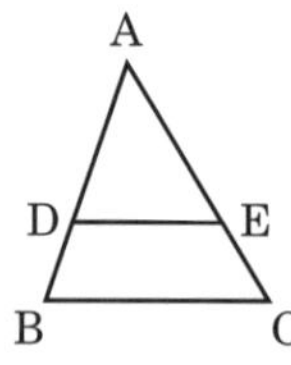

・△ABC の 2 辺 AB，AC の中点をそれぞれ M，N とすると，

MN∥BC，$\mathrm{MN}=\frac{1}{2}\mathrm{BC}$

>> 練習

□ 右の図で，DE∥BC のとき，x の値（あたい）を求めなさい。

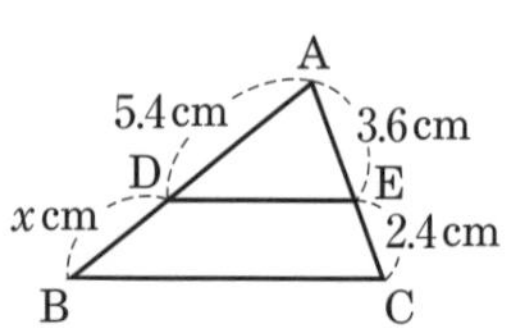

>>練習の答え

$x=3.6$

❺ 相似(そうじ)な図形の面積の比，相似な立体の体積の比

・2つの相似な図形の相似比を $m:n$ とすると，
2つの図形の面積の比は，$m^2:n^2$

・2つの相似な立体の相似比を $m:n$ とすると，
2つの立体の体積の比は，$m^3:n^3$

>> 練習

□ △ABC と△DEF の相似比が 3：4 である。△ABC と△DEF をそれぞれ1つの面とする正八面体の体積の比を求めなさい。

>>練習の答え

27：64

❻ 円周角(えんしゅうかく)の定理

・1つの弧に対する円周角の大きさは一定であり，その弧に対する中心角の半分である。

・1つの円において，等しい円周角に対する弧は等しい。
等しい弧に対する円周角は等しい。

>> 練習

□ 右の図の円Oで，$\angle x$ の大きさを求めなさい。

>>練習の答え

43°

❼ 三平方(さんへいほう)の定理

・直角三角形 ABC の直角をはさむ辺の長さを a，b，斜辺(しゃへん)の長さを c とすると，
$a^2+b^2=c^2$

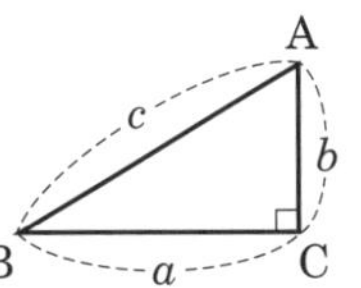

>> 練習

□ 右の図で，x の値を求めなさい。

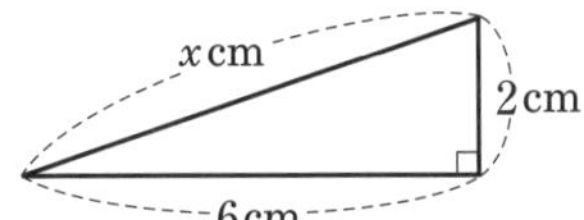

>>練習の答え

$x=2\sqrt{10}$

データの活用

❶ 確率の求め方

・起こりうるすべての場合が n 通りあり，そのどれが起こることも同様に確からしいとする。ことがらAの起こる場合の数が a 通りあるとき，ことがらAの起こる確率 p は，$p=\dfrac{a}{n}$

>> 練習 大小2つのさいころを投げるとき，次の確率を求めなさい。

□ (1) 2つのさいころの目の数の和が7になる確率

□ (2) 2つのさいころの目の数の和が12の約数になる確率

>>練習の答え

(1) $\dfrac{1}{6}$

(2) $\dfrac{1}{3}$

01 数と計算

数と式

解答 別冊 p.23
時間 30分

得点 ／100点

よく出る **1** 次の計算をしなさい。（3点×10）

(1) $3-(4-7)$ 〈山形県〉

(2) $5\times(-2)+9$ 〈滋賀県〉

(3) $5\times(-3^2)$ 〈長野県〉

(4) $(-8)+20\div(-5)$ 〈静岡県〉

(5) $-7+8\times\left(-\frac{1}{4}\right)$ 〈東京都〉

(6) $5\times\left(-\frac{1}{15}\right)\div\frac{7}{9}$ 〈山梨県〉

(7) $3\sqrt{7}+\sqrt{28}$ 〈福島県〉

(8) $\sqrt{50}-\sqrt{32}$ 〈兵庫県〉

(9) $\sqrt{45}-\frac{10}{\sqrt{5}}$ 〈山形県〉

(10) $\frac{6}{\sqrt{2}}-\sqrt{50}$ 〈石川県〉

2 次の計算をしなさい。（5点×4）

(1) $(2+\sqrt{3})(\sqrt{12}-3)$ 〈佐賀県〉

(2) $(3-\sqrt{2})^2$ 〈宮崎県〉

(3) $\frac{10}{\sqrt{5}}-(1+\sqrt{5})(3-\sqrt{5})$ 〈愛媛県〉

(4) $\frac{1}{2}\times13^2+\frac{1}{3}\times13^2+\frac{1}{6}\times13^2$ 〈高知県〉

入試情報 数の計算はすべての問題を解く基礎になる。正負の数の計算や平方根の計算を確実にできるようにしておくことが，入試に合格するカギとなる。

社会 理科 数学 英語 国語

3 次の問いに答えなさい。 （10点×2）

(1) $2<\sqrt{n}<3$ にあてはまる自然数 n を，すべて求めなさい。 〈島根県〉

(2) $2<\sqrt{a}<\dfrac{10}{3}$ をみたす正の整数 a は何個あるか求めなさい。 〈奈良県〉

ミス注意 4 下の表は，6人の生徒A～Fの計算テストの得点を，基準にした得点より高い場合は正の数，低い場合は負の数で表したものである。6人の計算テストの平均は84点であった。基準にした得点を求めなさい。 （10点）

生徒	A	B	C	D	E	F
得点(点)	−2	+9	−10	−4	+7	+12

5 ノート84冊と鉛筆(えんぴつ)60本を，それぞれ同じ数ずつ，できるだけ多くの生徒に余りなく配りたい。配ることができる生徒は最大何人か求めなさい。 〈鹿児島県〉（10点）

差がつく 6 右の図のように，正方形ABCDの内部に2つの正方形があり，それぞれの面積は $2\,\mathrm{cm}^2$，$4\,\mathrm{cm}^2$ である。正方形ABCDの面積を求めなさい。 〈青森県〉（10点）

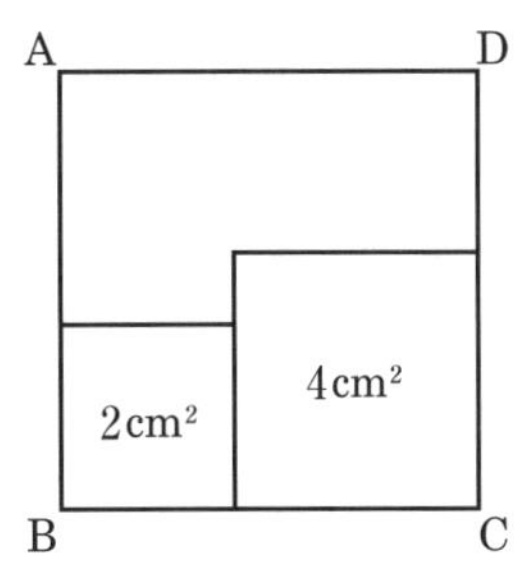

02 数と式
式と計算

解答 別冊 p.23
時間 30分

得点 /100点

よく出る 1 次の計算をしなさい。

（3点×6）

(1) $7x-12+4(7-x)$ 〈青森県〉

(2) $2(3x-y)-(7x-6y)$ 〈滋賀県〉

(3) $\dfrac{5x+y}{4}-\dfrac{x+y}{2}$ 〈山梨県〉

(4) $\dfrac{8}{3}x^3y^4\div\dfrac{2}{9}x^2y$ 〈石川県〉

(5) $(-2a)^3\times ab^3\div a^2b$ 〈長崎県〉

(6) $(x-3)(x+5)-(x-2)^2$ 〈神奈川県〉

よく出る 2 次の式を因数分解（いんすうぶんかい）しなさい。

（3点×4）

(1) x^2+2x-8 〈群馬県〉

(2) $3x^2-27$ 〈山形県〉

(3) $(x-2)(x-5)+2(x-8)$ 〈長野県〉

(4) $(x-5)^2+2(x-5)-63$ 〈京都府〉

3 次の問いに答えなさい。

（5点×2）

(1) 20 km の道のりを時速 x km で進むとき，出発してから到着するまでにかかる時間を y 時間とする。y を x の式で表しなさい。 〈徳島県〉

(2) 1個50円のみかんを a 個買い，1000円払ったときのおつりが b 円以下になった。このとき，この数量の関係を式に表しなさい。 〈佐賀県〉

4 右の図は，縦，横，高さがそれぞれ a，b，c の直方体である。このとき，$2(ab+bc+ca)$ は，この直方体のどんな数量を表すか答えなさい。

〈鹿児島県〉（10点）

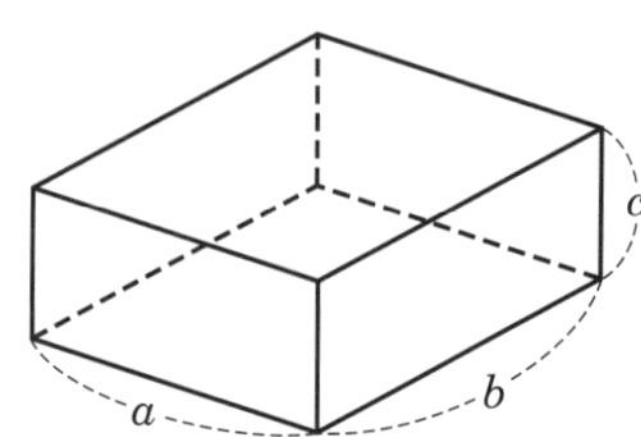

入試情報　文字式の計算は数学の基礎中の基礎。どんな形であれ，必ず出題される。文字式の扱いをマスターすることが必要不可欠である。

ミス注意 **5** 次の問いに答えなさい。（7点×2）

(1) $x=\sqrt{5}+1$ のとき，x^2-2x+1 の値(あたい)を求めなさい。〈埼玉県〉

(2) $a=175$，$b=27$ のとき，$(a+b)^2-4(a+b)+4$ の値を求めなさい。〈愛知県〉

思考力 **6** 正方形のタイルに，順に1，2，3，…と番号を付けたものを，右の図のように一定の規則にしたがって，1番目，2番目，3番目，…と並べていく。

次の[①]～[③]に適する数または式を入れなさい。〈群馬県〉（7点×3）

1

1番目 ⇨

4	3
1	2

2番目 ⇨

9	8	7
4	3	6
1	2	5

3番目

※ ■ は，新たに加えるタイルを示している。

この規則で並べていくと，3番目に加えるタイルの数は5個で，4番目に加えるタイルの数は[①]個となる。したがって，n 番目に加えるタイルの数は[②]個となる。また，n 番目のタイルの総数は[③]個だから，$1+3+5+\cdots+$[②]$=$[③]が成り立つ。

差がつく **7** 一の位が0でない2けたの自然数 P があり，P の十の位の数と一の位の数を入れかえた数を Q とする。$P-Q=45$ であり，$\sqrt{P+Q}$ が自然数となるとき，P の値を求めなさい。〈熊本県〉（15点）

社会　理科　数学　英語　国語

03 数と式
1次方程式・連立方程式

解答 別冊 p.24
時間 30分

得点 /100点

1 次の1次方程式を解きなさい。 （5点×4）

(1) $x+7=1-2x$ 〈熊本県〉

(2) $x-5=3x+1$ 〈東京都〉

(3) $\frac{1}{2}x+3=2x$ 〈群馬県〉

(4) $x+4=5(2x-1)$ 〈奈良県〉

2 次の連立方程式を解きなさい。 （5点×4）

(1) $\begin{cases} x+3y=1 \\ 2x-y=-5 \end{cases}$ 〈長野県〉

(2) $\begin{cases} 6x-7y=5 \\ 3x-2y=4 \end{cases}$ 〈大分県〉

(3) $\begin{cases} 2x-3y=5 \\ x-1=y \end{cases}$ 〈福井県〉

(4) $\begin{cases} \frac{x}{2}-\frac{y+1}{4}=-2 \\ x+4y=10 \end{cases}$ 〈長崎県〉

3

2つの2元1次方程式を組み合わせて，$x=3$，$y=-2$が解となる連立方程式をつくる。このとき，組み合わせる2元1次方程式はどれとどれか。次のア〜エから2つ選び，その記号を書きなさい。 〈高知県〉（5点）

ア　$x+y=-1$　　イ　$2x-y=8$　　ウ　$3x-2y=5$　　エ　$x+3y=-3$

4

湖のまわりに1周3300 m の遊歩道がある。この遊歩道の地点PにA君とB君がいる。A君が分速60 m で歩き始めてから10分後に，B君がA君と反対回りに歩き始めた。B君が歩き始めてから20分後に2人は初めて出会った。このとき，B君の歩いた速さは分速何 m か求めなさい。 〈茨城県〉（10点）

入試情報 1次方程式・連立方程式は，計算問題の1つとして出題されるほか，文章題としての出題も多い。文字の使い方に注意して解こう。

5 次の問題に答えなさい。

〈北海道〉（5点×3）

〔問題〕

ある中学校の合唱部の人数は男女合わせて39人です。女子は，男子の2倍より3人多くいます。男子と女子の人数は，それぞれ何人ですか。

男子と女子の人数を次のように求めるとき，［　　］にはあてはまる方程式を，［ア］，［イ］にはあてはまる数を，それぞれ書きなさい。

〔解答〕

男子の人数をx人，女子の人数をy人として方程式をつくると，次のとおり表すことができる。

［　　　　］

この方程式を解き，xとyの値（あたい）をそれぞれ求めると，男子の人数は［ア］人，女子の人数は［イ］人となる。

差がつく 6

1個250円のケーキと1個200円のシュークリームをそれぞれいくつかずつ買ったところ，代金は4400円であった。買ったケーキとシュークリームの個数の比が2：3のとき，買ったケーキの個数を求めなさい。ただし，消費税は考えないものとする。

〈千葉県〉（10点）

ミス注意 7

ある学校では，空き缶を集めてリサイクル活動に協力している。先週は，スチール缶，アルミ缶を合わせて390個集めた。今週は先週に比べて，スチール缶の個数が1割多く，アルミ缶の個数は3割少なく，全体としては7個多く集めた。次の問いに答えなさい。

〈青森県〉（10点×2）

(1) 先週集めたスチール缶の個数をx，アルミ缶の個数をyとして連立方程式をつくりなさい。

(2) 先週集めたスチール缶とアルミ缶の個数をそれぞれ求めなさい。

04 数と式 2次方程式

解答 別冊 p.25
時間 30分

得点 /100点

1 次のア〜エの2次方程式で，解の1つが1であるものをすべて選び，記号で答えなさい。

〈島根県〉（4点）

ア $\frac{1}{2}x^2-3=-\frac{5}{2}x$　　イ $x^2-2x=1$

ウ $(x-2)^2=1$　　エ $(x+1)(x-1)=2$

よく出る

2 次の2次方程式を解きなさい。（4点×6）

(1) $(x-6)^2=9$ 〈秋田県〉　(2) $x^2-2x-24=0$ 〈富山県〉

(3) $x^2+3x-4=0$ 〈長崎県〉　(4) $x^2+5x+3=0$ 〈山梨県〉

(5) $2x^2+3x-1=0$ 〈石川県〉　(6) $5x^2-3x-1=0$ 〈佐賀県〉

3 次の2次方程式を解きなさい。（6点×4）

(1) $x^2-6x=-2x+12$ 〈大分県〉　(2) $2x^2-2x-9=2x+7$ 〈三重県〉

(3) $(x-1)(x+3)=2$ 〈静岡県〉　(4) $(x+3)(2x-1)=4x-2$ 〈山形県〉

4 2次方程式 $x^2+ax+10=0$ の2つの解がともに整数のとき，a の値をすべて求めなさい。

〈高知県〉（8点）

入試情報　2次方程式は計算問題の出題が多いが，図形や関数の問題を解くときに2次方程式の形になるものが少なくない。解の公式はきっちりマスターしておこう。

ミス注意 **5**　ある正の数 x を2乗しなければならないところを，間違えて2倍したため答えが24小さくなった。この正の数 x の値を求めなさい。

〈神奈川県〉（10点）

思考力 **6**　横の長さが縦の長さより2cm長い長方形の紙がある。右の図のように，4すみから1辺が4cmの正方形を切り取って，ふたのない直方体の容器をつくったところ，容積が $96\,\text{cm}^3$ となった。もとの紙の縦の長さを x cmとして方程式をつくり，もとの紙の縦の長さを求めなさい。ただし，途中の計算も書くこと。

〈栃木県〉（10点）

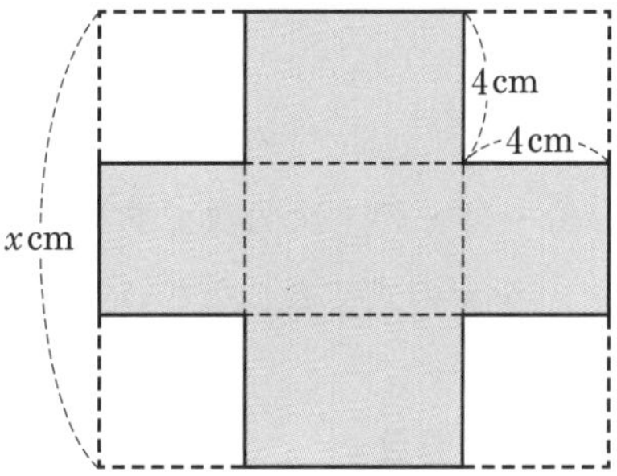

4cm
4cm
x cm

7　図1のような長方形の土地がある。次の問いに答えなさい。

〈山口県〉（10点×2）

(1) 図1の土地において，縦の方向に2本，横の方向に3本の直線をひくと，図2のように12区画に分けられる。同じようにして，図1の土地において，縦の方向に a 本，横の方向に b 本の直線をひくと，何区画に分けられるか。a，b を使った式で表しなさい。

図1

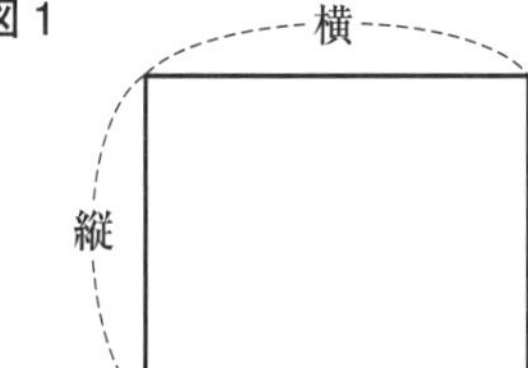

図2

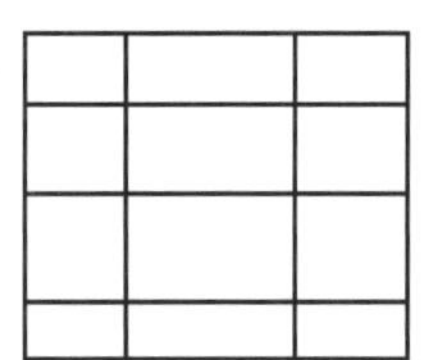

(2) 図1の土地は，縦の長さが18m，横の長さが22mである。この土地に，図3のように，幅（はば）の等しい道と4つの長方形の花壇（かだん）をつくる。

4つの花壇の面積の合計が $320\,\text{m}^2$ になるとき，道の幅を x mとして2次方程式をつくり，道の幅を求めなさい。

図3

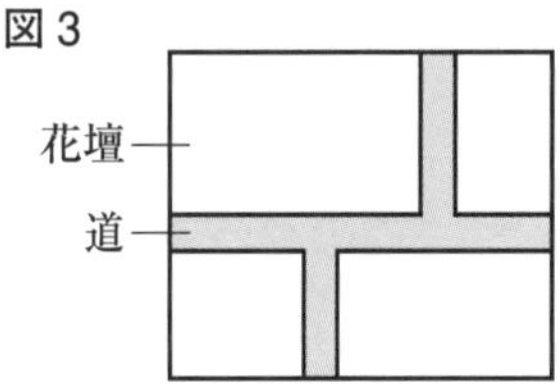

花壇
道

05 比例・反比例・1次関数

関数

解答 別冊 p.26
時間 30分

得点 ／100点

1 次の問いに答えなさい。 （4点×5）

(1) y は x に比例し，$x=2$ のとき $y=8$ である。このとき，y を x の式で表しなさい。

〈長崎県〉

(2) y は x に反比例し，$x=3$ のとき $y=3$ である。このとき，y を x の式で表しなさい。

〈新潟県〉

(3) y は x の1次関数であり，$x=-2$ のとき $y=9$，$x=1$ のとき $y=3$ である。このとき，y を x の式で表しなさい。

〈高知県〉

(4) 1次関数 $y=-3x+a$ は，$x=2$ のとき $y=5$ である。このとき，a の値（あたい）を求めなさい。

〈山口県〉

ミス注意

(5) 500円の商品を x 割引で売るときの値段を y 円とする。このとき，y を x の式で表しなさい。

〈長崎県〉

よく出る

2 右の図で，原点を通る直線が，双曲線 $y=\dfrac{a}{x}$ のグラフと，2点A，Bで交わっている。点Aの x 座標が -2，点Bの y 座標が -3 のとき，a の値を求めなさい。 〈埼玉県〉（10点）

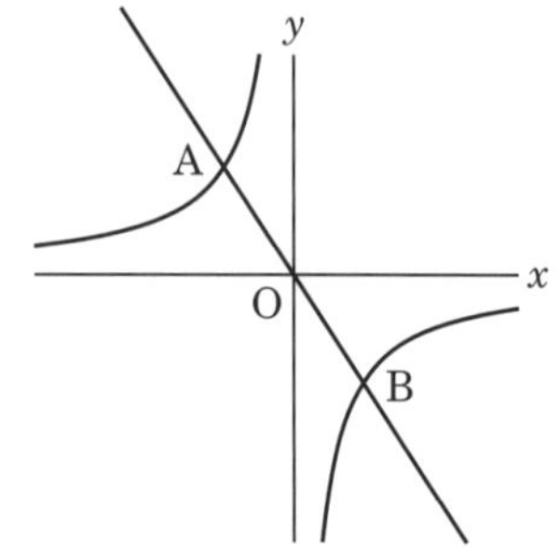

3 右の図は，点P$(-2,\ -4)$を通る反比例のグラフである。このグラフ上にあって，x 座標，y 座標がともに整数である点は，点Pを含（ふく）め全部で何個か求めなさい。 〈鹿児島県〉（10点）

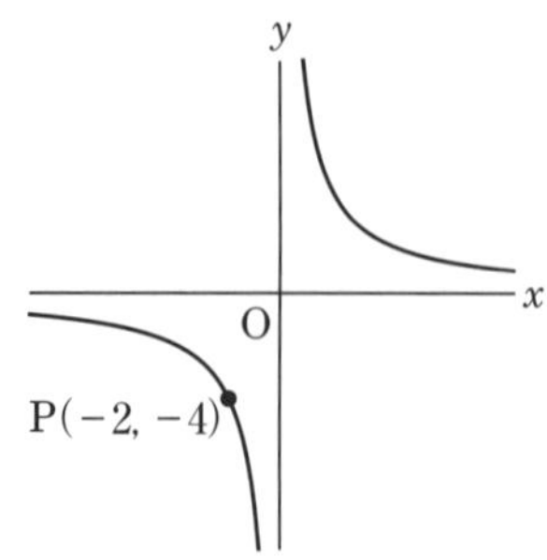

入試情報　比例・反比例や1次関数は，グラフでの出題が多い。また，2つ以上のグラフや，図形との組み合わせや，文章題での出題も多い。

4 関数 $y=\frac{6}{x}$ のグラフ上に，x 座標が2となる点Aがある。右の図のように，関数 $y=\frac{6}{x}$ のグラフ上に x 座標が -2 の点Bをとり，2点A，Bを頂点として，x 軸(じく)に平行な辺と y 軸に平行な辺をもつ長方形をつくる。このとき，長方形の周の長さを求めなさい。ただし，原点Oから点(1，0)までの距(きょ)離(り)および原点Oから点(0，1)までの距離をそれぞれ1cmとする。　〈千葉県・改〉（10点）

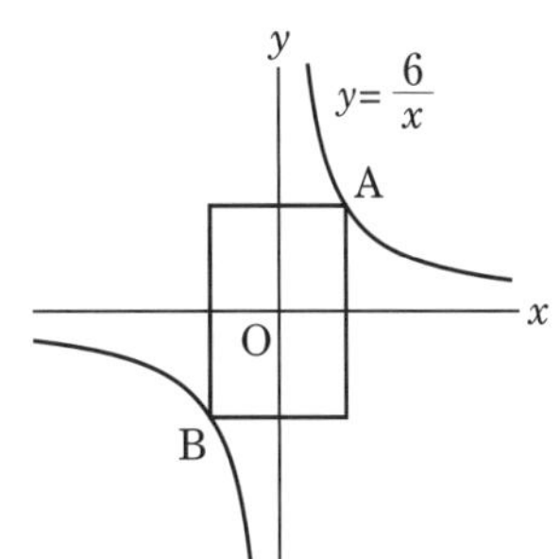

5 右の図のように，4点O(0，0)，A(0，12)，B(−8，12)，C(−8，0)を頂点とする長方形と直線 ℓ があり，直線 ℓ の傾(かたむ)きは $\frac{3}{4}$ である。次の問いに答えなさい。　〈福島県〉（10点×3）

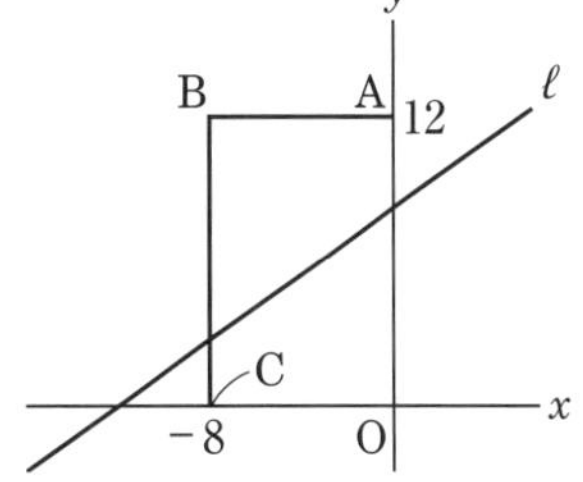

(1) 直線 ℓ が点Cを通るとき，ℓ の切片(せっぺん)を求めなさい。

(2) 辺BCと直線 ℓ との交点をPとし，Pの y 座標を t とする。
また，ℓ が辺OAまたは辺ABと交わる点をQとし，△OQPの面積を S とする。
① 点Qが辺OA上にあるとき，S を t の式で表しなさい。

② $S=30$ となる t の値をすべて求めなさい。

6 図1のように，立方体の水そうがあり，その中に直方体の鉄のおもりが入っている。この水そうに毎分一定の割合で水を入れたところ，10分後に満水になった。水を入れ始めてから x 分後の水そうの水の深さを y cmとする。図1の水そうに水を入れ始めてから満水になるまでの x と y の関係をグラフで表すと図2のようになった。鉄のおもりの高さが15cm，水そうの1辺の長さが30cmであるとき，次の問いに答えなさい。ただし，水そうは水平に置き，水そうの厚さは考えないものとする。　〈愛知県〉（10点×2）

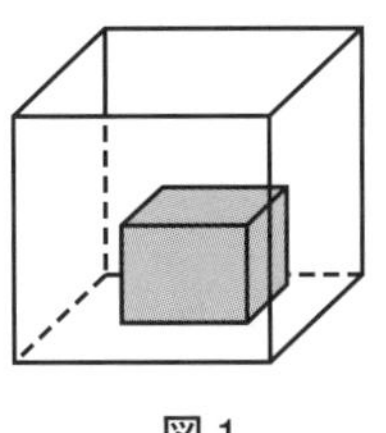
図1

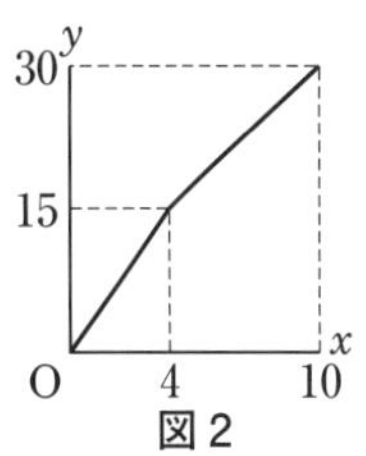

図2

(1) 鉄のおもりの入っていないこれと同じ水そうに，空の状態から，図2のグラフのときと同じ一定の割合で水を入れたとき，水を入れ始めてから満水になるまでの x と y の関係を右のグラフに表しなさい。

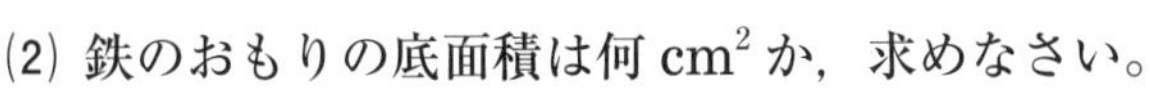

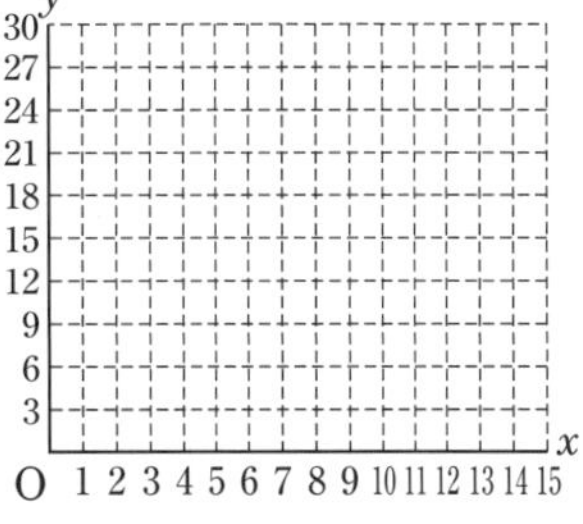

(2) 鉄のおもりの底面積は何 cm^2 か，求めなさい。

06 関数 $y=ax^2$

解答 別冊 p.28
時間 30分

得点 /100点

1 次の問いに答えなさい。 （4点×5）

⑴ 関数 $y=2x^2$ について，x の変域が $-2 \leqq x \leqq 3$ のとき，y の変域を求めなさい。 〈青森県〉

⑵ y は x の2乗に比例し，$x=2$ のとき $y=12$ である。

① y を x の式で表しなさい。

② x の値(あたい)が -3 から -1 まで変化するときの変化の割合を求めなさい。 〈福島県〉

⑶ 関数 $y=ax^2$ で，x の値が1から3まで変化するときの変化の割合が2である。このとき，a の値を求めなさい。 〈埼玉県〉

⑷ 2つの関数 $y=x^2$ と $y=ax+2$ について，x の値が1から3まで変化するときの変化の割合が等しくなる。このとき，a の値を求めなさい。 〈福井県〉

2

ミス注意

右の図は，2つの関数 $y=x^2$，$y=ax^2 (a>0)$ のグラフである。関数 $y=x^2$ のグラフ上で，x 座標が3である点をAとする。また，Aを通り x 軸(じく)に平行な直線が，y 軸と交わる点をP，関数 $y=ax^2$ のグラフと交わる点のうち，x 座標が正の数である点をQとする。

このとき，OP=PQとなるような a の値を求めなさい。 〈栃木県〉（8点）

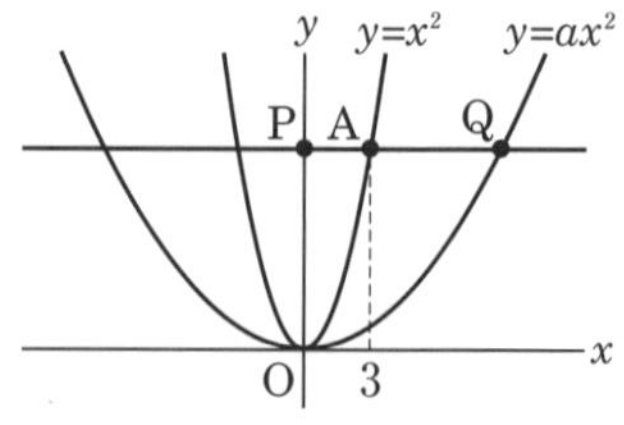

3

右の図において，㋐は関数 $y=ax^2 (a>0)$，㋑は関数 $y=-\frac{1}{4}x^2$ のグラフである。点Aは㋐上の点であり，x 座標は2である。点B，Cは㋑上の点であり，線分ACは y 軸に，線分BCは x 軸にそれぞれ平行である。次の問いに答えなさい。 〈秋田県〉（8点×2）

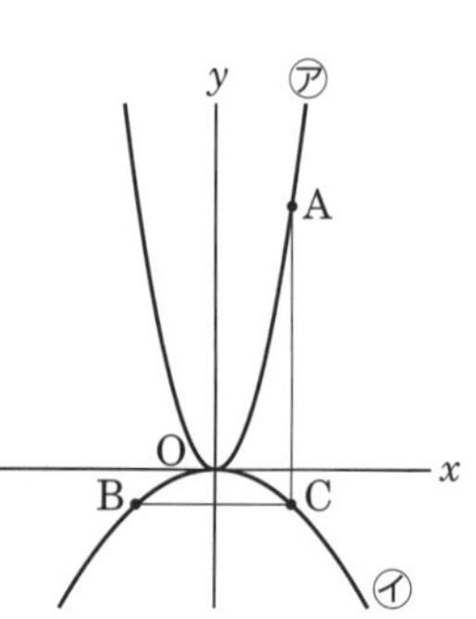

⑴ 点Cの座標を求めなさい。

⑵ 2点A，Bを通る直線の傾(かたむ)きが2であるとき，a の値を求めなさい。

入試情報　関数$y=ax^2$は全国の公立高校入試で出題される。特に1次関数と組み合わせたグラフの問題，図形との融合問題など，いろいろな出題形式がある。

4　右の図のように，関数$y=\frac{1}{2}x^2$のグラフ上に，2点A，Bがあり，点Aのx座標は-4，点Bの座標は(2，2)である。2点A，Bを通る直線とy軸との交点をCとする。また，点Bを通り，y軸に平行な直線とx軸との交点をDとする。

このとき，次の問いに答えなさい。　〈京都府〉（10点×2）

(1) 点Aの座標を求めなさい。また，2点A，Bを通る直線の式を求めなさい。

(2) 関数$y=\frac{1}{2}x^2$のグラフ上にx座標が正である点Eをとる。△OECと四角形ODBCの面積が等しくなるとき，点Eの座標を求めなさい。

5　右の図のように，関数$y=ax^2$（aは定数）のグラフ上に，2点A，Bがあり，Aの座標は(−3，4)，Bのy座標は16で，Bのx座標は正である。点Cは，Aを通り，傾きが$-\frac{1}{3}$の直線とx軸との交点であり，点Dは直線ACとy軸との交点である。また，点Eは直線ABとx軸との交点であり，点Fは直線ABとy軸との交点である。

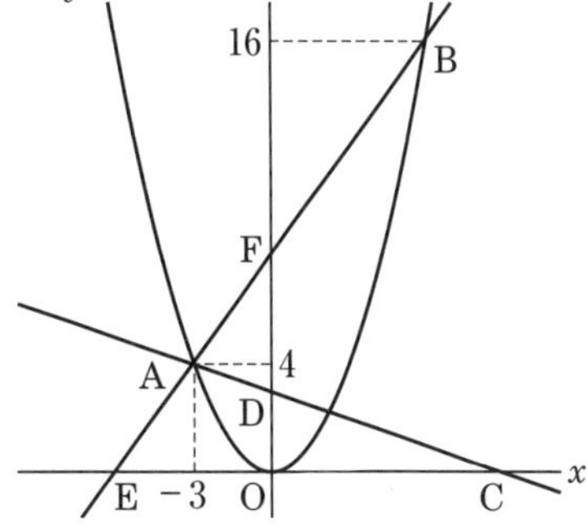

このとき，次の問いに答えなさい。　〈熊本県〉（9点×4）

(1) aの値を求めなさい。

(2) 直線ABの式を求めなさい。

(3) 線分BF上に2点B，Fとは異なる点Pをとり，Pのx座標をtとする。

① △PCBの面積をtを使った式で表しなさい。

② △PCBと△PEDの面積の和が50となるときのtの値を求めなさい。

07 図形 平面図形の基本

解答 別冊 p.29
時間 30分

得点 ／100点

1 次の問いに答えなさい。 （5点×4）

(1) 右の図で，2直線ℓ，mは平行である。
このとき，$\angle a$の大きさを求めなさい。 〈秋田県〉

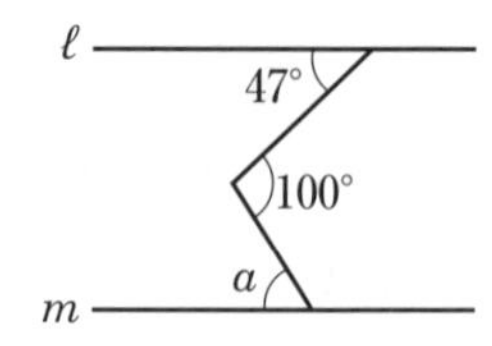

(2) 右の図で，2直線ℓ，mは平行であり，△ABCは，AB＝ACの二等辺三角形である。また，頂点A，Cはそれぞれℓ，m上にある。$\angle x$の大きさを求めなさい。 〈奈良県〉

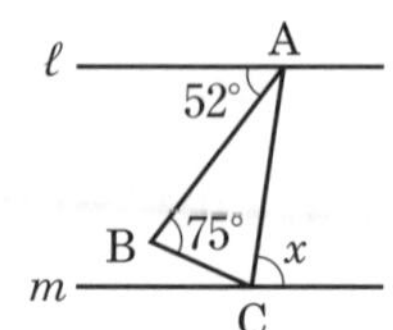

(3) 右の図で，$\ell /\!/ m$であるとき，$\angle x$の大きさを求めなさい。 〈山口県〉

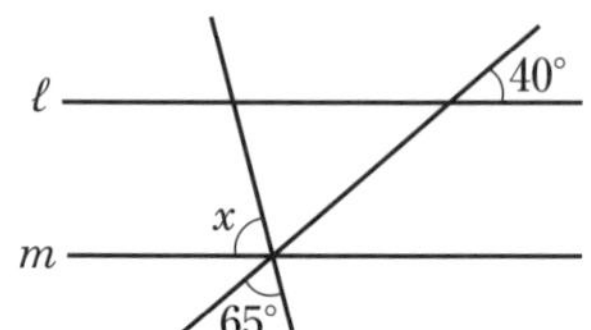

(4) 右の図のように，$a /\!/ b$である直線a，bに直線c，dが交わっている。直線cと直線a，bの交点をそれぞれP，Q，直線dと直線a，bの交点をそれぞれR，Sとし，2直線c，dの交点をTとする。PR＝PT，∠TQS＝50°のとき，$\angle x$の大きさを求めなさい。 〈佐賀県〉

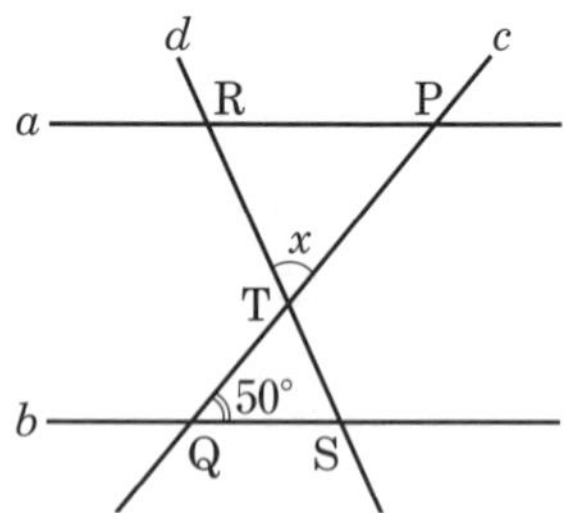

（以下の作図の問題は，すべて定規とコンパスのみを使うものとし，作図に用いた線は消さずに残しておくこと。）

2 右の図のような△ABCがある。辺BCを底辺とするとき，高さを示す線分APを作図しなさい。

〈宮崎県〉（10点）

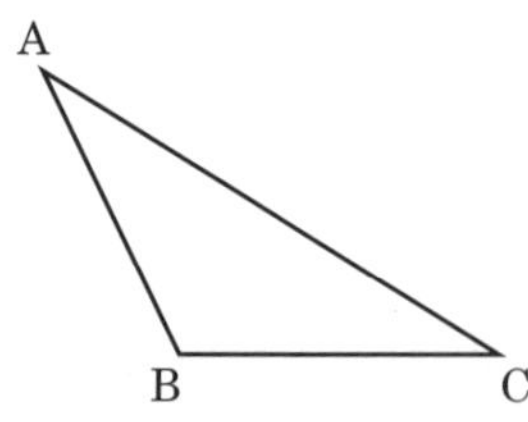

3 右の図のように，3点A，B，Cがある。3点A，B，Cのそれぞれから等しい距離にある点Pを，作図によって求め，点Pの位置を示す文字も書きなさい。

〈東京都〉（10点）

A
B C

入試情報 作図は全国の公立高校入試で出題されている。垂直二等分線，角の二等分線は何と何が等しい線なのかなど，作図の正しい理解が正解にたどりつく道である。

思考力 **4** 右の図の平行四辺形 ABCD において，次の条件を満たす四角形 AFCE を作図しなさい。

（条件）
① E，F はそれぞれ辺 AD，BC 上の点である。
② 四角形 AFCE はひし形となる。

また，E，F の位置を決めるために使ったひし形の性質を書きなさい。

〈群馬県〉（10 点× 2）

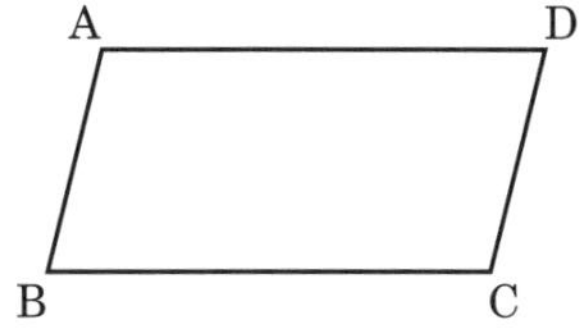

差がつく **5** 右の図のように，三角形 ABC があり，辺 BC 上に点 D をとる。点 D で辺 BC と接し，点 A を通る円をかくとき，この円の中心 O を作図によって求めなさい。

〈高知県〉（20 点）

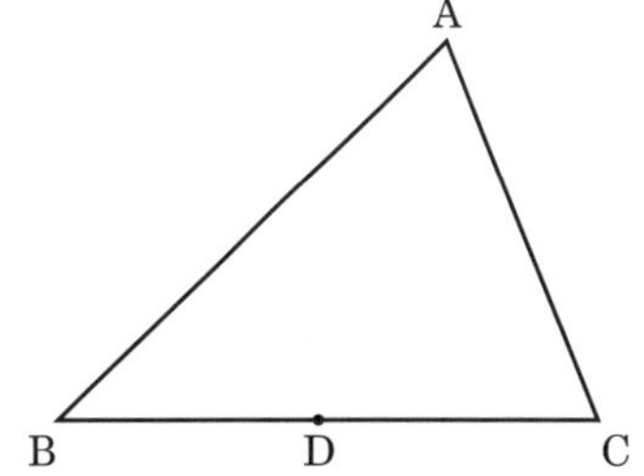

6 右の図で，△ABC は∠C＝90°の直角三角形である。辺 CA，AB，BC 上にそれぞれ点 P，Q，R を，四角形 CPQR が正方形となるように作図によって求め，点 P，Q，R の位置を示す文字 P，Q，R も書きなさい。

〈東京・八王子東高〉（20 点）

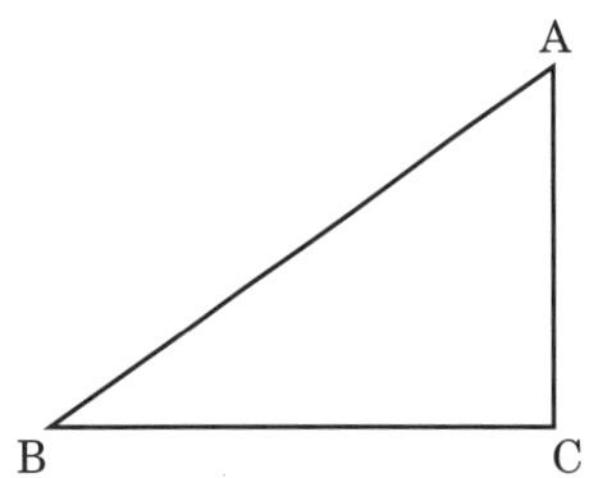

08 図形 移動と合同

解答 別冊 p.30
時間 30分

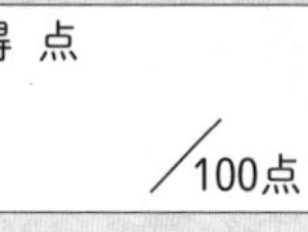

1 右の図1のような円Oを直径ABで分け，点Aを中心にして左右に同じ角度で開くと，図2のような線分AB，AB′を直径とする2つの半円ができる。このとき，∠BAB′の大きさを「開いた角度」とよぶ。

下の図3のように，線分ABを直径とする半円がかかれているとき，「開いた角度」が90°となるように線分AB′を直径とする半円を作図しなさい。作図に用いた線は消さずに残しておくこと。〈千葉県〉（15点）

図1

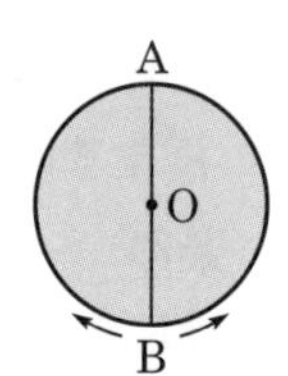

図2

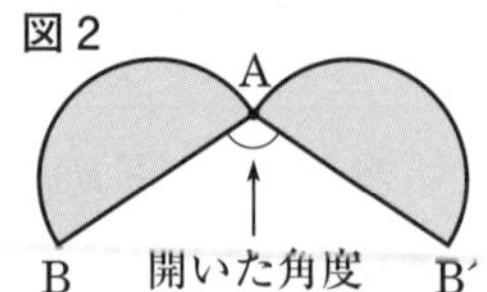

図3

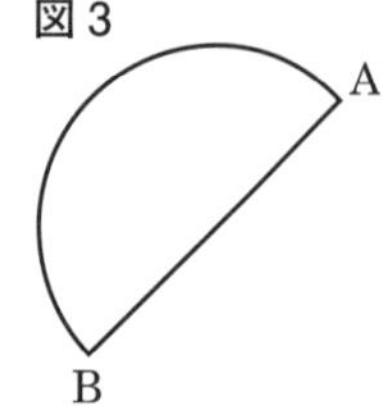

2 右の図の正三角形ABCで，辺BC，AC上にそれぞれ点D，Eをとり，ADとBEの交点をFとする。∠BFD＝60°のとき，△ABDと△BCEが合同になることを次のように証明した。

［ア］～［エ］にあてはまる式やことばを入れなさい。

（青森県）（6点×4）

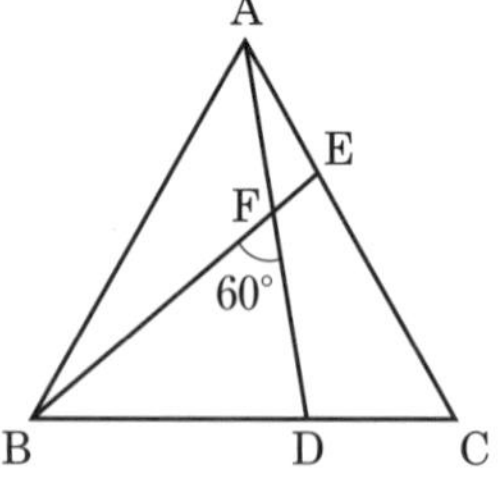

（証明）

△ABDと△BCEで，

△ABCは正三角形だから，

［ア］ ……①

［イ］＝60° ……②

三角形の内角と外角の性質から，

∠BAD＝60° －∠ABF ……③

また，正三角形の1つの内角は60°だから，

∠CBE＝60° －∠ABF ……④

③，④から，

［ウ］ ……⑤

①，②，⑤から，［エ］がそれぞれ等しいので，

△ABD≡△BCE

入試情報 合同は証明問題が圧倒的に多い。ふつうの三角形の合同条件，直角三角形の合同条件をきっちり頭に入れておこう。

思考力 **3** 右の図のように，AD∥BC，AC＝DB である四角形 ABCD がある。辺 BC を C の方向に延長した直線上に AC∥DE となる点 E をとる。

このとき，AB＝DC であることを次のように証明した。

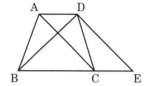

（証明）

仮定から，	AC∥DE	…①
AD∥BC だから，	AD∥CE	…②

①，②から，2 組の［ア］がそれぞれ平行だから四角形 ACED は平行四辺形である。

よって，	AC＝DE	…③
仮定から，	AC＝DB	…④
③，④から，	DB＝DE	

したがって，2 つの辺が等しくなるので△DBE は二等辺三角形である。

よって，	［イ］＝∠DEB	…⑤

［ウ］

次の問いに答えなさい。 〈茨城県〉（(1)8 点× 2，(2)15 点）

(1) ［ア］には適切なことばを，［イ］にはあてはまる適切な角をそれぞれ書きなさい。

(2) ［ウ］には証明の続きを書き，AB＝DC であることの証明を完成させなさい。
ただし，（証明）の中の①〜⑤で示されている関係を使う場合は，①〜⑤の番号を用いてもよい。また，新たな関係に番号をつける場合は，⑥以降の番号を用いなさい。

4 右の図のように，正三角形 ABC がある。この正三角形の辺 AC 上に点 D をとり，線分 AD を 1 辺とするひし形 ADEF を，AF∥BC となるように正三角形 ABC の外側につくる。点 B と点 D，点 C と点 E，点 C と点 F をそれぞれ結び，辺 DE と線分 CF との交点を G とする。

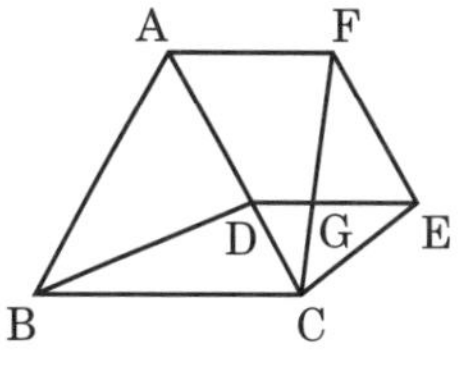

このとき，次の問いに答えなさい。 〈高知県〉（15 点× 2）

(1) △ABD≡△ACF を証明しなさい。

(2) AD：DC＝3：2 のとき，四角形 ACEF の面積は，三角形 EFG の面積の何倍か求めなさい。

09 図形 相似な図形

解答 別冊 p.31
時間 30分

得点
/100点

1 次の問いに答えなさい。（5点×2）

(1) 右の図のように，2つの相似な円錐（えんすい）P，Qがあり，底面の半径はそれぞれ2cm，3cmである。このとき，円錐Pと円錐Qの体積の比を答えなさい。〈新潟県〉

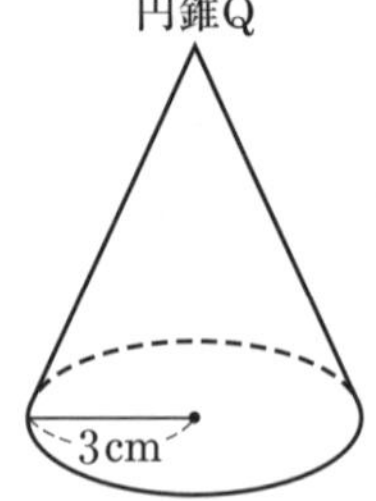

(2) 右の図は，正四面体A，Bの展開図である。展開図の面積がそれぞれ$40cm^2$，$90cm^2$であるとき，正四面体Aの体積は，正四面体Bの体積の何倍か求めなさい。

〈鹿児島県〉

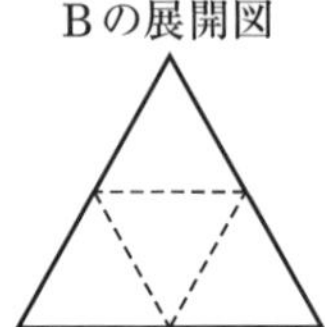

2

右の図のように，AD//BCで，AD＝5cm，BC＝10cm，DC＝8cm，∠BDC＝90°の台形ABCDがある。対角線の交点Pを通りBCに平行な直線をひき，AB，DCとの交点をそれぞれQ，Rとする。〈長野県〉（10点×2）

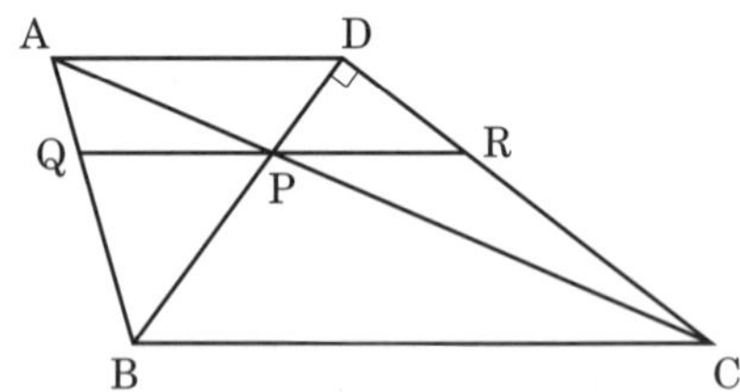

(1) QRの長さを求めなさい。

(2) 台形ABCDの面積を求めなさい。

3

右の図のように，AB＝9，AC＝12の△ABCがある。点Dが辺AB上に，点Eが辺AC上にあり，AD＝8，AE＝6となっている。

このとき，△ABC∽△AEDであることを証明しなさい。〈岩手県〉（15点）

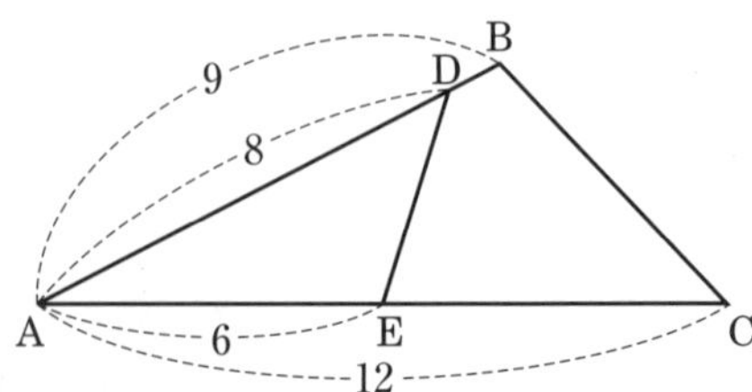

入試情報　相似な図形は証明を書く形での出題が多い。円周角の定理や三平方の定理を組み合わせて出題されることも多いので，しっかり学習しよう。

4　右の図のような三角形ABCがあり，辺BCの中点をD，辺ACの中点をEとする。また，線分ADと線分BEとの交点をFとする。

　このとき，三角形ABFと三角形DEFが相似であることを証明しなさい。　〈神奈川県〉（15点）

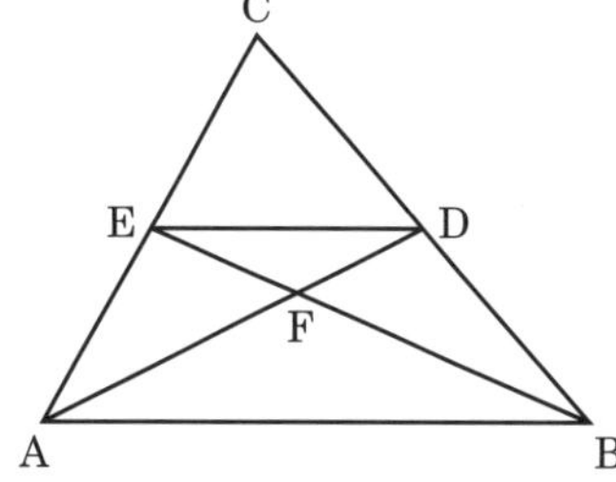

5　右の図のように，AB＝AC＝3cm，∠BAC＝90°の直角二等辺三角形があり，辺AB上にAD＝1cmとなる点Dを，辺CAの延長上にAE＝1cmとなる点Eをとる。また，CDの延長とBEとの交点をFとする。このとき，次の問いに答えなさい。　〈石川県〉（⑴10点，他15点×2）

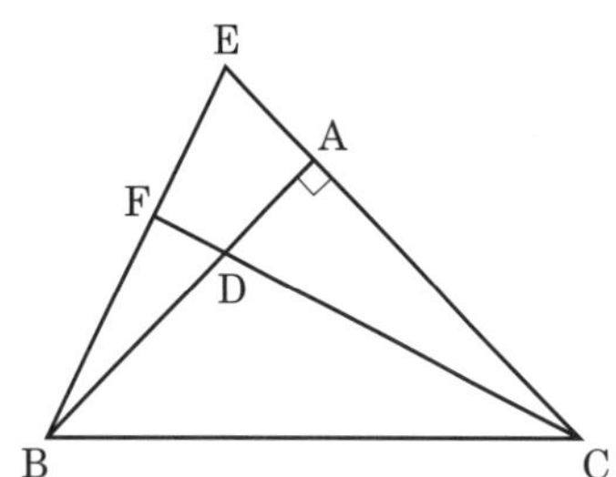

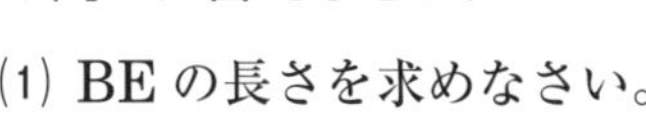

⑴ BEの長さを求めなさい。

⑵ △BDF∽△CDAである。このことを証明しなさい。

⑶ △BDFの面積を求めなさい。なお，途中の計算も書くこと。

10 図形 三角形・四角形

解答 別冊 p.32
時間 30分

得点 ／100点

1 次の図で，$\angle x$ の大きさを求めなさい。（8点×2）

(1)

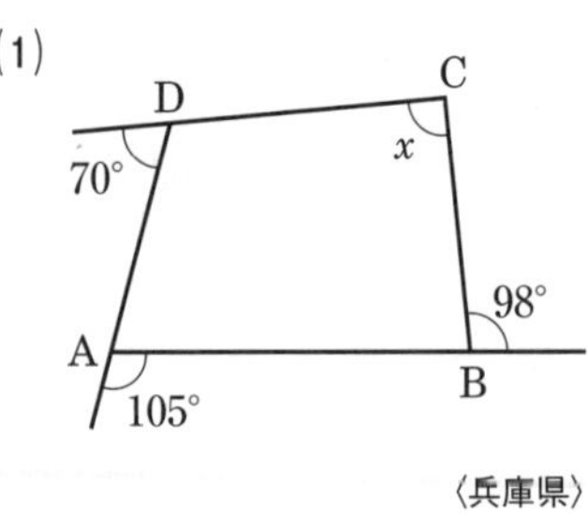

〈兵庫県〉

(2)

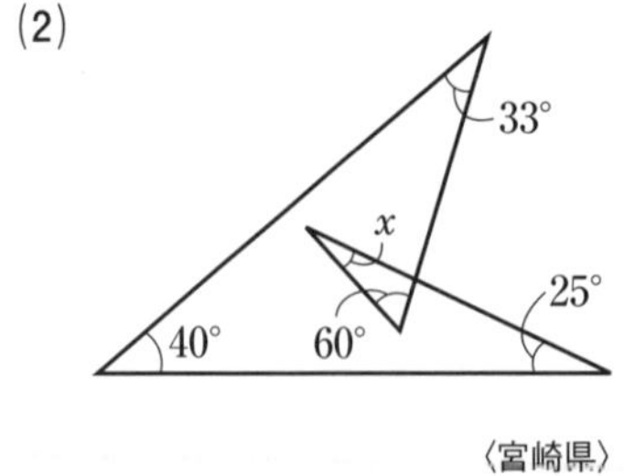

〈宮崎県〉

2 右の図で，$\angle DAE=80^\circ$，AD＝BD，AE＝CE のとき，$\angle BAC$ の大きさを求めなさい。〈青森県〉（15点）

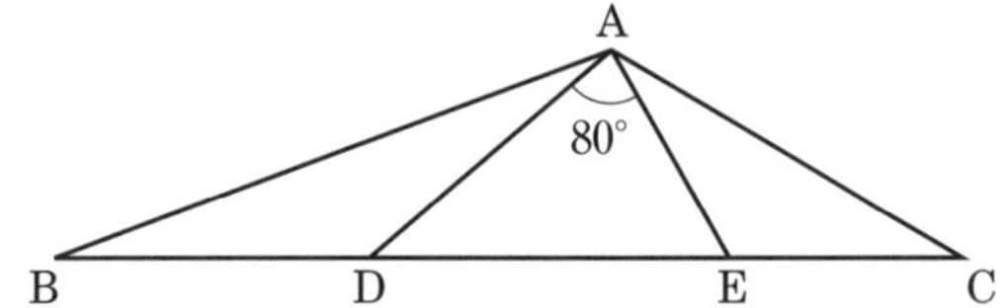

3 右の図のように，平行四辺形 ABCD がある。点 E は辺 BC 上の点で，BE：EC＝1：2 である。点 F は辺 CD の中点である。このとき，四角形 AECF の面積は平行四辺形 ABCD の面積の何倍か，求めなさい。

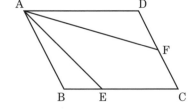

〈秋田県〉（15点）

4 右の図において，$\angle a$，$\angle b$，$\angle c$，$\angle d$ の大きさの関係について，次のア～エの中から正しいものを1つ選び，その記号を書きなさい。

ただし，$\angle d<180^\circ$ とする。〈山梨県〉（10点）

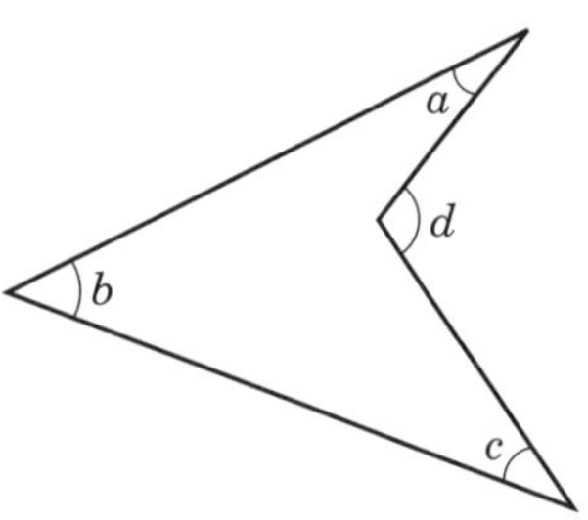

ア　$\angle a+\angle d=\angle b+\angle c$

イ　$\angle a+\angle c=\angle b+\angle d$

ウ　$\angle a+\angle b+\angle c=\angle d$

エ　$\angle a+\angle b+\angle c+\angle d=360^\circ$

入試情報　入試では三角形や四角形が複雑にからんで出題されることが多い。三角形や四角形の基本的な性質をおさえておくことが大切になる。

よく出る **5** 平行四辺形ABCDで，辺BCの中点をE，線分AEと辺DCをそれぞれ延長した直線の交点をFとする。このとき，△ABE≡△FCEとなることを次のように証明したい。

Ⅰ，Ⅱ，Ⅲにあてはまる最も適当なものを，Ⅰ，Ⅱには下のA群のアからウまで，Ⅲには B群のエからカまでの中からそれぞれ選んで，そのかな符号(ふごう)を書きなさい。〈愛知県〉（8点×3）

（証明）　△ABEと△FCEで，

Eは辺BCの中点だから，BE＝CE　……①

［ Ⅰ ］は等しいから，∠AEB＝∠FEC　……②

AB//CFより，［ Ⅱ ］は等しいから，

∠ABE＝∠FCE　……③

①，②，③から，［ Ⅲ ］ので，

△ABE≡△FCE

【A群】

ア　同位角　　イ　錯角(さっかく)　　ウ　対頂角

【B群】

エ　1組の辺とその両端(りょうたん)の角が，それぞれ等しい

オ　2組の辺とその間の角が，それぞれ等しい

カ　2組の角が，それぞれ等しい

差がつく **6** 右の図において，四角形ABCDは平行四辺形である。点Eは点Aから辺BCにひいた垂線とBCとの交点である。また，点Fは∠BCDの二等分線と辺ADとの交点であり，点GはFから辺CDにひいた垂線とCDとの交点である。

A　F　D　G　B　E　C

このとき，AE＝FGであることを証明しなさい。　〈福島県〉（20点）

11 図形 円の性質

解答 別冊 p.33
時間 30分

得点　　　／100点

ミス注意 **1** 次の図で，$\angle x$ の大きさを求めなさい。ただし，点 O は円の中心である。（10点×2）

(1)

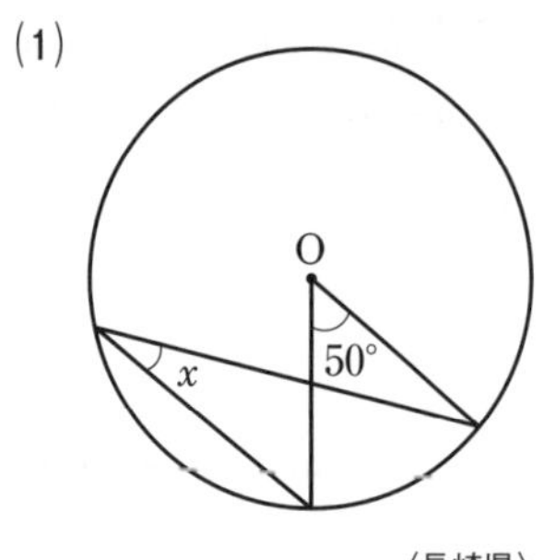

〈長崎県〉

(2)

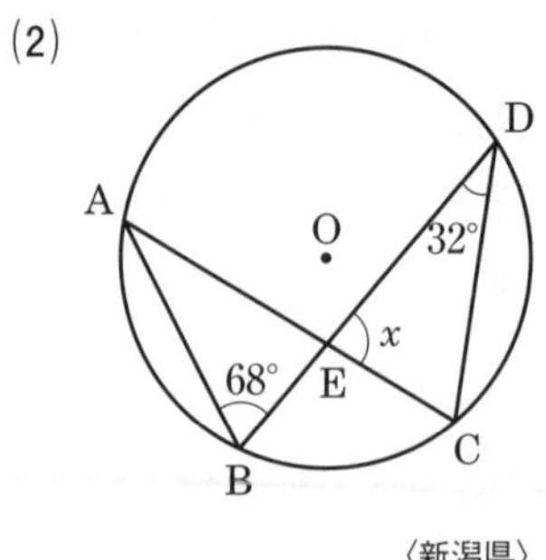

〈新潟県〉

2 右の図のように，円 O の周上に 4 点 A，B，C，D があり，線分 AC は点 O を通る。点 B を含（ふく）まない $\overset{\frown}{AD}$ の長さと点 B を含まない $\overset{\frown}{DC}$ の長さの比が 3：2 のとき，$\angle$ABD の大きさを求めなさい。

〈徳島県〉（10点）

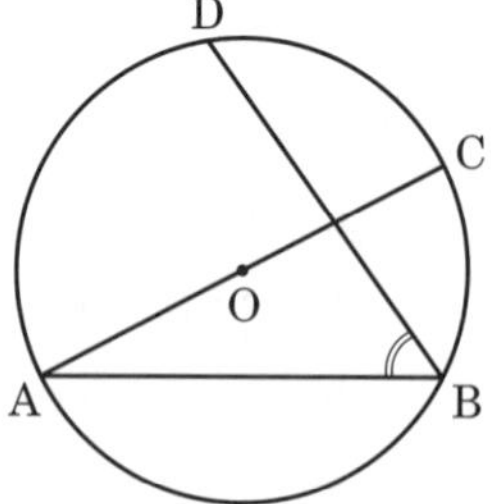

3 右の図のように，円 O の外の点 P から中心 O を通る直線をひき，円との交点を点 P に近い方からそれぞれ点 A，B とする。また，点 P から円 O に接線を 1 本ひき，その接点を点 C とする。さらに，点 B からこの接線に垂線をひき，円との交点を D，接線との交点を E とする。

$\angle$APC＝32° のとき，$\angle$DCE の大きさ x を求めなさい。

〈埼玉県〉（10点）

入試情報 円周角に関する問題は，簡単なものから相似や三平方の定理などと組み合わせた複雑なものまで，全国の公立高校入試でさまざまに出題される。

社会
理科
数学
英語
国語

思考力 **4** 右の図のように，円Oの周上に点A，B，C，Dがあり，線分ACは円Oの直径で，AB＝12cm，BC＝6cmである。点Eは線分ABをBの方向に延長した直線上の点で，BE＝6cmである。線分CEと線分DBは平行で，線分DBと線分ACの交点をFとする。

〈秋田県〉（15点×2）

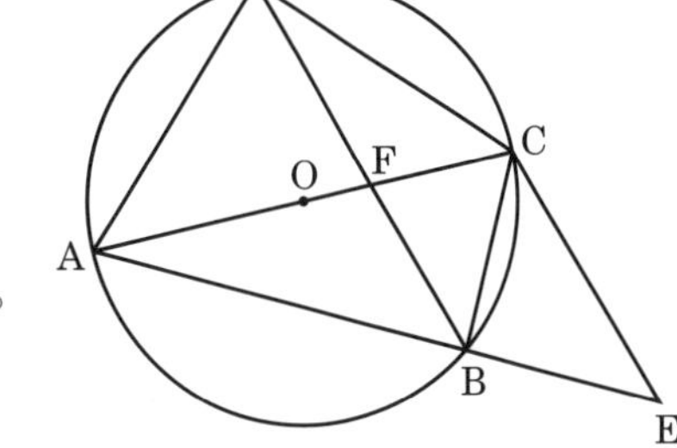

(1) △ABF∽△DCFとなることを証明しなさい。

(2) 線分DFの長さを求めなさい。

5 右の図のように，線分ABを直径とする半円があり，点Oは線分ABの中点である。$\overset{\frown}{AB}$上に点C，Dをこの順にとり，線分ADとBCとの交点をEとする。AB＝10cmとして，次の問いに答えなさい。ただし，円周率はπとする。

〈富山県〉（15点×2）

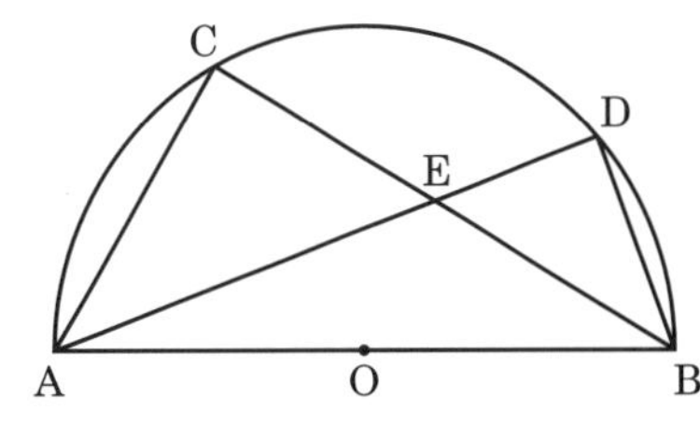

(1) $\overset{\frown}{CD}=2\pi$cmのとき，∠AECの大きさを求めなさい。

(2) ∠AEC＝$a°$のとき，$\overset{\frown}{AC}$と$\overset{\frown}{BD}$の長さの和をaを使った式で表しなさい。

12 図形 三平方の定理

解答 別冊 p.35
時間 30分

得点 /100点

1 右の図のような，AE＝2cm，EF＝5cm，FG＝3cm の直方体 ABCD－EFGH がある。この直方体の対角線 AG の長さを求めなさい。

〈栃木県〉（10 点）

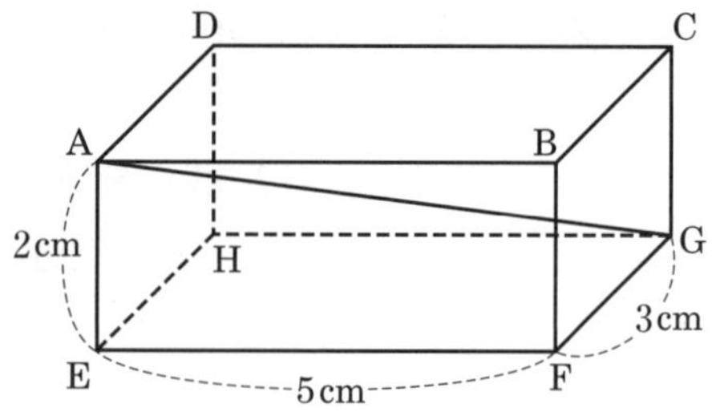

2 右の図で，4点 A，B，C，D は円 O の周上にあり，AC は円 O の直径で，AH は△ABD の頂点 A から辺 BD にひいた垂線である。また，直径 AC と BD との交点を E とする。

次の問いに答えなさい。

〈岐阜県〉（10 点×3）

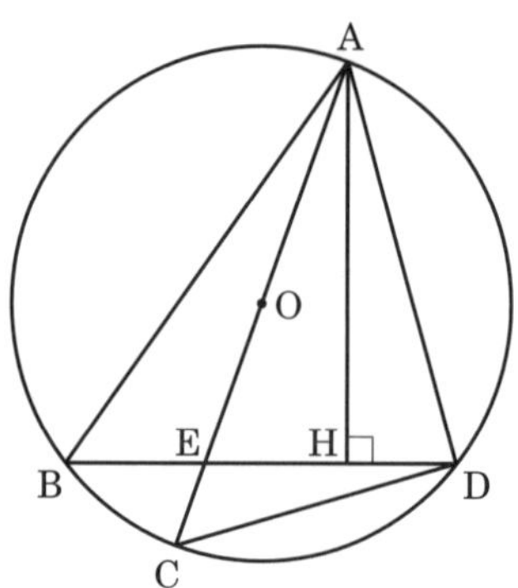

(1) △ABH∽△ACD であることを証明しなさい。

(2) AC＝10cm，CD＝6cm，∠EAH＝∠DAH のとき，

① AD の長さを求めなさい。

② BE の長さを求めなさい。

入試情報 三平方の定理は，合同や相似などとの複合問題が多い。図形のどの部分で三平方の定理を使うかの見極めが大切である。

差がつく **3** 図1，図2において，四角形ABCDは AD//BC，AB＝DC＝10cm，AD＝8cm，BC＞ADの台形である。Eは，台形ABCDの対角線の交点である。このとき，△ABD≡△DCA である。次の問いに答えなさい。答えが根号を含む形になる場合は，その形のままでよい。

図1

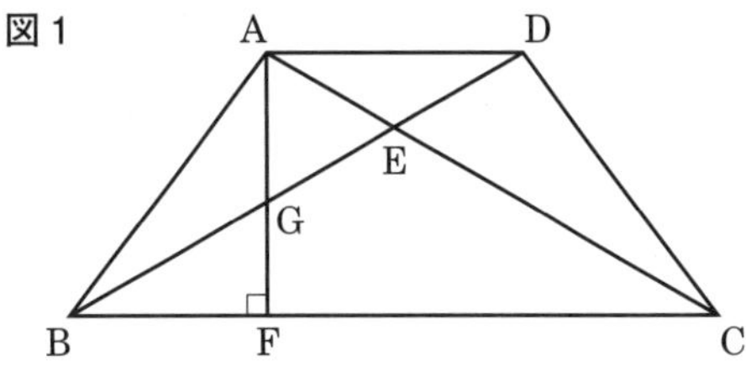

〈大阪府〉（20点×3）

(1) 図1において，Fは，Aから辺BCにひいた垂線と辺BCとの交点である。Gは，線分BDと線分AFとの交点である。

① EA＝EGであることを証明しなさい。

② AF＝8cmであるときの線分BGの長さを求めなさい。求め方も書くこと。

(2) 図2は，BC＝14cmであるときの状態を示している。

図2において，Hは直線AB上にあって，BについてAと反対側にある。HとCとを結ぶ。AC⊥HCであるときの線分BHの長さを求めなさい。

図2

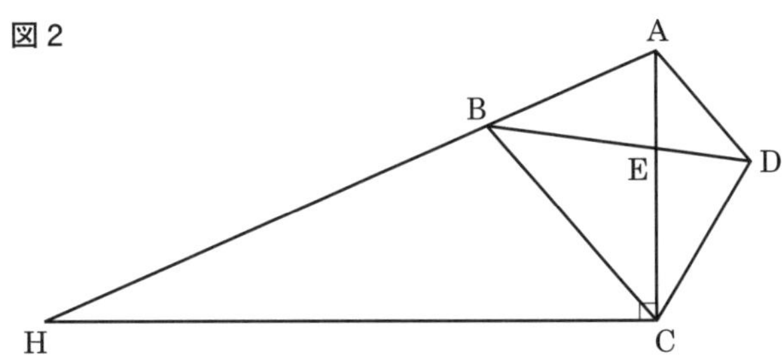

13 図形 空間図形・図形の計量

解答 別冊 p.36
時間 30分

得点 /100点

ミス注意 **1** 右の図のような半径 3 cm の半球の表面積と体積を求めなさい。ただし，円周率はπとする。 〈兵庫県〉（5 点× 2）

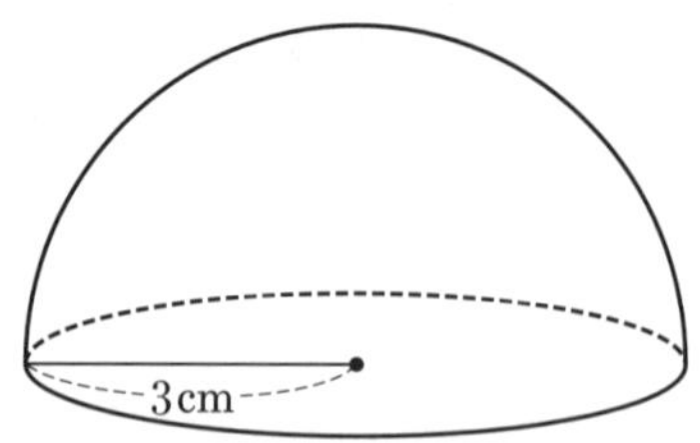

2 右の図のように，AB＝4cm，BC＝6cm，AD＝3cm，∠ABC＝90°，∠BAD＝90°の四角形 ABCD と，半径 6 cm，中心角 90°のおうぎ形 BCE をくっつけた図形がある。

この図形を，辺 AE を軸として 1 回転させてできる立体の体積を求めなさい。ただし，円周率はπとする。 〈三重県〉（10 点）

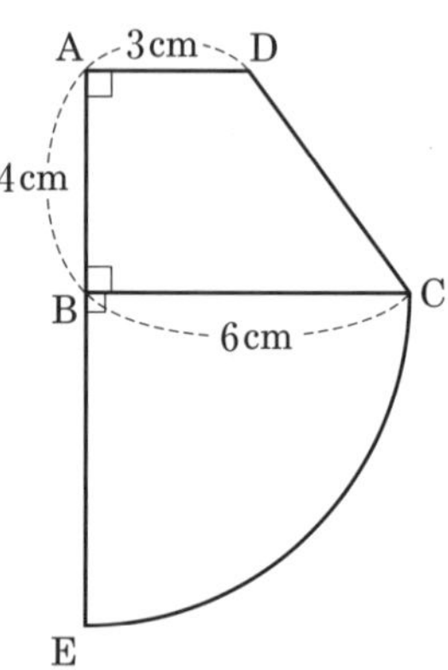

3 右の図のような直方体がある。点 A と点 C，点 C と点 F，点 F と点 A をそれぞれ結ぶ。AC＝AF＝5cm，CF＝6cm であるとき，次の問いに答えなさい。

〈香川県〉（10 点× 2）

⑴ 次の㋐～㋓のうち，この直方体に関して正しく述べたものはどれか。1 つ選んで，その記号を書きなさい。

㋐ ∠CAF＝60°である。

㋑ 線分 AC と辺 FG は平行である。

㋒ 辺 AE と辺 CG はねじれの位置にある。

㋓ 三角形 BCF は直角三角形である。

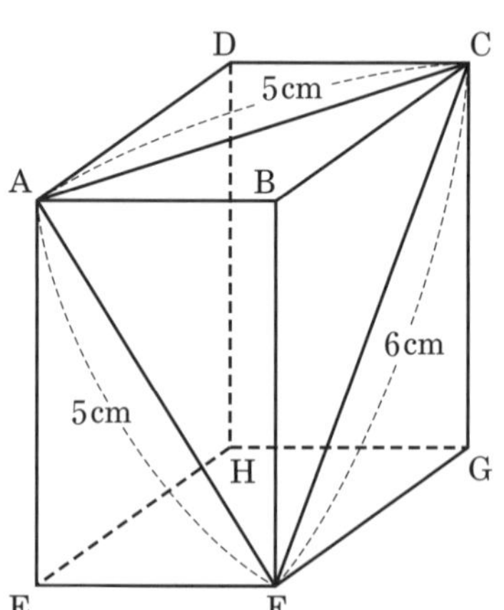

⑵ この直方体の体積は何 cm^3 か。

入試情報 回転体や球の表面積・体積などの簡単な問題から，三平方の定理や相似と組み合わせた複雑な融合問題など，さまざまな出題が見られる。

社会 理科 数学 英語 国語

よく出る **4** 右の図は，各辺の長さがすべて 8 cm の正四角錐(せいしかくすい)である。辺 BC，DE の中点をそれぞれ点 P，Q とし，点 P から点 Q まで側面に糸をかける。この糸の長さが最も短くなるときの，糸の長さを求めなさい。

〈青森県〉（12 点）

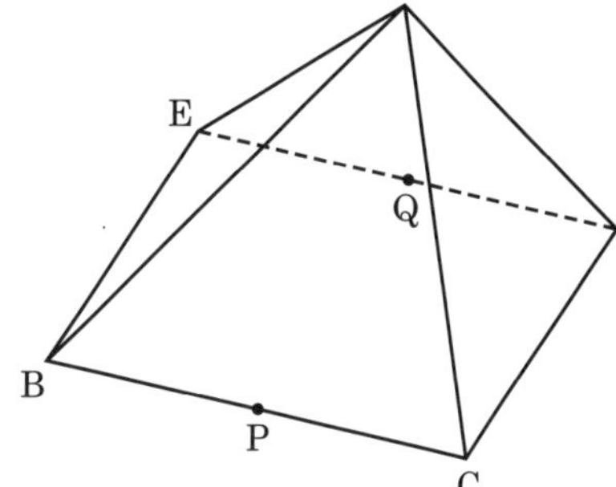

5 右の図のように，三角錐 ABCD があり，AB⊥BC，AB⊥BD，BC⊥BD である。BC＝3cm，BD＝4cm，三角錐 ABCD の体積が 8 cm³であるとき，次の問いに答えなさい。

〈富山県〉（12 点× 4）

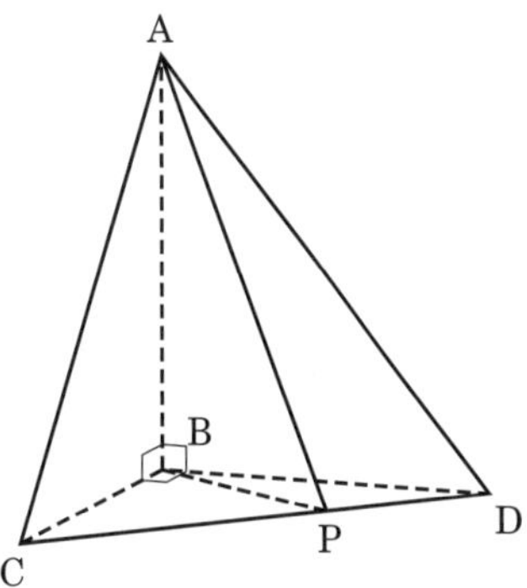

(1) 点 P が辺 CD 上を点 C から D まで動くとき，次の問いに答えなさい。

① △ABP の面積が最も大きくなるとき，その面積を求めなさい。

② 点 P が辺 CD の中点であるとき，△ABP の面積を求めなさい。

③ △ABP の面積が最も小さくなるとき，線分 CP の長さを求めなさい。

(2) 点 B から面 ACD にひいた垂線と面 ACD との交点を H とする。このとき，線分 BH の長さを求めなさい。

14 データ
データの活用・確率

解答 別冊 p.37
時間 30分

得点 ／100点

ミス注意 **1** 次のデータは，ある中学校の生徒 10 名のボール投げの記録である。この記録を次の度数分布表に整理するとき，度数が最も多い階級とその度数を答えなさい。〈岩手県〉（16 点）

ボール投げの記録

出席番号	記録(m)
1	22.9
2	20.0
3	25.2
4	14.6
5	26.4
6	21.7
7	18.3
8	17.1
9	23.5
10	24.8

度数分布表

階級(m)	度数(人)
以上　未満 10.0～15.0	
15.0～20.0	
20.0～25.0	
25.0～30.0	
計	10

思考力 **2** 下の図は，ある中学校の生徒 31 人の通学時間の分布の様子を箱ひげ図に表したものである。この箱ひげ図から読み取れることとして正しいものを次から 1 つ選び，記号で答えなさい。（12 点）

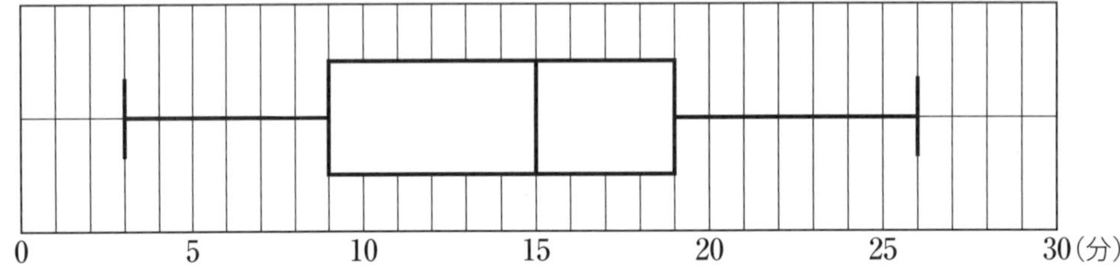

ア　通学時間が 10 分の生徒がいる。

イ　通学時間が 15 分以上の生徒の人数は全体の 50%以上である。

ウ　四分位範囲は 9 分である。

3 ある地域でカモシカの生息数を推定するのに，いろいろな場所で 40 頭のカモシカを捕(ほ)獲(かく)し，その全部に目印をつけてもどした。1 か月後に再び同じ場所で 40 頭のカモシカを捕獲したところ，目印のついたカモシカが 12 頭いた。この地域のカモシカの数を推定し，十の位までの概数(がいすう)で求めなさい。〈岐阜県〉（12 点）

入試情報 確率はさいころの出題が圧倒的に多いが，数字を書いたカードや色のついた玉の出題も少なくない。データの活用や標本調査の出題は確実に増えつつある。

よく出る **4** 次の問いに答えなさい。ただし，さいころの1から6の目の出かたは同様に確からしいものとする。 （12点×2）

(1) 2つのさいころを同時に投げるとき，目の数の和が4の倍数となる確率を求めなさい。

〈福井県〉

(2) 1から6までの目のある赤と白の2個のさいころを同時に投げるとき，赤のさいころと白のさいころの出る目の数をそれぞれa，bとする。このとき，$\dfrac{2a+b}{5}$が整数になる確率を求めなさい。

〈茨城県〉

5 右の図のように，Aの箱には，2，4，5，8の数字を1つずつ書いた4個の玉が入っており，Bの箱には，6，8，12，20，25の数字を1つずつ書いた5個の玉が入っている。Aの箱から玉を1個取り出して，その数字をaとし，Bの箱から玉を1個取り出して，その数字をbとする。このとき，aがbの約数になる確率を求めなさい。ただし，それぞれの箱において，どの玉が取り出されることも同様に確からしいものとする。

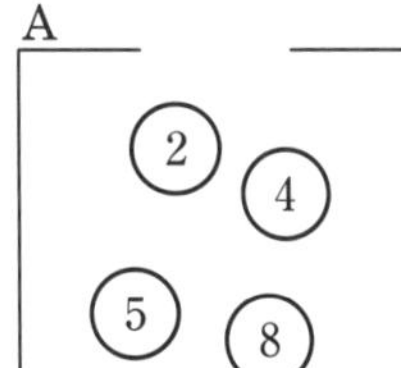

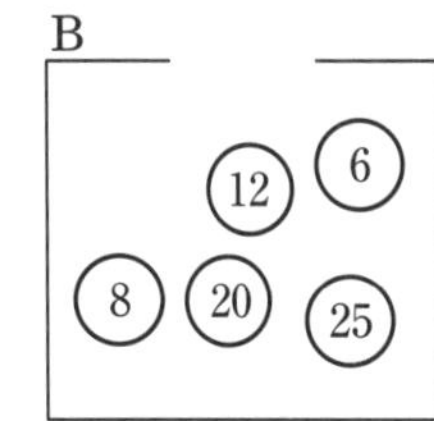

〈山形県〉（12点）

6 原点をOとする座標平面上に，点A(4，0)がある。1から6までの目が出る大小2つのさいころを同時に投げるとき，大，小のさいころの出た目の数を，それぞれx座標，y座標の値(あたい)として，点B(x，y)を座標平面上にかき入れる。このとき，次の問いに答えなさい。 〈宮崎県〉（12点×2）

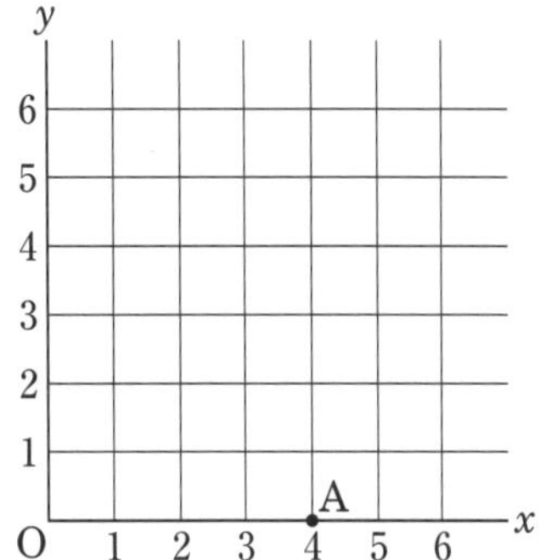

(1) ∠OABが直角になる場合は，全部で何通りあるか求めなさい。

(2) △OABが鈍角三角形になる確率を求めなさい。

英語

入試によく出る重要表現

熟語

≫ 動詞＋前置詞・副詞	
□「起きる」 I (　　　) **up** at six this morning.　(私はけさ６時に起きました)	got
□「～を探す」 They're (　　　) **for** a student who can play baseball. (彼らは野球ができる生徒を探しています)	looking
□「～を見る」 Please **look** (　　　) the picture on the wall. (壁[かべ]にかかった写真を見てください)	at
≫ 動詞＋名詞・副詞＋前置詞	
□「～を世話する」 She has to **take** (　　　) **of** her dog. (彼女はイヌの世話をしなければなりません)	care
□「～を待ち望む」 We're **looking** (　　　) **to** seeing you again. (私たちはふたたびあなたに会えるのを楽しみにしています)	forward
□「～と友だちになる」 He (　　　) **friends with** the student from abroad right away. (彼は留学生とすぐに友だちになりました)	made [became]
≫ 動詞～＋前置詞…	
□「～に…をたのむ」 You should (　　　) your teacher **for** some advice. (あなたは先生に助言を求めるべきです)	ask
□「～の…を手伝う」 My sister (　　　) me **with** my homework yesterday. (きのう姉が私の宿題を手伝ってくれました)	helped
≫ be動詞＋形容詞＋前置詞	
□「～で有名だ」 The park **is** (　　　) **for** its beautiful cherry blossoms. (その公園は美しい桜の花で有名です)	famous
□「～が得意だ」 I **am** not (　　　) **at** drawing pictures. (私は絵をかくのが得意ではありません)	good
□「～と異なる」 My idea **is** (　　　) **from** yours.　(私の考えはあなたのと異なります)	different

>> be動詞＋過去分詞＋前置詞

□「～に興味がある」 Tom **is** (　　　) **in** Japanese culture. （トムは日本文化に興味があります）	interested
□「～に驚く」 We **were** very (　　　) **at** the news. （私たちはそのニュースにとても驚きました）	surprised

>> 形容詞の働きをする熟語

□「少数の」 There were **a** (　　　) apples on the table. （テーブルの上にリンゴが２，３個ありました）	few
□「少量の」 I have **a** (　　　) milk in the morning.　（私は朝に少しの牛乳を飲みます）	little
□「多くの」 We had **a** (　　　) **of** rain last month. （先月はたくさん雨が降りました）	lot

>> 副詞の働きをする熟語

□「まず最初に」 (　　　) **first**, it was difficult for me to play the piano. （最初は，ピアノを弾くのは私にはむずかしいことでした）	At
□「長い間」 I haven't heard from her (　　　) **a long time**. （長い間，彼女から連絡がありません）	for [in]
□「初めて」 I visited Hokkaido **for the** (　　　) **time** last month. （私は先月，初めて北海道を訪れました）	first
□「～の前に」 Shall we meet **in** (　　　) **of** the station? （駅の前で会いましょうか）	front

>> 接続詞の働きをする熟語

□「～も…も両方とも」 He likes (　　　) math **and** English.　（彼は数学も英語も好きです）	both

>> その他

□「例えば」 There are many old temples in Kyoto, **for** (　　　), Kiyomizu-dera. （京都にはたくさんの古い寺，例えば清水寺があります）	example
□「もちろん」 **Of** (　　　), she doesn't know that. （もちろん，彼女はそれを知りません）	course
□「互いに」 People should help (　　　) **other**. （人々は互いに助け合うべきです）	each

構 文

□「～に…してもらいたい」 I **want** you (　　) **be** happy. (私はあなたに幸せになってもらいたい)	to
□「―が…するのは～だ」 (　　) **is** easy **for** her **to get** up early. (彼女にとって早く起きるのは容易なことです)	It
□「…できるくらい十分に～」 My brother is old (　　) **to drive** a car. (私の兄は車を運転できる年齢(ねんれい)です)	enough
□「とても～なので…」 I felt **so** sick (　　) I saw a doctor. (私はとても具合が悪かったので，医者にみてもらいました)	that
□「～したいと思う」 What **would** you (　　) **to** do this weekend? (あなたは今度の週末に何をしたいですか)	like
□「～ということが言われている」 **It is** (　　) **that** the event changed history. (その事件が歴史を変えたと言われています)	said
□「…してから～になる」 **It is** three years (　　) my sister entered university. (姉が大学に入学してから3年になります)	since
□「～だけでなく…も」 We want to have **not** (　　) dogs **but also** cats. (私たちは犬だけでなくネコも飼いたいと思っています)	only
□「～だと思う」 I **think** (　　) they will arrive soon. (彼らはすぐに到着(とうちゃく)すると思います)	that
□「ますます～」 The days are getting (　　) **and** (　　) these days. (最近，ますます日が長くなっています)	longer, longer

書きかえ表現

□「～がある」 (　　) **are** three parks in this city. = This city (　　) three parks. (この町には3つの公園があります)	There, has
□「なんと～なのだろう」 (　　) **a beautiful** picture this is! (これはなんと美しい絵でしょう) = (　　) **beautiful** this picture is! (この絵はなんと美しいのでしょう)	What, How
□「〔人〕に〔物〕を～する」 My father **bought** this watch (　　) **me**. = My father **bought** (　　) this watch. (父は私にこの腕時計(うでどけい)を買ってくれました)	for, me

□「～してはいけない」 (　　　) be late for school. = **You** (　　　) **not** be late for school.　(学校に遅刻してはいけません)	Don't, must
□「～できる」 I (　　　) not get the ticket. = I **wasn't** (　　　) **to** get the ticket. (私はチケットを手に入れることができませんでした)	could, able
□「～しなければならない」 I (　　　) finish my homework today. = I (　　　) **to** finish my homework today. (私はきょう，宿題を終わらせなければなりません)	must, have
□「～しましょう」 (　　　) go swimming next Sunday.　(次の日曜日に泳ぎに行きましょう) = (　　　) **we** go swimming next Sunday? (次の日曜日に泳ぎに行きませんか)	Let's, Shall
□「できるだけ～」 Leave home **as** early **as you** (　　　). = Leave home **as** early **as** (　　　).　(できるだけ早く家を出なさい)	can, possible
□「最も…」⇄「ほかのどんな～よりも…」 He runs (　　　) in his class.　(彼はクラスで最も速く走ります) = He runs **faster than** (　　　) **other** student in his class. (彼はクラスでほかのどの生徒よりも速く走ります)	fastest, any
□「あまりに～なので…できない」 This stone is (　　　) heavy for me **to** carry. = This stone is (　　　) heavy **that** I **can't** carry it. (この石はあまりに重いので私は運べない)	too, so
□「何を～すべきか」 Please tell me (　　　) I **should** do next. = Please tell me **what** (　　　) do next. (次に何をすべきか私に教えてください)	what, to
□「～している〔名詞〕」 Do you know that girl (　　　) a book? = Do you know that girl (　　　) **is reading** a book? (読書をしているあの女の子を知っていますか)	reading, who[that]
□「～だけれども」 (　　　) they went shopping, they didn't buy anything. = They went shopping, (　　　) they didn't buy anything. (彼らは買い物に行きましたが，何も買いませんでした)	Though [Although], but
□「～しなさい，そうすれば…」⇄「もし～すれば…」 Hurry up, (　　　) you'll catch the train. (急ぎなさい，そうすれば電車に間に合いますよ) = (　　　) you hurry up, you'll catch the train. (急げば電車に間に合うでしょう)	and, If

01 文の構造

解答📖別冊 p.39
時間🕐30分

得点 　　/100点

1 次の英文の(　)内に入れるのに最も適当な語句を１つずつ選び，記号で答えなさい。

（３点×５）

(1) That movie star (　　) very cool when he played that person.
ア watched　イ viewed　ウ saw　エ looked

〈北海道・函館ラ・サール高〉

(2) A: Yesterday was your birthday. Right?
B: Yes. My friends (　　) me some CDs.　〈高知県〉
ア called　イ gave　ウ told　エ wanted

ミス注意 (3) My grandfather told the story (　　).
ア my　イ me　ウ to me　エ for me

(4) We went to Kyoto last weekend. There (　　) a lot of temples and shrines.
ア was　イ is　ウ were　エ am

(5) The old woman always keeps the kitchen (　　).　〈東京・明星高〉
ア clean　イ cleaning　ウ to clean　エ have cleaned

2 日本文に合う英文になるように，(　)内に適当な語を書きなさい。

（３点×５）

(1) 数年前，駅の近くにスーパーマーケットがありました。
(　　) (　　) a supermarket near the station a few years ago.

(2) あなたに１つ質問をしてもよいですか。
Can I (　　) (　　) a question?

(3) 私たちは今夜，母のために夕食を料理するつもりです。
We will (　　) dinner (　　) our mother this evening.

(4) この話は私を悲しくさせます。
This story (　　) (　　) sad.

(5) 暗くならないうちに帰ってきなさい。　〈大阪・梅花高〉
Come home before (　　) (　　) dark.

3 (1)～(5)の文は次のア～オのどの文構造か，記号で答えなさい。

（３点×５）

ア S + V　イ S + V + C　ウ S + V + O
エ S + V + O + O　オ S + V + O + C

(1) He was a little tired this morning.　(　　)
(2) My mother bought me a beautiful dress.　(　　)
(3) In our city, it rained a lot this summer.　(　　)
(4) They named their dog Pochi.　(　　)
(5) We practice soccer at school every day.　(　　)

入試情報 文の構造の知識は，読解にも英作文にも必要とされる。S＋V＋O＋O から S＋V＋O＋to［for］～への書きかえや，S＋V＋O＋C の文の語順に注意する。

4 次の各組の文がほぼ同じ意味を表すように，（　）内に適当な語を書きなさい。（5点×5）

(1) His house has seven rooms. 〈京都・立命館高〉
(　　　) (　　　) seven rooms in his house.

(2) She ran fast when she was young. 〈大阪・関西大倉高〉
She (　　　) a fast (　　　) when she was young.

(3) He was happy when he read her letter. 〈東京・日本大第三高〉
Her letter (　　　) (　　　) happy.

(4) Mr. White is our math teacher. 〈東京・桐朋女子高〉
Mr. White (　　　) (　　　) math.

よく出る (5) He showed me his passport. 〈東京・京華高〉
He showed his passport (　　　) (　　　).

5 次の対話文が成り立つように，（　）内の語句を正しい順序に並べかえ，記号で答えなさい。（6点×2）

(1) A: This shirt is a little small. Could you (ア me　イ larger　ウ show　エ one　オ a)?
B: Yes. Here you are. 〈宮崎県〉

(　→　→　→　→　)

差がつく (2) A: It's nice to see you at this cafeteria. Can I join you?
B: Sure. Eating with (ア makes　イ someone　ウ lunch time　エ pleasant　オ more). 〈東京・豊島岡女子学園高〉

(　→　→　→　→　)

6 日本文に合う英文になるように，（　）内の語句を正しい順序に並べかえ，英文を完成しなさい。（6点×3）

(1) この市には2つのテニスクラブがあります。 〈長崎・海星高〉
(two tennis clubs / in / are / there / this city).

________________________.

(2) 彼は息子をプロのサッカー選手にしようとしました。 〈高知・土佐高〉
He tried to (professional / soccer / make / son / his / a / player).
He tried to ____________________.

思考力 (3) あなたたちはこの本を読めば今日の中国がわかるでしょう。（1語不足） 〈大阪・清風高〉
(about / book / idea / China / this / give / today's / an / will).

________________________.

社会 理科 数学 英語 国語

02 疑問文・命令文・感嘆文

解答📖別冊 p.39
時間🕐30分

得点
／100点

1 次の英文の(　)内に入れるのに最も適当な語句を１つずつ選び，記号で答えなさい。

（３点×５）

⑴ A: (　　) your sister a teacher? —— B: No. She works at a hospital.
ア Is　イ Are　ウ Do　エ Does　〈高知県〉

⑵ A: I have a friend at your school. His name is Ken Smith. Do you know him?
B: Yes, (　　). We are in the same class.　〈徳島県・改〉
ア I do　イ I don't　ウ he does　エ he doesn't

⑶ (　　) a picture of us, please.
ア Takes　イ Taking　ウ To take　エ Take

⑷ Who (　　) this picture of the beautiful mountains?　〈神奈川県〉
ア taking　イ took　ウ taken　エ do it take

⑸ Her husband is French, (　　)?
ア is he　イ isn't he　ウ does he　エ doesn't he

2 日本文に合う英文になるように，(　)内に適当な語を書きなさい。

（３点×５）

⑴「あなたは学生ですか」「はい，そうです」
"(　　　) you a student?" "(　　　), I (　　　)."

⑵「どうして遅刻(ちこく)したのですか」「道に迷ったからです」
"(　　　) were you late?" "(　　　) I got lost."

⑶ あなたは本を何冊持っていますか。
(　　　) (　　　) books do you have?

⑷ 先生が話している間は静かにしていなさい。
(　　　) (　　　) while the teacher is speaking.

⑸（ミス注意）「彼は動物が好きではありませんね」「はい，好きではありません」　〈愛知・名古屋高〉
"He doesn't like animals, does he?" "(　　　), he (　　　)."

3 次の対話文の(　)内に入れるのに最も適当な語を，□から選んで書きなさい。ただし，同じ語を２回以上用いてはいけません。

（４点×５）

⑴ (　　　) is your birthday? —— It's October 23.

⑵ (　　　) are you from? —— I'm from Australia.

⑶ (　　　) will you buy for her? —— I'll buy two DVDs.

⑷ (　　　) would you like to drink, tea or coffee? —— Coffee, please.

⑸ (　　　) notebook is this? —— It's mine.

What / Whose / Where / Why / Which / When

入試情報 疑問詞を使った疑問文とそれに応じた答え方をおさえておく。日常生活でよく用いられる会話表現に慣れておこう。

4 次の各組の文がほぼ同じ意味を表すように，(　)内に適当な語を書きなさい。（4点×5）

(1) What is the distance from here to the school? 〈大阪・桃山学院高〉
How (　　　) is it from here to the school?

(2) Shall we visit Ms. Tanaka? 〈大阪・梅花高〉
(　　　) visit Ms. Tanaka.

(3) You must not make a noise in the library.
(　　　) make a noise in the library.

(4) This is a very interesting story. 〈東京・八王子高〉
(　　　) (　　　) interesting story this is!

差がつく (5) If you don't leave here soon, you will miss the train. 〈東京・拓殖大第一高〉
(　　　) here soon, (　　　) you will miss the train.

よく出る 5 次の対話文が成り立つように，(　)内の語を正しい順序に並べかえ，記号で答えなさい。（5点×3）

(1) A: (ア to　イ you　ウ go　エ when　オ did) the concert?
B: Last Sunday. 〈富山県〉
(　→　→　→　→　)

(2) A: (ア money　イ how　ウ did　エ much　オ you) use at the store?
B: About 8,000 yen.
(　→　→　→　→　)

(3) A: What (ア of　イ do　ウ kind　エ you　オ music) like?
B: I like rock music very much. 〈宮崎県〉
(　→　→　→　→　)

6 日本文に合う英文になるように，(　)内の語を正しい順序に並べかえ，英文を完成しなさい。（5点×3）

(1) 彼はどの電車に乗りましたか。 (did / take / which / he / train)?
________________________?

(2) 彼女はなんて美しい女性でしょう！ 〈北海道・函館ラ・サール高〉
(she / what / a / woman / beautiful) is!
________________________ is!

(3) 週に何回サッカーを練習しますか。
(you / how / do / soccer / often / practice) a week?
________________________ a week?

社会 理科 数学 英語 国語

03 現在・過去・進行形

解答📖別冊 p.40
時間🕐30分

得点　　　/100点

1 次の英文の(　)内に入れるのに最も適当な語句を1つずつ選び，記号で答えなさい。

（3点×6）

(1) A: What did you get at that shop?
B: I (　　) a book.　〈高知県〉
ア buy　イ buying　ウ buys　エ bought

(2) My father (　　) Tokyo last week.　〈栃木県〉
ア goes　イ visits　ウ went　エ visited

(3) Tom is now (　　) dinner with his friends.　〈東京・錦城高〉
ア have　イ had　ウ having　エ has

(4) This store usually (　　) at ten, but it is closed today.　〈東京・拓殖大第一高〉
ア open　イ opens　ウ opening　エ opened

(5) When (　　) to the United States?　〈大阪・桃山学院高〉
ア will you be　イ have you been　ウ did you go　エ have you gone

(6) When I came home, both Jane and Kate (　　) on the bed.
ア sleeping　イ was sleeping　ウ have slept　エ were sleeping
〈愛知・中京大附中京高〉

よく出る 2 次の文が正しい英文になるように，(　)内の語を適切な形に直して書きなさい。（3点×4）

(1) I (catch) a dog in the park yesterday.　〈大阪・梅花高〉 ______

(2) He is (write) a letter now.　〈東京・八王子高〉 ______

(3) Meg usually (come) to school by train. ______

(4) A: What were you doing when I called you?
B: I was (study) in the library.　〈千葉県〉 ______

ミス注意 3 次の英文を〔　〕内の指示に従って書きかえなさい。

（3点×4）

(1) I often play tennis in the park. 〔主語を He に変えて，同じ内容の文に〕

______

(2) She doesn't look fine today. 〔下線部を yesterday に変えて，過去の文に〕

______

(3) They make cookies for the party. 〔文末に now を加えて，進行形の文に〕

______

(4) He was listening to music then. 〔疑問文にして，Yes で答える〕

______

入試情報 動詞の語形変化は基本事項である。主語や時制によって適切な形にできるようにしておくこと。不規則動詞の語形変化は正確に身につけておこう。

4 日本文に合う英文になるように，(　)内に適当な語を書きなさい。 （4点×4）

(1) 彼女たちは昨年，バスケットボール部の部員でしたか。
(　　　　) they members of the basketball team last year?

(2) 私たちは北海道で休日を過ごし，そこでスキーをして楽しみました。
We (　　　　) our holidays in Hokkaido and enjoyed skiing there.

(3) 私が彼の部屋に入ったとき，彼は本を読んでいました。
He (　　　　) (　　　　) a book when I went into his room.

(4) そのコンピューターはとても古かったので動きませんでした。
The computer (　　　　) work because it (　　　　) very old.

社会 理科 数学 英語 国語

5 思考力 次の文の(　)内に入れるのに最も適当な語を□から選び，必要があれば適切な形に直して書きなさい。答えは1語とは限りません。ただし，同じ語を2回以上用いてはいけません。 （4点×6）

(1) A week (　　　　) seven days.

(2) The sun (　　　　) in the east.

(3) We hurried to the station, but we (　　　　) the train.

(4) A: Where is Cathy? 〈長崎・青雲高〉
B: Oh, she is in her room. She (　　　　) for her piano recital next month. ＊recital「リサイタル」

(5) A: Did you hear about George's accident? 〈千葉・渋谷教育学園幕張高〉
B: Yes, I did. He hurt his back while he (　　　　) a heavy box.

(6) Ten years have passed since his grandfather (　　　　). 〈東京・淑徳高〉

practice / carry / die / miss / rise / have

6 日本文に合う英文になるように，(　)内の語句を正しい順序に並べかえ，英文を完成しなさい。 （6点×3）

(1) 姉はいつも6時に起きます。 My (at / gets / sister / up / always / six).
My ________________________________.

(2) 母が帰ってきたとき，私はテレビを見ていました。
(watching / was / when / I / TV) my mother came home.
________________________________ my mother came home.

差がつく (3) 毎年休暇(きゅうか)は海辺で過ごしていますが，そろそろ飽(あ)きてきました。 〈大阪星光学院高〉
I'm (my vacation / at / of / taking / getting / tired) the beach every year.
I'm ________________________________ the beach every year.

04 未来の文・助動詞

解答 別冊 p.41
時間 30分

得点 /100点

1 次の英文の(　)内に入れるのに最も適当な語句を1つずつ選び，記号で答えなさい。

(3点×6)

(1) Ken and Jim (　　) going to climb Mt. Fuji next week. 〈東京・八王子高〉

ア is　イ are　ウ will　エ have been

ミス注意 (2) A: (　　) we play tennis after school? —— B: Yes, let's. 〈奈良・天理高〉

ア Shall　イ Will　ウ Must　エ May

(3) Will you (　　) free this evening?

ア are　イ be　ウ being　エ been

(4) A: Bye, Mom. I'm going to play soccer with my friends.

B: Wait a minute! You (　　) do your housework first. 〈東京・明治大付中野高〉

ア don't need to　イ have to　ウ would like to　エ will be able to

ミス注意 (5) A: Must I finish my homework today?

B: No, you (　　).

ア must not　イ don't have to　ウ may not　エ can't

(6) We (　　) live in space in the future. 〈長崎・海星高〉

ア will be　イ will must　ウ will be able to　エ had to

2 日本文に合う英文になるように，(　)内に適当な語を書きなさい。

(4点×4)

(1) 彼女は働いたあとで疲(つか)れているにちがいありません。

She (　　　　) be tired after working.

(2) 父は若いころ，速く走ることができました。

My father (　　　　) run fast when he was young.

(3)「1つお願いをしてもよいですか」「もちろん，いいですよ」

"(　　　　) (　　　　) ask you a favor?" "Sure."

(4) あなたたちは夏休みにどこを訪れる予定なのですか。

Where (　　　　) you (　　　　) to visit during the summer vacation?

3 次の英文を〔　〕内の指示に従って書きかえなさい。

(4点×3)

(1) He went to the library <u>last Sunday</u>. 〔下線部を tomorrow に変えて，未来の文に〕

____

(2) I must wait for him at the station. 〔文末に yesterday を加えて，過去の文に〕

____

(3) Don't swim in this river. 〔You を主語にして同じ内容の文に〕

____

入試情報 未来は現在・過去とともに重要な時制の１つなので，しっかり身につける。
must ⇄ have to の書きかえは重要である。

社会 理科 数学 英語 国語

4 次の各組の文がほぼ同じ意味を表すように，(　　)内に適当な語を書きなさい。(５点×４)

(1) 〈佐賀清和高〉
Let's play baseball this afternoon.
(　　　　　) we play baseball this afternoon?

よく出る (2) 〈兵庫・東洋大附姫路高〉
Sara must get up early every morning.
Sara (　　　　　) to get up early every morning.

(3) 〈奈良・帝塚山高〉
It is difficult for him to play the guitar.
(　　　　　) (　　　　　) play the guitar easily.

(4)
It isn't necessary for you to hurry to school.
You (　　　　　) (　　　　　) to hurry to school.

5 次の対話文が成り立つように，(　　)内の語を正しい順序に並べかえ，記号で答えなさい。(５点×２)

(1) A: How long will your work take?
B: It (ア hours　イ about　ウ take　エ two　オ will).
(　→　→　→　→　)

(2) A: Jenny, I don't know how to get to Nagoya by *shinkansen*. Please help me.
B: OK. (ア change　イ at　ウ you　エ Tokyo　オ trains　カ must) Station. 〈山形県〉
(　→　→　→　→　→　)

6 日本文に合う英文になるように，(　　)内の語句を正しい順序に並べかえ，英文を完成しなさい。(６点×４)

(1) あなたの宿題を手伝いましょうか。
(I / with / help / shall / your homework / you)?
____?

(2) この本で彼女は人気者になるでしょう。〈東京・桐朋女子高〉
(her / this / popular / book / make / will).
____.

(3) 彼は遅(おそ)く家を出たのでバスに乗り遅(おく)れるかもしれません。
(because / home / miss / he / he / the bus / may / left) late.
____ late.

差がつく (4) 図書館では静かにしましょう。〈兵庫・武庫川女子大附高〉
(quiet / library / in / be / you / you / when / are / a / should).
____.

05 名詞・代名詞・冠詞・前置詞

解答 別冊 p.42
時間 30分

得点
／100点

1 次の英文の(　)内に入れるのに最も適当な語句を１つずつ選び，記号で答えなさい。

（３点×７）

(1) A: Do you know Mr. Okada? —— B: Yes. I know (　　) very well. 〈高知県〉
ア it　イ him　ウ her　エ us

(2) (　　) of the students answered the question. 〈大阪・四天王寺高〉
ア Most　イ Almost　ウ Much　エ Every

(3) (　　) is playing the piano in the room? —— Tom is.
ア Who　イ Which　ウ What　エ Where

(4) Tom and I often go hiking all by (　　). 〈福岡大附大濠高〉
ア myself　イ himself　ウ ourselves　エ themselves

ミス注意 (5) We will wait here (　　) 3 o'clock. 〈埼玉・西武学園文理高〉
ア by　イ for　ウ until　エ in

(6) I lost my pen, and I'm going to buy (　　) tomorrow. 〈埼玉・春日部共栄高〉
ア the ones　イ the other　ウ it　エ one

ミス注意 (7) I have two brothers. One is a teacher, and (　　) is a doctor. 〈兵庫・滝川高〉
ア other　イ another　ウ the other　エ others

2 次の文が正しい英文になるように，(　)内の語を適切な形に直して書きなさい。（３点×３）

(1) A: Look at those buildings over there.
B: Oh. (It) are very tall. 〈千葉県・改〉 ＿＿＿＿

(2) Mike is a very good (swim). ＿＿＿＿

(3) My father usually uses different kinds of (knife) when he cooks.
〈長崎・青雲高〉 ＿＿＿＿

3 次の英文の意味が通るように，(　)内に適当な語を書きなさい。ただし，与(あた)えられた文字で書き始めること。

（４点×４）

(1) A (w　　) is a period of time from Friday evening to Sunday evening.
〈神奈川・桐光学園高〉 ＿＿＿＿

(2) The (m　　) goes around the earth, and the earth goes around the sun.
〈埼玉・城西大付川越高〉 ＿＿＿＿

(3) We cannot live (w　　) water and air. ＿＿＿＿

(4) It will rain this afternoon. You should take an (u　　) with you.
〈神奈川・日本女子大附高〉 ＿＿＿＿

入試情報	some や any の使い分け，慣用表現の one 〜 , the other ... を確認する。at, on, in や，till[until]，by のようなまぎらわしい前置詞の使い分けに注意する。

4 日本文に合う英文になるように，(　)内に適当な語を書きなさい。 (4点×4)

(1) ナンシーは15歳のとき，教師になる決心をしました。 〈神奈川・桐光学園高〉

Nancy made up her mind to become a teacher (　　　　) the age of fifteen.

(2) コーヒーをもう一杯いかがですか。

Would you like (　　　　) cup of coffee?

よく出る (3) トモコとヨウコはお互いに助けあうでしょう。 〈高知・土佐高〉

Tomoko and Yoko are going to help (　　　　) (　　　　).

(4) 私たちはたくさんネコを飼っています。白いネコもいれば，黒いネコもいます。

We have many cats. (　　　　) are white and (　　　　) are black.

〈広島・近畿大附福山高〉

思考力 **5** 次の各組の文がほぼ同じ意味を表すように，(　)内に適当な語を書きなさい。 (4点×5)

(1) We could not see anything in the sky. 〈大阪・梅花高〉
We could see (　　　　) in the sky.

(2) All the children in my family like HANSHIN Tigers. 〈奈良・帝塚山高〉
Every (　　　　) in my family likes HANSHIN Tigers.

(3) We had a lot of rain here last summer.
(　　　　) rained a (　　　　) here last summer.

(4) Our birthday is March 10. 〈大阪・関西大倉高〉
We were born (　　　　) March 10.

(5) He could not speak English very well. 〈兵庫・三田学園高〉
He was not a very (　　　　) (　　　　) of English.

差がつく **6** 日本文に合う英文になるように，(　)内の語を正しい順序に並べかえ，英文を完成しなさい。 (6点×3)

(1) あなたはそんなことを言うべきではない。 〈埼玉・聖望学園高〉

(you / say / thing / should / not / such / a).

____.

(2) 彼を駅前で待ったらどうですか。 〈三重・高田高〉

Why don't you (for / of / in / wait / front / him) the station?

Why don't you ____________________________ the station?

(3) あなたの家を見つけるのに30分以上かかったよ。 〈高知・土佐塾高〉

(half / to / find / an / took / it / your / hour / house / over).

____.

06 形容詞・副詞

解答📖別冊 p.43
時間🕐30分

得点 ／100点

1 次の英文の(　)内に入れるのに最も適当な語句を１つずつ選び，記号で答えなさい。

（３点×６）

⑴ A: Did you watch TV last night?
B: No. I went to bed (　　). 〈高知県〉
ア ago　イ after　ウ early　エ until

⑵ We don't have any juice here, but we have (　　) water. 〈大阪・四天王寺高〉
ア many　イ a lot of　ウ few　エ little

⑶ He had to hurry because he had (　　) time. 〈大阪・桃山学院高〉
ア a little　イ little　ウ a few　エ few

⑷ We don't have much (　　) here. 〈埼玉・栄東高〉
ア store　イ rain　ウ drinks　エ friends

⑸ I don't like milk. I can't eat tomatoes, (　　). 〈三重高〉
ア both　イ also　ウ too　エ either

⑹ Do you think this English book is (　　) for me to read? 〈東京・淑徳高〉
ア so easy　イ easy enough　ウ very easy　エ as easy

2 日本文に合う英文になるように，(　)内に適当な語を書きなさい。

（４点×４）

⑴ ２，３時間で戻(もど)って来るよ。 〈茨城・茗溪学園高〉
I'll be back in a (　　　　) hours.

⑵ 彼女はふつう，６時に起きて10時に寝(ね)ます。
She (　　　　) gets up at six and goes to bed at ten.

⑶ この映画は若い人たちの間で人気になるでしょう。
This movie will be (　　　　) among young people.

⑷ 私たちは明日，始発の電車で空港へ行くつもりです。
We'll go to the airport on the (　　　　) train tomorrow.

3 次の英文の意味が通るように，(　)内に適当な語を書きなさい。ただし，与(あた)えられた文字で書き始めること。

（４点×４）

⑴ What is your (f　　) Japanese food? —— I like sushi. 〈高知県〉 ＿＿＿＿＿

⑵ Go (s　　) two blocks and turn right at the first signal.
〈岡山白陵高〉 ＿＿＿＿＿

⑶ Is the price of those shoes 50,000 yen? That's really (e　　).
〈神奈川・日本女子大附高〉 ＿＿＿＿＿

⑷ When you are known to many people, we say that you have become (f　　).
〈神奈川・桐光学園高〉 ＿＿＿＿＿

入試情報　形容詞・副詞はおく位置に注意する。「数」や「量」の多少を表す形容詞の使い分けを確認しておく。

4 次の各組の文がほぼ同じ意味を表すように，(　)内に適当な語を書きなさい。（5点×4）

(1) There wasn't anything to eat in this house. 〈東京・中央大杉並高〉
There was (　　　　) food in this house.

よく出る (2) Mr. Suzuki didn't come to the meeting last Friday. 〈東京・江戸川女子高〉
Mr. Suzuki was (　　　　) from the meeting last Friday.

(3) We took a walk for thirty minutes.
We took a walk for (　　　　) an hour.

(4) My sister would like to study abroad in the future. 〈東京・日本大第二高〉
My sister would like to study in a (　　　　) country some day.

5 次の英文が成り立つように与えられた語句を(　)内に並べるとき，①，②の位置にくる語句を記号で答えなさい。（5点×3）

(1) This is Saki. She (　) (①) (　) (②) (　) our basketball team. 〈秋田県〉
ア of　イ member　ウ is　エ new　オ a　①(　　) ②(　　)

(2) Mary (①) (　) (　) (　) (②). 〈東京・明星高〉
ア with　イ her mother　ウ the dishes　エ helps　オ often
①(　　) ②(　　)

(3) Daniel (　) (　) (①) (　) (　) (②) (　). 〈東京・明治学院東村山高〉
ア sugar　イ too　ウ coffee　エ in　オ much　カ puts
キ his　①(　　) ②(　　)

6 日本文に合う英文になるように，(　)内の語句を正しい順序に並べかえ，英文を完成しなさい。（5点×3）

ミス注意 (1) 私は朝食にいつも新鮮(しんせん)なくだものを食べることができます。 〈広島・近畿大附福山高〉
(I / fresh / always / eat / can / fruit) for breakfast.
________________________________ for breakfast.

(2) このコンピューターはどこか故障しているのですか。 〈大阪・四天王寺高〉
(wrong / there / this computer / anything / is / with)?
________________________________?

差がつく (3) その英語の先生の名前を覚えている生徒はほとんどいません。(1語不足)
(students / the English teacher / the name / of / remember).
〈東京・國學院大久我山高〉
________________________________.

社会　理科　数学　英語　国語

07 比較

解答 別冊 p.43
時間 30分

得点 /100点

1 次の英文の(　)内に入れるのに最も適当な語句を１つずつ選び，記号で答えなさい。

（３点×６）

⑴ He is (　　) than my father.
ア as old　イ old　ウ older　エ the oldest

⑵ He likes oranges (　　) of all fruits.
ア a most　イ the best　ウ the better　エ better

⑶ This test is (　　) as the last one.
ア difficult as　イ more difficult　ウ difficult　エ as difficult

⑷ Today there are (　　) students in the library than yesterday.
ア less　イ few　ウ lesser　エ fewer

〈東京・明治大付明治高〉

⑸ Bob can swim (　　) faster than John.
ア many　イ very　ウ so　エ much

⑹ Tokyo is one of (　　) in the world. 〈埼玉・春日部共栄高〉
ア a big city　イ the biggest cities
ウ the biggest city　エ the big city

2 日本文に合う英文になるように，(　)内に適当な語を書きなさい。

（４点×４）

⑴ 私はトムほどじょうずにギターを弾(ひ)けません。
I can't play the guitar (　　　) (　　　) as Tom.

⑵ ５つの中でどの本がいちばん人気がありますか。
Which book is the most (　　　) (　　　) the five?

⑶ 野球とサッカーではどちらのほうが好きですか。
(　　　) do you like (　　　), baseball or soccer?

⑷ この本がいちばんおもしろい。 〈京都女子高〉
This book is (　　　) interesting than any (　　　) book.

ミス注意 3 次の文が正しい英文になるように，(　)内の語を適切な形に直して書きなさい。答えは１語とは限りません。

（４点×４）

⑴ This year I am (busy) than last year. 〈大阪・梅花高〉 ＿＿＿＿＿＿

⑵ I think time is the (precious) of all things. ＿＿＿＿＿＿

⑶ A: I have 50 CDs.
B: Really? But I think Tom has (many) CDs than you. 〈千葉県〉
＿＿＿＿＿＿

⑷ He is the (good) English speaker in our class. ＿＿＿＿＿＿

入試情報　最上級⇄比較級⇄ as ～ as ... の書きかえはよく出題される。〈比較級 + than any other〉に続く名詞が単数であることを確認する問題もよく見られる。

よく出る

4 次の各組の文がほぼ同じ意味を表すように，(　)内に適当な語を書きなさい。（5点×4）

(1) You must study English as hard as you can. 〈北海道・函館ラ・サール高〉
You must study English as hard as (　　　).

(2) My watch was 10,000 yen. Your watch was 8,000 yen.
My watch was (　　　) (　　　) than yours.

(3) Nick came later than Rob. 〈神奈川・法政大女子高〉
Rob came (　　　) (　　　) Nick.

(4) Beth studies the hardest of all the students in her class.
Beth studies (　　　) (　　　) any other (　　　) in her class.

5 次の対話文が成り立つように，(　)内の語を正しい順序に並べかえ，記号で答えなさい。（5点×3）

(1) A: Who runs faster, you or Ken?
B: I (ア fast　イ run　ウ as　エ as) Ken. 〈富山県〉
(　→　→　→　)

(2) A: Is Tom the tallest in this class?
B: Yes. He is (ア any　イ other　ウ taller　エ than) boy in this class. 〈千葉・暁星国際高〉
(　→　→　→　)

(3) A: What a large room this is!
B: Yes, this room is (ア as　イ large　ウ three　エ times) as that one. 〈千葉・暁星国際高〉
(　→　→　→　)

6 日本文に合う英文になるように，(　)内の語句を正しい順序に並べかえ，英文を完成しなさい。（5点×3）

(1) できるだけ早く起きなさい。 (as / up / you / early / get / can / as).
______________________________.

(2) 今年は去年より雪が多い。
We (snow / had / we / this year than / more / have) last year.
We __________________________ last year.

差がつく
(3) バスケットボールほど興奮するスポーツはほかにはありません。 〈東京・日本大第三高〉
(as / sport / exciting / as / basketball / other / no / is).
______________________________.

社会　理科　数学　英語　国語

08 受け身

解答 別冊 p.44
時間 30分

得点　　/100点

1 次の英文の(　)内に入れるのに最も適当な語句を1つずつ選び，記号で答えなさい。

（3点×5）

(1) The city is (　　) by many people in summer.
ア visit　イ visits　ウ visited　エ to visit

(2) This watch (　　) for me by my grandfather.
ア buy　イ bought　ウ was bought　エ were bought

(3) Both of them (　　) in the car accident.
ア weren't injured　イ weren't injure　ウ don't injure　エ didn't injure

(4) A: Was the letter (　　) by Bob?
B: Yes, it was.　〈千葉・暁星国際高〉
ア write　イ writing　ウ to write　エ written

(5) Butter is made (　　) milk.　〈長崎・海星高〉
ア in　イ from　ウ by　エ at

2 次の文が正しい英文になるように，(　)内の語を適切な形に直して書きなさい。（3点×4）

(1) This machine is (use) all over the world.　________

(2) The glass is (fill) with milk.　________

(3) A: I want to work with people from many countries, so I'm studying English.
B: Yes, it is (speak) all over the world.　〈千葉県〉　________

(4) Many kinds of vegetables are (sell) at the store.　________

よく出る 3 日本文に合う英文になるように，(　)内に適当な語を書きなさい。

（4点×5）

(1) 私はヨーロッパの文化に興味があります。
I'm (　　　) (　　　) European culture.

(2) 私たちは彼の突然(とつぜん)の訪問に驚(おどろ)きました。
We were (　　　) (　　　) his sudden visit.

(3) 私の弟は5年前に生まれました。
My brother (　　　) (　　　) five years ago.

(4) その歌手はこの国の多くの人に知られています。
The singer is (　　　) (　　　) many people in this country.

(5) その戦争でたくさんの人が死にました。
A lot of people (　　　) (　　　) in the war.

入試情報　〈ふつうの文⇄受け身の文〉の言いかえはしっかり練習しておく。by 以外の前置詞を使う受け身や by ～の省略にも注意する。

4 次の各組の文がほぼ同じ意味を表すように，(　　)内に適当な語を書きなさい。(5点×5)

(1) She took the picture. 〈佐賀清和高〉
The picture was (　　　　) by her.

(2) The temple is about 500 years old.
The temple was (　　　　) about 500 years ago.

(3) What kind of fish do they usually eat in France? 〈東京・中央大高〉
What kind of fish (　　　　) usually (　　　　) in France?

(4) Yoshiko gave me a nice camera. 〈東京・拓殖大第一高〉
A nice camera (　　　　) (　　　　) (　　　　) me by Yoshiko.

思考力 (5) Who broke the window yesterday? 〈愛媛・愛光高〉
Who was the window (　　　　) (　　　　) yesterday?

5 次の英文が成り立つように，(　　)内の語句を正しい順序に並べかえ，記号で答えなさい。(5点×2)

(1) (ア asked　イ we　ウ by　エ were　オ a question) a foreigner, but we all couldn't answer it.

(　→　→　→　→　)

(2) My friend's name is a little long. So (ア Chris　イ by　ウ is　エ she　オ called) us. 〈東京・日本大第二高〉

(　→　→　→　→　)

6 日本文に合う英文になるように，(　　)内の語句を正しい順序に並べかえ，英文を完成しなさい。(6点×3)

(1) その本は世界中で読まれることになるでしょう。 〈大阪・関西大第一高〉
(all / be / over / read / the book / the world / will).

______________________________.

(2) 隣(となり)の教室には生徒は見当たりませんでした。 〈東京・國學院高〉
(be / could / in / the next / no / seen / students) classroom.

______________________________ classroom.

(3) 富士山の頂上は多くの雪でおおわれていました。(1語不要) 〈兵庫・東洋大附姫路高〉
(with / many / top / covered / Mt. Fuji / the / was / of / much) snow.

______________________________ snow.

09 現在完了・現在完了進行形

解答📖別冊 p.45
時間🕒30分

得点
／100点

1 次の英文の(　)内に入れるのに最も適当なものを１つずつ選び，記号で答えなさい。

（３点×６）

(1) A: Have you ever (　　) curry and rice? —— B: Yes, I have.
ア cook　イ cooking　ウ to cook　エ cooked

(2) The soccer game has already (　　).
ア begins　イ began　ウ begun　エ to begin

(3) I have known him (　　) ten years. 〈奈良・天理高〉
ア as　イ for　ウ of　エ since

(4) My brother has (　　) his homework since last night.
ア been　イ been doing　ウ been done　エ be doing

(5) He hasn't sent the letter to his mother (　　).
ア yet　イ already　ウ still　エ since

(6) A: Have you ever read "The Little Prince"?
B: (　　)
A: You should read it someday. 〈広島・如水館高〉
ア I have read it before.　イ Yes, I have. I like it.
ウ No, I haven't.　エ I have never gone to the castle.

2 日本文に合う英文になるように，(　)内に適当な語を書きなさい。

（５点×４）

(1) 私は１度その川で泳いだことがあります。 I've swum in the river (　　　).

(2) 彼は３年前に亡(な)くなりました。 〈神奈川・鎌倉学園高〉
He has been (　　　) for three years.

(3) 彼は，まだその答えを書き終えていません。 〈大阪・帝塚山学院高〉
He (　　　) (　　　) writing the answer yet.

(4) 以前カナダに行ったことがありましたよね。 〈高知・土佐塾高〉
You have (　　　) (　　　) Canada before, haven't you?

3 次の英文を〔　〕内の指示に従って書きかえなさい。

（４点×３）

(1) He has already done his homework. 〔疑問文に〕

____

(2) It got hot yesterday. It is still hot today. 〔since を使って同じ内容の１つの文に〕

____

(3) Tim has seen the movie twice. 〔下線部が答えの中心となる疑問文に〕
〈佐賀・東明館高〉

____

入試情報　現在完了の「完了」「結果」「経験」「継続」の用法の区別を身につけること。各用法とともによく用いられる副詞や前置詞を確認しておく。

よく出る
4 次の各組の文がほぼ同じ意味を表すように，(　)内に適当な語を書きなさい。（5点×4）

(1) This is my first visit to Kyoto. 〈大阪・四天王寺高〉
I (　　　　) (　　　　) visited Kyoto before.

(2) She started cooking dinner two hours ago and she is still doing it.
She (　　　　) (　　　　) cooking dinner for two hours.

思考力
(3) I went to the bank, and I have just come back. 〈東京・明星高〉
I have just (　　　　) (　　　　) the bank.

(4) They got married ten years ago. 〈高知・土佐高〉
Ten years have (　　　　) (　　　　) they got married.

5 次の英文が成り立つように与えられた語を(　)内に並べるとき，①，②の位置にくる語を記号で答えなさい。（5点×3）

(1) (　) (①) (　) (②) (　) with his friend.
ア has　イ shopping　ウ he　エ gone　オ just
① (　　) ② (　　)

(2) (　) (①) (　) (　) (②) (　) the guitar? —— Since this morning.
ア playing　イ have　ウ how　エ you　オ long　カ been
① (　　) ② (　　)

(3) (　) (　) (①) (　) (②) (　)?
ア you　イ before　ウ food　エ had　オ French　カ have
① (　　) ② (　　)

差がつく
6 日本文に合う英文になるように，(　)内の語を正しい順序に並べかえ，英文を完成しなさい。（5点×3）

(1) 久しぶりですね。 〈福岡大附大濠高〉
I (for / you / haven't / a / time / seen / long).
I ______________________________.

(2) その先生に話しかけたことがありますか。 〈東京・実践学園高〉
(you / ever / teacher / spoken / the / have / to)?
______________________________?

(3) 私はけさから何も食べていません。 〈兵庫・武庫川女子大附高〉
(not / this / anything / I / since / eaten / morning / have).
______________________________.

10 不定詞

解答 別冊 p.46
時間 30分

得点 ／100点

1 次の英文の(　)内に入れるのに最も適当な語句を1つずつ選び，記号で答えなさい。

ミス注意

(3点×5)

(1) Kate bought a bag (　　) her daughter. 〈栃木県〉

ア gave　イ given　ウ giving　エ to give

(2) My brother helped my father (　　) the car.

ア wash　イ washed　ウ washes　エ washing

(3) My daughter forgot (　　) her arrival time, so I couldn't pick her up.

ア telling me　イ told me　ウ to tell me　エ tell me 〈埼玉・栄東高〉

(4) Will you tell me (　　) get to the station? 〈三重高〉

ア how　イ how to　ウ the way　エ way

(5) I want you (　　). 〈神奈川・東海大付相模高〉

ア sit down　イ to sit down

ウ to sitting down　エ to have sat down

2 日本文に合う英文になるように，(　)内に適当な語を書きなさい。 (3点×5)

(1) 私たちは次に何をしたらいいのかわかりませんでした。 〈高知・土佐塾高〉

We didn't know (　　　) (　　　) do next.

思考力

(2) 私に自己紹介(しょうかい)をさせてください。

(　　　) me (　　　) myself.

(3) トムはその知らせを聞いて喜びました。 〈茨城・茗溪学園高〉

Tom (　　　) (　　　) (　　　) hear the news.

(4) 私に折り返し電話をするように，彼に言ってくれませんか。

Can you (　　　) (　　　) (　　　) call me back?

(5) あなたが朝早く起きるのはよいことです。 〈東京・桐朋女子高〉

(　　　) (　　　) good for you (　　　) get up early in the morning.

3 次の文の下線部と同じ用法の不定詞を含(ふく)む文を選び，記号で答えなさい。 (4点×3)

(1) I want <u>to become</u> a doctor in the future. (　　)

(2) We're going to go to Kyoto <u>to learn</u> about its history next month. (　　)

(3) I have nothing <u>to do</u> this weekend. (　　)

ア They are looking for a house <u>to live</u> in.

イ The purpose of my stay here is <u>to study</u> English.

ウ My father came to the station <u>to pick</u> me up.

入試情報　不定詞の3用法は区別できるようにすること。形式主語の文や too ～ to … など，不定詞を含む重要な構文が多いのでそれぞれ確認しておく。

4　次の各組の文がほぼ同じ意味を表すように，(　　)内に適当な語を書きなさい。(5点×5)

(1) 〈東京・京華高〉
I don't know when I should start.
I don't know (　　　　　) (　　　　　) start.

(2) 〈愛知・名古屋高〉
We had no food.
We didn't have (　　　　　) (　　　　　) eat.

(3) 〈奈良・天理高〉
I was surprised when I saw the accident.
I was surprised (　　　　　) (　　　　　) the accident.

(4) 〈東京・國學院高〉
It is twenty minutes' walk from here to the station.
It (　　　　　) twenty minutes (　　　　　) walk from here to the station.

よく出る (5) 〈大阪・関西大第一高〉
The question was so difficult that I could not answer it.
The question was (　　　　　) (　　　　　) for me (　　　　　) answer.

5　次の英文が成り立つように(　　)内の語を並べかえるとき，3番目と6番目にくる語をそれぞれ書きなさい。(5点×3)

(1) (want / English / to / harder / study / I / you). 〈神奈川・法政大第二高〉
3番目 (　　　　　)　6番目 (　　　　　)

(2) (have / I / no / piano / practice / the / time / to). 〈大阪・関西大倉高〉
3番目 (　　　　　)　6番目 (　　　　　)

(3) (for / game / get / hard / it's / that / tickets / to). 〈大阪・関西大倉高〉
3番目 (　　　　　)　6番目 (　　　　　)

差がつく 6　日本文に合う英文になるように，(　　)内の語を正しい順序に並べかえ，英文を完成しなさい。(6点×3)

(1) 何か冷たい飲み物をいただけますか。 〈東京・実践学園高〉
Could (cold / me / give / drink / to / something / you)?
Could ______________________________?

(2) 彼女は親切にも私に教科書を見せてくれました。 〈東京電機大高〉
(kind / was / to / me / her / show / textbook / enough / she).
______________________________.

(3) きのう，陽子(ようこ)はあまりに強い風のため外出できませんでした。(1語不足) 〈京都女子高〉
(strong / to / the / for / was / wind / Yoko) go out yesterday.
______________________________ go out yesterday.

社会　理科　数学　英語　国語

11 分詞・動名詞

解答📖別冊 p.47
時間🕒30分

得点
/100点

1 次の英文の(　)内に入れるのに最も適当な語句を1つずつ選び，記号で答えなさい。

(3点×6)

(1) The young woman (　　) the piano is my sister. 〈愛知・中京大附中京高〉

ア playing　イ played　ウ plays　エ is playing

(2) His father gave Tom a book (　　) in English. 〈三重高〉

ア to write　イ writing　ウ written　エ was written

(3) Reading novels (　　) interesting to me.

ア be　イ is　ウ are　エ were

(4) You need to finish (　　) this essay by the end of this month. 〈佐賀・東明館高〉

ア to write　イ writing　ウ written　エ write

(5) He stopped (　　) TV and began to study. 〈東京・明星高〉

ア to watch　イ watching　ウ watch　エ watched

ミス注意 (6) I am looking forward (　　) you. 〈長崎・海星高〉

ア for meeting　イ to meet　ウ meeting　エ to meeting

2 次の文が正しい英文になるように，(　)内の語を適切な形に直して書きなさい。(3点×4)

(1) Look at that (sleep) baby. ＿＿＿＿

(2) I ate two (boil) eggs for breakfast. ＿＿＿＿

(3) A: Do you know there is a town (name) Santa Claus in the U.S.?

B: I'm from America, but I've never heard of it.

〈千葉・渋谷教育学園幕張高〉 ＿＿＿＿

(4) I gave up (get) a ticket for the concert. ＿＿＿＿

3 日本文に合う英文になるように，(　)内に適当な語を書きなさい。

(4点×5)

(1) あなたは英語の歌を聞くことに興味はありますか。 〈高知・土佐塾高〉

Are you interested in (　　　　) to English songs?

よく出る (2) むこうで走っている男の子は徹也(てつや)です。 〈大阪・梅花高〉

The boy (　　　　) over there (　　　　) Tetsuya.

(3) ここから見る日の出はとても美しい。 〈愛知・名古屋高〉

The (　　　　) sun (　　　　) from here is very beautiful.

(4) 私は次の日曜日に，トムといっしょに買い物に行くつもりです。

I'm going to (　　　　) (　　　　) with Tom next Sunday.

(5) 彼はひと言も言わずに部屋を出て行きました。

He went out of the room (　　　　) (　　　　) a word.

入試情報 「名詞＋分詞～」の語順になる分詞がよく出題される。動名詞は動詞や前置詞の目的語になる問題がよく見られる。不定詞との用法のちがいを確認する。

4 次の各組の文がほぼ同じ意味を表すように，(　　)内に適当な語を書きなさい。（5点×4）

(1) 〈東京・國學院大久我山高〉
His father is a famous musician in Japan.
His father is a musician (　　　　　) to a lot of people in Japan.

(2) 〈東京・実践学園高〉
What language do they speak in Mexico?
Do you know the language (　　　　　) (　　　　　) Mexico?

(3) 〈広島・近畿大附福山高〉
The girls played baseball. They had a very good time.
The girls (　　　　　) (　　　　　) baseball very much.

(4) 〈大阪・関西大第一高〉
Akira plays soccer very well.
Akira is very good (　　　　　) (　　　　　) soccer.

5 次の英文が成り立つように(　　)内の語を並べかえるとき，4番目と7番目にくる語をそれぞれ書きなさい。（5点×2）

差がつく

(1) (about / grandmother / Hawaii / is / moving / my / thinking / to).
〈大阪・関西大倉高〉
4番目 (　　　　　)　7番目 (　　　　　)

(2) A: Who swims the fastest of the girls in the picture?
B: (girl / in / me / pretty / front / sitting / of / the / does).
〈東京・豊島岡女子学園高〉
4番目 (　　　　　)　7番目 (　　　　　)

6 日本文に合う英文になるように，(　　)内の語句を正しい順序に並べかえ，英文を完成しなさい。（5点×4）

(1) 遠くに聞こえた音は，あの飛行機からでした。〈大阪星光学院高〉
The (of / came / heard / in the distance / out / sound) that plane.
The ______________________________ that plane.

(2) ドアのところに立っている背の高い男の人はだれですか。〈兵庫・武庫川女子大附高〉
(man / the / the / by / who / standing / tall / door / is)?
______________________________?

(3) お別れ会の準備のために集まりませんか。（1語不足）〈福岡・久留米大附設高〉
(together / for / how / getting / prepare / to) the farewell party?
______________________________ the farewell party?

(4) 試合に招待してくれて，どうもありがとう。（1語不要）〈埼玉・立教新座高〉
(for / to / you / thank / the game / invite / me / inviting).
______________________________.

12 関係代名詞

解答 別冊 p.47
時間 30分

得点 /100点

1 次の英文の(　)内に入れるのに最も適当な語句を1つずつ選び，記号で答えなさい。

（3点×5）

(1) The speech (　　) he made changed the history of the country.
ア who　イ which　ウ what　エ when

(2) I bought a book (　　) told me how to cook Chinese food.　〈秋田県〉
ア which　イ who　ウ it　エ and

(3) Do you know the boy (　　) is talking with Ms. Brown?
ア who　イ they　ウ which　エ he

(4) An apple was the only thing (　　) he had for lunch.
ア who　イ when　ウ if　エ that

よく出る (5) The man (　　) was polite and gentle.　〈東京・明治大付明治高〉
ア I spoke　イ I spoke to　ウ that I spoke　エ that I spoke to him

2 日本文に合う英文になるように，(　)内に適当な語を書きなさい。

（3点×5）

(1) 彼には大学で数学を勉強している兄がいます。
He has a brother (　　　) studies math in the university.

(2) 私は，私の国で見ることのできない動物に会いたいです。
I want to meet animals (　　　) I can't see in my country.

(3) 英語は世界中で話されている言語です。
English is a language (　　　) is spoken all over the world.

(4) 彼女は世界中で知られた有名な芸術家です。
She is a famous artist (　　　) is known all over the world.

(5) あなたがきのう公園で見た男の人はだれですか。　〈高知・土佐塾高〉
Who is the man (　　　) (　　　) in the park yesterday?

3 次の2つの文を，関係代名詞を用いて1つの文にしなさい。

（4点×4）

(1) She is a musician.　She is known to many people in my country.

ミス注意 (2) This comic was interesting to me.　I bought it last Sunday.

(3) I met a woman.　She is interested in going abroad.

(4) Is this the pen?　He has been looking for the pen.

入試情報　2つの文を適当な関係代名詞を用いて結びつける問題が多い。先行詞に注意して関係代名詞を使い分ける。

思考力
4 次の各組の文がほぼ同じ意味を表すように，(　　)内に適当な語を書きなさい。（6点×4）

(1) That girl with black hair is my cousin.
That girl (　　　　) (　　　　) black hair is my cousin.

(2) She likes to read books written by Natsume Soseki.
She likes to read books (　　　　) Natsume Soseki wrote.

(3) He has a son living in Canada. 〈大阪・帝塚山学院高〉
He has a son (　　　　) (　　　　) in Canada.

(4) The curry my father cooked was good.
The curry (　　　　) (　　　　) (　　　　) by my father was good.

5 次の対話文が成り立つように，(　　)内の語句を正しい順序に並べかえ，記号で答えなさい。（6点×3）

(1) A: Excuse me. (ア the bus　イ goes　ウ which　エ this　オ is) to the airport?
B: Yes. It will leave at 8:00. 〈徳島県〉
(　→　→　→　→　)

(2) A: What do you want to do in the future?
B: I want to (ア are　イ who　ウ people　エ in　オ help) trouble. 〈千葉県〉
(　→　→　→　→　)

(3) A: Do you know the old building in this picture?
B: Yes. It is (ア which　イ loved　ウ a famous shrine　エ by　オ is) many people. 〈島根県〉
(　→　→　→　→　)

6 日本文に合う英文になるように，(　　)内の語を正しい順序に並べかえ，英文を完成しなさい。（6点×2）

(1) 絵美(えみ)が兵庫の公園で撮(と)ったこの写真を見てください。〈大阪府〉
Please look at (a / took / park / this / in / picture / Emi) in Hyogo.
Please look at ＿＿＿＿＿＿＿＿＿＿＿＿＿＿＿＿ in Hyogo.

(2) 彼女は多くの人から尊敬されている医者です。〈兵庫・武庫川女子大附高〉
(by / she / respected / who / doctor / a / many / is / people / is).
＿＿＿＿＿＿＿＿＿＿＿＿＿＿＿＿＿＿＿＿＿＿＿.

13 接続詞・間接疑問

解答📖別冊 p.48
時間🕘30分

得 点
／100点

1 次の英文の(　)内に入れるのに最も適当な語句を１つずつ選び，記号で答えなさい。

（３点×６）

(1) A: Which do you like better, tennis (　　) baseball?
B: I like tennis better. 〈高知県〉
ア and　イ but　ウ if　エ or

(2) I didn't have time for breakfast (　　) I am very hungry now.
ア because　イ so　ウ that　エ when 〈神奈川・法政大女子高〉

(3) Hurry up, (　　) you'll be late for school. 〈奈良・天理高〉
ア and　イ if　ウ so　エ or

(4) I couldn't answer (　　) time it was. 〈京都・立命館高〉
ア that　イ what　ウ of　エ about

ミス注意 (5) We will have to put off the game if it (　　) tomorrow. 〈埼玉・川越東高〉
ア will rain　イ rained　ウ rains　エ raining

(6) (　　) he was very tired, he went on working. 〈大阪・桃山学院高〉
ア If　イ Because　ウ When　エ Though

2 日本文に合う英文になるように，(　)内に適当な語を書きなさい。

（４点×４）

(1) 彼はきっとそのプレゼントを気に入るでしょう。
I'm (　　　) (　　　) he will like the present.

思考力 (2) 手遅(ておく)れになる前にしっかり勉強したほうがいいですよ。
You should study hard (　　　) it is (　　　) late.

(3) この本はあまりにもむずかしすぎて私には読めません。 〈東京・桐朋女子高〉
This book is (　　　) difficult (　　　) I can't read it.

(4) トムだけでなくメグも学校を欠席しています。
Not (　　　) Tom (　　　) (　　　) Meg is absent from school.

3 次の英文を〔　〕内の指示に従って書きかえなさい。

（４点×３）

(1) She plays tennis. She also plays basketball. 〔both を使って１つの文に〕

(2) Reading is important for us. I think so. 〔that を使って１つの文に〕

(3) I don't know. Why is she so angry? 〔同じ内容の１つの文に〕

入試情報　both や either のあとに続く接続詞を問う問題や，文全体の意味から適当な従属接続詞を問う問題も見られる。

4 次の各組の文がほぼ同じ意味を表すように，(　　)内に適当な語を書きなさい。（5点×4）

(1) 〈大阪・帝塚山学院高〉
Get up early, and you will catch the train.
(　　　　) (　　　　) get up early, you will catch the train.

(2) 〈東京・城北高〉
This book was too difficult for me to read.
This book was so difficult that I (　　　　) read (　　　　).

(3)
I couldn't go out because of the heavy rain.
I couldn't go out (　　　　) (　　　　) (　　　　) heavily.

差がつく (4) 〈東京・京華高〉
Tom can't swim. Nancy can't swim, either.
(　　　　) Tom (　　　　) Nancy can swim.

5 次の英文が成り立つように(　　)内の語を並べかえるとき，3番目と7番目にくる語をそれぞれ書きなさい。（5点×2）

(1) My mother often (I / read / tells / that / books / me / should / many).
3番目(　　　　)　7番目(　　　　)

(2) A: I have to give a speech in English next week. What should I do?
B: (until / you / you / practicing / speak / can / keep / feel) easily.
〈東京・豊島岡女子学園高〉
3番目(　　　　)　7番目(　　　　)

6 日本文に合う英文になるように，(　　)内の語句を正しい順序に並べかえ，英文を完成しなさい。（6点×4）

よく出る (1) あなたの市にはいくつ高校があるか教えていただけませんか。〈茨城・清真学園高〉
Could you (high schools / are / how / tell me / many / there) in your city?
Could you ________________________________ in your city?

(2) 私はすしも天ぷらも食べたくありません。〈東京・拓殖大第一高〉
I (to / sushi / want / or / don't / eat / either) tempura.
I ________________________________ tempura.

(3) タバコが健康によくないというのは周知の事実です。〈広島・近畿大附福山高〉
(for / is / health / everyone / not / knows / good / smoking).
________________________________.

(4) 父が到着(とうちゃく)したら，すぐにそのことをたずねるつもりです。(1語不足)
I will (arrives / as / he / about / as / my father / ask / it).
I will ________________________________.
〈東京・國學院大久我山高〉

14 仮定法

解答📖別冊 p.49
時間🕘30分

得点 ／100点

1 次の文が正しい英文になるように，(　)内の語を適切な形に直して書きなさい。ただし，直す必要のないものはそのまま書くこと。（3点×5）

(1) If I (be) free now, I could go shopping with you. ＿＿＿＿＿
(2) If you (go) to the library tomorrow, I want to go there with you. ＿＿＿＿＿
(3) I wish I (be) a cat. ＿＿＿＿＿
(4) I wish I (have) a dog. ＿＿＿＿＿
(5) If I (can) speak English well, I could go to America alone. ＿＿＿＿＿

2 次の英文の(　)内に入れるのに最も適当な語句を1つずつ選び，記号で答えなさい。（3点×5）

(1) If I (　　　) a lot of money, I could buy a new bike.
ア has　イ having　ウ have　エ had
(2) I wish I (　　　) in Canada.
ア live　イ lives　ウ lived　エ living
(3) If I (　　　) you, I would study abroad.
ア am　イ is　ウ are　エ were
ミス注意 (4) If it (　　　) cold tomorrow, I will read books at home.
ア is　イ was　ウ were　エ will be
ミス注意 (5) If I (　　　) well, I would join the music club.
ア sing　イ could sing　ウ will sing　エ will be able to sing

3 日本文に合う英文になるように，(　)内に適当な語を書きなさい。（4点×6）

(1) もし晴れていたら，私たちは釣(つ)りに行けるのに。
If it (　　　) sunny, we could go fishing.
(2) 私が中国語を話せたらいいのに。
I (　　　) I (　　　) speak Chinese.
(3) 私が大きな城を建てられたらいいのに。
I (　　　) I (　　　) (　　　) a big castle.
ミス注意 (4) もし私があなたなら，彼女を怒(おこ)らせないのに。
If I (　　　) you, I (　　　) (　　　) her angry.
(5) 私がいいテニス選手であればいいのに。
I (　　　) I (　　　) a good tennis player.
(6) もしたくさんの自由な時間があったら，あなたは何をしますか。
(　　　) you had a lot of free time, what (　　　) you do?

入試情報　仮定法ではwishやifのあとの(助)動詞は過去形になることに注意しよう。また，仮定法の文と条件の文の区別ができるようにしておこう。

4 次の各組の文がほぼ同じ意味を表すように，(　)内に適当な語を書きなさい。（4点×4）

思考力

(1) I want to know her name, but I don't know it.
I (　　　　) I knew her name.

(2) I want to play video games with my brother, but I don't have any brothers.
(　　　　) I (　　　　) a brother, I would play video games with him.

(3) I want to play the piano well, but I can't.
I (　　　　) I (　　　　) good at playing the piano.

(4) I don't know his birthday, so I won't give him a present.
(　　　　) I (　　　　) his birthday, I (　　　　) give him a present.

5 次の英文が成り立つように与(あた)えられた語を(　)内に並べるとき，①，②の位置にくる語を記号で答えなさい。（5点×3）

(1) I (①) (　) (　) (②) (　) like you.
ア run　イ wish　ウ I　エ fast　オ could
①(　　)　②(　　)

(2) (①) (　) (②) (　) (　), you could play tennis with us.
ア you　イ now　ウ here　エ if　オ were
①(　　)　②(　　)

(3) (　) (　) (①) (　) (②) (　) this computer, I would send you an e-mail.
ア I　イ how　ウ knew　エ use　オ if　カ to
①(　　)　②(　　)

6 日本文に合う英文になるように，(　)内の語句を正しい順序に並べかえ，英文を完成しなさい。（5点×3）

(1) 私がカレーを料理できたらいいのに。
(wish / cook / I / could / I / curry).
________________________________.

(2) もし私が元気なら，あなたといっしょにハイキングに行くのに。
(I / fine / were / would / with / go hiking / I / if / ,) you.
________________________________ you.

(3) もし私がイヌの言葉を理解できるなら，ペットと話して楽しめるのに。
(I / I / understand / could / if / dogs' words / talking / could / enjoy / ,) with my pet.
____
________________________________ with my pet.

を見れば、あともなく、昔にて、知れる人もなかりけるとぞ。

（源俊頼『俊頼髄脳』より）

〔注〕＊むろ＝ほら穴。または、ほら穴を利用した住居。

よく出る

(1) ――線①「いへる」を現代かなづかいに直して、すべてひらがなで書きなさい。（10点）

［　　　］

(2) ――線②「帰りて」とあるが、どこに帰ったのか。古文中から五字で抜き出して書きなさい。（10点）

□□□□□

(3) この文章で述べられている内容に合っているものを、次から一つ選び、記号で答えなさい。（10点）

ア 木こりは仙人と囲碁をうちながら一緒に座っていた。

イ 木こりは斧を支えにして、仙人がうつ碁を見ていた。

ウ 仙人は斧の柄が腐ってくだけたので不思議に思った。

エ 木こりの家の場所を知っている人は誰もいなかった。

［　　　］

3 次の漢詩と解説文を読んで、あとの問いに答えなさい。〈兵庫県〉

事に感ず　武瓘

花開けば蝶枝に満ち

花謝めば蝶還た稀なり

惟だ旧巣の燕有り

主人貧なるも亦た帰る

感レズ事ニ　武瓘

花開ケバ蝶満レチ枝ニ

①花謝メバ蝶還タ稀ナリ

惟ダ有リ二旧巣ノ燕一

主人貧ナルモ亦タ帰ル

（解説文）第一、二句では、花が開くと枝に[a]、花がしぼんでしまうと蝶はめったに姿を見せなくなることを、また、第三、四句では、ただ燕は今年も同じ巣に帰ってくるということを述べている。

こうした蝶や燕の姿には、世の中の人のありようが見てとれる。人生には栄枯盛衰があるが、燕のようにそのような移り変わりには関係なく、[b]もいるのだという感慨が込められていると読むことができる。

(1) [a]にあてはまる適当な言葉を、十字以内で書きなさい。（15点）

□□□□□□□□□□

(2) ――線①に表されている状況と同じことが読み取れる言葉を、漢詩の中から漢字三字で抜き出して書きなさい。（15点）

□□□

差がつく

(3) [b]にあてはまる最も適当なものを次から一つ選び、記号で答えなさい。（10点）

ア なつかしい故郷を離れ苦しい生活をしている人

イ 落ちぶれた主人には見向きもしなくなる人

ウ 故人との思い出を心の支えとして生きている人

エ 旧知の人を忘れることなく訪ねてくる人

［　　　］

解答 別冊 p.57
時間 30分

得点 /100点

入試情報 和歌・俳句を含む古文や、漢詩が出題される場合もある。いずれも大まかな意味をつかむことが大事。

1 次の古文を読んで、あとの問いに答えなさい。〈沖縄県〉

月日は百代の過客①にして、行きかふ年も又旅人なり。舟の上に生涯を浮かべ、馬の口とらへて老いを迎ふる者は、日々旅にして、旅をすみかとす。古人も多く旅に死せるあり。②予もいづれの年よりか、片雲の風にさそはれて、漂泊の思ひやまず、海浜にさすらへ、去年の秋、江上の破屋に蜘蛛の古巣をはらひて、やや年も暮れ、春立てる霞の空に、白河の関越えんと、そぞろ神の物につきて心をくるはせ、道祖神の招きにあひて、取るもの手につかず、ももひきの破れをつづり、笠の緒付けかへて、三里に灸すうるより、松島の月まづ心にかかりて、住める方は人に譲りて、杉風が別墅に移るに、

草の戸も住み替はる代ぞ雛の家

表八句を庵の柱に懸け置く。

よく出る
(1) ——線①「過客」と同じ意味で用いられている語を、文中より抜き出して書きなさい。(10点)
[　　　　]

(2) ——線②「予もいづれの年よりか」の現代語訳として、最も適当なものを次から一つ選び、記号で答えなさい。(10点)
ア 私ももういくつになったのか
イ 私もいつのころからだろうか
ウ 私がどこに住んでいた時期か
エ 私はどんな年寄りになるのか
[　　　　]

差がつく
(3) この文章の作者、作品名、文学作品分野、成立した時代の組み合わせとして最も適当なものを次から一つ選び、記号で答えなさい。(10点)

	作者	作品名	文学作品分野	成立時代
ア	清少納言	枕草子	随筆	平安
イ	与謝蕪村	笈の小文	日記	鎌倉
ウ	小林一茶	平家物語	物語	江戸
エ	松尾芭蕉	おくのほそ道	紀行文	江戸

[　　　　]

2 次の古文を読んで、あとの問いに答えなさい。〈茨城県〉

斧の柄はくちなば（腐ったならば）またもすげかへむ（つけかえられるだろうに）
うき世の中にかへらずもがな（苦しくつらい世の中には帰りたくはなかったのだがなあ）

これは、（この歌は）仙人のむろ*に、囲碁をうちてゐたりける（座っていたの）を、木こりのきて（やってきて）、斧といへる物①を持たりけるを、つがへて（支えにして）、このうつ碁を見けるに、その斧の柄の、くちてくだけにければ、あやしと思ひて、②帰りて家

ひてけり。僧正おどろきてのち、「ここにもちたりつる餅は」とたづねられければ、江次郎、「その餅は、はやくへと候つれば、たべ候ぬ」とこたへけり。僧正比興のことなりとて、諸人にかたりてわらひけるとぞ。

（橘成季（たちばなのなりすえ）『古今著聞集（ここんちょもんじゅう）』より）

〔注〕＊大僧正＝僧の最高位。
＊恪勤者（かくごんしゃ）＝高い位の人物に仕えて雑用を行う侍。
＊おどろきて＝目を覚まして。
＊比興のこと＝おもしろいこと。

よく出る

(1) 文章中の――線ア～エのうち、主語が他と異なるものを一つ選び、記号で答えなさい。（10点）

［　　］

(2) ――線①「餅をとりてくひてけり」とあるが、このようにしたのは、誰のどのような動作を見たからか。［　］にあてはまる語句を現代語で答えなさい。（15点）

［　　　　　　］動作を見たから。

3 次の漢文を読んで、あとの問いに答えなさい。〈青森県〉

有ルレ徳（とく）者ハ、必ズ有リレ言。有ルレ言者ハ、不ニ必ズシモ有一ラレ徳。
仁者ハ必ズ有リレ勇。勇者ハ不ニ必ズシモ有一ラレ仁。

【書き下し文】

徳有る者は、必ず言有り。言有る者は、必ずしも徳有らず。仁者は必ず勇有り。［　　］。

（『論語（ろんご）』より）

〔注〕＊必有言＝きっと善言となって外へあらわれる。

ミス注意

(1) 書き下し文の［　　］にあてはまる語句を書きなさい。（15点）

［　　　　　　］

差がつく

(2) 書き下し文をもとに、この漢文の前半の内容を次のようにまとめた。これを読んで、あとの問いに答えなさい。

> 道徳の備わった人は、その徳が善言として自然に外へあらわれる。しかし、［A］。例えば、［B］といわれるような口先だけの善言をあらわす人もいるからである。

① ［A］には、「言有る者は、必ずしも徳有らず」の現代語訳が入る。その現代語訳を書きなさい。（15点）

［　　　　　　］

② ［B］にあてはまる最も適当な言葉を次から一つ選び、記号で答えなさい。（10点）

ア　巧言令色（こうげんれいしょく）
イ　悪口雑言
ウ　言行一致（げんこういっち）
エ　不言実行

［　　］

13 古典 古文・漢文①

解答 別冊p.56
時間 30分

得点 /100点

入試情報 古文の出題は、基本的な内容が多い。かなづかいや主語を問う問題は確実に押さえたい。

1 次の古文を読んで、あとの問いに答えなさい。〈京都府〉

常に*いはれしは、「おほよそ*初学びのほどは、*心より外に歌数多く出で来、又は思ふに従ひて口に①いひ出でらるるをりもあるものなり。是れ誠に出で来るにはあらず、*考たらずして、②うはべの心よりただ出でに出で来るのみなり。たのもしき事に思ふべからず。ある時は一日思ひ凝りても、*ふつに出で来ぬをりもあるものなり。*さる時は、我が才の拙きを恨みて、今は歌詠まじ。かくまで出で来ぬ事と*かこたるるものなり。③それは*なかなかに、歌の上達すべき関なり。ここにて思ひたゆめば、終に此の関を越えずして、中途にて、やがて詠みやむものなり。ここにて思ひおこして、たゆみなく此の関を越ゆれば、又口*ほごれて、詠みよくなるものなり。*朝夕歌に心をゆだね詠む人は、一年に二度三度此の関に行きかかるぞかし。初学びの輩、ここに心つけよ」といはれき。

（清水浜臣『泊洦筆話』より）

〔注〕
*いはれしは＝私が歌を学んでいる師匠がおっしゃったことは
*初学び＝習いはじめ
*考たらずして＝考えが浅くて
*さる時は＝そんな時は
*なかなかに＝むしろ
*朝夕＝いつも
*心より外に＝意外に
*ふつに出で来ぬ＝全く出てこない
*かこたるる＝嘆いてしまう
*ほごれて＝ほどけて

よく出る
(1) ――線①「いひ出でらるるをり」のひらがなの部分をすべて現代かなづかいに直して、ひらがなで書きなさい。（10点）

〔　　〕出〔　　〕

(2) ――線②「うはべの心よりただ出でに出で来る」と対比的な意味の表現を、本文中から六字で抜き出して書きなさい。（15点）

□□□□□□

(3) ――線③「それは」は「それは」という意味だが、「それ」の具体的な内容を表しているものとして最も適当なものを次から一つ選び、記号で答えなさい。（10点）

ア 他人のすばらしい歌に心を動かされること。
イ 集中して考えても歌を詠むことができないこと。
ウ 自分の詠んだ歌が正しく評価されないこと。
エ 他人よりたくさんの歌を詠むことができること。

〔　　〕

2 次の古文を読んで、あとの問いに答えなさい。〈宮城県〉

醍醐の大僧正*実賢、餅をやきてアくひけるに、きはめたる眠の人にて、餅をイもちながら、ふたふたとねぶりけるに、まへに江次郎といふ*恪勤者のありけるが、僧正のねぶりてうなづくを、われにこの餅くへと気色あるぞとウ心えて、走よりて、手にもちたる①餅をとりてく

は言いかねるでしょう。けれど「水湧き居れば」と連動して「B」という結句がすわることによって、一首は飛躍的に茂吉の生命感を感取させるものへと高まってゆきます。この世の片隅に誰が見ようと見まいと、しみじみと湧く水によって動く砂の営みがあることの発見が、「かなしも」という詠嘆を深く肯かせるからです。

（馬場あき子『馬場あき子　短歌その形と心』より）

〔注〕＊かがまりて＝かがんで。
＊かなしも＝胸に迫ることだよ。
＊感取＝感じ取ること。

よく出る
(1) 鑑賞文中の A にあてはまる適当な言葉を、次から一つ選び、記号で答えなさい。（15点）

ア 初句　イ 二句　ウ 三句　エ 四句　〔　〕

よく出る
(2) 鑑賞文中の B にあてはまる適当な言葉を、短歌の中から五字でそのまま抜き出して書きなさい。（15点）

□□□□□

ミス注意
3 次の俳句と同じ季節が詠まれている俳句をあとから一つ選び、記号で答えなさい。（15点）

春風や闘志いだきて丘に立つ　高浜虚子

ア をりとりてはらりとおもきすすきかな　飯田蛇笏
イ 赤い椿白い椿と落ちにけり　河東碧梧桐
ウ いくたびも雪の深さを尋ねけり　正岡子規
エ 谺して山ほととぎすほしいまま　杉田久女

〔　〕

差がつく
4 次の俳句を説明したものとして最も適当なものを、あとから一つ選び、記号で答えなさい。〈神奈川県〉（15点）

渡り鳥みるみるわれの小さくなり　上田五千石

ア 擬人法の使用により、地上に小さく映った人間とその周囲の風景を渡り鳥の視点から捉えて秋の情景が描かれるとともに、地上にひとりたたずむ作者の様子が立体的に表現されている。
イ 命がけの旅に出る過酷さと、それに負けないように力強くはばたく渡り鳥の生命力への感動を通じて、自分を小さく感じていた作者が励まされ、自分を見つめ直す姿がとらえられている。
ウ 遠ざかっていく渡り鳥と小さくなっていく作者との距離の広がりが、故郷に帰る渡り鳥と故郷に帰れない作者との心の隔たりを暗示し、故郷を失った作者の姿が間接的に写し出されている。
エ 地上から渡り鳥を見上げていた作者が、一瞬の後には渡り鳥と一体化して渡り鳥の視点から、遠ざかる地上を眺めるという構図によって、自分自身を見つめている作者の姿が描かれている。

〔　〕

12 詩・短歌・俳句 読解

解答 別冊p.56
時間 30分

得点 ／100点

入試情報 詩は表現技法や主題、短歌は句切れ、俳句は季節（季語）が問われやすい。

1 次の詩を読んで、あとの問いに答えなさい。〈三重県〉

＊飛込（一）　村野四郎

花のように雲たちの衣裳が開く
水の反射が
あなたの裸体に縞をつける
あなたは遂に飛びだした
筋肉の翅で
日に焦げた小さい蜂よ
あなたは花に向って落ち
つき刺さるようにもぐりこんだ
軈て　あちらの花のかげから
あなたは出てくる
液体に濡れて
さも重たそうに

〔注〕＊飛込＝水泳競技の一つ。

ミス注意
(1) この詩では、「あなた」を別のものに見立てて表現しているが、それは何か。最も適当なものを次から一つ選び、記号で答えなさい。（15点）

ア 花　イ 雲　ウ 縞　エ 蜂

［　　］

思考力
(2) この詩全体をとおして表現されているものとして、最も適当なものを次から一つ選び、記号で答えなさい。（25点）

ア 夏の強い日ざしが反射するプールの横に咲く花を、飛び込み台の上から見つめている「あなた」の姿。
イ 入道雲が花のように映っているプールに、大きく響きわたる飛び込みの音に対する「あなた」の驚き。
ウ 飛び込み台にいた「あなた」が、飛び出して落下し、水中に消えてから再び水面に現れるまでの様子。
エ 飛び込み台をけって、プールにつき刺さるように飛び込んでしまった「あなた」が見せる照れた笑顔。

［　　］

2 次の短歌と鑑賞文を読んで、あとの問いに答えなさい。〈高知県〉

かがまりて見つつかなしもしみじみと水湧き居れば砂動くかな　斎藤茂吉

この歌は「かがまりて見つつかなしも」と A で切っていますが、まだ何が「かなしも」という感動をよびさましているのかはわかりません。そして次には、水の湧き方を「しみじみと水湧き居れば」と捉えて、この激しくも、豊かでもない、ささやかな湧き水の小世界へと眼を引き寄せています。しかし、それでもなお面白いと

それ以前よりもいくらかはっきり見えてきた。勿論その欠点も含めて。と同時に、＊テキストの読みの粗雑な評論、あるいは研究の類いに、強い疑問を抱くようになった。

読みには段階がある。そのほどにはほとんど限りがない。それは、日常、自分の環境の事物を見る、その見方のほどに限りがないのと本質的には違っていないと思う。自分のかつてのいくつかの評論がそうであったように、読みの粗雑な評論には説得力が伴わず、とかく声が高い。小説を書くことを知った私が自分の評論に求めるようになったのは、出来るだけ具体的な平明な言葉で、事物としての文章の分析帰納を行うこと。事物としてのテキストの読みが、文章に即して謙虚であり、杜撰でさえなければ、具体的かつ平明な言葉での客観化は不可能ではないであろうし、説得の力、普遍の力をもつ論述は可能のはずだということである。

（竹西寛子『「あはれ」から「もののあはれ」へ』より）

〔注〕＊帰納＝具体的な事実から一般的な法則を導き出すこと。
＊敷衍＝意味をおしひろげて説明すること。
＊具象＝具体。抽象の対義語。　＊テキスト＝文学作品の本文のこと。

ミス注意

(1) ——線①「恐ろしい」とあるが、筆者は何を「恐ろしい」といっているのか。次の文の[a][b]にあてはまる適当な言葉を、それぞれ本文中から抜き出して書きなさい。ただし、aは十字、bは十二字とする。（25点×2）

小説においては、具体的な事物を通じて結論は[a]が、評論を書き慣れている筆者にとって、結論めいた文章を書かないことは不安であり、抽象的な言葉を用いて書くことに[b]ことがあるということ。

a □□□□□□□□□□

b □□□□□□□□□□□□

思考力

(2) ——線②「評論への……がある」とあるが、筆者にとって「評論」や「小説」を書こうとする衝動の根本にある「感動」は、何に対する感動か。最も適当なものを次から一つ選び、記号で答えなさい。（25点）

ア 個々の作品や山川草木　イ 自分のかつてのいくつかの評論
ウ 事物の選択と再構成　エ 事物の非具体的な処理

［　　］

差がつく

(3) 筆者は「小説」を書き始めて、「評論」に対しての考えがどうなったか。最も適当なものを次から一つ選び、記号で答えなさい。（25点）

ア 抽象的な言葉しか使ってこなかった欠点に気づき、論理に頼らず、自然の勢いにまかせて評論を書かねばならないと痛感した。
イ 理性の果たす役割の限界に気づき、感じ取ったことを羅列することによって、わかりやすい評論になるという自信を得た。
ウ 事物を見ることの大切さに気づき、具体的で平明な言葉を使って普遍性のある評論を書くことができるという確信を得た。
エ 抽象的な言葉の大切さに改めて気づき、論理的な評論を書くことで、読者の読みの段階を引き上げようと決意した。

［　　］

11 論理的な文章②

読解

解答 別冊 p.55
時間 30分

得点 ／100点

入試情報 論理的な文章では、筆者の主張が述べられた、中心的段落の内容を理解することが、最も重要である。

1 次の文章を読んで、あとの問いに答えなさい。〈兵庫県・改〉

小説を書き始めてまず突き当たった壁は、評論という形式に馴染んだための、事物の抽象的な処理、非具体的な処理であった。心を動かされた作品と対い合い、なぜ感動したのかを問うてみる。事を分析帰納＊しながら一般化できる共通項を抽き出し、＊敷衍してゆく作業は、当然のこととして、言葉による明確な結論を自分に要求する。時によっては、結論としての言葉あるいは文章が先に立ち、それを客観的に証明しようとして論理的な作業をひたすら重ねてゆく。

感動の拠り所を分析帰納して、少しでも論理的に把握したい評論への欲望と、感動の拠り所を分散拡大して、更に強調したい小説への欲望、この二種類の欲望は、どうやら自分の中には矛盾なく生きているらしい。今更言い立てるのも気がひけるようなことながら、小説で必要なのは事物の具体的な表現であって、抽象的な論評でもなければ概念的な記述でもない。なぜこの作品を書いたかという、作者の直接の言葉は不要であり、結論は、作者が提示した具体的な事物を通じて読者にゆだねればよい。しかし習慣は①恐ろしい。結論めいた文章を書かない不安と私は長く争うことになる。

小説を書こうとしながら、評論では許される抽象的、概念的な物言いに無意識のうちに逃れている自分に気づくと、一時的にもせよ筆は止まってしまう。分散拡大のために必要な事物の具体的な表現といっても、背後で統一するのは理性なので、感受性の単なる羅列というわけにはゆかず、具体的な事物の小さな一つ一つといえども理性の関わる秩序の外には放り出せないが、自然の勢いで書き進めるものが具体的にならないうちは、作品に弾力は伴わない。

もともと、抽象は＊具象に始まっているはずで、具象はなおざりにした抽象に説得力を望んでもそれは無理である。具象といい加減に馴れ合った抽象に胡坐をかいているとんだところで仕返しをされる。抽象に逃げるな、と自分を叱り続けて小説を書いていると、日頃いかに物の見方が杜撰であるかがよく分かる。見ているつもり、聞いているつもりでは小説は一行も進まない。小説を書く基礎になるのは、日常、事物を杜撰にではなく「見る」習慣、「見る」力だと知らされる。そこから事物の選択と再構成が始まる。

評論では抽象的、概念的な物言いが許されると言ったが、事物を杜撰にではなく「見る」習慣、「見る」力の必要については、小説の場合と全く同じだと考えている。個々の作品も山川草木と対等な事実であって、具象としての文章をいい加減にではなく「見る」力の必要は、読みの誤りから遠ざかる条件でもある。

②評論への衝動にも小説への衝動にも、私の場合、その根には必ず感動がある。心の揺れがある。それがない所ではどちらも成り立ちが難しい。ただ、小説を書き出してから、評論を書いていた自分が

8 逆境を敵ではなく、味方にしてしまう。これこそが、雑草の成功戦略の真骨頂と言えるだろう。幾多(いくた)の逆境を乗り越(こ)えて、雑草は、生存の知恵を獲得(かくとく)して驚異的(きょういてき)な進化を成し遂(と)げた。逆境こそが彼(かれ)らを強くしたのである。

9 逆境によって強くなれるのは雑草ばかりではない。私たちもまた、逆境を恐(おそ)れないことできっと強くなれるはずなのである。ピンチはチャンス。ゆめゆめ逆境を恐れてはいけないのだ。

（稲垣栄洋(いながきひでひろ)『植物はなぜ動かないのか　弱くて強い植物のはなし』より）

〔注〕
＊ポジティブシンキング＝積極的な考え方をすること。
＊耕起＝土を掘(ほ)り起こして耕すこと。
＊センチメンタル＝感傷的。

よく出る
(1) A にあてはまる最も適当な言葉を次から一つ選び、記号で答えなさい。（10点）

ア それとも　イ ところが　ウ つまり　エ ただし

［　　］

ミス注意
(2) ――線①「それを合図にたくさんの種子が芽を出して」とあるが、雑草が芽を出すのは、その種子にどのような性質があるからか。「～性質。」と続く最も適当な言葉を、3段落の中から十四字で抜き出(ぬ)して書きなさい。（30点）

□□□□□□□□□□□□□□性質。

差がつく
(3) 2・3段落は、本文中でどのような役割を果たしているか。それを説明した次の文の□にあてはまる最も適当な言葉を、6～9段落の中から二十二字で抜き出して書きなさい。（30点）

「雑草が、逆境の中で、□」ということを述べるために、その根拠(こんきょ)となる例を示す役割。

□□□□□□□□□□□□□□□□□□□□□□

思考力
(4) ――線②「自らの人生を照らし合わせてセンチメンタルになるかもしれない」の部分について、ある生徒が読み取った内容を次の表にまとめている。a・b にあてはまる適当な言葉を、それぞれ4～9段落の中から抜き出して書きなさい。ただし、aは十六字、bは十四字とする。（15点×2）

逆境に出くわしたとき……	
雑草を、a ものとして捉える。	雑草の姿に自らの人生を照らし合わせて、センチメンタルになる。
雑草を、b ものとして捉える。	

a □□□□□□□□□□□□□□□□

b □□□□□□□□□□□□□□

10 論理的な文章①

読解

解答 別冊 p.55
時間 30分

得点 ／100点

入試情報 論理的な文章は、それぞれの段落の内容や役割を押さえ、文脈を正確に捉えることが重要である。

1 次の文章を読んで、あとの問いに答えなさい。〈愛媛県・改〉

［1］「逆境をプラスに変える」というと、「物事をよい方向に考えよう」という*ポジティブシンキングを思い出す人もいるかもしれない。しかし、雑草の戦略は、そんな気休めのものではない。雑草は、具体的な形で逆境を利用して、成功するのである。

［2］たとえば、雑草が生えるような場所は、よく草刈りをされ、耕起をされる。普通に考えれば、草刈りや*耕起は、植物にとっては生存が危ぶまれるような大事件である。しかし、雑草は違う。草刈りや耕起をして、茎がちぎれちぎれに切断されてしまうと、ちぎれた断片の一つ一つが根を出し、新たな芽を出して再生する。［A］、ちぎれちぎれになったことによって、雑草は増えるのである。

［3］また、きれいに草むしりをしたつもりでも、しばらくすると、一斉に雑草が芽を出してくることもある。一般に種子は、暗いところで発芽をする性質を持っているものが多いが、雑草の種子は、光が当たると芽を出しはじめるものが多い。草むしりをして、土がひっくり返されると、土の中に光が差し込む。光が当たるということは、ライバルとなる他の雑草が取り除かれたという合図でもある。そのため、地面の下の雑草の種子は、チャンス到来とばかりに、我先にと芽を出しはじめるのである。こうして、きれいに草むしりをしたと思っても、①<u>それを合図にたくさんの種子が芽を出して</u>、結果的に雑草が増えてしまうのである。

［4］草刈りや草むしりは、雑草を除去するための作業だから、雑草の生存にとっては逆境だが、雑草はそれを逆手に取って、増殖するのである。

［5］「ピンチはチャンス」という言葉がある。逆境を逆手に取って利用する雑草の成功を見れば、その言葉は説得力を持って私たちに響いてくることだろう。

［6］生きていく限り、全ての生命は、何度となく困難な逆境に直面する。雑草は自らが逆境の多い場所を選択した植物である。しかし、逆境の全くない環境などあるのだろうか。雑草がこれだけ広くはびこっている様子を見れば、自然界は逆境であふれていることがわかるだろう。

［7］逆境に生きるのは雑草ばかりではない。私たちの人生にも、逆境に出くわす場面は無数にある。そんなとき、私たちは、道端にひっそりと花をつける雑草の姿に、②<u>自らの人生を照らし合わせて*センチメンタルになるかもしれない</u>。しかし、雑草は逆境にこそ生きる道を選んだ植物である。そして、逆境に生きる知恵を進化させた植物である。決してしおれそうになりながら耐えているわけでもなく、歯を食いしばって頑張っているのでもない。雑草の生き方は、もっとたくましく、したたかなのである。

っけなあ」という感じ。感傷に浸る（ひた）まもなく、目の前には、さらに成長を続ける子どもがいる。

大変な時期には、つい「あの頃（ころ）はラクだったなあ」とか「早く大きくなってほしいなあ」とか、過去や未来に目がいきがちだ。けれどそういうとき、必ず思い出される言葉がある。

母親としても歌人としても大先輩（せんぱい）の河野裕子（かわのゆうこ）さんと、子どもについて話していたとき、河野さんが、まろやかな微笑（ほほえ）みをたたえつつ、自信に満ちてこう言われた。

「子どもはね、いつも、そのときが一番かわいいの」

赤ちゃんだったあのときも、一年生になったそのときも、もちろんかわいかったけれど、とにかく子どもというのは「いま」が一番かわいいのだという。

「ええっと、じゃあ今も、一番ですか？」と思わず私は聞き返してしまった。河野さんの二人のお子さんは、もう社会人と大学院生だ。

「そうなの！ ④不思議だけどね、これは真実よ」

いつまでもかわいい、というのとはニュアンスが違う。「いつも、そのときが、一番かわいい」。子どもとの「いま」を心から喜び、大切にしてきた人ならではの実感であり、すばらしい発見だ。息子（むすこ）との時間が、いっそう愛（いと）おしいものに見えてくるまじないのような言葉でもある。

（俵万智（たわらまち）『たんぽぽの日々』より）

ミス注意

(1) ――線①「そこ」とは何を指しているか。本文中から抜（ぬ）き出して書きなさい。（20点）

［　　　　］

思考力

(2) ――線②「在原業平の一首を紹介した」とあるが、筆者が平安（へいあん）時代の歌人在原業平の歌を引用したのは、どのようなことを述べるためか。最も適当なものを次から一つ選び、記号で答えなさい。（20点）

ア 昔の人のほうが、自然のとらえ方が巧（たく）みであること。

イ 今の人のほうが、細やかな感受性をもっていること。

ウ 昔から、日本人は落ち着きがない国民であること。

エ 古今を問わず、日本人に通じる感じ方があること。

［　　］

(3) ――線③「大喜び大騒ぎ」とあるが、どのようなことに対して大喜び大騒ぎをするのか。最も適当なものを次から一つ選び、記号で答えなさい。（30点）

ア デンマークの高校生が短歌の話を聞くこと。

イ 桜の花が咲いたり散ったりすること。

ウ 子どもが歩いたり話したりし始めたこと。

エ 成長した子どもの姿が当たり前になること。

［　　］

差がつく

(4) ――線④「不思議だけどね」とあるが、どのようなことについて不思議だと述べているか。説明しなさい。（30点）

［　　　　］

09 文学的な文章②

読解

解答 別冊 p.55
時間 30分

得点
/100点

入試情報 近年の入試では、随筆を扱った出題が増える傾向にある。小説との違いに注意する。

1 次の文章を読んで、あとの問いに答えなさい。 〈富山県・改〉

デンマークの高校生に、短歌の話をしたことがある。学校の教室だったが、きちんと椅子に座ってではなく、生徒たちは思い思いのスタイルだった。床で膝を抱えていたり、机の上にぴょんと腰掛けて足を組んでいたり。それだけで私にはカルチャーショックだったが、みな熱心に話を聞いてくれて、結果、何の問題もなかった。

古典の短歌は古めかしく見えても、①そこに詠まれた心情は、今に通じるものがある……その例として「世の中にたえて桜のなかりせば春の心はのどけからまし（この世に桜というものがなかったなら、春の心はどんなにのどかなことだろう）」という②在原業平の一首を紹介した。日本人は今でも、桜の季節が近づくとそわそわし、咲いたら咲いたで高揚し、散ればまた気がぬけたようになる。まさに、この花のために、のどかではない春を過ごしている。

だが、彼の地の高校生たちは、ぽかんとしていた。なぜ大の大人が、花ごときにそんなに振り回されるのか、という顔をしている。補足のために「桜前線」のことを話すと、ゲラゲラ笑い出す始末。「花が咲きそうかどうかがニュースになるなんて」というわけだ。

考えてみれば、ずいぶん呑気な話かもしれない。しかし春の私たちは、呑気というよりやはり、桜に心乱されているというのが実感だ。桜の季節が過ぎると、なんだか夢から覚めたような気分になる。

子どもとの時間にも、似たようなことを感じる時がある。いつになったら歩くんだろう、いつになったらしゃべるんだろう。そわそわ待っていた時期から、③大喜び大騒ぎの時期がきて、やがては何もなかったように日常に戻ってゆく。成長した姿のほうが、当たり前になるからだ。

小学生になる、中学生になる、そういう節目節目にも、きっと同じような「桜騒動」があるのだろうなと思う。そんな時間を重ねながら、若木だった子どもも、いつしか大木になってゆくのだろう。

逆光に桜花びら流れつつ
感傷のうちにも木は育ちゆく

子育ての「桜騒動」には、嬉しいこと楽しいことばかりではなく、辛いこと大変なことも多い。私はまだ経験していないけれど、子どもの受験などは、その典型かもしれない。

夜中に何度も起こされ、寝不足でへろへろになっていた時期。どうしてもオムツでないと、ウンチができなかった時期。何を言っても「イヤイヤ」ばかりの反抗期……。渦中にいるときは、振り回されるばかりで「いつまでもこの状態が続くのだろうか」と悲観的になってしまう。心に余裕がなくて、先が見えない不安でいっぱいだ。けれど「明けない夜はない」。過ぎてみると「そんなこともあった

「うーん、そうねえ、もうちょっと育ってて、ちょうどかなちゃんくらいじゃなあい?」
「うわ」
「せっかくがんばって大きくなろうとしているのに間引いちゃうなんて、人間って、勝手だわよね」
「うん。じゃあこれ、自分だと思って、一生懸命食べます」
「まあ、かなちゃん」
おハルさんが目を細めた。でも笑っていたわけではなかった。とても真剣な様子だった。
「そうなのよね、他の命をたくさん、いただいてしまっているのよね。ちゃんとそういうこと考えられるかなちゃん、えらいと思うわ」
「いえ、そんなこと……」
③手に持った小さいニンジンが、急に重く感じられた。

（東直子『いとの森の家』より）

〔注〕＊こないだの縫い傷＝数日前に転んで頭を柱にぶつけたときにできた傷。
＊サロペット＝胸当て付きのズボン。
＊おハルさん＝「私」の家族と親しい、近所に住む老婦人。
＊グラッセ＝バターや砂糖で野菜などを煮た料理。

よく出る

(1) ――線①「ふんわりした気持ち」とあるが、このときの「私」の心情を、本文中から十字で抜き出して書きなさい。（30点）

思考力

(2) ――線②「これって、人間でいえばとっこちゃんくらいかなあ」とあるが、この部分は、「私」が妹を何に重ねて見ていることを表しているか。最も適当な言葉を本文中から四字で抜き出して書きなさい。（30点）

差がつく

(3) ――線③「手に持った小さいニンジンが、急に重く感じられた」とあるが、このときの「私」の心情を説明したものとして最も適当なものを次から一つ選び、記号で答えなさい。（40点）

ア　人間の勝手な都合で間引いたニンジンを大切に食べると言ったことに感心したおハルさんの言葉から、ニンジンにも自分と同じように尊い命があるのだということに思い至っている。

イ　ニンジンを色や形からかわいいと言ったり人間にたとえたりした軽薄さをおハルさんにたしなめられたことで、自分を生かしてくれている命を大切にすべきであったと反省している。

ウ　まだ小さなニンジンを間引いてしまう人間の身勝手さへの反発から他の命を大切にしようと思ったが、それも人間が生きるためには仕方ないとするおハルさんの態度に落胆している。

エ　おハルさんにほめてほしいためにニンジンを一生懸命に食べると約束したところ、予想に反しておハルさんが深刻な表情になってしまったためにどう対応すればよいか戸惑っている。

〔　　〕

08 文学的な文章①

読解

解答 別冊p.54
時間 30分

得点 /100点

入試情報 小説の出題では、登場人物の心情の変化を的確につかむため、行動や心情に関わる表現に着目する。

1 次の文章を読んで、あとの問いに答えなさい。 〈長崎県・改〉

> 小学四年生の「私」(かな)は、父、母、姉、妹(とっこちゃん)とともに、家族五人で生活している。

汗で額に貼り付いた前髪の間から、＊こないだの縫い傷が見える。糸の跡がほんのり白い。大人になる頃には消えていってしまうのだろうけれども、今はまだ新鮮な傷痕をつけて、赤ちゃんみたいにぐっすり眠っているとっこちゃんを見ていると、さっきまで大変だ大変だって言いまくっていたことが、なんだかぜんぶいいや、やだやだベイビーでもぜんぜんいいや、という気持ちになってきた。

①ふんわりした気持ちで外に出ると、＊サロペットの＊おハルさんに会った。

「あら、かなちゃん。ちょうどよかった。今畑からとってきたんだけどね、これ、もらってちょうだい」

おハルさんが握っている葉の下に、小さいオレンジ色のニンジンがぶら下がっている。

「ニンジン？」

「そう」

「まだこんなに小さいのに、抜いちゃうの？」

「間引きをしたのよ。このまま全部植えておいたら、ニンジン同士が窮屈になって、うまく育たないの。でも、この間引きしたものもやわらかくておいしいのよ。食べてみて。こういうの、なかなかお店では売ってないでしょう」

「へえ」

「小さいから、そのまま＊グラッセにするとおいしいわよ」

「そうなんだ、グラッセ……」

いかにもよく知っているような口ぶりで答えたが、実は「グラッセ」がなんなのか全然わからなかった。

「さあ、どうぞ」

おハルさんからわたされた小さなニンジンは、とても小さいのに、ちゃんとニンジンの色と形をしていて、とてもかわいかった。

「かわいいニンジン……」

思ったままのことを声にしてしまった。

「そうでしょう、野菜の形って、よく見ると一つひとつかわいいでしょう。人が畑でつくる野菜はみんな、形や色もかわいらしいのよ。よくできてるわよねえ、ちゃんと大事にしてあげようってみんなが思うもの」

「そうかあ」

受け取った小さなニンジンをしみじみと見た。

②「これって、人間でいえばとっこちゃんくらいかなあ」

差がつく **2**

次のグラフは、十六歳以上の日本人を対象として、「毎日の生活に必要な情報を何から得ているか」を年代別に調査し、その結果の一部を表している。このグラフを見て気づいたことと、そのことについてのあなたの考えや意見を、あとの〈条件〉に従って書きなさい。

〈福島県〉（50点）

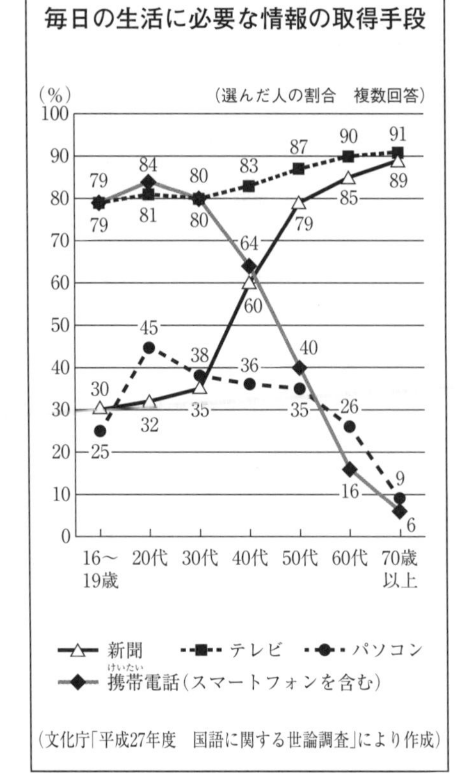

〈条件〉

(1) 二段落構成とし、前段ではグラフを見て気づいたことを書き、後段ではそのことについてのあなたの考えや意見を書くこと。

(2) 全体を百五十字以上、二百字以内でまとめること。

(3) 氏名は書かないで、本文から書き始めること。

(4) 原稿用紙の正しい使い方に従って、文字、かなづかいなどを正しく書き、漢字を適切に使うこと。

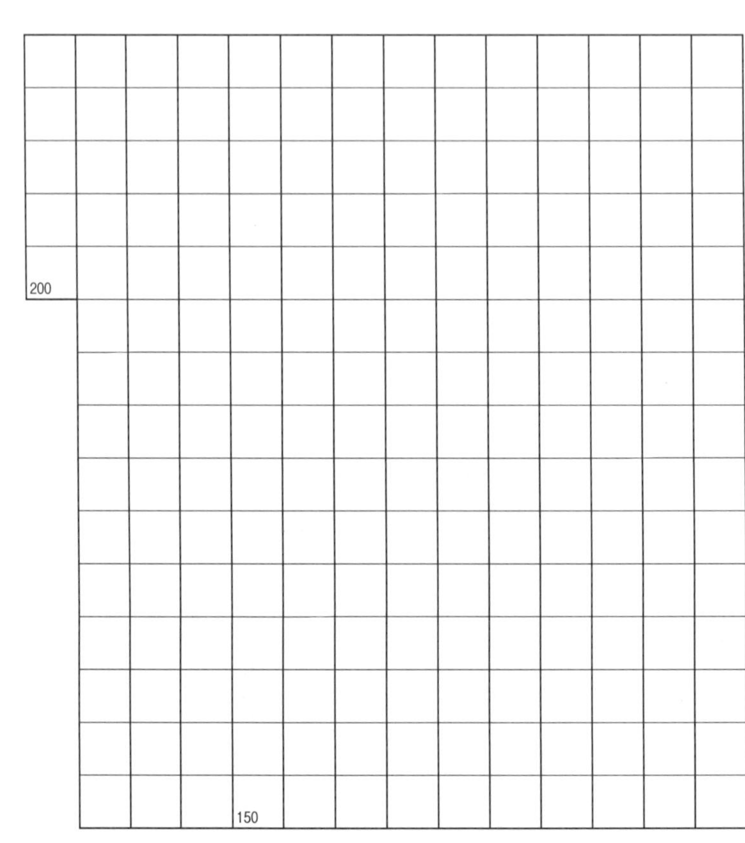

解答 別冊p.53
時間 30分

得点 ／100点

入試情報 作文は、課題内容や条件に合っているか、原稿用紙の使い方が正しいか、などが評価される。

よく出る

1 次の意見A～Dは、「日常生活の中で、言葉の使い方はどうあるべきか。」という質問に対する意見である。この四つの意見をもとに、「日常生活の中での言葉の使い方」というテーマで意見文を書くことになった。

この四つの意見A～意見Dの中からあなたの考えに近いものを一つ選びなさい。また、そう考える理由を含めて、あとの(注意)に従って、あなたの意見を書きなさい。

〈埼玉県〉(50点)

意見A　書き言葉も話し言葉も、正しく整えて使うべきだ。

意見B　書き言葉も話し言葉も、細かいことは気にしなくてもいい。

意見C　話し言葉では細かいことは気にしなくてもいいが、書き言葉は正しく整えて使うべきだ。

意見D　書き言葉では細かいことは気にしなくてもいいが、話し言葉は正しく整えて使うべきだ。

(注意)
(1) 段落や構成に注意して、自分の体験(見たこと聞いたことなども含む)をふまえて書くこと。
(2) 文章は十三行以上、十五行以内で書くこと。
(3) 原稿用紙の正しい使い方に従って、文字、かなづかいも正確に書くこと。
(4) 題名・氏名は書かないで、一行目から本文を書くこと。

13行　15行

よく出る

(4) 次の会話は、PTA主催のレクリエーションで食堂の係になった中学生の山田さんとお客さんが話した内容の一部である。――線ア～カの中から、敬語の使い方が**正しくないもの**を二つ選び、記号で答えなさい。〈福島県〉(10点×2)

山田さん「いらっしゃいませ。何に**ア**なさいますか。」
お客さん「カレーライスをください。辛口はありますか。」
山田さん「辛口はありませんが、小袋の辛みスパイスを**イ**差し上げますので、お好みでかけて、**ウ**いただいてください。」
お客さん「では、辛みスパイスをください。」
山田さん「わかりました。ほかに必要なものがありましたら、遠慮なく**オ**申し上げてください。」
お客さん「ありがとう。大丈夫です。」
山田さん「では、準備ができましたら、**カ**お呼びします。」

(エ: お使いになりますか。)

[　　・　　]

差がつく

(5) 次の文章中の――線部「地域の皆さん」に対する敬語の使い方について説明したものとして、最も適当なものをあとから一つ選び、記号で答えなさい。〈神奈川県〉(15点)

本日の校外清掃にはたくさんの地域の皆さんにご参加していただき、ありがとうございました。私たち生徒もこの地域がもっときれいになるようがんばりますので、これからもご協力ください。

ア「ご参加していただき」は、敬意が十分でないので、「ご参加されていただき」にするのがよい。
イ「ご参加していただき」は、敬語表現として適切でないので、「ご参加いただき」にするのがよい。
ウ「ご協力ください」は、敬意が十分でないので、「協力になってください」にするのがよい。
エ「ご協力ください」は、敬語表現として適切でないので、「ご協力してください」にするのがよい。

[　　]

(6) 次の会話の(　　)にあてはまる、最も適当な敬語表現をあとから一つ選び、記号で答えなさい。(10点)

先生「市の図書館には、たいへん貴重な歴史の本があります。」
生徒「先生は、その本を(　　)。」

ア お見せになりますか
イ 拝見になったのですか
ウ ご覧になったのですか
エ お貸しになりますか

[　　]

06 敬語 文法

解答 別冊 p.53
時間 30分

得点
/100点

入試情報
敬語は場面が設定された会話文での出題が増えている。場面に応じた使い分け方を身につける必要がある。

差がつく

1 敬語について、次の問いに答えなさい。

(1) 次の文章中の――線部「ください」の説明として最も適当なものをあとから一つ選び、記号で答えなさい。〈静岡県〉(20点)

> 次に、学んだことです。登園した園児たちに、私は、積極的に話しかけたのですが、園児たちは返事をしてくれませんでした。理由がわからず困っていると、保育士さんが、目の高さに注意して、ゆっくり話をするといいよと、声をかけてください ました。園児は立ったままの私に話しかけられていたため、私の言葉は園児に伝わらなかったのです。そこで、しゃがんでゆっくり話しかけると、園児たちは私の言葉をちゃんと聞いてくれました。

ア 「くれる」の尊敬語で、「保育士」に対する敬意を示す表現。
イ 「くれる」の尊敬語で、「聞き手」に対する敬意を示す表現。
ウ 「くれる」の謙譲語(けんじょうご)で、「保育士」に対する敬意を示す表現。
エ 「くれる」の謙譲語で、「聞き手」に対する敬意を示す表現。

[　　]

(2) 次の文の――線部「申し上げ」の説明として最も適当なものをあとから一つ選び、記号で答えなさい。〈和歌山県〉(15点)

> 卒業式で母が先生にお礼を申し上げた。

ア 尊敬語で「母」への敬意を表している。
イ 尊敬語で「先生」への敬意を表している。
ウ 謙譲語で「母」への敬意を表している。
エ 謙譲語で「先生」への敬意を表している。

[　　]

よく出る

(3) 本の読み聞かせ会の案内チラシの原案にあった次の一文について、尊敬語を使った言い方にするとよいという意見が出た。この意見に従って直すと、――線部はどうなるか。最も適当なものをあとから一つ選び、記号で答えなさい。〈三重県・改〉(20点)

> ご都合がよろしければ、おうちの人も来てください。

ア お参りください　　イ お伺(うかが)いください
ウ お越(こ)しください　　エ お召(め)しください

[　　]

思考力

(5) 次の文の――線部「寒さ」を、あとのように説明した。 a ・ b に入る品詞名として適当なものを、あとから一つずつ選び、記号で答えなさい。〈秋田県〉〈完答10点〉

三月になり、寒さが和(やわ)らいできた。

> 「寒さ」は「寒い」という a の語幹「寒(さむ)」に、接(せつ)尾語(びご)の「さ」が付いて、 b に変わった単語である。

ア 動詞　イ 形容詞　ウ 形容動詞　エ 名詞

a［　　］　b［　　］

よく出る

(6) 次の各文の――線部と意味・用法が同じものをあとから一つずつ選び、記号で答えなさい。〈三重県〉〈5点×2〉

① 物を大切にしよう。

ア 教わったようにやってみる。
イ 友情に勝(まさ)る宝はない。
ウ 会場は大いに盛り上がった。
エ 最後まで懸命に走る。

［　　］

② 春になると雪がとける。

ア もっとゆっくり歩こう。
イ 今度勝つと優勝だ。
ウ 「はい。」と元気に答える。
エ 姉と買い物に出かける。

［　　］

(7) 次の各文の――線部の語の意味・用法が他の三つと異なるものを一つずつ選び、記号で答えなさい。〈三重県〉〈5点×2〉

① ア 工事中だったが、ついに完成した。
イ 今日はいい天気だが、風は冷たい。
ウ 電話をかけたが、だれも出なかった。
エ 野球の観戦が、私の楽しみの一つだ。

［　　］

② ア 色とりどりの花がきれいだ。
イ 明日は学校の創立記念日だ。
ウ 僕が読みたいのはこの本だ。
エ 壁(かべ)に掛(か)けてある絵は妹のだ。

［　　］

差がつく

(8) 次の文章中の――線部「の」と意味・用法が同じものはどれか。最も適当なものをあとから一つ選び、記号で答えなさい。〈静岡県〉〈15点〉

> 三人以上が集まって話し合う、おしゃべりをするというのは、いかにも低次に生活的で、知的活動とは考えられないのが普通(ふつう)である。おしゃべりはムダ話としてバカにされている。
> 果たしてそうであろうか、と考えるところから活字文化とは違(ちが)った新しい文化が生まれる。
> （外山滋比古(とやましげひこ)『聴覚思考(ちょうかくしこう)』より）

ア 月の沈(しず)むところを見る。　イ パリは花の都と呼ばれる。
ウ 彼女は本を読むのが速い。　エ 雪の降る日はとても寒い。

［　　］

05 文法② 語の識別

文法

解答 別冊 p.52
時間 30分

得点 /100点

入試情報 語を識別するには、どのような言葉が前後に接続しているか、どのような言葉に置き換えられるかが重要である。

差がつく

1 語の識別について、次の問いに答えなさい。

(1) 「伝聞」の意味で使われている助動詞が含まれている文を、次から一つ選び、記号で答えなさい。〈高知県〉(15点)

ア 生命は海から誕生したそうだ。
イ 天気図では明日は雨が降るらしい。
ウ 夜空の星は輝く宝石のようだ。
エ 努力すれば願いは実現するだろう。

[　　]

(2) 次の文章を読んで、あとの問いに答えなさい。

殿さまは、百姓のお膳に乗せてある茶わんを取りあげて、つくづくごらんになっていました。

「この茶わんは、なんというものが造ったのだ」と申されました。

百姓は、まことに恐れ入りました。ₐじつに粗末な茶わんでありましたから、殿さまに対してご無礼をしたと、頭を下げておわびを申し上げました。

「まことにᵦ粗末な茶わんをおつけもうしまして、申しわけはありません。いつであったか、町へ出ましたときに、安物を買ってまいりましたのでございます。このたび不意に殿さまにおいでを願って、この上ないᶜ光栄にぞんじましたが、町まで出て茶わんを求めてきます暇がなかったのでございます」と、ᵈ正直な百姓はいいました。

（小川未明『殿さまの茶わん』より）

① ═線部「ある」と同じ意味・用法の「ある」を次から一つ選び、記号で答えなさい。(10点)

ア ある晴れた日の出来事だった。
イ ポケットの中に百円玉がある。
ウ 運動会があるのは、来週です。
エ 机の上に腕時計が置いてある。

[　　]

② ──線a～dの中で、他と異なる品詞のものを一つ選び、記号で答えなさい。(10点)

[　　]

(3) 「この本は僕のです。」の「の」と同じ意味・用法の「の」を次から一つ選び、記号で答えなさい。(10点)

ア 彼女の選んだ服はこれです。
イ 手紙が届くのを待つ。
ウ 屋根の上に鳥がとまっている。
エ あの山に登りたい。

[　　]

(4) 次の──線部「れ」の意味・用法は、受け身・可能・自発・尊敬のうちのどれか、答えなさい。(10点)

・一生懸命走ったが、追い抜かれた。

[　　]

2 単語について、次の問いに答えなさい。

(1) 次の文の自立語をすべてそのまま抜き出しなさい。（5点）

・母は、午後から買い物に出かけた。

[　　　　]

(2) 次の文を単語に区切ったとき、正しいものをあとから一つ選び、記号で答えなさい。（5点）

・くり返し練習すれば技術は身につく。

ア くり返し／練習すれば／技術は／身に／つく。
イ くり返し／練習すれ／ば／技術／は／身／に／つく。
ウ くり返し／練習／すれ／ば／技術／は／身／に／つく。
エ くり返し／練習すれ／ば／技術は／身につく。

[　　　　]

ミス注意
(3) 次の文は十三の単語に分けられる。上から四番目の単語の品詞名をあとから一つ選び、記号で答えなさい。〈沖縄県〉（7点）

・歩く人が多くなればそれが道になるのだ。

ア 動詞　イ 形容詞
ウ 助詞　エ 助動詞

[　　　　]

(4) 次の①～④の文の――線部の中で、他とは活用形が異なるものを一つ選び、番号で答えなさい。また、他とは異なる活用形を、あとから一つ選び、記号で答えなさい。（5点×2）

① 親しい人と話す。
② 正しいやり方だと信じる。
③ 彼がやっと重い口を開いた。
④ 二人は、意見が食い違うことが多い。

ア 未然形　イ 連用形　ウ 連体形　エ 終止形

異なるもの[　　　　]　活用形[　　　　]

(5) 次の文の――線部「開け」と活用の種類が同じ動詞を、あとから一つ選び、記号で答えなさい。〈群馬県〉（10点）

・私は、窓を開けた。

ア 私は、今朝、飛行機雲を見た。
イ 私は、環境問題について勉強した。
ウ 私は、昨日、午前八時に家を出た。
エ 私は、修学旅行の計画について話した。

[　　　　]

(6) 次の文の――線部と同じ品詞の単語を、あとの□の中の文章からそのまま抜き出しなさい。（10点）

・祖母はとても優しい。

> 私たちの身の回りには、さまざまな文字があふれている。日本語は、多くの漢字や仮名、アルファベットなども組み合わせて表現され、その表現の世界は、いっそう広がりを見せている。

[　　　　]

04 文法① 文の組み立て

解答 別冊p.52
時間 30分

得点　　／100点

入試情報 基本的な知識を問われるので、言葉の単位や、文の成分について、しっかり押さえておきたい。

1 文の組み立てについて、次の問いに答えなさい。

(1) 次の文を文節に区切ると何文節になるか。漢数字で答えなさい。（7点）

物語を読んで想像の世界をふくらませる。

［　　］文節

(2) 次の——線部の語は、どの文節を修飾しているか。文節をそのまま抜き出しなさい。（7点）

翌日、僕は、友達と話した内容を母に伝えた。

［　　　　］

よく出る

(3) 次の——線部の文節と＝＝線部の文節の関係を、あとから一つ選び、記号で答えなさい。〈埼玉県〉（7点）

丘の　上の　大きな　家まで　ゆっくり　歩く。

ア 主・述（主語・述語）の関係
イ 修飾・被修飾の関係
ウ 並立の関係
エ 補助の関係

［　　］

(4) 二つの——線部が、補助の関係になっているものを次から一つ選び、記号で答えなさい。（7点）

ア 今から図書館に行って　みる。
イ 大きな旗を振って精いっぱい　応援する。
ウ 私の兄は、現在大学生です。
エ 雨も　風も、ひどくなっていくらしい。

［　　］

(5) 次の文の中から、それぞれ【　】の関係にある文節を選び、記号で答えなさい。（5点×5）

① ア白くて　イ小さい　ウ花が　エたくさん　オ咲いて　カいる。
【並立の関係】［　　と　　］

② ア毎年　イ多くの　ウ人々が　エ有名な　オ観光地を　カ訪れる。
【主・述の関係】［　　と　　］

③ ア彼は、イ寝坊したので、ウ待ち合わせに　エ遅刻した。
【接続の関係】［　　と　　］

④ ア窓から　イ美しい　ウ景色が　エ見える。
【修飾・被修飾の関係】［　　と　　］［　　と　　］

社会
理科
数学
英語
国語

3 故事成語について、次の問いに答えなさい。

(1) ——線部の故事成語の使い方が適当なものを、次からすべて選び、記号で答えなさい。〈福島県〉（7点）

ア 僕（ぼく）と弟は呉越同舟（ごえつどうしゅう）のとても仲の良い兄弟だ。
イ 納得（なっとく）がいくまで推敲（すいこう）を重ねた作文を提出する。
ウ 彼の発言と行動には以前から矛盾（むじゅん）が多い。
エ 現代の科学技術は五十歩百歩で進んでいる。
オ 君が書いた文章の最後の一文は蛇足（だそく）だ。

［　　　　］

(2) 次の□には、それぞれ動物を表す漢字が一字入る。□にあてはまる漢字を書いて、故事成語を完成させなさい。なお、③の二つの□には同じ漢字が入る。（7点×3）

① 塞翁（さいおう）が□
② 水□の交わり
③ □穴（けつ）に入らずんば□児を得ず

①［　　］　②［　　］　③［　　］

4 ことわざについて、次の問いに答えなさい。

(1) 次の文にはことわざが使われている。□にあてはまる最も適当な言葉をあとから一つ選び、記号で答えなさい。〈大阪府・改〉（7点）

> 新しい土地での生活にも慣れ、住めば□と実感した。

ア 城　イ 春
ウ 都　エ 宝

［　　］

ミス注意

(2) 次の①〜④のことわざの□にあてはまる漢字を組み合わせてできる四字熟語を書きなさい。なお、□にはそれぞれ異なる漢字が入る。〈鳥取県〉（9点）

① □度あることは三度ある　② 千里の道も□歩から
③ □橋をたたいて渡（わた）る　④ 立つ□あとをにごさず

［　　］

(3) 「Ⅰに短しⅡに長し」が「物事が中途半端（ちゅうとはんぱ）で役に立たないこと」という意味のことわざになるように、Ⅰ・Ⅱにあてはまる言葉の組み合わせとして適当なものを、次から一つ選び、記号で答えなさい。〈高知県〉（7点）

ア Ⅰ わら・Ⅱ 縄（なわ）　イ Ⅰ 帯・Ⅱ たすき
ウ Ⅰ はし・Ⅱ 棒　エ Ⅰ 竜（りゅう）・Ⅱ 蛇（へび）

［　　］

03 語句の意味

言葉

解答 別冊p.51
時間 30分

得点 ／100点

入試情報 入試に出題される語句の問題は、どれも必ず正解しなければならない基本的な問題である。

よく出る

1 多義語について、次の問いに答えなさい。

(1) 次の——線部と同じ意味のものを、あとから一つずつ選び、記号で答えなさい。（7点×2）

① 兄は病院で診察を受けたが、幸い重い病気ではなかった。

ア テストが近いと思うと気が重い。
イ 責任の重い役職に就く。
ウ 彼の罪はとても重いものだ。
エ 旅行に持って行く荷物が重い。

［　　］

② 敵に情けをかける。

ア 川に新しい橋をかける。
イ 昼寝をしている妹に布団をかける。
ウ 疲れたのでいすに腰をかける。
エ 部活の後輩に目をかける。

［　　］

(2) 次の□にあてはまる共通の言葉を書きなさい。（7点）

窓から光が入って、部屋の中が□。
彼は魚についてとても□。

［　　］

差がつく

2 慣用句について、次の問いに答えなさい。

(1) 「□心を加える」が、「相手のことを考慮して普通より寛大に扱う」という意味の言葉になるように、□にあてはまる最も適当な、身体の一部を表す漢字一字を書きなさい。〈愛媛県〉（7点）

［　　］

(2) 次の文が、「態度や服装などが似合ったものになる」という意味の慣用句を使った文になるように、□にあてはまる適当な漢字をあとから一つ選び、記号で答えなさい。〈高知県〉（7点）

入社して半年が過ぎ、制服姿が□についてきた。

ア 板　イ 鼻　ウ 目　エ 緒

［　　］

(3) 次の□にあてはまる共通の漢字を書きなさい。（7点）

① あまりに失礼な態度なので、□にきた。
② 文化祭の出し物について、□をひねる。

［　　］

(4) 「ほんのわずかであること」という意味をもつ慣用句を、次から一つ選び、記号で答えなさい。（7点）

ア 雀の涙
イ 油を売る
ウ 元も子もない
エ 鶴の一声

［　　］

(3) 次の［例］のように□に漢字を入れて、矢印の向きに読むと四つの二字熟語ができる。①、②の□にあてはまる漢字を、それぞれ楷書（かいしょ）で書きなさい。〈鳥取県〉（4点×2）

［例］
直↓感、共→感→覚、感↓動

①
具↑□、報→□→路、□↓義

②
調↓□、音←□←平、講↑□

(4) 次は二字の熟語のしりとりになっている。□にあてはまる共通の漢字を楷書で書きなさい。〈岩手県〉（5点）

□→題→名→人→手→□→術

［　　］

差がつく

3 同音異義語・同訓異字について、次の問いに答えなさい。

(1) 次の——線部のカタカナを漢字に直すとき、正しいものをあとから一つ選び、記号で答えなさい。〈沖縄県〉（5点）

アルバムを見てカンショウ的な気分に浸（ひた）る。

ア 干渉　イ 感傷
ウ 鑑賞　エ 観賞

［　　］

(2) 次の——線部のカタカナを漢字に直すとき、最も適当なものをあとから一つずつ選び、記号で答えなさい。〈青森県〉（4点×5）

① 利益を社会にカンゲンする。
ア 還元　イ 管弦　ウ 換言　エ 甘言　［　　］

② 列車に空席があるか駅の担当者にショウカイする。
ア 紹介　イ 照会　ウ 商会　エ 詳解　［　　］

③ 複数の雑誌に筆をトる。
ア 撮　イ 捕　ウ 採　エ 執　［　　］

④ イッシ乱れぬ演技を披露（ひろう）する。
ア 指　イ 紙　ウ 糸　エ 視　［　　］

⑤ 今年の暑さにはヘイコウした。
ア 口　イ 行　ウ 衡　エ 講　［　　］

ミス注意

(3) 次の文章中の——線①・②について、カタカナを漢字で書きなさい。〈愛知県〉（5点×2）

彼（かれ）は、三つの章で①コウセイされた独創的な小説で文学賞をとり、作家として華々（はなばな）しいスタートを切った。それ以降も、優（すぐ）れた作品を数多く発表し、偉大（いだい）な作家として②コウセイに名を残した。

①［　　］　②［　　］

02 漢字の読みと書き

漢字

解答 別冊 p.51
時間 30分

得点　／100点

入試情報　漢字の読みと書きの問題は、すべての都道府県で出題されている。確実に得点できるようにしたい。

1 よく出る漢字の読みについて、答えなさい。

よく出る

(1) 次の——線部の読みを書きなさい。（2点×10）

① 任務を遂行する。［　］
② 一点を凝視する。［　］
③ 春の気配を感じる。［　］
④ 怠惰な生活を改める。［　］
⑤ 先生の示唆に富む言葉。［　］
⑥ 雲が空を覆う。［　］
⑦ けがをしないよう注意を促す。［　］
⑧ 睡眠（すいみん）を妨げる大きな音。［　］
⑨ いつもと同じ失敗に陥る。［　］
⑩ 球技大会の参加者を募る。［　］

(2) 次の文の——線①・②の読みを書きなさい。（4点×2）

運動会で行うクラスの演技について、①詳しい説明を聞いたうえで、②率直な意見を述べる。

①［　］　②［　］

2 よく出る漢字の書きについて、答えなさい。

よく出る

(1) 次の——線部のカタカナを漢字で書きなさい。ただし、送りがなが必要なものは漢字とひらがなで書きなさい。（2点×10）

① 大型新人をカクトクする。［　］
② フクザツな機械。［　］
③ 試合後も観客のコウフンは続いた。［　］
④ ヨウイに解決できない問題。［　］
⑤ 誤りをシテキする。［　］
⑥ オダヤカな天候が続く。［　］
⑦ 説明の足りない部分をオギナウ。［　］
⑧ 父は商店街で八百屋をイトナム。［　］
⑨ 山の上から町並みをナガメル。［　］
⑩ 波間をタダヨウ船。［　］

(2) 次の文に使われている四字熟語には誤りがある。四字熟語を正しく書き改めなさい。〈埼玉県〉（4点）

彼女（かのじょ）とは意心伝心で、お互（たが）いの気持ちがよくわかりあえる仲だ。

［　］

3 熟語の構成について、次の問いに答えなさい。

(1) 「注意」と熟語の構成が同じものを次から一つ選び、記号で答えなさい。〈岐阜県〉(6点)

ア 急行　イ 膨張(ぼうちょう)
ウ 縦横　エ 兼職(けんしょく)

[　　]

よく出る

(2) 次の――線部と熟語の構成が同じものをあとから一つ選び、記号で答えなさい。〈埼玉県〉(6点)

人命を救助する。

ア 抑揚(よくよう)　イ 植樹
ウ 会議　エ 運送

[　　]

(3) 「有意義」と熟語の構成が同じものを次から一つ選び、記号で答えなさい。(6点)

ア 深呼吸　イ 具体的
ウ 松竹梅　エ 向上心

[　　]

(4) 「花鳥風月」と熟語の構成が同じものを次から一つ選び、記号で答えなさい。(5点)

ア 一心不乱　イ 春夏秋冬　ウ 異口同音
エ 我田引水(がでんいんすい)　オ 大同小異

[　　]

4 対義語・類義語について、次の問いに答えなさい。

(1) 「偶然(ぐうぜん)」の対義語を含(ふく)む一文を次から一つ選び、記号で答えなさい。〈高知県〉(6点)

ア 成功は必然の結果である。
イ 災害を未然に防止する。
ウ 文章の論旨(ろんし)が判然としない。
エ 研究を依然(いぜん)続けている。

[　　]

ミス注意

(2) 次の①～④の言葉の類義語をあとから一つずつ選び、記号で答えなさい。(5点×4)

① 天気[　　]　② 両親[　　]
③ 関心[　　]　④ 適切[　　]

ア 興味　イ 父母
ウ 天候　エ 適当

(3) 次の文章の中から、対義語と類義語をそれぞれ一組ずつ抜(ぬ)き出しなさい。(6点×2)

駅前で集合して、工場見学に出かけた。古いやり方を改善した結果、製品の改良に成功した話は興味深かった。午後五時に解散した。

対義語[　　・　　]　類義語[　　・　　]

社会 理科 数学 英語 国語

01 漢字の知識と熟語

漢字

解答 別冊 p.50
時間 30分

得点 ／100点

入試情報 漢字や熟語の知識については基本的な問いが多い。行書で書かれた漢字は読めるようにしておくこと。

差がつく

1 部首について、次の問いに答えなさい。

(1) □で囲んだ漢字を説明した次の文の、①にあてはまる語句を書きなさい。また、②にあてはまる語句をあとから一つ選び、記号で答えなさい。〈北海道〉(6点×2)

照

行書で書かれたこの漢字の部首名は、①であり、漢字の成り立ちとしては、音を表す部分と意味を表す部分が組み合わされた②文字に分類される。

ア 指事　イ 象形
ウ 会意　エ 形声

①［　　］　②［　　］

(2) □で囲んだ漢字の部首名を書きなさい。また、楷書(かいしょ)で書いたときの総画数と同じ画数になる漢字をあとから一つ選び、記号で答えなさい。〈群馬県〉(5点×2)

複

ア 遠　イ 確　ウ 増　エ 報

部首［　　］　画数［　　］

2 画数・筆順について、次の問いに答えなさい。

(1) 次の行書で書かれた漢字を楷書で書いたとき、総画数が同じになるものはどれとどれか。次から二つ選び、記号で答えなさい。〈山梨県〉(6点)

ア 速　イ 泣　ウ 級
エ 設　オ 茶

［　・　］

(2) 行書で書かれた左の漢字を楷書で書いたとき、黒い部分は、何画目になるか。漢数字で答えなさい。〈大分県〉(5点)

祉

［　　］画目

(3) 行書で漢字を書くとき、楷書で書く場合とは筆順が異なるものを次から一つ選び、記号で答えなさい。〈富山県〉(6点)

ア 花　イ 知　ウ 空

［　　］

重要な慣用句

よく出る慣用句

□ ①［　］の果て＝結局のところ。
□ ②［　］につく＝任務・仕事などがその人にしっくり合う様。
□ ③飛ぶ［　］を落とす＝とても勢いがよいこと。
□ ④［　］二つ＝顔つきなどがよく似ていること。
□ ⑤［　］を投げる＝前途の見込みがないと断念する。
□ ⑥［　］の矢が立つ＝多くの人の中から狙いをつけられる。
□ ⑦［　］の子＝大切にして手放さない金や宝物。
□ ⑧［　］も借りたい＝忙しくて人手不足の状態のこと。
□ ⑨［　］に振る＝折角の努力を無駄にする。
□ ⑩［　］をさす＝横から邪魔をする。

体に関係する言葉を含む慣用句

□ ①［　］をとる＝言葉じりをとらえて非難する。
□ ②［　］が棒になる＝疲れて足がこわばる。
□ ③［　］をひねる＝工夫したり考えたりする。疑問に思う。
□ ④［　］を飲む＝はっとして思わず呼吸を止める。
□ ⑤［　］が立つ＝腕前、技術、技量が優れている。
□ ⑥［　］を出す＝人の会話に割り込んで意見を言う。
□ ⑦［　］にはさむ＝聞くとはなしに聞く。
□ ⑧［　］を踏む＝物事を思い切ってせずためらう。
□ ⑨［　］に衣着せぬ＝ずけずけと物を言う。
□ ⑩［　］が高い＝得意に思う。誇りに思う。
□ ⑪［　］をかける＝世話をする。ひいきにする。
□ ⑫［　］が痛い＝弱点を指摘されてつらい。

①挙句　②板　③鳥　④うり　⑤さじ　⑥白羽　⑦虎　⑧猫の手　⑨棒　⑩水

①揚げ足　②足　③頭　④息　⑤腕　⑥口　⑦小耳　⑧二の足　⑨歯　⑩鼻　⑪目　⑫耳

重要なことわざ・故事成語

よく出ることわざ

□ ①［　］に短したすきに長し＝中途半端で役に立たない様。
□ ②光陰［　］のごとし＝月日の過ぎるのが早いことのたとえ。
□ ③弘法も［　］の誤り＝優れた人も時にはあやまちをおかす。
□ ④朱に交われば［　］なる＝人はつきあう友人に感化される。
□ ⑤［　］とすっぽん＝ひどくかけはなれていること。
□ ⑥［　］下暗し＝身近なことはかえってわからないということ。
□ ⑦どんぐりの［　］比べ＝特に優れたものがないこと。
□ ⑧情けは［　］のためならず＝人に情けをかければ、巡り巡って自分にもよいことがある。
□ ⑨猫に［　］＝立派なものも持つ人によっては価値がないこと。
□ ⑩［　］は一見にしかず＝話を聞くことよりも実際に見る方がよくわかる。

よく出る故事成語

□ ①漁夫の［　］＝第三者が利益を得ること。
□ ②五十歩［　］＝似たり寄ったりで大差がないこと。
□ ③［　］楚歌＝周囲がみんな敵であること。
□ ④呉越［　］＝敵対する者どうしが同じ目的で協力すること。
□ ⑤［　］敲＝詩や文章の内容を練ること。
□ ⑥［　］足＝余計なつけたし。
□ ⑦矛［　］＝つじつまが合わないこと。
□ ⑧［　］璧＝完全で、欠点がないこと。
□ ⑨杞［　］＝無用の心配。取り越し苦労。
□ ⑩塞翁が［　］＝良い出来事、悪い出来事は予測できないこと。

①帯　②矢　③筆　④赤く　⑤月　⑥灯台　⑦背　⑧人　⑨小判　⑩百聞

①利　②百歩　③四面　④同舟　⑤推　⑥蛇　⑦盾　⑧完　⑨憂　⑩馬

重要な対義語・類義語

よく出る対義語

□ ①**異常**気象の原因を調べる。
□ ②**一般**に知られている話。
□ ③写真を**拡大**する。
□ ④**義務**を果たす。
□ ⑤**主観**に基づいた意見。
□ ⑥**偶然**、友達に会う。
□ ⑦**具体**的な例を示す。
□ ⑧**困難**な仕事をやり遂げる。
□ ⑨金属の**需要**が増す。
□ ⑩**絶対**的な美を追い求める。
□ ⑪**能動**的に働きかける。
□ ⑫**理想**に向かって努力する。

よく出る類義語

□ ①外に出たら**案外**寒かった。
□ ②**永久**に平和な世界を目指す。
□ ③サッカーの**解説**をする。
□ ④学習環境が**改善**された。
□ ⑤道路の幅を**拡張**する。
□ ⑥**興味**のある分野についての本。
□ ⑦彼は留学の**経験**がある。
□ ⑧医療の発展に**貢献**する。
□ ⑨無理を**承知**の上でお願いする。
□ ⑩機械の性能は日々**進歩**している。

解答

①正常 ②特殊 ③縮小 ④権利 ⑤客観 ⑥必然 ⑦抽象 ⑧容易 ⑨供給 ⑩相対 ⑪受動 ⑫現実

①意外 ②永遠 ③説明 ④改良 ⑤拡大 ⑥関心 ⑦体験 ⑧寄与 ⑨納得 ⑩向上

重要な四字熟語

よく出る四字熟語

□ ①□戦□闘＝苦しんで戦うこと。非常に努力すること。
□ ②温□知□＝昔を知ることで、新しい知識や見解を得ること。
□ ③起死□□＝駄目になりそうなものを立ち直らせること。
□ ④□□無恥＝あつかましく、恥知らずなこと。
□ ⑤□言□色＝言葉を飾り、顔色をとりつくろうこと。
□ ⑥□□道断＝もってのほかであること。
□ ⑦針□棒□＝物事をおおげさに言うこと。
□ ⑧□和□同＝自分の意見がなく、むやみに人に同調すること。
□ ⑨□我□中＝物事に心を奪われて、我を忘れること。

誤字に注意する四字熟語

□ ①異□同□＝みんなが同じことを言うこと。意見が一致すること。
□ ②一□一□＝わずかな時間。
□ ③意味□□＝内容が奥深く、含みがあり、複雑なこと。
□ ④危□一□＝ごくわずかな差で危険に陥りそうな瀬戸際。
□ ⑤五里□□＝方針や見込みが立たず、迷うこと。
□ ⑥□□一転＝何かをきっかけに、心もちを変えること。
□ ⑦□□絶命＝追い詰められて、困難な立場にあること。

数字を含む四字熟語

□ ①□石□鳥＝一つの行動で二つの利益を得ること。
□ ②□苦□苦＝非常に苦しむこと。非常に苦労すること。
□ ③□転□倒＝苦痛により転げ回ること。
□ ④□差□別＝種類が多く、様々な違いがあること。
□ ⑤□束□文＝数が多くても、値段が安いもの。

解答

①悪・苦 ②故・新 ③回・生 ④厚・顔 ⑤巧・令 ⑥言・語 ⑦小・大 ⑧付・雷 ⑨無・夢

①口・音 ②朝・夕 ③深・長 ④機・髪 ⑤霧・中 ⑥心・機 ⑦絶・体

①一・二 ②四・八 ③七・八 ④千・万 ⑤二・三

国語

入試によく出る漢字・語句

重要な漢字

よく出る漢字の読み

- □ ① 宿題を終えるよう促す。
- □ ② くらげが海を漂う。
- □ ③ 手で口を覆う。
- □ ④ いつも同じ間違(まちが)いに陥る。
- □ ⑤ 問題があることを示唆する。
- □ ⑥ 人の気配を感じる。
- □ ⑦ 鮮やかな色彩(しきさい)の絵画。
- □ ⑧ 技術の進歩が著しい。
- □ ⑨ 木々が太陽光を遮る。
- □ ⑩ 大きな機械を操る。
- □ ⑪ 規制が緩和される。

よく出る漢字の書き

- □ ① 誤りをシテキする。
- □ ② 景色をナガめる。
- □ ③ 実力をハッキする。
- □ ④ 先生の言葉にナットクする。
- □ ⑤ 動かぬショウコを押(お)さえる。
- □ ⑥ 体力をイジする。
- □ ⑦ 本物であるとサッカクを起こす。
- □ ⑧ オダやかな性格の人。
- □ ⑨ 新しい選手をカクトクする。
- □ ⑩ 世界中にフキュウした技術。
- □ ⑪ 友達をショウカイする。

①うなが ②ただよ ③おお ④おちい ⑤しさ ⑥けはい ⑦あざ ⑧いちじる ⑨さえぎ ⑩あやつ ⑪かんわ

①指摘 ②眺 ③発揮 ④納得 ⑤証拠 ⑥維持 ⑦錯覚 ⑧穏 ⑨獲得 ⑩普及 ⑪紹介

重要な同音異義語・同訓異字

よく出る同音異義語

- □ ① 日本イガイの国。
  イガイにも、試験はうまくいった。
- □ ② 自らのイシを表明する。
  強いイシの持ち主。
- □ ③ 植物をカンショウする。
  映画をカンショウする。
- □ ④ 科学にカンシンがある。
  弟の作文にカンシンする。
- □ ⑤ 劇団のコウエンを見る。
  学者のコウエンを聞く。
- □ ⑥ 子供をタイショウとした本。
  左右タイショウな図形。

よく出る同訓異字

- □ ① 鏡に自分の姿をウツす。
  音がしたほうへ視線をウツす。
- □ ② 家族を写真にオサめる。
  税金をオサめる。
- □ ③ 台風にソナえる。
  お墓に花をソナえる。
- □ ④ 学級委員をツトめる。
  学業にツトめる。
- □ ⑤ 時間をハカる。
  友達の身長をハカる。

①以外 意外 ②意思 意志 ③観賞 鑑賞 ④関心 感心 ⑤公演 講演 ⑥対象 対称

①映 移 ②収 納 ③備 供 ④務 努 ⑤計 測

□ 編集協力　㈲マイプラン　石溪徹　小南路子　三宮千抄　関根政雄　冨田有香
西澤智夏子　坂東啓子　平松元子　待井容子
□ 本文デザイン　山口秀昭（Studio Flavor）
□ DTP　㈲マイプラン
□ 図版作成　甲斐美奈子　田中雅信　㈲デザインスタジオエキス．㈲マイプラン
□ 写真提供　ColBase（https://colbase.nich.go.jp/）　stock.foto（Tanawat Pontchour）

シグマベスト
高校入試
5科の要点総仕上げ問題集

編　者　文英堂編集部
発行者　益井英郎
印刷所　中村印刷株式会社
発行所　株式会社文英堂
〒601-8121　京都市南区上鳥羽大物町28
〒162-0832　東京都新宿区岩戸町17
（代表）03-3269-4231
●落丁・乱丁はおとりかえします。

ΣBEST シグマベスト

高校入試5科の要点総仕上げ問題集

解答と解説

文英堂

社会

01 地理 世界のすがた

1

(1) イ　(2) ア
(3) 南極(大陸)
(4) 例 1年中雪や氷におおわれ，寒さがきびしい。
(5) え　(6) C　(7) エ

解説

(1) 赤道は0度の緯線。アフリカ大陸の中部，インドネシアのスマトラ島，南アメリカ大陸のアマゾン川流域などを通る。
(4) 地図1中のあの大陸は寒帯に属している。
(5) 資料1のグラフは，6月～8月にかけて気温が下がっているので南半球のえで，ブエノスアイレス。
(6) Ⅲは森林の割合からCのブラジル。
(7) Bの国はインド。有名な料理はカレーで，小麦粉からつくったナンなどにつけて食べられる。

2

(1) 本初子午線
(2) ① イスラム　② キリスト
(3) 1月6日午後8時
(4) 例 自然の地形をもとにした決め方。

解説

(1) 本初子午線は0度の経線。世界標準時の基準となっている。
(2) 三大宗教のうち，イスラム教は北アフリカ，西・中央アジア，東南アジアのインドネシア・マレーシア，キリスト教はヨーロッパや南北アメリカ，オセアニア，仏教は東アジアから東南アジアにかけて信者が多い。

覚え得　世界の宗教

▷**三大宗教**…キリスト教，イスラム教，仏教
▷**ヒンドゥー教**…インドで多く信仰されている民族宗教。牛は神の使いとして神聖視されている。

(3) 経度15度につき1時間の時差が生じるので，「経度の差÷15」で求める。各首都の標準時子午線は，エジプトが東経30度，アメリカ合衆国が西経75度だから，(30＋75)÷15＝7より，時差は7時間。

プラスα

2地点の標準時のずれを時差という。地球は1日で1回転，つまり，24時間で360度まわるので，360÷24＝15で，経度15度につき1時間の時差が生じる。2地点の時差は「経度の差÷15」で求める。

3

(1) a…B　b…A　c…C
(2) X…ウ　Y…ア　Z…イ

解説

(2) Xはイスラム圏の女性の民族衣装であるウのチャドル，Yは韓国の女性の民族衣装であるアのチマ・チョゴリがあてはまる。冷帯(亜寒帯)や寒帯に属するZの地域には，イヌイットの人々が生活している。イはアノラックとよばれる防寒着。

02 地理 日本のすがた

1

(1) エ　(2) ウ
(3) 例 日本は島国で，離島が多いため。

解説

(1) Xは北方領土で，択捉島，国後島，色丹島，歯舞群島からなる。エの南鳥島は東京都に属する日本最東端の島である。
(2) Yは日本の排他的経済水域を示している。排他的経済水域では水産資源や鉱産資源を沿岸国のものとすることが認められている。

2

(1) 日本アルプス[日本の屋根]
(2) 平野…越後平野　川…信濃川
(3) リアス海岸
(4) 県…沖縄県　県庁所在地…那覇市
(5) 例 長さが短く，流れが急である。

解説

(1) 飛驒山脈，木曽山脈，赤石山脈を合わせて日本アルプスとよぶ。

覚え得 2つの造山帯

造山帯では火山が多く，地震や津波などが多発。

▷**環太平洋造山帯**…太平洋を取り囲むように連なる。
→ロッキー山脈，アンデス山脈，日本列島など。

▷**アルプス・ヒマラヤ造山帯**…ユーラシア大陸の南部に連なる。→アルプス山脈，ヒマラヤ山脈など。

(3) 三陸海岸南部は，出入りの複雑な**リアス海岸**が発達。リアス海岸は，志摩半島，福井県の若狭湾沿岸，長崎県沿岸などでもみられる。

(5) 資料より，川の長さと傾斜の両方について述べる。外国とくらべ，日本は山がちで国土がせまいため，川は短く，急な流れになっている。

3

(1) **X**　(2) **記号…エ　海流…千島海流**
(3) **A…高山市　B…富山市　C…名古屋市**

解説

(1) 日本付近では，夏は太平洋側から南東の季節風が，冬は大陸側から北西の季節風が吹く。

(2) アは寒流のリマン海流，イは暖流の対馬海流，ウは暖流の黒潮(日本海流)である。

(3) 富山市は日本海側の気候，高山市は中央高地の気候，名古屋市は太平洋側の気候。Bは A や C とくらべて冬の降水量が多いので日本海側，A は冬の気温が低いので中央高地の気候となる。

4

(1) **国土地理院**　(2) **イ**　(3) **エ**　(4) **ウ**

解説

(2) 等高線(主曲線)の間隔に着目する。10mごとに引かれているので，2万5千分の1の縮尺図である。5万分の1の縮尺図では，等高線(主曲線)は20mごとに引かれる。

(3) 団地は学校より高い標高110mのところにある。

(4) アは記念碑，イは風力発電用風車，エは図書館。

03 地理 世界の諸地域

1

(1) **イ**　(2) **経済特区**
(3) 例 **沿岸部と内陸部の経済格差が大きい。**

解説

(2) 中国において，外国の技術や資本を導入するため，外国企業に税金などの面で優遇措置をとっている地域を経済特区という。アモイ，スワトウ，シェンチェン，チューハイ，ハイナン島の5つの地区が指定されている。

2

(1) **EU[ヨーロッパ連合，欧州連合]**
(2) **ウ**
(3) **国…フランス　農業…混合農業**
(4) 例 **暖流[北大西洋海流]と偏西風の影響をうけるため。**

解説

(1) EC(ヨーロッパ共同体)から発展し，1993年にEU(ヨーロッパ連合，欧州連合)となった。フランス，イギリス，ドイツなど西ヨーロッパの国々に加え，2004年以降はポーランドやハンガリーなど東ヨーロッパ諸国も加盟。しかし，2020年1月にイギリスはEUを離脱した。

プラスα

EU(ヨーロッパ連合，欧州連合)に加盟する多くの国では，共通通貨であるユーロを導入している。しかし，スウェーデン，デンマークなどの国々では，ユーロは導入されていない(2021年)ことに注意。

(3) ヨーロッパ最大の農業国は**フランス**で，小麦などの穀物の生産量，輸出量がともに世界有数である。また，農作物の栽培と家畜の飼育を組み合わせた農業を**混合農業**という。

(4) イギリスの沖合いには，**北大西洋海流**という暖流が流れており，その暖流の上の暖かい空気を**偏西風**が送っているため，ヨーロッパの国々は高緯度のわりに温暖な気候となる。

3

(1) **ウ**
(2) **砂漠…サハラ砂漠　河川…ナイル川**
(3) **ナイジェリア**

解説

(1) 大陸の形や赤道，本初子午線の位置で判断。赤道はギニア湾，本初子午線はアフリカ大陸西部を通る。

(3) アフリカの人口は，ナイジェリア(2.06億人)，エチオピア(1.15億人)，エジプト(1.02億人)の順に多い(2020年)。

4

(1) USMCA　(2) ウ

(3) 例キトはアンデス山脈に位置し，マナオスより標高が高いから。

(4) ア

解説

(1)　前身となるNAFTAは2020年7月に失効している。

(4)　アメリカ合衆国の農業は，広い耕地で大型機械を使い，大量の農薬を用いて，多くの生産量を上げる。

5

(1) エ　(2) イ

解説

(1)　ボーキサイトは，アルミニウムの原料となる。

(2)　アはブリズベン，ウはメルボルン，エはパース，オはポートヘッドランド。

04 地理 日本の特色

1

(1) A…ア　D…エ　E…ウ　日本…イ

(2) 石炭…い　国…サウジアラビア

(3) 例火力発電とくらべると二酸化炭素の排出量が少なく，地球環境への影響も少ないから。

解説

(1)　地図中のAはアメリカ合衆国，Bはブラジル，Cはオーストラリア，Dは中国，Eはマレーシア，Fはインドを示している。

資料1より，1人あたりエネルギー消費量が最大であることから，アはアメリカ合衆国。そして，1人あたりエネルギー消費量が2番目に大きいイが日本。中国はエネルギー消費量が大きいが，人口が多いため，1人あたりエネルギー消費量が小さいという特徴があるエ。残るウがマレーシア。

覚え得　世界の人口

▷**アジア州**…もっとも人口が多い州。世界人口第1位の中国，第2位のインドがある。

▷**オセアニア州**…もっとも人口が少ない州。

▷**アフリカ州**…もっとも人口の増加率が高い州。

(3)　火力発電とくらべて，地熱発電や風力発電にはどのような利点があるかを書く。

2

(1) カ

(2) 例航空機で運べる小型・軽量な製品が多いので，Bが成田国際空港を表している。

解説

(1)　各国の特徴をおさえておこう。①の国は面積がもっとも広いので，アメリカ合衆国。②の国は対日本の輸出入額が第1位の，中国。③の国は人口密度がもっとも高いので，世界人口第2位のインド。残る④がサウジアラビアとなる。

(2)　船による輸送と航空機による輸送のちがいに着目する。船は輸送時間がかかるが，自動車などの重い製品を一度に大量に輸送することができる。逆に，航空機は速く輸送することはできるが，重いものを大量に輸送することはできない。

3

(1) イ　(2) 太平洋ベルト

(3) 例原油，石炭，鉄鉱石などの鉱産資源の輸入に便利だから。

(4) ① 鹿児島県　② 長野県　③ 石川県

(5) 施設園芸農業

(6) 例卵からふ化させて，稚魚になるまで育てたあと放流し，成魚になって捕る漁業。

解説

(1)　工業地帯・地域の特徴を比較する。機械工業の占める割合がもっとも高いのは中京工業地帯。北九州工業地域(地帯)は，金属や食料品工業の割合が高く，阪神工業地帯は金属工業の割合が高い。

(6)　育てる漁業には養殖漁業と栽培漁業がある。

05 地理 日本の諸地域

1

(1) A…ウ　B…ア　C…エ　D…イ

(2) 人口…エ　面積…ウ　漁獲量…ア　工業生産出荷額…イ

解説

(1)　Aは北海道，Bは東京都，Cは大阪府，Dは沖縄県を示している。

(2) 7つの地方の特徴を比較する。人口が多く集まっているのは関東地方，面積がもっとも広く，漁獲量が多いのは北海道地方。工業は関東地方や中部地方でさかんである。

2

(1) 例降水量が少ない

(2) 例市場での供給量が少ない時期に出荷すると，高い価格で売ることができるから。

(3) 広島県，香川県

(4) 例人口密度が高い県では，第一次産業就業者数の割合が低くなっている。

解説

(1) 讃岐平野をふくむ瀬戸内海沿岸地域は，夏と冬の季節風が山地にさえぎられ，年間を通して温暖で降水量が少ない気候である。

(2) 高知平野の沖合いには，暖流の黒潮(日本海流)が流れているため，冬も温暖。この気候やビニールハウスなどの施設を利用し，ピーマンやきゅうりなどの出荷時期を早める促成栽培がさかんである。促成栽培は九州地方の宮崎平野でもさかん。

(4) 資料1と資料2をみると，人口密度が300人/km^2以上の県では，第一次産業就業者数の割合は6.0%未満となっており，逆に人口密度が200人/km^2未満の県では，第一次産業就業者数の割合は8.0%以上となっている。

3

(1) ウ　(2) アイヌ

(3) 記号…a　名称…白神山地

(4) 例暖流と寒流がぶつかる潮目[潮境]があるから。

解説

(1) Aは畜産，Bは野菜，Cは米，Dは果実である。

(3) 世界自然遺産に登録されているのは，青森県と秋田県の県境に位置する白神山地である。bは出羽山地，cは奥羽山脈，dは北上高地である。

プラスα

三陸海岸の沖合いでは，暖流と寒流がぶつかる。この暖流である黒潮(日本海流)と寒流である親潮(千島海流)がぶつかっているところを潮目(潮境)という。潮目はプランクトンが豊富で，よい漁場となる。

06 歴史 古代までの日本

1

(1) 記号…イ　文明…メソポタミア文明

(2) 甲骨文字

(3) 国…秦　人物…始皇帝

(4) 例土地が肥えていて，農耕が発達したため。

解説

(1) アはナイル川流域のエジプト文明，ウはインダス川流域のインダス文明，エは黄河・長江流域の中国文明である。

(4) 大河流域に発達したことから，水に恵まれていることがわかる。土地が肥え，安定した農耕生活が可能であり，文明が生まれると考えられる。

2

(1) イ　(2) ウ　(3) 卑弥呼

(4) ア　(5)『魏志』倭人伝

解説

(1) 後漢は25〜220年ごろの中国の王朝である。

(4) 大王は大和政権時代の王のよび名である。

(5) このころの中国は三国時代で，魏・呉・蜀に分かれていた。

3

(1) 推古天皇　(2) 隋　(3) C

(4) 例地方は国に区分され，中央から派遣された国司によって治められた。　(5) ウ

解説

(3) 663年，日本は百済を助けるために朝鮮半島へ大軍を送ったが，新羅と唐の連合軍に敗れた。

(5) ウは770年ごろにつくられた歌集『万葉集』で，およそ4,500首の歌がおさめられている。

4

(1) エ　(2) イ→ア→エ→ウ

解説

(1) 現在の京都市に都が移されたのは794年。8世紀末，朝廷は東北地方に大軍を送り，蝦夷の抵抗をおさえた。アは7世紀後半，イは8世紀半ば，ウは5世紀ごろである。

社会 理科 数学 英語 国語

(2) イは11世紀初め，アは11世紀末，エは12世紀後半で，エのできごとの結果，ウとなった。

プラスα

平安時代の政治の移り変わりは，桓武天皇の律令政治の立て直し→藤原氏の摂関政治→白河上皇の院政→平氏政権の順におさえておく。

07 歴史 武家政治の展開

1

(1) 例戦いがおこると，命をかけて戦った。
(2) ア　(3) 執権　(4) 後鳥羽上皇
(5) ウ　(6) 北条泰時
(7) 例公平な裁判を行うための基準[裁判の基準]を定めた法律。

解説

(1) 御恩とは，将軍が家来になった御家人の領地を保護し，功績に応じて新たな領地をあたえること。これに対して奉公とは，平時は御家人が京都や鎌倉の警備を行い，戦いがおこると出陣して将軍に忠誠をつくすことをいう。
(2) 守護は国ごとにおかれ，軍事や警察をつかさどった。イは地頭，ウは承久の乱後におかれた六波羅探題，エは鎌倉幕府におかれた問注所の説明である。
(3) 執権は，本来は将軍を補佐する役職。源頼朝の死後，北条時政が初代執権となり，政治の実権をにぎった。
(6)(7) 御成敗式目を定めた北条泰時は，鎌倉幕府の3代執権である。御成敗式目は武家社会の最初の法律で，長く武士の法律の手本となった。

2

(1) 元寇[蒙古襲来]　(2) エ　(3) イ
(4) 例恩賞が十分でなかったから。

解説

(2) 資料の左側の弓矢をもっているのが元軍，右側の馬に乗っているのが日本の武士である。元軍は集団戦法や「てつはう」という火器などで日本の御家人を苦しめたが，文永の役，弘安の役の2回とも退却した。
(4) 御恩と奉公からなる主従関係であるが，元寇は一方的な攻撃に対する防衛戦であったため，御家人は恩賞をほとんど得られなかった。

3

(1) 勘合貿易
(2) 例正式な貿易船と倭寇の船を区別するため。
(3) ウ　(4) 書院造

解説

(1) 日明貿易において，貿易船は文字の半分が記された札を持参し，中国にあるほかの半分と照合して，正式な貿易船である確認をうけた。
(2) 南北朝の動乱のころから，倭寇とよばれる武装集団が朝鮮・中国の沿岸を襲っていたため，明は室町幕府にその取りしまりを求めていた。
(3) アは馬に荷物を乗せて運ぶ運送業者，イは惣の会合，エは京都の裕福な商工業者である。
(4) 畳や床の間，違い棚などをそなえた建築様式で，江戸時代には武家住宅の基本となった。

プラスα

室町時代の文化は武家と公家のそれぞれの文化の融合が特色。義満のころが北山文化で金閣を建立し，義政のころが東山文化で銀閣を建立した。

08 歴史 全国統一と江戸幕府

1

(1) イ
(2) 例香辛料などのアジアの産物を直接手に入れるため。
(3) ア　(4) ア

解説

(1) 新航路Aは，大西洋から南アメリカの南端をまわり，太平洋を横断しているのでマゼラン一行である。

プラスα

バスコ・ダ・ガマは，アフリカの喜望峰をまわりインドに着く航路を発見。コロンブスは，大西洋を横断して西インド諸島に到達した。

(3) 文中の空欄にあてはまるのは種子島である。イは屋久島，ウは奄美大島，エは沖縄島である。
(4) ザビエルはイエズス会の宣教師。イエズス会は宗教改革後，アジアやアメリカ大陸に宣教師を派遣し，海外での布教活動に努めていた。

2

(1) 例農民の一揆を防ぐため。
(2) 太閤検地　(3) 兵農分離
(4) エ　(5) ウ

解説

(1) 資料は刀狩令。豊臣秀吉は，一揆を防ぐために，農民や寺から武器を取り上げた。
(3) 太閤検地と刀狩によって，武士と農民を区別する兵農分離がすすみ，武士が支配する社会のしくみが整えられた。
(4) 織田信長や豊臣秀吉が活躍していたころの文化を桃山文化といい，下剋上で力をのばした大名や商人らの力を背景に豪華で雄大な文化が栄えた。アは平安時代の国風文化，イは室町時代の文化，ウは鎌倉時代の文化の説明である。
(5) ア，イ，エはいずれも江戸時代に活躍した画家である。

3

(1) 出島　(2) ア
(3) X…ア　Y…カ
(4) 例売り手の中で競争がおこり，物価が下がるという効果。

解説

(1) 出島は，長崎県の長崎港内につくられた人工島で，オランダ商館がおかれた。
(2) 朝鮮とは対馬藩を通じて国交が結ばれており，将軍の代がわりごとに朝鮮通信使が来日した。
(3) 江戸時代の経済政策の組み合わせは年代の古い順に，イ．徳川綱吉—キ．貨幣の大量発行，エ．徳川吉宗—カ．年貢率の引き上げ，ア．田沼意次—ク．長崎貿易の拡大，ウ．松平定信—オ．借金の帳消しとなる。
(4) 水野忠邦は，米をはじめとする諸物価の上昇の原因は，株仲間が商品の流通を独占しているからだと判断した。

覚え得　江戸幕府の三大改革

▷享保の改革…8代将軍 徳川吉宗
▷寛政の改革…老中 松平定信
▷天保の改革…老中 水野忠邦

09 歴史 日本の近代化

1

(1) ア，エ
(2) 尊王攘夷運動
(3) 例日本に関税自主権がないこと。
例アメリカに領事裁判権を認めたこと。

解説

(1) 日米和親条約では，下田・函館の2港を開き，アメリカ船に食料・水・石炭などを供給することなどが取り決められた。

プラスα

▷日米和親条約…1854年，ペリーと結ぶ。
下田・函館の2港を開港。
▷日米修好通商条約…1858年，ハリスと結ぶ。函館・新潟・神奈川(横浜)・兵庫(神戸)・長崎の5港を開港。

(2) 開国に反対した大名や公家を処罰した事件を安政の大獄という。
(3) 関税自主権とは，輸出入品にかける関税の税率を自主的に決められる権利のこと。領事裁判権とは，日本に住む外国人が罪をおかしても，その国の領事によって裁判をうける権利のことである。

2

(1) ウ　(2) 例朝廷に政権を返すこと。

解説

(1) 貿易が始まると，外国から綿織物や武器などの工業製品が輸入され，日本からは生糸や茶などの原材料が輸出された。
(2) 大政奉還により，260年あまり続いた江戸幕府は滅亡した。

3

(1) 記号…ア　人物…伊藤博文
(2) 例不平等条約の改正を交渉すること。

解説

(1) 写真の右から2人目が伊藤博文で，日本の初代内閣総理大臣である。イは板垣退助，ウは西郷隆盛についての記述である。
(2) 岩倉使節団は，幕府から引きついだ不平等条約の改正を大きな目標としていた。

4

(1) イ　(2) ウ　(3) エ

解説

(1) 大日本帝国憲法のもとでは主権は天皇にあり，帝国議会は天皇の協賛機関であったため，議会の権限は現在の国会よりも弱かった。

(2) 甲午農民戦争は，外国勢力の進出と政府に対する不満からおこった朝鮮での反乱。これをしずめるために朝鮮政府は清に出兵を求め，日本もこれに対抗して出兵した。

覚え得　日清・日露戦争の講和条約

▷日清戦争の講和条約…下関条約

▷日露戦争の講和条約…ポーツマス条約

10 歴史 二度の世界大戦と日本

1

(1) A…ドイツ　B…イギリス

(2) エ　(3) 日英同盟

(4) 例 第一次世界大戦の反省に立ち，世界平和を守るため。

(5) エ

解説

(1) ドイツは1882年にイタリア・オーストリアとの間で三国同盟を結んだ。ドイツの勢力拡大をおそれたイギリスとロシアは，フランスとともに三国協商を成立させた。

(2) 第一次世界大戦の講和会議はパリで開かれ，ベルサイユ条約が結ばれた。

(5) アは昭和時代，イ・ウは明治時代のようす。

2

(1) A…暴力　B…服従　(2) エ

解説

(1) 写真の人物はガンディーである。ガンディーは非暴力・不服従の方針を唱え，イギリスに対して完全な自治を求める運動を指導した。

(2) 中国は日本の二十一か条の要求の取り消しを求めたが認められず，ドイツの権益を日本が引きつぐことになった。このため，民衆の反日運動がおこり，さらに帝国主義に反対する国民運動へと発展した。

覚え得　アジアの民族運動

▷五・四運動…中国でおこった反日運動

▷三・一独立運動…朝鮮でおこった独立運動

3

(1) エ

(2) 例 本国と植民地の貿易を増やし，外国の商品をしめ出すブロック経済を行った。

解説

(1) 世界恐慌が始まった年は1929年，普通選挙法の成立は1925年である。アは1918年，イは第二次世界大戦後の1956年，ウは日露戦争後の1905年のできごとである。

(2) ブロック経済とは，植民地の商品には関税を安くし，ほかの国の商品には高い関税をかけて外国の商品をしめ出したもの。

4

(1) 南満州鉄道　(2) 国家総動員法

(3) 太平洋戦争　(4) エ

(5) サンフランシスコ平和条約

(6) 沖縄県

解説

(2) 国家総動員法は，戦争の長期化に備え，総力をあげて戦争に取り組むために定められた。

(4)(5)(6) 1951年，アメリカは講和会議を開き，日本はサンフランシスコ平和条約を結んだ。この条約では，沖縄や小笠原諸島などをアメリカの統治下におくこととされた。1956年の日ソ共同宣言の調印で日本は国際連合への加盟が認められ，国際社会に復帰した。

11 公民 現代社会と民主政治

1

(1) ア

(2) 例 ならんだ順に受付されて空いている受付がないので，効率がよく公正である。

解説

(1) 1950年代後半から1973年の石油危機まで続いた急

速な経済成長を高度経済成長という。イは大正時代，ウ・エは高度経済成長期後である。

⑵ 合意をめざす上で，無駄のない状態(効率)を心がける。その際，機会や結果に不平等がないようにする(公正)。

2

⑴ イ　⑵ エ

解説

⑴ 近代革命とは，市民が中心となり自由や平等を求めておこした革命。また，ワイマール憲法は，世界で初めて社会権を保障した憲法である。

⑵ フランス革命中に出された人権宣言は，基本的人権の尊重や国民主権などの原則を宣言した。

3

⑴ 平和

⑵ 例(憲法に違反する)法律や命令は効力をもたない。

⑶ A…オ　B…ウ　⑷ ア

⑸ エ　⑹ ア→エ→ウ→イ

解説

⑴ 日本国憲法は，国民主権，平和主義，基本的人権の尊重の３つの基本原則から成り立つ。

⑶ 基本的人権は人間が生まれながらにしてもっている権利であり，日本国憲法では「侵すことのできない永久の権利」として定め，これを保障している。

⑷ 憲法が定める自由権には，精神の自由，身体の自由，経済活動の自由がある。イは国民の義務，ウは社会権，エは平等権である。

覚え得 基本的人権

▷**自由権**…精神の自由・身体の自由・経済活動の自由
▷**平等権**…法の下の平等
▷**社会権**…生存権・教育を受ける権利・労働者の権利
▷**人権を守るための権利**…参政権・請求権

⑸ 天皇は，内閣の助言と承認にもとづいて，形式的・儀礼的な国事行為を行う。エの条約の承認は，国会のしごとである。

⑹ 憲法改正は，提案→発議→国民投票→公布という手続きによって行われる。

4

⑴ イ　⑵ A党　⑶ 連立政権[内閣]

解説

⑴ 衆議院議員選挙は，小選挙区制(定数289)と比例代表制(定数176)を組み合わせた小選挙区比例代表並立制。参議院議員選挙は，選挙区制(定数148※)と比例代表制(定数100※)で行われ，３年ごとに半数ずつが改選される。　※2022年７月からの定数。

⑶ １つの政党だけで国会の議席の過半数を占めることができないときなどに，複数の政党が協力した内閣による政権を，連立政権(内閣)という。

12 公民 日本の政治のしくみ

1

⑴ A…最高機関　B…代表

⑵ ウ　⑶ エ

⑷ 例少数意見を尊重すること。

解説

⑵ 日本の国会は，衆議院と参議院からなる二院制をとっており，衆議院の優越が認められている。審議や議決を慎重に行うことができるが，両院の意見が合わないときに政治が不安定になりやすいという欠点もある。

プラスα

衆議院のほうが議員の任期が短く解散もあるので，参議院より民意を反映している。そのため衆議院の優越がある。

⑶ アの予算案の作成は内閣のしごと，イの国会議員は裁判官の誤り，ウは天皇の国事行為である。

⑷ 多数決を行うときは，少数派の意見も聞いて話し合いをすることが必要である。多数派の意見だからといって正しいとは限らない。

2

⑴ イ　⑵ 総辞職

解説

⑵ このように，内閣が国会の信任のうえに成り立ち，国会に対して連帯して責任を負う制度を議院内閣制という。

3

⑴ ア

(2) 例国民の視点や感覚が裁判に反映され，裁判に対する理解と信頼が深まる。

解説

(1) 裁判所は公正・中立であるために**司法権の独立**が認められているが，不正を行った裁判官を裁く弾劾裁判所の設置は国会の権限である。

(2) 2009年5月にスタートした**裁判員制度**は，国民の感覚を司法に取り入れることが目的の1つ。

4

(1) エ

(2) 例権力を分散させて，濫用されるのを防ぐため。

解説

(1) わが国は，国の権力を立法権(国会)，**行政権**(内閣)，**司法権**(裁判所)の3つに分ける**三権分立**のしくみをとっている。

(2) 国の権力が1か所に集中すると，抑制が働かず，人権が侵害されるといった問題がおきる可能性があるため，三権分立によってその濫用を防ぐ。

5

(1) エ　　(2) 直接請求権

解説

(1) **地方自治**はその地域の住民が自分たちで地域にあった身近な政治を行うことから民主政治の原点であり，「**民主主義の学校**」といわれる。

(2) **直接請求権**は，有権者の一定割合の署名を集め，指定機関に請求することができる住民の権利。

13 公民 経済のしくみと国民生活

1

(1) ア　　(2) エ　　(3) イ

(4) 製造物責任法[PL法]　　(5) 卸売業

解説

(1) 家計が企業に労働力を提供するのに対して，企業は家計に賃金を支払う。

(2) **公共サービス**とは，社会を維持するのに必要なサービスであり，消防や警察，教育，社会保障などがこれにあたる。

(3) **消費支出**とは，家計の支出のうち，生活のために支出される費用のことである。食料費のほか，住居費，光熱費，交通・通信費などがある。

(4) 消費者保護の観点から，欠陥品による損害賠償の責任を生産者に負わせることとなった。

(5) 生産された商品はおもに，**生産者→卸売業者→小売業者→消費者**の経路で流通する。

2

(1) エ　　(2) イ

(3) 例国民の生活にあたえる影響が大きいから。

(4) ウ　　(5) エ

解説

(1) **需要量**は消費者が購入しようとする量，**供給量**は生産者が販売しようとする量。価格Pのとき，供給量は需要量より多いので価格は下落する。

(2)(3) 電気・ガス・水道，鉄道などの価格は**公共料金**とよばれ，自由競争のもとで価格が決定されると国民生活に大きな影響をあたえることとなる。そのため，国や地方公共団体が価格を決定したり，認可したりするようになっている。

(4) **日本銀行**は，国債や手形の売買による公開市場操作や預金準備率操作などで通貨量を調節する。

(5) 好景気と不景気が交互にくり返されることを，**景気変動**という。

覚え得 景気変動

▷**インフレーション(インフレ)**…好景気のとき。
通貨の流通量が増え，通貨価値が下落し物価が上がる。

▷**デフレーション(デフレ)**…不景気のとき。
不景気で所得が低くなり消費が低迷し，物価が下がる。

3

(1) ア　　(2) エ

解説

(1) **国税**には，所得税や法人税，相続税，消費税など，**地方税**には，自動車税，固定資産税などがある。

(2) **社会保障制度**は憲法第25条で保障されている**生存権**をもとに整備されてい

おもな税金

		直接税	間接税
国税		所得税 相続税 法人税	消費税 酒税 たばこ税 関税
地方税	都道府県	道府県民税 (都民税) 事業税 自動車税	道府県たばこ税 ゴルフ場利用税 地方消費税
	市町村	市町村民税 固定資産税	市町村たばこ税 入湯税

る。わが国の社会保障制度には4つの柱があり，アは社会保険，イは社会福祉，ウは公衆衛生に分類される。公的扶助は生活が困難な人に生活費などを支給し，自立を支援する内容である。

14 公民 国際社会と世界の平和

1

(1) ウ

(2) 例沿岸国が水産資源や鉱産資源を自由にとることができる水域。

解説

(1) **排他的経済水域**は，沿岸から12海里までの領海をのぞいた200海里までの水域である。アは，沿岸から12海里なので領海である。

覚え得 国家の領域

▷**領土**…その国家の土地。

▷**領海**…日本では沿岸から12海里(約22km)。

▷**領空**…領土と領海の上空，大気圏内まで。

(2) 排他的経済水域内は，沿岸国に水産資源や鉱産資源の権利が認められている。外国船の航行は自由にできることが認められている。

2

(1) 安全保障理事会

(2) 拒否権　(3) イ

(4) ヨーロッパ・旧ソ連…イ

アフリカ…エ

(5) 世界人権宣言

解説

(1) **国際連合**は，総会，事務局，国際司法裁判所，安全保障理事会，経済社会理事会などのおもな機関から成り立っている。

(2) 安全保障理事会はアメリカ合衆国，イギリス，フランス，ロシア連邦，中国の5つの**常任理事国**と非常任理事国からなり，常任理事国は**拒否権**をもつ。

(3) UNESCOは国連教育科学文化機関で，義務教育の普及率の向上や世界遺産の登録などを行う。アはPKO(平和維持活動)，ウはIMF(国際通貨基金)，エはWHO(世界保健機関)についての説明である。

(4) ヨーロッパ・旧ソ連は，ソ連の解体などにともない，1990年代初めに国家の数が増えたことからイ。アフリカは，1960年が「アフリカの年」といわれるように，1945年から1970年の増加が激しいエである。加盟国数が少ないアはオセアニア，ウは南北アメリカである。2021年現在の国連加盟国数は，193となっている。

3

(1) イ　(2) 南北問題

(3) ① キ　② オ

解説

(1) 地域ごとに経済や安全保障などの分野で協力を強める動きが活発になっている。イは東南アジア諸国連合で，東南アジアの10か国が加盟している。アはヨーロッパ連合，ウはアジア太平洋経済協力会議，エは南米南部共同市場である。

(2) 先進工業国と発展途上国の間にある経済格差とその解消などをめぐる問題を**南北問題**という。先進工業国が北に多く，発展途上国はその南側に多いことから，このようによばれる。

(3) 日本の**政府開発援助(ODA)**の援助額は世界有数で，青年海外協力隊の派遣など，国際協力に貢献している。

4

A…ア　B…ウ　C…オ　D…イ

解説

地球温暖化は，生活の中で排出される二酸化炭素などの**温室効果ガス**の増加が原因とされる。1997年には地球温暖化防止京都会議が開かれ，温室効果ガスの排出削減を先進工業国に義務づける**京都議定書**が採択された。また，2015年に**パリ協定**が採択され，発展途上国をふくむ各国・地域がそれぞれ削減目標を設定し，取り組むことになった。

理科

01 生命 植物のなかまわけとからだのつくり

1

(1) X…胚珠　Y…葉・茎・根の区別[維管束]

(2) a

(3)

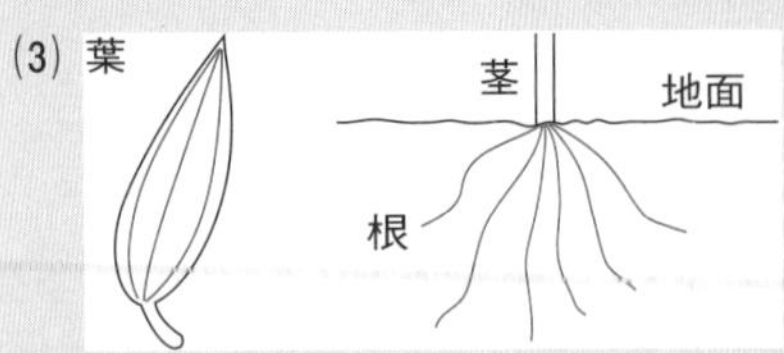

(4) イ，オ

(5) ① ウ　② イ　③ エ　④ ア

解説

(2) A は花粉をつくる花粉のうである。アブラナの花のつくりで花粉をつくるのは，a のやくである。

(3) 子葉が 1 枚の被子植物(単子葉類)と子葉が 2 枚の被子植物(双子葉類)のちがいは，次の通りである。

覚え得　単子葉類と双子葉類の特徴

▷**単子葉類**…子葉は 1 枚，葉脈は平行(平行脈)，茎の維管束は散在，根はひげ根。

▷**双子葉類**…子葉は 2 枚，葉脈は網目状(網状脈)で，茎の維管束は輪状，根は主根と側根からなる。

2

(1) 例気泡が入らないようにするため。

(2) ① 気孔

② X…ア　Y…ウ

解説

(1) 気泡が入ると，気泡で観察したい物が見えにくくなる。

(2) ② X…道管は根で吸収した水や肥料分が通る管である。なお，師管は光合成でできた栄養分が通る管である。

Y…蒸散は，植物が水をからだの外に出す現象である。なお，蒸留は，液体を沸騰させて気体にし，再び液体としてとり出す操作である。

3

(1) 葉緑体

(2) 多くの葉によく日光が当たる点。

(3) ア

(4) 光合成でとり入れる二酸化炭素の量のほうが，呼吸で出す二酸化炭素の量より多く，試験管内の二酸化炭素の量が減ったから。

解説

(2) 多くの葉に日光が当たるほど，光合成は盛んに行われる。

(3) a…表から，試験管 B の石灰水は白くにごったので，二酸化炭素が吹きこまれていたことがわかる。

b…表から，試験管 D の石灰水は変化しなかったので，二酸化炭素は吹きこまれていなかったことがわかる。

(4) 光が当たったとき，植物は呼吸と光合成を行うが，じゅうぶんに光が当たっているときは，光合成のほうを盛んに行う。

02 生命 動物のなかまわけと生物のからだのつくり

1

(1) 無脊椎動物

(2) 名称…軟体動物　記号…ウ，エ

(3) X…エ　Y…イ　Z…ウ

(4) ① 肉食動物

② 獲物をとらえるための犬歯[肉をさいて骨をかみくだくためのするどい臼歯]が発達しているから。

解説

(3) X…鳥類，は虫類は，一生肺で呼吸をする。両生類の子はえらと皮ふ，親は肺と皮ふで呼吸をする。魚類は，一生えらで呼吸をする。

Y…鳥類とは虫類は，乾燥に耐えることのできる，殻のある卵を陸上にうむ。両生類は，殻のない卵を水中にうむ。

Z…鳥類は，からだが羽毛でおおわれている。は虫類は，からだがかたいうろこでおおわれている。

2

(1) 記号…c　名称…核

(2) 記号…d　名称…葉緑体

解説

a は細胞壁，b は細胞膜，c は核，d は葉緑体である。

3

(1) 突然の沸騰[突沸]を防ぐため。

(2) (ア) A (イ) C (ウ) D ((ア)と(イ)は順不同)

(エ) 麦芽糖など[ブドウ糖がいくつかつながったもの]

(3) ① 大きな ② 小さな

③ 分解 ④ 吸収

解説

(2) ヨウ素液はデンプンの有無，ベネジクト液はブドウ糖や麦芽糖などの有無を確認できる。

(ア)(イ)だ液のはたらきでデンプンがなくなったことは，Aの液体(デンプンのり＋だ液＋ヨウ素液)とCの液体(デンプンのり＋水＋ヨウ素液)を比較すればわかる。

(ウ)(エ) Bの液体(デンプンのり＋だ液＋ベネジクト液)とDの液体(デンプンのり＋水＋ベネジクト液)を比較すると，だ液のはたらきでデンプンが分解されて麦芽糖などができたかどうかを確認できる。なお，この実験では，デンプンはだ液でブドウ糖まで分解されるわけではない。

03 生命 動物のからだのつくりと生物の進化

1

(1) 肺胞 (2) エ (3) ア

(4) ① 肝臓 ② じん臓

解説

(2) 血液は，肺(肺胞)で，酸素をとり入れている。したがって，肺から出て心臓を経由し全身に向かっていく血液が流れる部分を選べばよい。

(3) イ…白血球は二酸化炭素を分解しない。

ウ…赤血球に含まれるヘモグロビンは，酸素が多いところでは酸素と結びつき，酸素が少ないところでは酸素をはなす性質がある。

エ…栄養分を全身に運ぶのは，血しょうである。

覚え得 血液の成分

▷**赤血球**……酸素を運ぶ。ヘモグロビンを含む。

▷**白血球**……体内に入った細菌などの病原体を分解する。

▷**血小板**……出血時に血を固める。

▷**血しょう**…栄養分，二酸化炭素，不要な物質を運ぶ。

2

(1) 感覚神経

(2) ① エ ② ア ③ イ

(3) ① b

② 目に入る光の量を調節する役割。

解説

(1) 感覚器官で受けとった刺激の信号を脳や脊髄に伝える神経を感覚神経という。

(2) ①手で受けとった刺激に対して無意識に起こった反応(反射)なので，信号は，感覚器官→B→脊髄→F→運動器官と伝わった。

②足の皮ふで受けとった刺激に対して意識的に起こした反応なので，信号は，感覚器官→B→脊髄→C→脳→D→脊髄→F→運動器官と伝わった。

③目で受けとった刺激に対して意識的に起こした反応である。刺激を受けとる感覚器官が首より上である場合，信号は脊髄を通らずに脳に伝わるので，信号は，感覚器官→A→脳→D→脊髄→F→運動器官と伝わった。

3

(1) 相同器官 (2) イ (3) 進化

解説

(2) シソチョウは，次のような鳥類の特徴とは虫類の特徴をもつことから，鳥類がは虫類から進化した証拠だと考えられている。

覚え得 シソチョウがもつ鳥類とは虫類の特徴

▷**鳥類の特徴**……つばさ，くちばし，羽毛をもつ。

▷**は虫類の特徴**…つばさ(前あし)のつめ，歯，尾をもつ。

04 生命 生物の成長とふえ方・自然界のつり合い

1

(1) エ

(2) 細胞1つ1つを離しやすくするため。

(3) 酢酸オルセイン溶液[酢酸カーミン溶液，酢酸ダーリア溶液]

(4) a→c→b→e→d

(5) デオキシリボ核酸[DNA]

社会 理科 数学 英語 国語

(6) 細胞内の染色体数は，細胞分裂の前後で変化しない。

解説

(1) 細胞分裂は，根の先端に近い部分で盛んに行われているので，細胞分裂を観察するときは，この部分を使う。

(4) 染色体のようすに注目するとよい。

(6) 実験で観察された細胞分裂では，分裂の前に染色体が複製され，数が2倍になる。その染色体が，分裂によって半数ずつに分かれて，1個の細胞に入るので，この細胞分裂でできた1個の細胞の染色体数は，もとの細胞の染色体数と同じになる。

2

(1) 顕性(の)形質

(2) ① a　② Aa

(3) ア

(4) 1：1

解説

(2) ①1の丸い種子をつくる純系のエンドウの遺伝子の組み合わせはAA，しわのある種子をつくる純系のエンドウの遺伝子の組み合わせはaaである。これらのエンドウが受粉してできる子の遺伝子の組み合わせは，すべてAaになる。2で子がつくる生殖細胞の遺伝子は，A，aのいずれかである。図で，①ではないほうの生殖細胞を受けついだ孫の遺伝子の組み合わせがAAであることから，①ではないほうの遺伝子はA，①の遺伝子はaであることがわかる。

②①と同様に考えると，遺伝子が生殖細胞を通じて伝わるしくみは，図Ⅰのようになる。したがって，②の遺伝子はAaとなる。

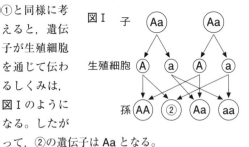

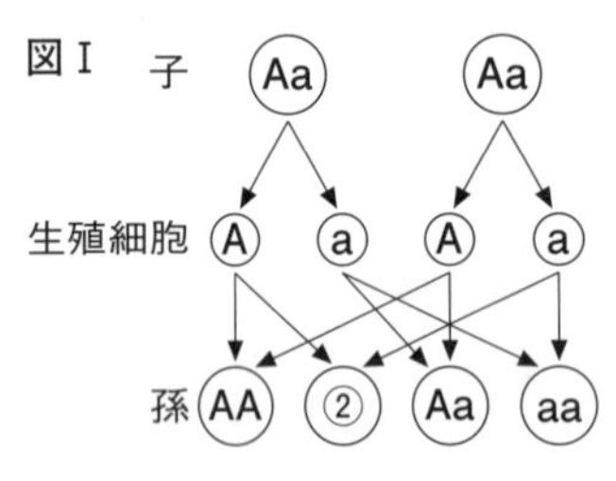

(3) 2では，AA，Aa，aaの遺伝子をもつ種子が，1：2：1の割合でできる。Aの遺伝子をもつ種子は丸い種子になるから，丸い種子，しわのある種子は3：1の割合でできる。したがって，2でできたしわのある種子の数をx〔個〕とすると，

$6000 : x = 4 : 1$　　$x = 1500$個

(4) 1でできた種子をまいて育てたエンドウの遺伝子の組み合わせはAa，しわのある種子をつくる純系のエンドウの遺伝子の組み合わせはaaである。この2つのエンドウをかけ合わせると，図Ⅱのように，Aa，aaの遺伝子をもつ種子が，1：1の割合でできる。Aaの遺伝子をもつ種子は丸い種子，aaの遺伝子をもつ種子はしわのある種子になるから，丸い種子：しわのある種子＝1：1となる。

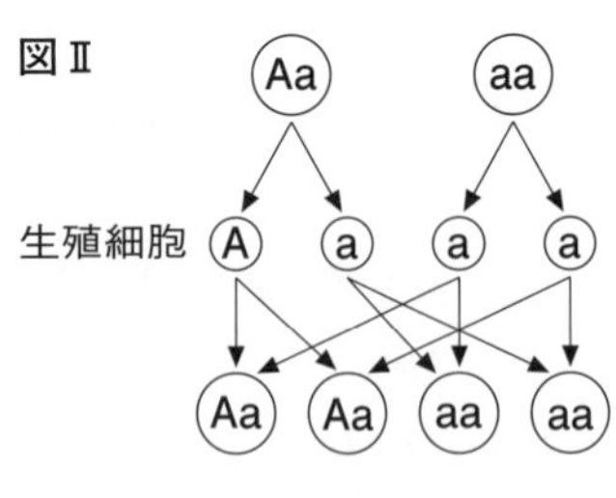

3

(1) a…呼吸　b…光合成

(2) e，f，g，h，i

(3)

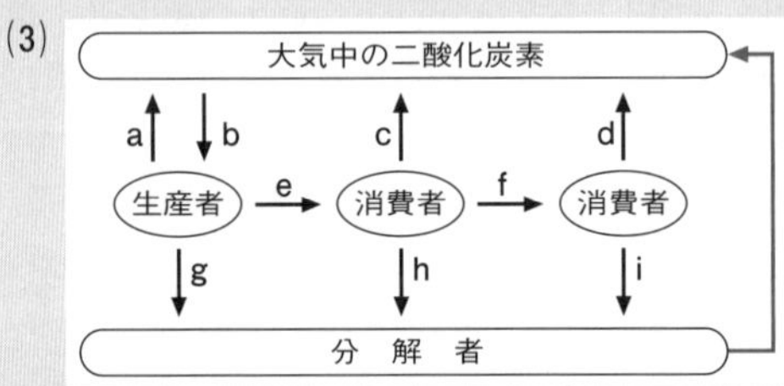

(4) ① 化石燃料

② 地球から宇宙空間に放出される熱を逃がしにくくする性質があるから。

解説

(1) 生産者は，自ら有機物をつくる植物である。aは二酸化炭素を放出していることを表しているので，呼吸である。bは二酸化炭素をとり入れていることを表しているので，光合成である。

(2) 消費者は，生産者やほかの消費者を食べて栄養分を得ているので，e，fは有機物に含まれている炭素の流れである。また，分解者は，生産者や消費者の死がいや消費者の排出物などの有機物を無機物に分解するので，g，h，iも有機物に含まれる炭素の流れである。

(3) 分解者は，有機物を分解するときに大気中に二酸化炭素を放出する。

05 地球 火山・地震・地層

1

(1) 斑状組織　(2) ウ

(3) ゆっくりと冷え固まってできたから。

(4) ア

解説

(1) 大きな鉱物(斑晶)のまわりに小さな粒(石基)がつまっているつくりを，斑状組織という。

覚え得 火成岩の種類

▷**火山岩**…地表や地表近くで急に冷え固まってできる。斑晶と石基からなる斑状組織をもつ。

▷**深成岩**…地下深くでゆっくりと冷え固まってできる。大きな結晶だけが組み合わさった等粒状組織をもつ。

(4) イは不規則な形をした黄緑色の鉱物，ウは不規則な形をした白色や無色の鉱物，エは柱状の形をした白色や無色の鉱物である。

2

(1) X…初期微動　Y…主要動

(2) 7.2km/s　(3) イ

(4) ① 震度　② マグニチュード

(5) ウ，オ

解説

(2) 地点Aと地点Bの震源からの距離の差は79kmである。また，地点Aでゆれ X が始まった11秒後に地点Bでゆれ X が始まったので，ゆれ X を伝える波の速さは，79km÷11s＝7.18…km/s

すなわち，7.2km/s

(3) ゆれ X が始まってからゆれ Y が始まるまでの時間(初期微動継続時間)と，震源からの距離は比例関係にある。地点Aでの初期微動継続時間が8秒，地点Bでの初期微動継続時間が18秒で，地点Pの初期微動継続時間が15秒であることから，震源から地点Pまでの距離は61km以上140km未満であることがわかる。

(5) ア…地震が発生した地下の場所は震源という。震央とは，震源の真上の地表の地点である。

イ…ゆれ X を伝える波とゆれ Y を伝える波が発生する時刻は同じである。ゆれ X とゆれ Y が始まった時刻に差が生じるのは，**ゆれ X を伝える波の速さのほうが，ゆれ Y を伝える波の速さより速いから**である。

エ…日本付近では，**太平洋側のプレートが大陸側のプレートの下に沈みこんでいる**。大陸側のプレートがゆがみに耐えきれなくなって反発すると，地震が発生する。

3

(1) 凝灰岩

(2) あたたかくて浅い海

(3) b→c→a

(4) イ

解説

(1) 凝灰岩は，火山灰からできた堆積岩である。このことから，地層に凝灰岩が含まれていれば，その地域では以前火山の噴火があったと考えられる。

(2) 現在のサンゴが，どのようなところに生息しているかを考えればよい。サンゴは，沖縄などのあたたかい浅い海に生息している。なお，サンゴの化石のように，地層が堆積した当時の環境を推測できる化石を示相化石という。

(3) 上下の逆転や断層がなければ，**下の層ほど堆積した時代が古い**といえる。aの層は，凝灰岩の層より上に堆積しているので，最も新しい。cの層は凝灰岩の層のすぐ下に堆積しているので，bの層より新しい層である。したがって，bの層が3つの層の中で，堆積した時代が最も古いといえる。これらのことから，a，b，cの層を堆積した時代が古い順に並べると，b，c，aの順になる。

(4) 柱状図を標高で考えると，次の図のように表すことができる。地点Aの凝灰岩の層が地点B，Cの凝灰岩の層より下がっているので，地層は東から西に向かって傾いていることがわかる。

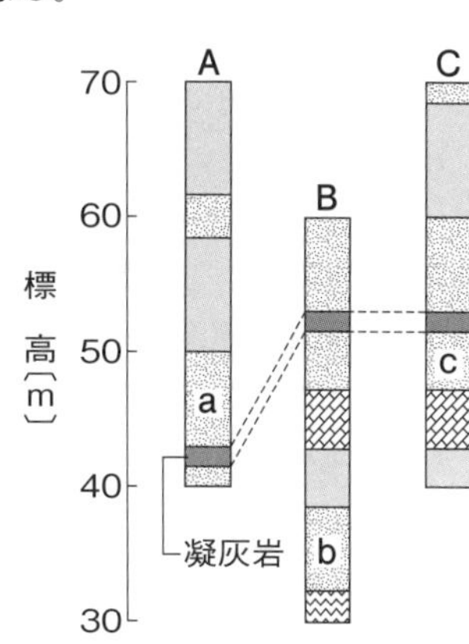

06 地球 天気の変化

1

(1) 露点　(2) 70.9%　(3) 865g

(4) 空気中に含まれている水蒸気量が多く，水が蒸発しにくいから。

解説

(2) 26℃のときの飽和水蒸気量は24.4g/m³。また，露点が20℃であるから，空気中に含まれる水蒸気量は$17.3\mathrm{g/m^3}$である。したがって，部屋の湿度(しつど)は，

$17.3\mathrm{g/m^3} \div 24.4\mathrm{g/m^3} \times 100 = 70.90\cdots$

すなわち，70.9％

覚え得　湿度の求め方

$$湿度〔\%〕= \frac{空気中の水蒸気量〔\mathrm{g/m^3}〕}{その気温での飽和水蒸気量〔\mathrm{g/m^3}〕} \times 100$$

(3)　$17.3\mathrm{g/m^3} \times 50\mathrm{m^3} = 865\mathrm{g}$

2

(1) 気温

(2) 天気…くもり　風向…南南東　風力…4

(3) 1日目…B　2日目…C　3日目…A

(4) ウ

(5) ① 晴れ

② Aで，日本の西側に高気圧があるから。

解説

(1)　グラフXは，雨が降らなかった1日目に，15時で最も高くなる山型の変化をしているので，気温だとわかる。

(3)　日本付近では，低気圧や高気圧が西から東に移動していく。図1より，1日目は晴れているので長野県付近に低気圧のないB。2日目と3日目は前線をともなう低気圧の動きから判断する。

(4)　長野県を寒冷前線が通り過ぎたのは，図2のAの天気図なので，3日目である。また，寒冷前線が通り過ぎると，気温が下がる，激しい雨が降る，風向が南よりから北よりに変わるなどの変化が見られるので，3時から9時の間に通過したと考えられる。

3

(1) ①群…イ　②群…コ

(2) へんせい

解説

(1)　気圧配置が西高東低であるから，冬の天気図である。冬は，ユーラシア大陸で発達するシベリア気団の影響で，日本海側は大雪になり，太平洋側は乾燥した晴天が多くなる。なお，オホーツク海気団は日本の北のオホーツク海上にできる気団で，つゆの時期に発達する。

覚え得　気団の性質

▷陸上で発達する気団は乾燥していて，海上で発達する気団は湿っている。

▷日本の北側で発達する気団は冷たく，南側で発達する気団はあたたかい。

(2)　台風は，夏の間ユーラシア大陸に進むが，秋になって小笠原気団(おがさわらきだん)が弱まってくると，この気団に沿うように北上することが多くなる。この北上した台風は，偏西風に流されて東よりに進路を変える。

07　地球　地球と宇宙

1

(1) D　(2) ∠AOP[∠POA]

(3) 45°　(4) 12時10分

(5) 地球が自転しているから。

解説

(1)　太陽は東からのぼり，南の空を通って西に沈むので，Aが南，Bが東，Cが北，Dが西である。

(3)　透明半球の半円周は30cm，P点とA点を結ぶ弧の距離は7.5cmであるから，求める南中高度をx°とすると，$180 : x = 30 : 7.5$　　$x = 45°$

(4)　太陽は，12時の位置(N点)より0.4cm動いてP点に達している。太陽が1時間に透明半球上を動く長さは，$7.2\mathrm{cm} \div 3 = 2.4\mathrm{cm}$

太陽が0.4cm動くのにかかる時間をy〔分〕とすると，

$60 : y = 2.4 : 0.4$　　$y = 10$分

よって，南中した時刻は12時10分である。

2

(1) 公転の向き…b

自転の向き…c

(2) C　(3) ふたご座

(4) ① B　② D　③ ウ

解説

(1)　地球を北極側から見ると，地球は反時計回りに公転している。また，地球を北極側から見ると，地球は反時計回りに自転している。

(2)　北極側から地球を見て，地軸が太陽側に傾いているCの位置にあるとき，日本は夏至(げし)である。なお，地球がAの位置にあるときは秋分，Bの位置にある

ときは春分，Dの位置にあるときは冬至である。

(3) 真夜中に南中する星座は，**太陽と反対側の位置にある星座**である。

(4) ①おとめ座が日没のときに東の空に見えるのは，太陽，地球，おとめ座が図Ⅰのような位置関係になったときである。

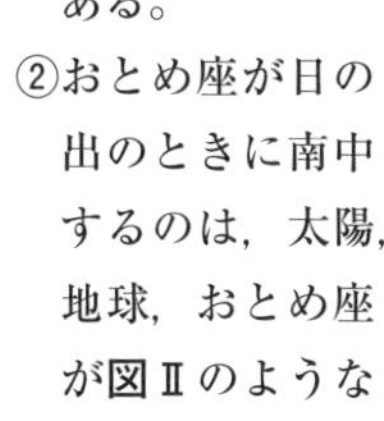

②おとめ座が日の出のときに南中するのは，太陽，地球，おとめ座が図Ⅱのような位置関係になったときである。

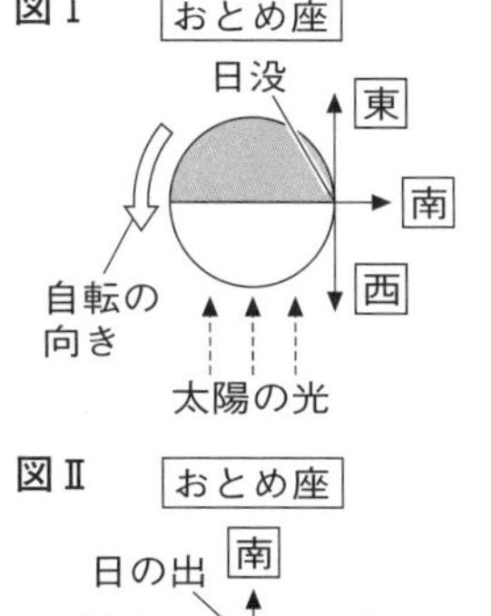

3

(1) ① d　② イ　(2) 衛星　(3) ア

解説

(1) ①日食と月食は，次のようなときに起こる。

覚え得　日食と月食

▷**日食**…月が太陽をかくして，太陽の一部または全部が欠けて見える現象。太陽，月，地球の順に一直線上に並んだときに起こる。

▷**月食**…地球の影に月が入り，月の一部または全部が欠けて見える現象。太陽，地球，月の順に一直線上に並んだときに起こる。

(3) **日の入り後に金星が見えるのは，西の空である。**日の入り後に西の空に見える月の位置は，右の図のXの位置なので，月の形は三日月である。

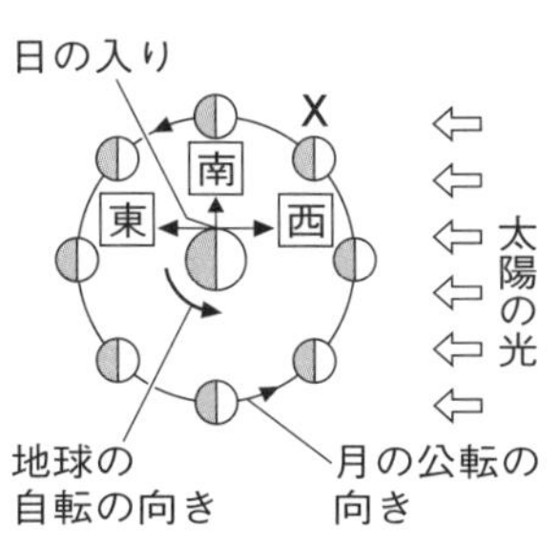

08 物質　身のまわりの物質

1

(1) 方法…水上置換法
性質…水に溶けにくい性質。

(2) エ　(3) イ

解説

(2)(3) 亜鉛や鉄にうすい塩酸を加えると，水素が発生する。水素には，火をつけると**燃える性質**がある。

2

(1) 溶媒　(2) イ　(3) 45g　(4) ウ

(5) 硝酸カリウムのほうが，水の温度が変化したときに溶解度が大きく変化するから。

解説

(2) 水5.0gに硝酸カリウム3.0gがすべて溶ける温度は，水100gに硝酸カリウム60.0gがすべて溶ける温度と同じである。

(3) 水5.0gに硝酸カリウムが3.0gすべて溶けたとき，質量パーセント濃度は，

$3.0\text{g} \div 8.0\text{g} \times 100 = 37.5$より，37.5%

求める硝酸カリウムの質量をx〔g〕とすると，

$x\text{g} \div 120\text{g} \times 100 = 37.5$　　$x = 45\text{g}$

(4) 図から，20℃の水100gに硝酸カリウムは約32gまで溶ける。硝酸カリウムは109g溶けているので，出てきた硝酸カリウムの結晶の質量は，

$109 - 32 = 77\text{g}$

3

(1) 液体が突然沸騰[突沸]する現象。

(2) 発生した気体を冷やして液体にするはたらき。

(3) 0.79g/cm³

(4) ① イ　② オ

解説

(2) 液体を加熱して気体にし，再び液体にする操作を**蒸留**という。蒸留では，出てきた気体を冷やすために，水や氷水が必要である。

(3) 水の密度が1.00g/cm^3であるから，水40.0cm^3の質量は，$1.00\text{g/cm}^3 \times 40.0\text{cm}^3 = 40.0\text{g}$

よって，エタノール10.0cm^3の質量は，

$47.9 - 40.0 = 7.9\text{g}$

したがって，求めるエタノールの密度は，

$7.9\text{g} \div 10.0\text{cm}^3 = 0.79\text{g/cm}^3$

(4) ①エタノールには，**燃えやすい性質**がある。

②**水よりエタノールのほうが沸点が低い。**

09 物質 化学変化と原子・分子①

1

(1) CO_2

(2) ウ

(3) ① ウ　② X…ア　Y…エ

解説

炭酸水素ナトリウムを加熱すると，炭酸ナトリウム，二酸化炭素，水に分解する。

(1) 二酸化炭素は，石灰水を白くにごらせる。

(2) 分解とは，1種類の物質が2種類以上の物質に分かれる化学変化である。ウでは，酸化銀が銀と酸素に分かれる。

2

(1) 水に電流を流しやすくするため。

(2) A…O_2　B…H_2

(3) 単体

(4) $2H_2+O_2 \longrightarrow 2H_2O$

解説

(2) 酸素はものを燃やす性質があるので，火のついた線香を入れると炎をあげて激しく燃える。水素は燃える性質があるので，火を近づけると燃える。

覚え得　水の電気分解で発生する気体の体積比

水の電気分解で発生する水素と酸素の体積比（水素：酸素）は2：1である。

(4) 電子オルゴールがなったのは，水素と酸素が結びついて，電気エネルギーが生じたためである。

3

(1) ① $Fe+S \longrightarrow FeS$

② 物質…鉄

質量…0.9g

(2) A…イ　B…ア

解説

(1) ②試験管Aでは，鉄粉7gと硫黄(いおう)4gがすべて反応して硫化鉄(りゅうかてつ)になったことから，鉄と硫黄の質量の比は7：4

硫黄5.2gをすべて反応させるために必要な鉄粉の質量をx〔g〕とすると，

$x:5.2=7:4$　$x=9.1$g

したがって，硫黄はすべて反応し，鉄粉が残ることになる。残った鉄粉の質量は，

$10-9.1=0.9$g

(2) 硫化鉄に塩酸を加えると，特有の刺激臭のある気体(硫化水素)が発生する。試験管Bには鉄があるので，無臭の気体(水素)が発生する。

覚え得　鉄と硫黄の混合物と硫化鉄の性質のちがい

	鉄と硫黄の混合物	硫化鉄
物質の色	黄色っぽい灰色	黒色
磁石へのつき方	つく。	つかない。
うすい塩酸を加えたときの反応	においのない気体(水素)が発生。	刺激臭のある気体(硫化水素)が発生。

10 物質 化学変化と原子・分子②

1

(1) 石灰水が試験管Xに逆流するのを防ぐため。

(2) ① イ　② エ

(3) ① H_2　② Cu　③ H_2O

(②と③は順不同)

解説

(1) ガラス管を石灰水からとり出さずに，ガスバーナーの火を消すと，石灰水が逆流して試験管Xに流れこみ，試験管が割れるおそれがある。

(2) 酸化銅は炭素に酸素をうばわれて銅になっているので，酸化銅に起こった化学変化は還元(かんげん)である。このとき，炭素は酸化銅からうばった酸素と結びついて二酸化炭素になるため，試験管Xの中にある固体の物質の質量の合計は減ることになる。

(3) 水素(H_2)を使って酸化銅(CuO)を還元すると，酸化銅は酸素をうばわれて銅(Cu)になり，水素はその酸素と結びついて水(H_2O)になる。

2

(1) 泡[二酸化炭素]が出なくなる。

(2) NaCl，CO_2，H_2O　(順不同)

(3) 発生した気体[二酸化炭素]が空気中に出ていったから。

(4) ① 質量保存　② 原子

(5) ア

解説

(2) 炭酸水素ナトリウムとうすい塩酸の反応では，塩化ナトリウム($NaCl$)，二酸化炭素(CO_2)，水(H_2O)ができる。

(5) アでできる物質は，塩化ナトリウムと炭酸カルシウム(沈殿)で，気体が発生しないため，反応の前後で全体の質量は変化しない。なお，イでは硫化水素，ウでは酸素，エでは水素が発生するため，化学変化後の装置全体の質量は小さくなる。

3

(1) MgO

(2) 加熱しても，ステンレス皿の質量は変化しないこと。

(3) 右図

(4) 69%

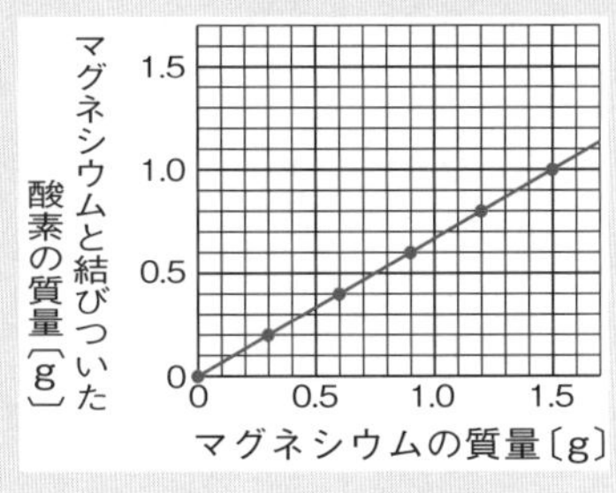

解説

(1) この実験では，酸化マグネシウムができる。

(3) マグネシウムの質量＝

加熱前の皿全体の質量－皿の質量

マグネシウムと結びついた酸素の質量＝

加熱後の皿全体の質量－加熱前の皿全体の質量

B～F班のマグネシウムの質量とマグネシウムと結びついた酸素の質量を求めると，次の表のようになる。この表をもとに測定点をとる。

	B班	C班	D班	E班	F班
マグネシウムの質量〔g〕	1.5	0.6	1.2	0.9	0.3
結びついた酸素の質量〔g〕	1.0	0.4	0.8	0.6	0.2

(4) マグネシウムとマグネシウムと結びついた酸素の質量の比は，(3)のグラフより，0.6：0.4＝3：2

加熱で結びついた酸素の質量は，7.0－4.8＝2.2g

酸化されたマグネシウムの質量をx〔g〕とすると，

x：2.2＝3：2　　x＝3.3g

したがって，マグネシウム4.8gのうち，3.3gが酸化されたので，求める割合は，

3.3g÷4.8g×100＝68.75より，69%

11 物質 化学変化とイオン

1

(1) ① 原子核(げんしかく)　② 中性子

(2) 18個

解説

(2) 原子の陽子の数と電子の数は等しい。カルシウム原子は，陽子を20個もっているから，電子も20個もっている。カルシウムイオンの化学式がCa^{2+}と表されるので，カルシウムイオンはカルシウム原子が電子を2個失ってできることがわかる。したがって，カルシウムイオンがもつ電子の数は，20－2＝18個

2

(1) 前の実験で使った水溶液(すいようえき)が混ざらないようにするため。

(2) ① H_2　② イ　③ Zn^{2+}

(3) ① 電解質の水溶液を用いること。

② 種類が異なる金属板を組み合わせること。

解説

(2) 亜鉛(あえん)板と銅板をうすい塩酸に入れると，亜鉛(Zn)が電子を2個失って亜鉛イオン(Zn^{2+})となり，塩酸中に溶け出す。亜鉛が失った電子は，導線を伝わって銅板に移動し，そこで塩酸中の水素イオン(H^+)と結びついて水素原子(H)になる。この水素原子が2個結びついて水素(H_2)となり，空気中に出ていく。なお，このとき流れる電流の向きは，電子の移動の向きとは反対になる。

3

(1) A液…青色　E液…緑色

(2) 結晶…ウ　化学式…NaCl

(3) ① H^+

② 加えた塩酸の体積が8cm^{3}までは中和が起こるため，水素イオンの数は増えないが，8cm^{3}で中性になるため，それ以上塩酸を加えると，水素イオンが増えていくから。

(4) 物質…塩酸　体積…18cm^3

解説

(1) 水溶液の性質とBTB溶液の色の関係は次の通りである。なお，水酸化ナトリウム水溶液は，アルカリ

性である。

覚え得 BTB溶液の色の変化
酸性で黄色，中性で緑色，アルカリ性で青色を示す。

(2) 水酸化ナトリウム水溶液と塩酸を混ぜると，**中和**が起こり，**塩化ナトリウム(NaCl)**ができる。**ア**は硝酸カリウム，**イ**は硫酸銅の結晶である。

(3) 中性になる(塩酸を8cm^{3}加える)までは，水素イオン(H^+)は水酸化物イオン(OH^-)と結びついて水(H_2O)になるため，水素イオンは増えないが，中性になった後は，水溶液中に水酸化物イオンがないため，水素イオンが増えていく。また，この中和によりできるNaClは，水溶液中で電離しているため，イオンの総数は0にはならない。

(4) 水酸化ナトリウム水溶液10cm^{3}に塩酸を8cm^{3}加えると中性になることから，中性になるときの水酸化ナトリウム水溶液と塩酸の体積の比(水酸化ナトリウム水溶液：塩酸)は，5：4である。A～F液をすべて混ぜ合わせると，水酸化ナトリウム水溶液60cm^{3}と塩酸30cm^{3}が混ざっていることになる。水酸化ナトリウム水溶液60cm^{3}を中性にするために必要な塩酸の体積をx〔cm^3〕とすると，

60：x＝5：4　　x＝48cm^3

したがって，中性にするためにさらに加える塩酸の体積は，48－30＝18cm^3

12 エネルギー 光・音・力

1

(1) エ　(2) ① 長く　② 大きく

(3) ウ

(4)

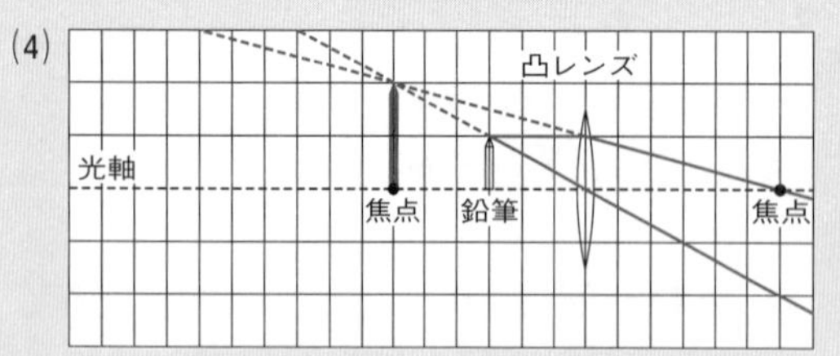

解説

(1) スクリーンにできた像は**実像**といい，実際の物体とは**上下左右が反対**になる。

(3) 物体と凸(とつ)レンズとの距離を**焦点距離**(しょうてんきょり)**の2倍**にすると，スクリーンには，**実際の物体と同じ大きさの実像ができる**。このとき凸レンズとスクリーンとの距離は，**焦点距離の2倍**になる。

(4) まず，鉛筆の先から出る光のうち，**光軸**(こうじく)**に平行に進み焦点を通るもの**と，**凸レンズの中心を通るもの**を作図する。次に，作図した2本の光の線を凸レンズとは反対側に延長する。このときできた交点が，**虚像**(きょぞう)の鉛筆の先になる。

2

(1) 音の高さは高くなり，弦(げん)の振動数は多くなる。

(2) ① 50回　② 400Hz

解説

(2) ①図2の音を出す弦が4回振動するのにかかる時間は，図2から，0.002s×5＝0.01s

図2の音を出す弦が160回振動するのにかかる時間をx〔s〕とすると，

0.01：x＝4：160　　x＝0.4s

図3の音を出す弦が，1回振動するのにかかる時間は，図3から，0.002s×4＝0.008s

したがって，図3の音を出す弦が0.4秒間で振動する回数をy〔回〕とすると，

1：y＝0.008：0.4　　y＝50回

②**振動数**とは，1秒間に音源が振動する回数である。図2の音を出す弦は，0.01秒間で4回振動するから，求める振動数をx〔Hz〕とすると，

4：x＝0.01：1　　x＝400Hz

3

(1) 1200Pa

(2) ① X…イ　Y…ウ　② イ

(3) B　(4) 8cm

解説

(1) 物体にはたらく重力の大きさは，空気中で物体をばねばかりにつるしたとき(図2のd，e，fのとき)の値である。d，e，fのとき，物体には浮力(ふりょく)がはたらいていないので，物体にはたらく重力の大きさは，図3のばねばかりが示した値のうち，最も大きい3Nである。また，物体の水槽(すいそう)の底面に接する面の面積は，

0.05m×0.05m＝0.0025m^2

したがって，物体が水槽の底面におよぼす圧力の大きさは，3N÷0.0025m^2＝1200Pa

覚え得 圧力の求め方

$$圧力〔Pa(N/m^2)〕= \frac{面を垂直に押す力〔N〕}{力のはたらく面の面積〔m^2〕}$$

(2) ②**浮力**(ふりょく)**は水中にある部分の体積が大きいほど，大**

きくなる。aのとき，物体はすべて水中にあるので，物体には最も大きな浮力がはたらいている。したがって，aのときにばねばかりが示した値は図3のグラフのうち，最も小さい1Nである。つまり，物体にはたらく浮力の大きさは，3－1＝2N

物体にはたらく重力は，地球上では3Nである。よって，aのとき，物体にはたらく重力は浮力より大きい。

(3) 図3のA点は図2のbのときの関係を表し，図3のC点は図2のdのときの関係を表している。したがって，図2のcのときの関係を表しているのは，図3のB点だといえる。

(4) (3)から，水槽(すいそう)の底面から物体の下面までの距離は，bのときは5cm，dのときは13cmである。右の図のように考えると，物体の高さは，

13－5＝8cm

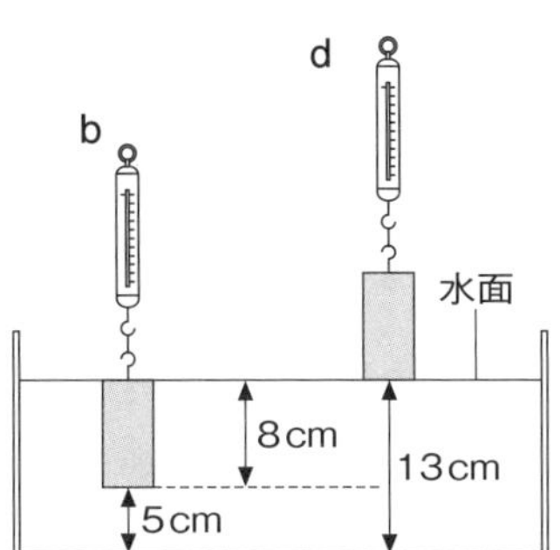

13 エネルギー 電流と磁界

1

(1) 0.14A

(2) 右図

(3) 20Ω

(4) ア

(5) 0.3W

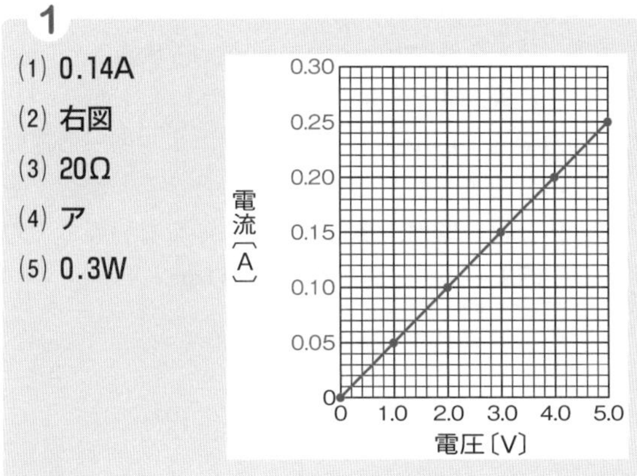

解説

(1) 500mAの－端子(たんし)を使っているから，1目盛りを10mAとして読みとると140mAである。

1000mA＝1Aであるから，140mA＝0.14A

(3) 1.0Vの電圧で，0.05Aの電流が流れているから，

1.0V÷0.05A＝20Ω

覚え得 オームの法則

▷電圧〔V〕＝抵抗〔Ω〕×電流〔A〕

▷電流〔A〕＝$\frac{電圧〔V〕}{抵抗〔Ω〕}$

▷抵抗〔Ω〕＝$\frac{電圧〔V〕}{電流〔A〕}$

(4)(5) 直列回路では，電流はどこでも同じ大きさになる。電圧計の目盛りが5.0Vのとき，電流計の目盛りは0.10Aであるから，電熱線a，電熱線bに流れる電流も0.10Aである。また，電熱線aに加わる電圧は，20Ω×0.10A＝2.0V

直列回路では，回路全体の電圧の大きさは，それぞれの電熱線に加わる電圧の大きさの和になるので，電熱線bに加わる電圧は，

5.0－2.0＝3.0V

したがって，電熱線bで消費される電力は，

3.0V×0.10A＝0.3W

2

(1) 真空放電

(2) ① ア

② エ

③ カ

(3) 右図

P(＋)
C
D
Q(－)
蛍光板

解説

(2) 図1では，クルックス管の蛍光面に十字板の影ができたことから，陰極線(いんきょくせん)をつくる電子は，A極からB極に向かって流れていることがわかる。なお，電子は－極から＋極に向かって流れることから，A極が－極，B極が＋極であることがわかる。

(3) 電子は－の電気をもつので，＋極に引かれる。そのため，光るすじ(陰極線)はPの電極板のほうに曲がる。

3

(1) 電磁誘導(でんじゆうどう)

(2) 棒磁石を速く動かす。

(3) ウ，エ

解説

(2) コイル内部の磁界の変化のしかたを大きくすると，流れる電流が大きくなる。問題文中に「図と同じ実験装置と棒磁石を用いて」「固定したコイル」とあるので，「磁力の強い棒磁石に変える」「コイルの巻数

を多くする」「コイルを速く動かす」などは不正解である。

(3) コイルに近づける棒磁石の極を逆にしたり，棒磁石の動かし方を逆にしたりすると，コイルに流れる電流の向きが逆になる。

ア…はじめの実験とは，棒磁石の動かし方が逆なので，検流計の針は右に振れる。

イ…はじめの実験とは，コイルに入れる極が逆なので，検流計の針は右に振れる。

ウ…N 極がコイルに近づいたので，はじめの実験と状況が同じである。したがって，検流計の針は左に振れる。

エ…S 極がコイルから遠ざかっているので，はじめの実験とは棒磁石の極も動かし方も逆の状況である。したがって，検流計の針は左に振れる。

14 エネルギー 運動とエネルギー

1

(1) 等速直線運動

(2) 36cm/s　(3) エ

(4) 斜面(しゃめん)の角度が大きいほど，台車にはたらく斜面方向の力が大きくなるから。

解説

(1) 5打点ごとの紙テープの距離がすべて5.4cm であるから，台車は一定の速さで一直線上を運動していたことがわかる。

(2) 1秒間に50回打点する記録タイマーは，5打点記録するのに0.1秒かかる。また，打点 C から D までの記録テープの距離は，10.0−6.4＝3.6cm

したがって，求める台車の平均の速さは，

3.6cm÷0.1s＝36cm/s

(3) 斜面を下る台車には，斜面方向に一定の力がはたらき続ける。このように運動の向きに一定の力がはたらき続けると，台車の速さは一定の割合で速くなる。

(4) 斜面の角度が大きくなるほど，斜面方向の力は大きくなる。運動の向きにはたらく力が大きくなると，台車の速さの変化は大きくなる。

2

(1) ① 10J

② 5W

(2) ① 右図

② 100N

③ オ

④ ア

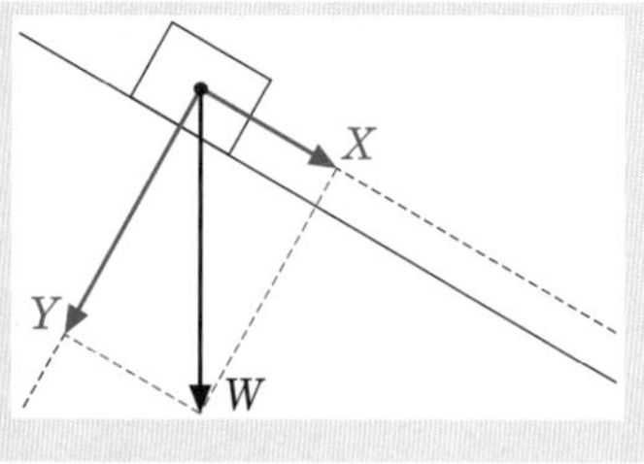

解説

(1) ①100g の物体にはたらく重力の大きさが1N なので，500g の物体にはたらく重力は5N である。したがって，求める仕事の大きさは，

5N×2m＝10J

②10J÷2s＝5W

覚え得　仕事，仕事率の求め方

▷仕事〔J〕＝加えた力〔N〕×力の向きへの移動距離〔m〕

▷仕事率〔W〕＝$\dfrac{\text{仕事〔J〕}}{\text{かかった時間〔s〕}}$

(2) ①重力 W の矢印を対角線とする平行四辺形をかく。この平行四辺形のとなり合った2辺のうち，斜面に平行なものが力 X，斜面に垂直なものが力 Y となる。

②図1でした仕事の大きさは，物体を2m 上向きに引き上げた仕事に等しい。20kg の物体にはたらく重力の大きさは200N であるから，20kg の物体を2m 上向きに引き上げたときの仕事の大きさは，200N×2m ＝400J

ひもを引く力の大きさを x〔N〕とすると，

x〔N〕×4m＝400J　x＝100N

③力学的エネルギーとは，位置エネルギーと運動エネルギーの和である。滑車とひもの摩擦(まさつ)，物体と板の摩擦，空気の抵抗は考えないので，力学的エネルギーは一定に保たれる。

数学

01 数と式 数と計算

1

(1) 6　(2) -1　(3) -45

(4) -12　(5) -9　(6) $-\frac{3}{7}$

(7) $5\sqrt{7}$　(8) $\sqrt{2}$　(9) $\sqrt{5}$

(10) $-2\sqrt{2}$

解説

(3)　$5\times(-3^2)=5\times(-9)=-45$

(6)　$5\times\left(-\frac{1}{15}\right)\div\frac{7}{9}=-5\times\frac{1}{15}\times\frac{9}{7}=-\frac{3}{7}$

(9)　$\sqrt{45}-\frac{10}{\sqrt{5}}=3\sqrt{5}-\frac{10\sqrt{5}}{5}=3\sqrt{5}-2\sqrt{5}=\sqrt{5}$

2

(1) $\sqrt{3}$　(2) $11-6\sqrt{2}$

(3) 2　(4) 169

解説

(1)　$(2+\sqrt{3})(\sqrt{12}-3)=(2+\sqrt{3})(2\sqrt{3}-3)$

$=4\sqrt{3}-6+6-3\sqrt{3}=\sqrt{3}$

(4)　$\frac{1}{2}\times13^2+\frac{1}{3}\times13^2+\frac{1}{6}\times13^2=\left(\frac{1}{2}+\frac{1}{3}+\frac{1}{6}\right)\times13^2$

$=\frac{3+2+1}{6}\times13^2=13^2=169$

3

(1) $n=5, 6, 7, 8$　(2) 7個

解説

(1)　$2<\sqrt{n}<3$ の各辺を2乗して，

$2^2<(\sqrt{n})^2<3^2$　　$4<n<9$

これにあてはまる自然数は $n=5, 6, 7, 8$

4

82点

解説

基準点との違いの平均は，

$\{(-2)+9+(-10)+(-4)+7+12\}\div6=2$

平均点は84点で，これは基準点より2点高いから，

$84-2=82$(点)

5

12人

解説

84と60の最大公約数が求める生徒の数である。2つの数の最大公約数は，それぞれの数を素因数分解したときに共通する素数の積と等しくなる。

$84=2^2\times3\times7$，$60=2^2\times3\times5$

よって，生徒は最大 $2^2\times3=12$(人)

6

$6+4\sqrt{2}$(cm^2)

解説

面積2cm^2 の正方形の1辺の長さは $\sqrt{2}$ cmで，面積4cm^2 の正方形の1辺の長さは2cmだから，

$BC=\sqrt{2}+2$(cm)

正方形ABCDの面積は，

$(\sqrt{2}+2)^2=2+4\sqrt{2}+4=6+4\sqrt{2}$(cm^2)

覚え得　1は素数ではない

素数とは1とその数自身以外に約数をもたない自然数である。つまり，約数を2つしかもたない自然数だから，1は素数ではない。

たとえば，3は1と3だけを約数にもつから，素数。

プラスα

累乗(るいじょう)の計算は間違(まちが)いやすいので注意しよう。

$(-3)^2=(-3)\times(-3)=9$

$-3^2=-(3\times3)=-9$

02 数と式 式と計算

1

(1) $3x+16$　(2) $-x+4y$

(3) $\frac{3x-y}{4}$　(4) $12xy^3$

(5) $-8a^2b^2$　(6) $6x-19$

解説

(3)　$\frac{5x+y}{4}-\frac{x+y}{2}=\frac{5x+y-2(x+y)}{4}=\frac{3x-y}{4}$

(4)　$\frac{8}{3}x^3y^4\div\frac{2}{9}x^2y=\frac{8x^3y^4}{3}\times\frac{9}{2x^2y}=12xy^3$

2

(1) $(\boldsymbol{x}+4)(\boldsymbol{x}-2)$　(2) $3(\boldsymbol{x}+3)(\boldsymbol{x}-3)$

(3) $(\boldsymbol{x}+1)(\boldsymbol{x}-6)$　(4) $(\boldsymbol{x}+4)(\boldsymbol{x}-12)$

解説

(2)　$3x^2-27=3(x^2-9)=3(x+3)(x-3)$

(4)　$(x-5)^2+2(x-5)-63$

$=\{(x-5)+9\}\{(x-5)-7\}=(x+4)(x-12)$

3

(1) $\boldsymbol{y}=\dfrac{20}{\boldsymbol{x}}$　(2) $1000-50\boldsymbol{a}\leqq\boldsymbol{b}$

解説

(2)　代金は $50a$ 円だから，おつりは $1000-50a$(円)。これが b 円以下になったことを不等式で表す。

覚え得　単位をそろえて式をつくる

xmL と yL の合計など，単位が異なるものを 1 つの式で表すときは，まず，単位をそろえよう。

mL にそろえると，$x+1000y$(mL)

L にそろえると，$\dfrac{x}{1000}+y$(L)

4

表面積

5

(1) 5　(2) 40000

解説

(1)　$x^2-2x+1=(x-1)^2=\{(\sqrt{5}+1)-1\}^2=(\sqrt{5})^2=5$

(2)　$(a+b)^2-4(a+b)+4$

$=\{(a+b)-2\}^2=(175+27-2)^2=200^2=40000$

6

① 7　② $2\boldsymbol{n}-1$　③ $\boldsymbol{n}^2$

解説

②　加えるタイルの数は次のようになる。

1 番目…1 個　　$1\times2-1=1$

2 番目…3 個　　$2\times2-1=3$

3 番目…5 個　　$3\times2-1=5$

4 番目…7 個　　$4\times2-1=7$

⋮　　⋮　　⋮

n 番目…□個　　$n\times2-1=2n-1$

③　タイルの総数は次のようになる。

1 番目…1 個

2 番目…$1+3=4=2^2$(個)

3 番目…$1+3+5=9=3^2$(個)

⋮　　⋮

n 番目…$1+3+5+\cdots+(2n-1)=n^2$(個)

7

83

解説

$\boldsymbol{P}$ の十の位の数を $\boldsymbol{a}$，一の位の数を $\boldsymbol{b}$ とすると，$\boldsymbol{P}=10\boldsymbol{a}+\boldsymbol{b}$，$\boldsymbol{Q}=10\boldsymbol{b}+\boldsymbol{a}$ と表せる。

$P-Q=10a+b-10b-a=9(a-b)=45$

よって，$a-b=5$

これにあてはまる (a, b) は

$(6, 1), (7, 2), (8, 3), (9, 4)$　…①

$P+Q=10a+b+10b+a=11(a+b)$

$\sqrt{P+Q}$ が自然数となるのは，$a+b=11$　…②

①，②より　$a=8$，$b=3$

別解

$P-Q=45$ となる P と Q の組は，

$(P, Q)=(94, 49), (83, 38), (72, 27), (61, 16)$

このとき，$P+Q=143, 121, 99, 77$

よって，$\sqrt{P+Q}$ が自然数となるのは，$P+Q=121$ のとき，$\sqrt{P+Q}=\sqrt{121}=11$　　よって，$P=83$

03 数と式　1 次方程式・連立方程式

1

(1) $\boldsymbol{x}=-2$　(2) $\boldsymbol{x}=-3$

(3) $\boldsymbol{x}=2$　(4) $\boldsymbol{x}=1$

解説

(3)　$\dfrac{1}{2}x+3=2x$　両辺を 2 倍して，

$x+6=4x$　$-3x=-6$　$x=2$

2

(1) $\boldsymbol{x}=-2$，$\boldsymbol{y}=1$　(2) $\boldsymbol{x}=2$，$\boldsymbol{y}=1$

(3) $\boldsymbol{x}=-2$，$\boldsymbol{y}=-3$　(4) $\boldsymbol{x}=-2$，$\boldsymbol{y}=3$

解説

(3)　$\begin{cases} 2x-3y=5 & \cdots① \\ x-1=y & \cdots② \end{cases}$

②を①に代入して，

$2x-3(x-1)=5 \quad 2x-3x+3=5$

$-x=2 \quad x=-2$

②に代入して，$y=-2-1=-3$

(4) $\begin{cases} \dfrac{x}{2}-\dfrac{y+1}{4}=-2 & \cdots① \\ x+4y=10 & \cdots② \end{cases}$

①×4 $\quad 2x-y-1=-8 \quad 2x-y=-7 \quad \cdots①'$

①′ $\quad 2x-\ \ y=-7$

②×2 $\quad -)\ 2x+8y=20$

$\quad -9y=-27$

$\quad y=3$

②に代入して，$x+4\times3=10 \quad x=-2$

3

イ，エ

解説

ア～エの式に $x=3$，$y=-2$ を代入して，左辺 = 右辺が成り立つものを選ぶ。

4

分速 75m

解説

B君の歩いた速さを分速 xm とすると，A君とB君の歩いた道のりの合計は，

$60\times(10+20)+x\times20=3300$

$1800+20x=3300 \quad 20x=1500 \quad x=75$

5

$\begin{cases} \boldsymbol{x+y=39} \\ \boldsymbol{y=2x+3} \end{cases}$

ア…12　イ…27

解説

$\begin{cases} x+y=39 & \cdots① \\ y=2x+3 & \cdots② \end{cases}$

②を①に代入して，$x+2x+3=39 \quad 3x=36$

$x=12$ 　①に代入して，$12+y=39 \quad y=27$

6

8個

解説

ケーキを x 個，シュークリームを y 個買ったとする。

$\begin{cases} x:y=2:3 & \cdots① \\ 250x+200y=4400 & \cdots② \end{cases}$

①より，$2y=3x$

②に代入して，$250x+100\times3x=4400$

$550x=4400 \quad x=8$

7

(1) $\begin{cases} \boldsymbol{x+y=390} \\ \boldsymbol{0.1x-0.3y=7} \end{cases}$

(2) スチール缶…310個　アルミ缶…80個

解説

(1) $\begin{cases} x+y=390 \\ 1.1x+0.7y=397 \end{cases}$ と答えてもよい。

(2) $\begin{cases} x+y=390 & \cdots① \\ 0.1x-0.3y=7 & \cdots② \end{cases}$

① $\quad x+\ \ y=390$

②×10 $\quad -)\ x-3y=70$

$\quad 4y=320$

$\quad y=80$

①に代入して，$x+80=390 \quad x=310$

プラスα

文章題では何を x，y とおくかを適切に決めよう。問題7のように，今週と先週，今年と昨年など，比較(ひかく)した数値が与えられている場合，基準となっているほうを x，y とおこう。問題7では，今週を先週と比べているので，基準となっているのは先週である。

04 数と式 2次方程式

1

ア，ウ

解説

ア～エの式に $x=1$ を代入して，左辺 = 右辺が成り立つものを選ぶ。イとエは左辺 = 右辺が成り立たない。

2

(1) $\boldsymbol{x=9,\ 3}$　(2) $\boldsymbol{x=-4,\ 6}$

(3) $\boldsymbol{x=-4,\ 1}$　(4) $\boldsymbol{x=\dfrac{-5\pm\sqrt{13}}{2}}$

(5) $\boldsymbol{x=\dfrac{-3\pm\sqrt{17}}{4}}$　(6) $\boldsymbol{x=\dfrac{3\pm\sqrt{29}}{10}}$

解説

(1) $(x-6)^2=9 \quad x-6=\pm3 \quad x=6\pm3 \quad x=9,\ 3$

(2) $x^2-2x-24=0$

$(x+4)(x-6)=0$　　$x=-4,\ 6$

(4) $x^2+5x+3=0$

$$x=\frac{-5\pm\sqrt{5^2-4\times1\times3}}{2\times1}=\frac{-5\pm\sqrt{13}}{2}$$

(6) $5x^2-3x-1=0$

$$x=\frac{-(-3)\pm\sqrt{(-3)^2-4\times5\times(-1)}}{2\times5}=\frac{3\pm\sqrt{29}}{10}$$

3

(1) $\boldsymbol{x=-2,\ 6}$　　(2) $\boldsymbol{x=-2,\ 4}$

(3) $\boldsymbol{x=-1\pm\sqrt{6}}$　　(4) $\boldsymbol{x=\frac{1}{2},\ -1}$

解説

(2) $2x^2-2x-9=2x+7$

$2x^2-4x-16=0$　　$x^2-2x-8=0$

$(x+2)(x-4)=0$　　$x=-2,\ 4$

(4) $(x+3)(2x-1)=4x-2$

$2x^2+5x-3=4x-2$　　$2x^2+x-1=0$

$$x=\frac{-1\pm\sqrt{1^2-4\times2\times(-1)}}{2\times2}=\frac{-1\pm3}{4}$$

$x=\frac{1}{2},\ -1$

4

$\boldsymbol{a=11,\ -11,\ 7,\ -7}$

解説

かけて10になる2つの整数は，1と10，-1と-10，2と5，-2と-5だから，aは，$1+10=11$，$-1+(-10)=-11$，$2+5=7$，$-2+(-5)=-7$

5

$\boldsymbol{x=6}$

解説

正しい計算はx^2，間違えた計算は$2x$だから，

$x^2=2x+24$　　$x^2-2x-24=0$　　$(x+4)(x-6)=0$

$x=-4,\ 6$　　$x>0$だから，$x=6$

6

紙の縦の長さが$x$cmだから，横は$(x+2)$cm。

よって，容器の縦の長さは，$(x-4\times2)$cm，

容器の横の長さは，$(x+2-4\times2)$cm

高さは4cm

したがって，

$4(x-8)(x-6)=96$　　$(x-8)(x-6)=24$

$x^2-14x+24=0$　　$(x-2)(x-12)=0$

$x=2,\ 12$

$x>8$より，$x=12$

もとの紙の縦の長さは，12cm

7

(1) **$(a+1)(b+1)$区画**

(2) **方程式…$x^2-40x+76=0$　道の幅(はば)…2m**

解説

(1) 縦の方向にa本の直線をひくと，土地は$(a+1)$の区画に分けられる。さらに横の方向にb本の直線をひくと，$(a+1)(b+1)$の区画に分けられる。

(2) 右の図のように考える。

$(22-x)(18-x)=320$

$x^2-40x+76=0$

$(x-2)(x-38)=0$

$x=2,\ 38$

$x<18$より$x=2$

道の幅は2m

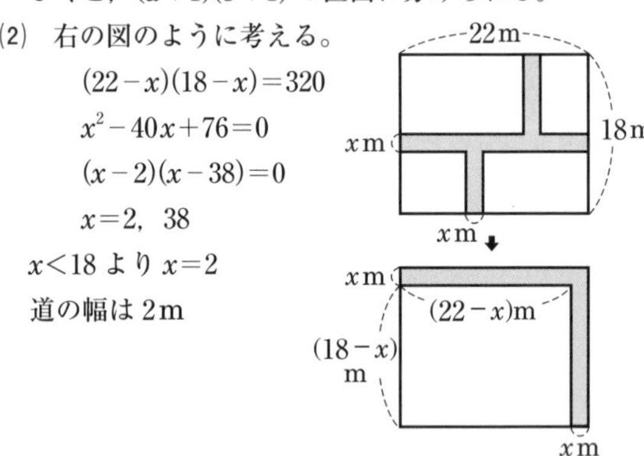

覚え得　道は端によせて考える

問題7の(2)のような問題では，道を端(はし)によせて考えよう。よせると図がすっきりして式を立てやすくなる。

05 関数　比例・反比例・1次関数

1

(1) $\boldsymbol{y=4x}$　　(2) $\boldsymbol{y=\frac{9}{x}}$

(3) $\boldsymbol{y=-2x+5}$　　(4) $\boldsymbol{a=11}$

(5) $\boldsymbol{y=-50x+500}$

解説

(5) $y=500\times\left(1-\frac{x}{10}\right)$より，$y=-50x+500$

2

$\boldsymbol{a=-6}$

解説

点Aと点Bは原点について対称(たいしょう)だから，

Aのy座標は3である。

$3=\frac{a}{-2}$ より，$a=-6$

覚え得 双曲線は点対称

双曲線は，原点について点対称である。原点を通る直線と双曲線が交わる2つの点もまた，点対称である。よって，右の図で，$A(p,\ q)$ ならば $B(-p,\ -q)$。

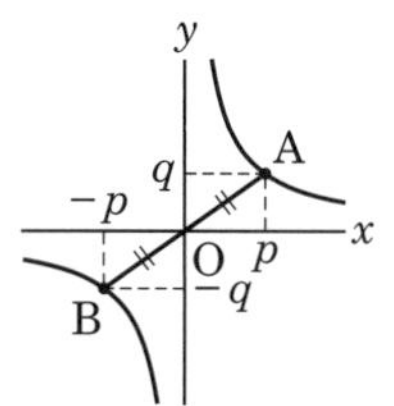

3

8個

解説

反比例の式は $y=\frac{8}{x}$

4

20cm

解説

$A(2,\ 3)$，$B(-2,\ -3)$ だから，

$\{2-(-2)+3-(-3)\}\times2=20(\text{cm})$

5

(1) 6

(2) ① $S=4t+24$　② $\frac{3}{2}$，9

解説

(1)　OC＝8，直線ℓの傾(かたむ)きは $\frac{3}{4}$ だから，y切片(せっぺん)は

$8\times\frac{3}{4}=6$

(2)　① $P(-8,\ t)$ とすると，$Q(0,\ t+6)$ と表せる。

OQ＝$t+6$，OC＝8より，

$S=\frac{1}{2}\times(t+6)\times8=4t+24$

②点Qが辺OAと交わる場合と，辺ABと交わる場合に分けて考える。

(ア)　QがOA上にあるとき，つまり，$0\leqq t\leqq6$ のとき，

①より，

$S=4t+24=30$　　$t=\frac{3}{2}$

(イ)　QがAB上にあるとき，つまり，$6\leqq t\leqq12$ のとき，右の図のように，直線ℓとy軸(じく)との交点をRとすると，

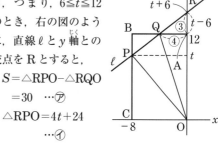

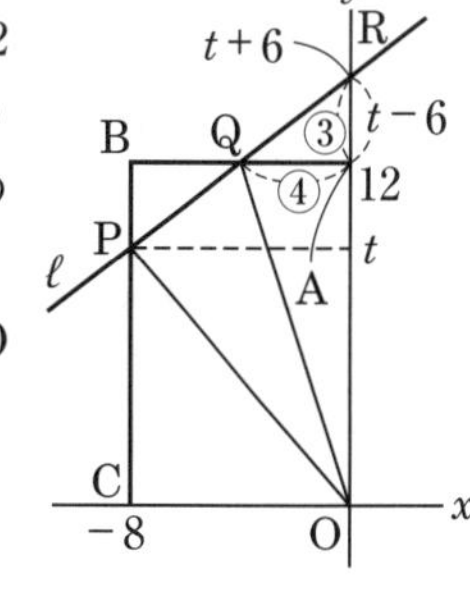

$S=\triangle RPO-\triangle RQO$

$=30$　…㋐

$\triangle RPO=4t+24$

…㋑

$RA=(t+6)-12=t-6$

直線ℓの傾きは $\frac{3}{4}$ だから，

$QA=(t-6)\times\frac{4}{3}$，$OR=t+6$ より，

$\triangle RQO=\frac{1}{2}\times\frac{4(t-6)}{3}\times(t+6)$

$=\frac{2}{3}(t^2-36)$　…㋒

㋐，㋑，㋒より，

$S=4t+24-\frac{2}{3}(t^2-36)=30$

これを整理して，

$(t+3)(t-9)=0$，$t=-3$，9

$6\leqq t\leqq12$ より，$t=9$

別解

S＝長方形ABCO－△OCP－△OAQ－△BPQ

として求めてもよい。

6

(1)

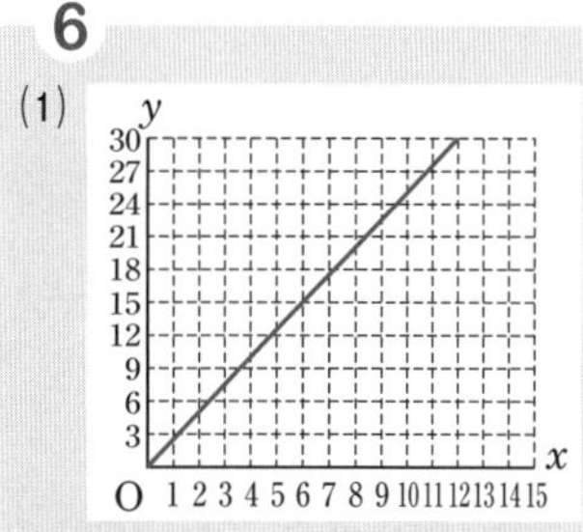

(2) 300cm^2

解説

(1)　図2の$y\geqq15$のときのグラフの傾きと等しく，原点を通る直線をかけばよい。

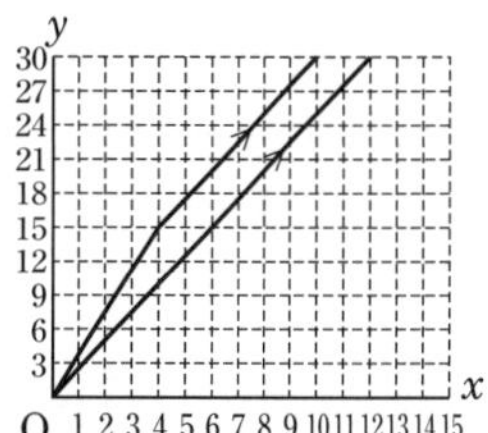

(2)　(1)より，おもりの入っていない水そうでは12分で満水になるから，1分間に入る水の量は，

$30\times30\times30\div12=2250(\text{cm}^3)$

おもりを入れた場合は10分で満水になるので，おも

社会 理科 数学 英語 国語

りの体積は，2分間水を入れた体積と等しいから，

$2250\times2=4500(\mathrm{cm}^3)$

おもりの底面積は，$4500\div15=300(\mathrm{cm}^2)$

06 関数 関数 $y=ax^2$

1

(1) $0\leqq y\leqq18$

(2) ① $y=3x^2$　② -12

(3) $a=\dfrac{1}{2}$

(4) $a=4$

解説

(3) $\dfrac{a\times3^2-a\times1^2}{3-1}=4a$　　$4a=2$　　$a=\dfrac{1}{2}$

(4) $a=\dfrac{3^2-1^2}{3-1}=4$

2

$a=\dfrac{1}{9}$

解説

Pのy座標は，$y=x^2$に$x=3$を代入して$y=3^2=9$

OP＝PQだから，Q(9，9)

よって，$9=a\times9^2$より，$a=\dfrac{1}{9}$

3

(1) C(2，−1)　　(2) $a=\dfrac{7}{4}$

解説

(1) 線分ACはy軸に平行だから，点Cのx座標は2，

y座標は$y=-\dfrac{1}{4}\times2^2=-1$

(2) 点Aのy座標は$y=a\times2^2=4a$より，A(2，$4a$)。線分BCはx軸に平行だから，点Bの座標は，グラフの対称性よりB(−2，−1)。線分ABの傾きは，

$\dfrac{4a-(-1)}{2-(-2)}=\dfrac{4a+1}{4}$　　$\dfrac{4a+1}{4}=2$より，$a=\dfrac{7}{4}$

4

(1) A(−4，8)　直線の式…$y=-x+4$

(2) $\mathrm{E}\left(3,\ \dfrac{9}{2}\right)$

解説

(1) 点Aのy座標は$y=\dfrac{1}{2}\times(-4)^2=8$より，A(−4，8)。

直線ABの式を$y=ax+b$とおく。2点A(−4，8)，B(2，2)を通るから，$\begin{cases}8=-4a+b\\2=2a+b\end{cases}$

これを解くと，$a=-1$，$b=4$

よって，直線ABの式は，$y=-x+4$

プラスα

右の図のように，関数$y=ax^2$と直線ℓとの交点A，Bのx座標をp，qとすると，A(p，ap^2)，B(q，aq^2)だから，

直線ℓの傾きは$\dfrac{aq^2-ap^2}{q-p}$

$=a(p+q)$で求められる。

(1)の直線ABの傾きは，$\dfrac{1}{2}(-4+2)=-1$

で求められるので，連立方程式を解かなくてよい。

(2) 点Eの座標を$\left(p,\ \dfrac{1}{2}p^2\right)$とおくと，

四角形ODBC＝$\dfrac{1}{2}\times(2+4)\times2=6$

△OEC＝$\dfrac{1}{2}\times4\times p=2p$

$2p=6$より，$p=3$　　よって，$\mathrm{E}\left(3,\ \dfrac{9}{2}\right)$

5

(1) $a=\dfrac{4}{9}$　　(2) $y=\dfrac{4}{3}x+8$

(3) ① $60-10t$　② $t=\dfrac{10}{3}$

解説

(3) ①直線ACの式を

$y=-\dfrac{1}{3}x+b$とおくと，

A(−3，4)を通るから，

$4=1+b$　　$b=3$

よって，$y=-\dfrac{1}{3}x+3$

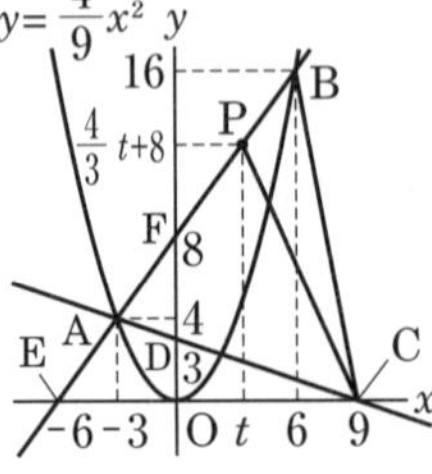

点Cの座標は，$0=-\dfrac{1}{3}x+3$

$x=9$より，C(9，0)　点$\mathrm{P}\left(t,\ \dfrac{4}{3}t+8\right)$だから，

△PCB＝△BEC－△PEC

$=\dfrac{1}{2}\times15\times16-\dfrac{1}{2}\times15\times\left(\dfrac{4}{3}t+8\right)=60-10t$

②$\triangle PED=\frac{1}{2}\times5\times6+\frac{1}{2}\times5\times t=15+\frac{5}{2}t$

$\triangle PCB+\triangle PED=60-10t+15+\frac{5}{2}t$

$75-\frac{15}{2}t=50$ より，$t=\frac{10}{3}$

07 図形 平面図形の基本

1

(1) 53°　(2) 82°
(3) 75°　(4) 65°

解説

(1) 100°の角の頂点を通り，ℓ, m に平行な直線をひく。
$\angle a=100°-47°=53°$

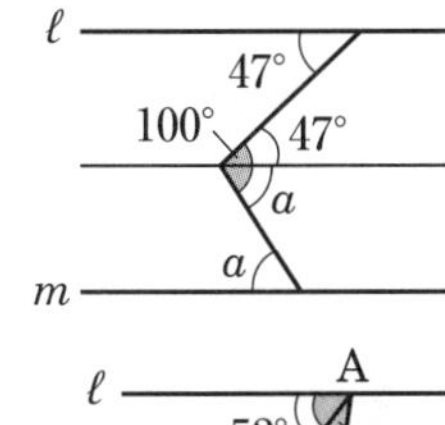

(2) △ABC は二等辺三角形だから，
$\angle BAC=180°-75°\times2$
$=30°$
平行線の錯角（さっかく）は等しいから，
$\angle x=52°+30°=82°$

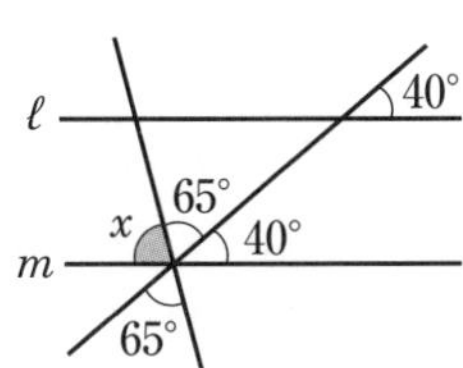

(3) 対頂角は等しく，平行線の同位角も等しいから，
$\angle x=180°-(65°+40°)$
$=75°$

(4) PR＝PT より，
$\angle PRT=\angle x$
$a /\!/ b$ より，$\angle RPT=50°$
よって，$\angle x+\angle x+50°=180°$　　$\angle x=65°$

2

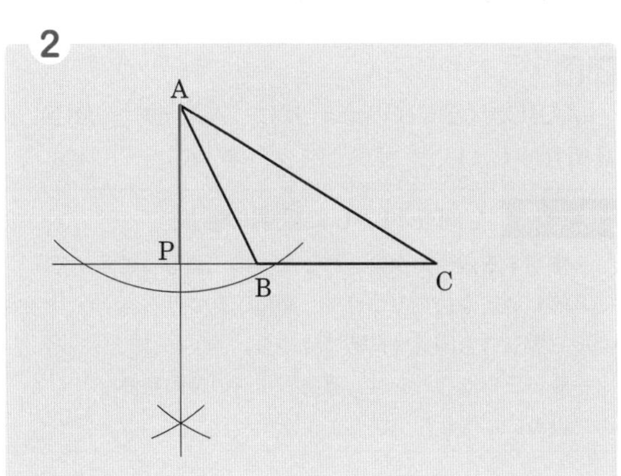

解説

点 A から直線 BC に垂線をひく。垂線と直線 BC との交点が P である。

3

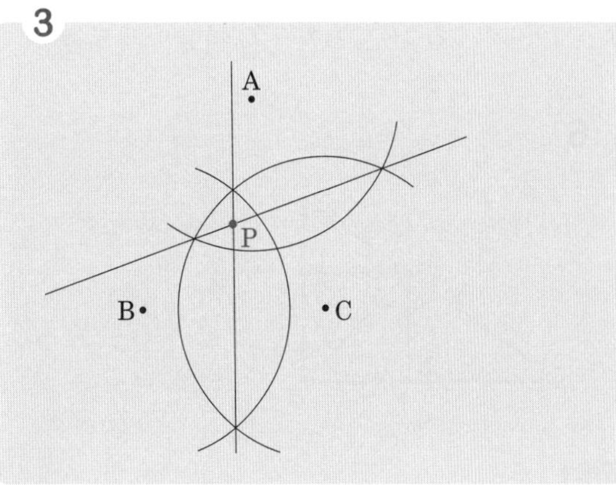

解説

線分 AB，BC，AC のうち，2 つの線分の垂直二等分線の交点が P である。

4

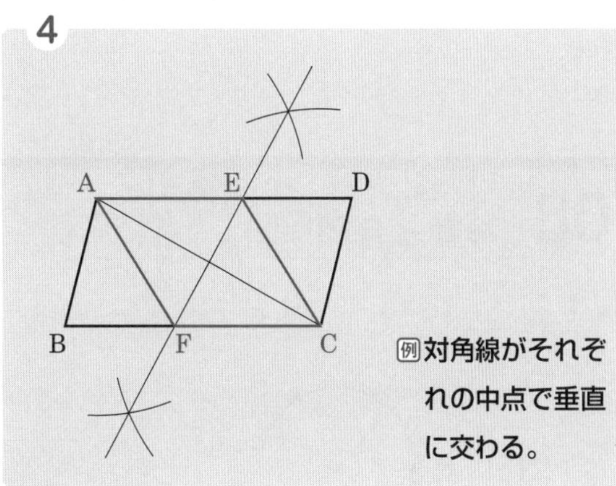

例 対角線がそれぞれの中点で垂直に交わる。

解説

平行四辺形に「4 つの辺が等しい」または，「対角線が垂直に交わる」という条件を加えれば，ひし形になる。線分 AC の垂直二等分線をかいて，辺 AD，BC との交点をそれぞれ E，F とすればよい。

5

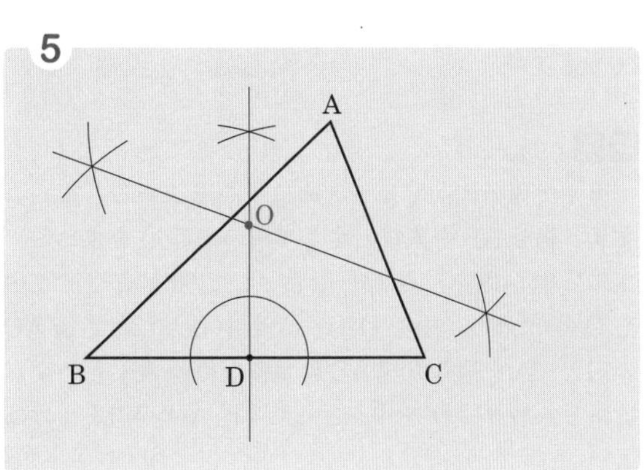

解説

辺BCは点Dで円Oに接するから，OD⊥BC。中心Oは，点Dを通る辺BCの垂線上にある。また，AO＝DOだから，線分ADの垂直二等分線上にもある。よって，これらの2本の直線の交点が中心Oである。

6

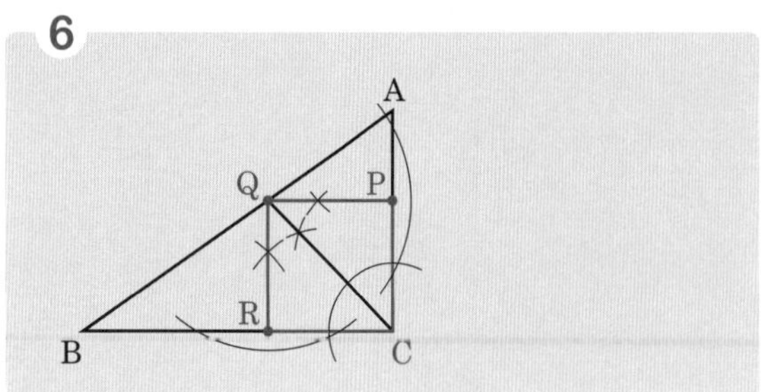

解説

正方形は4つの角がすべて90°で，4つの辺が等しいから，∠PCQ＝∠RCQ＝45°である。よって，∠ACBの二等分線と辺ABの交点がQである。

Qから辺AC，BCにそれぞれ垂線をひけばよい。

08 図形 移動と合同

1

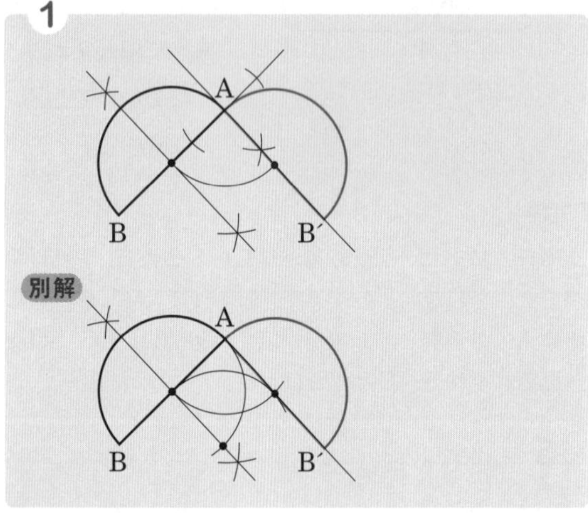

解説

円や半円の作図では，初めに中心を求めるとよい。まず，線分ABを直径とする半円の中心Oを求める。次に，中心Oを，点Aを中心として90°回転させた中心O′を求める。中心O′は，Aを中心とした半径AOの円と，Aを通り直線ABに垂直な直線AB′との交点である。最後にO′を中心とした半径AO′の円をかけばよい。

2

ア…**AB＝BC**
イ…**∠ABD＝∠BCE**
ウ…**∠BAD＝∠CBE**
エ…**1組の辺とその両端(りょうたん)の角**

解説

△ABDと△BCEで，
△ABCは正三角形だから，
　AB＝BC　…①
　∠ABD＝∠BCE＝60°　…②
三角形の内角と外角の性質から，
　∠BAD＝60°－∠ABF　…③
また，正三角形の1つの内角は60°だから，
　∠CBE＝60°－∠ABF　…④
③，④から，
　∠BAD＝∠CBE　…⑤
①，②，⑤より，1組の辺とその両端の角がそれぞれ等しいので，
　△ABD≡△BCE

3

(1) ア…**対辺**
　イ…**∠DBE**
(2) **△ABCと△DCBで，**
共通な辺だから，
　BC＝CB　…⑥
①より，同位角が等しいから，
　∠ACB＝∠DEC　…⑦
⑤，⑦より，∠ACB＝∠DBC　…⑧
④，⑥，⑧より，2組の辺とその間の角がそれぞれ等しいから，
　△ABC≡△DCB
対応する辺だから，AB＝DC

解説

△ABC≡△DCBのかわりに，△ABD≡△DCAを証明してもよい。

覚え得　合同を利用した証明の手順

- 証明する辺や角が含(ふく)まれる2つの三角形に着目する。
- 等しい辺や角をみつけて，図に印をつける。
- 三角形の合同条件にあてはめる。
  直角三角形のときは，直角三角形の合同条件も考えてみる。

4

(1) △ABD と△ACF で，
四角形 ADEF はひし形であるから，
AD＝AF …①
△ABC は正三角形であるから，
AB＝AC …②
また，∠BAD＝∠BCA＝60°
AF//BC であるから，
∠CAF＝∠BCA
よって，∠BAD＝∠CAF …③
①，②，③より，2 組の辺とその間の角がそれぞれ等しいから，△ABD≡△ACF

(2) $\frac{40}{9}$倍

解説

(2) △EFG と△DCG で，対応する 2 組の角がそれぞれ等しいから，△EFG∽△DCG AD＝FE より，相似比（そうじひ）は EF：DC＝3：2
よって，
△EFG：△DCG
$=3^2:2^2=9:4$
△EFG＝9S とすると，△DCG＝4S
FG：CG＝3：2

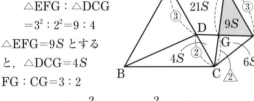

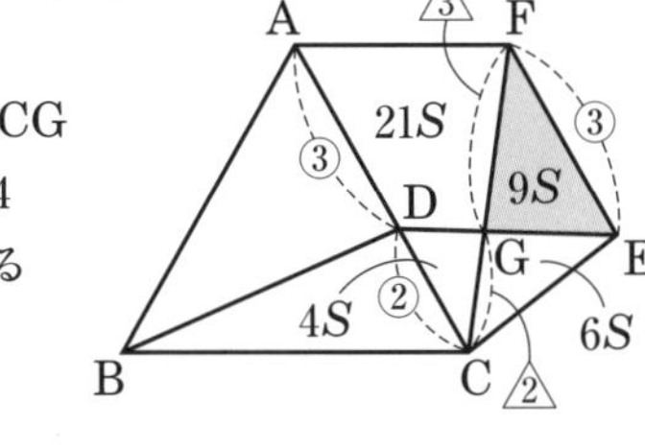

より，△EGC＝$\frac{2}{3}$△EFG＝$\frac{2}{3}\times 9S=6S$
△DCG と△ACF で，対応する 2 組の角がそれぞれ等しいから，△DCG∽△ACF
△DCG：△ACF＝$2^2:(3+2)^2=4:25$
よって，四角形 ADGF＝25S－4S＝21S
四角形 ACEF：△EFG
＝(9S＋4S＋6S＋21S)：9S
＝40：9

09 図形 相似な図形

1

(1) 8：27 (2) $\frac{8}{27}$倍

解説

(2) 面積比が 40：90＝4：9＝$2^2:3^2$ だから，
相似比（そうじひ）は 2：3 であり，体積比は $2^3:3^3=8:27$
よって，A の体積は B の体積の $\frac{8}{27}$倍。

2

(1) $\frac{20}{3}$cm (2) 36cm^2

解説

(1) AD//BC であり，AD：BC＝5：10＝1：2 だから，DP：PB＝1：2 よって，PB：DB＝2：3
△BAD で，平行線と比の定理より，
QP＝$5\times\frac{2}{3}=\frac{10}{3}$(cm)
同様にして△DBC で，PR＝$10\times\frac{1}{3}=\frac{10}{3}$(cm)
よって，QR＝$\frac{10}{3}+\frac{10}{3}=\frac{20}{3}$(cm)

(2) 点 D から辺 BC の垂線 DH をひく。△BCD で，
DB＝$\sqrt{10^2-8^2}$＝6(cm)
△CDH∽△CBD だから，DH＝$x$cm とおくと，
8：x＝10：6 $x=\frac{24}{5}$
台形 ABCD の面積 ＝$\frac{1}{2}\times(5+10)\times\frac{24}{5}$＝36(cm^2)

覚え得 直角三角形の高さの求め方

(2)の直角三角形 BCD の高さ DH は次のようにして求められる。
①相似を使う。((2)の解説)
②面積を使う。
DH＝$x$cm とすると，

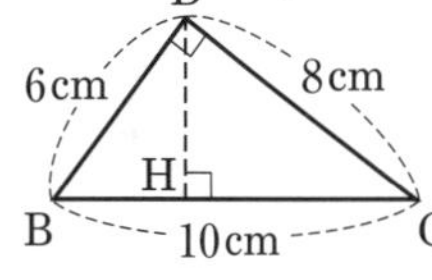

△BCD＝$\frac{1}{2}\times 6\times 8$
＝$\frac{1}{2}\times 10\times x$ $x=\frac{24}{5}$
③方程式を使う。
三平方（さんへいほう）の定理を使い，
方程式をつくり解（と）く。
DH＝$x$cm,
BH＝$y$cm とおくと，

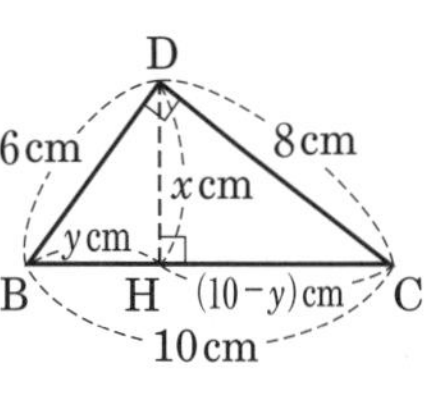

$$\begin{cases}x^2=6^2-y^2\\x^2=8^2-(10-y)^2\end{cases}$$
これを解いて，$y=\frac{18}{5}$ より，$x=\frac{24}{5}$

3

△ABC と△AED で，

AB：AE＝9：6＝3：2

AC：AD＝12：8＝3：2

したがって，

AB：AE＝AC：AD　…①

∠A は共通　…②

①，②より，2 組の辺の比とその間の角がそれぞれ等しいから，△ABC∽△AED

4

△ABF と△DEF で，

2 点 D，E はそれぞれ辺 BC，AC の中点だから，

中点連結定理より，AB∥ED

平行線の錯角（さっかく）は等しいから，

∠FAB＝∠FDE，∠FBA＝∠FED

よって，2 組の角がそれぞれ等しいから，

△ABF∽△DEF

5

(1) $\sqrt{10}$cm

(2) **△EAB と△DAC で，**

仮定より，AB＝AC　…①

AE＝AD　…②

∠EAB＝∠DAC＝90°　…③

①，②，③より，2 組の辺とその間の角がそれぞれ等しいから，△EAB≡△DAC

これより，∠EBA＝∠DCA　…④

△BDF と△CDA で，

④より，∠DBF＝∠DCA　…⑤

対頂角は等しいから，∠BDF＝∠CDA　…⑥

⑤，⑥より，2 組の角がそれぞれ等しいから，

△BDF∽△CDA

(3) **BD＝2cm，DC＝$\sqrt{10}$cm，**

△BDF∽△CDA より，

相似比は 2：$\sqrt{10}$ だから，

△BDF：△CDA＝$2^2：(\sqrt{10})^2$＝4：10＝2：5

△BDF＝$\frac{2}{5}$×△CDA

$=\frac{2}{5}\times\left(\frac{1}{2}\times1\times3\right)=\frac{3}{5}$(cm^2)

面積は　$\frac{3}{5}$cm^2

解説

(1)　△ABE で三平方の定理より，

BE＝$\sqrt{3^2+1^2}=\sqrt{10}$(cm)

10 図形 三角形・四角形

1

(1) 93°　(2) 22°

解説

(1)　多角形の外角の和は 360°だから，

360°－(70°＋105°＋98°)＝87°

よって，∠x＝180°－87°＝93°

(2)　40°＋33°＝73°

180°－(73°＋25°)＝82°

∠x＋60°＝82°　∠x＝22°

2

130°

解説

△DAB と△EAC は二等辺三角形だから，右の図のように∠x，∠y とすると，

△ADE で，2×∠x＋2×∠y＋80°＝180°

∠x＋∠y＝50°

よって，∠BAC＝80°＋∠x＋∠y＝80°＋50°＝130°

3

$\frac{7}{12}$倍

解説

平行四辺形 ABCD の面積を S とする。

BE：EC＝1：2 だから，

△ABC＝$\frac{1}{2}S$ より，

△AEC＝△ABC×$\frac{2}{3}=\frac{1}{2}S\times\frac{2}{3}=\frac{1}{3}S$

同様にして，△ACF＝$\frac{1}{2}S\times\frac{1}{2}=\frac{1}{4}S$

よって，$\frac{1}{3}S+\frac{1}{4}S=\frac{7}{12}S$　　$\frac{7}{12}S\div S=\frac{7}{12}$(倍)

4

ウ

解説

右の図のように補助線をひく。三角形の内角と外角の関係より，

$(\angle a+\angle b)+\angle c=\angle d$

よって，ウが正しい。

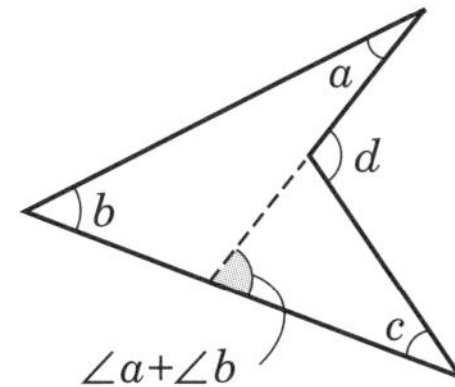

プラスα

次のように補助線をひいてもよい。

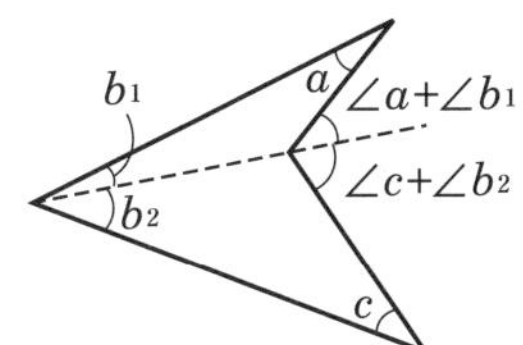

$\angle b_1+\angle b_2=\angle b$ より，
$\angle a+\angle b+\angle c=\angle d$

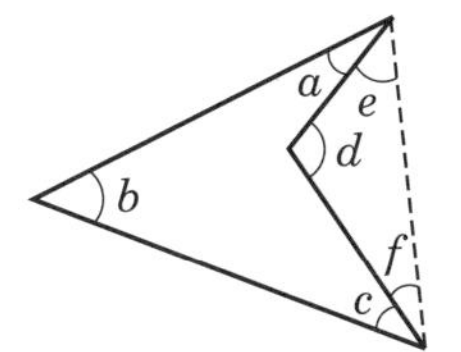

$\angle a+\angle b+\angle c+\angle e+\angle f$
$=\angle e+\angle f+\angle d$
$\angle a+\angle b+\angle c=\angle d$

5

Ⅰ…ウ　Ⅱ…イ　Ⅲ…エ

解説

△ABE と△FCE で，

E は辺 BC の中点だから，

BE＝CE　…①

対頂角は等しいから，

∠AEB＝∠FEC　…②

AB∥CF より，平行線の錯角は等しいから，

∠ABE＝∠FCE　…③

①，②，③より，

1 組の辺とその両端の角が，それぞれ等しいから，

△ABE≡△FCE

6

△ABE と△FDG で，仮定より，

∠AEB＝∠FGD＝90°　…①

平行四辺形の対角は等しいから，

∠ABE＝∠FDG　…②

また，平行線の錯角は等しいから，

∠BCF＝∠DFC　…③

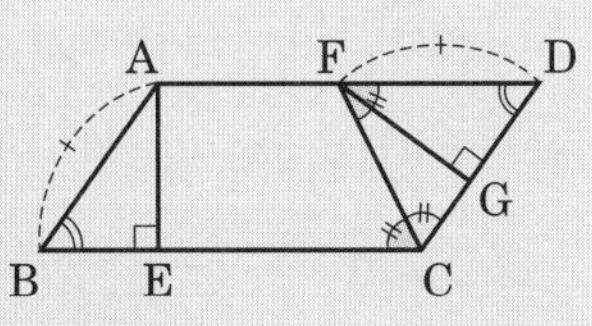

仮定より，∠BCF＝∠DCF　…④

③，④より，∠DFC＝∠DCF　…⑤

⑤より，△DFC は 2 つの角が等しいので二等辺三角形であるから，

DF＝DC　…⑥

平行四辺形の対辺は等しいから，

AB＝DC　…⑦

⑥，⑦より，AB＝FD　…⑧

①，②，⑧より，直角三角形の斜辺と 1 つの鋭角がそれぞれ等しいから，

△ABE≡△FDG

したがって，AE＝FG

別解

点 F から辺 BC にひいた垂線と BC との交点を H とする。

線分 AE と線分 FH の長さは，それぞれ平行な 2 直線の距離だから，

AE＝FH　…①

△FHC と△FGC において

∠FHC＝∠FGC＝90°　…②

FC は共通　…③

仮定より，

∠FCH＝∠FCG　…④

②，③，④より，直角三角形の斜辺と 1 つの鋭角がそれぞれ等しいから，

△FHC≡△FGC

したがって，FH＝FG　…⑤

①，⑤より，AE＝FG

11 図形 円の性質

1

(1) 25°　(2) 80°

解説

(2)　$\angle x=180°-(32°+68°)=80°$

2

54°

解説

中心角は弧の長さに比例するから，

$\overset{\frown}{AD}:\overset{\frown}{DC}=3:2$ より，∠AOD：∠DOC＝3：2

$\angle AOD = 180° \times \dfrac{3}{5} = 108°$

よって，$\angle ABD = 108° \times \dfrac{1}{2} = 54°$

3

29°

解説

点OとC，点AとDを線で結ぶ。

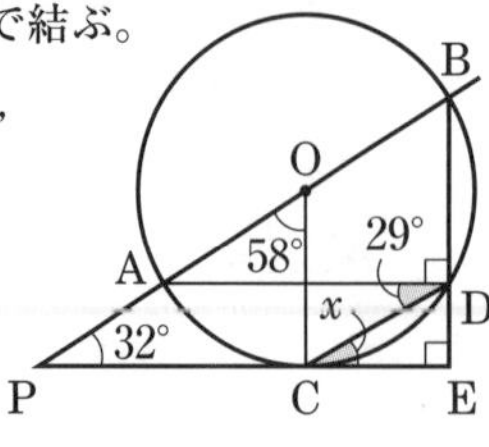

直線PCは円Oの接線だから，

$\angle PCO = 90°$

$\angle POC$

$= 180° - (32° + 90°) = 58°$

円周角(えんしゅうかく)の定理より，

$\angle ADC = \angle AOC \times \dfrac{1}{2} = 29°$

線分ABは円Oの直径より，$\angle BDA = 90°$

よって，AD∥CEより，平行線の錯角(さっかく)は等しいから，

$\angle x = \angle ADC = 29°$

4

(1) △ABFと△DCFで，

$\overset{\frown}{BC}$に対する円周角は等しいから，

$\angle BAF = \angle CDF$ …①

対頂角は等しいから，

$\angle AFB = \angle DFC$ …②

①，②より，2組の角がそれぞれ等しいから，

△ABF∽△DCF

(2) $5\sqrt{2}$ cm

解説

(2) 線分ACは円Oの直径だから，$\angle ABC = 90°$

△ABCで三平方(さんへいほう)の定理より，

$AC = \sqrt{12^2 + 6^2} = 6\sqrt{5}$(cm)

FB∥CEより，△AECで，

$AF : FC = 12 : 6$

$= 2 : 1$

$AF = 6\sqrt{5} \times \dfrac{2}{3}$

$= 4\sqrt{5}$(cm)

$FC = 2\sqrt{5}$ cm

また，$\angle CBE = 90°$，

$BC = BE = 6$ cm より，

$CE = 6\sqrt{2}$ cm

$CE : FB = 3 : 2$ より，$FB = 6\sqrt{2} \times \dfrac{2}{3} = 4\sqrt{2}$(cm)

(1)より，△ABF∽△DCFだから，

$DF : AF = FC : FB$　　$DF : 4\sqrt{5} = 2\sqrt{5} : 4\sqrt{2}$

よって，$DF = \dfrac{4\sqrt{5} \times 2\sqrt{5}}{4\sqrt{2}} = \dfrac{10}{\sqrt{2}} = 5\sqrt{2}$(cm)

5

(1) 54°　　(2) $\dfrac{1}{18}\pi a$(cm)

解説

(1) 点CとO，点DとOを線で結ぶ。$\angle COD = x°$とすると，

$\overset{\frown}{CD} = 2\pi \times 5 \times \dfrac{x}{360} = 2\pi$(cm)　　$x = 72$

$\angle CAD = 72° \times \dfrac{1}{2} = 36°$　　$\angle ACE = 90°$より，

$\angle AEC = 180° - (36° + 90°) = 54°$

(2) $\angle AOC = b°$，

$\angle BOD = c°$とする。

$\angle COD = 2\angle CAE$

$= 180° - 2a°$

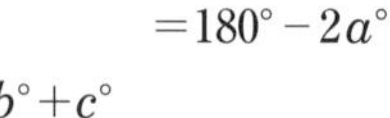

$b° + c°$

$= 180° - (180° - 2a°) = 2a°$

$\overset{\frown}{AC} + \overset{\frown}{BD} = 2\pi \times 5 \times \dfrac{b}{360} + 2\pi \times 5 \times \dfrac{c}{360}$

$= 2\pi \times 5 \times \dfrac{b+c}{360} = 2\pi \times 5 \times \dfrac{2a}{360} = \dfrac{1}{18}\pi a$(cm)

覚え得　円周角と弧

1つの円で，弧の長さはその弧に対する円周角の大きさに比例する。

右の図で，

$\overset{\frown}{AB} : \overset{\frown}{CD} = \angle x : \angle y$

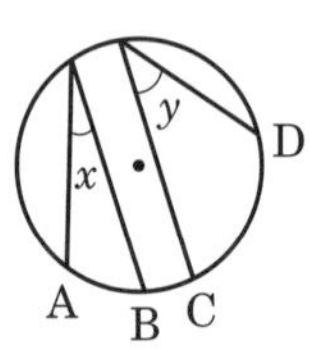

別解

覚え得を使って(2)を解(と)くと，次のようになる。

$\angle AEC = a°$のとき，$\angle CAE = 90° - a°$

$\overset{\frown}{AC} + \overset{\frown}{CD} + \overset{\frown}{BD}$に対する円周角は90°

$\overset{\frown}{CD}$に対する円周角は，$90° - a°$だから，

$\overset{\frown}{AC} + \overset{\frown}{BD}$に対する円周角は，$90° - (90° - a°) = a°$

$(\overset{\frown}{AC} + \overset{\frown}{BD}) : 5\pi = a : 90$ より，　$\overset{\frown}{AC} + \overset{\frown}{BD} = \dfrac{1}{18}\pi a$

プラスα

線分の長さを求める場合，三平方の定理，相似(そうじ)，平行線と比の定理を使う場合が多い。補助線をひいて直角三角形をつくったり，図の中から相似な三角形をみつけ出したり，平行線に注目したりすることが，解く手がかりとなる。

12 図形 三平方の定理

1

$\sqrt{38}$cm

解説

$AG=\sqrt{2^2+5^2+3^2}=\sqrt{38}$(cm)

2

(1) **△ABHと△ACDで，**

$\overset{\frown}{AD}$に対する円周角（えんしゅうかく）だから，

∠ABH＝∠ACD　…①

仮定から，∠AHB＝90°　…②

ACは円Oの直径だから，

∠ADC＝90°　…③

②，③より，∠AHB＝∠ADC　…④

①，④より，2組の角がそれぞれ等しいから，

△ABH∽△ACD

(2) ① 8cm　② $\sqrt{10}$cm

解説

(2)　① $AD=\sqrt{10^2-6^2}=8$(cm)

②△AEHと△ADHで，

∠EAH＝∠DAH,

∠AHE＝∠AHD

AHは共通より，1組の辺とその両端（りょうたん）の角がそれぞれ等しいから，

△AEH≡△ADH

よって，AE＝AD＝8(cm)

CE＝10－8＝2(cm)

点Eから辺ADに垂線EFをひく。

EF//CDより，△ACDで，

$FD=8\times\frac{1}{5}=\frac{8}{5}$(cm)，$EF=6\times\frac{4}{5}=\frac{24}{5}$(cm)

△EDFで，$DE=\sqrt{\left(\frac{24}{5}\right)^2+\left(\frac{8}{5}\right)^2}=\frac{8\sqrt{10}}{5}$(cm)

△ABEと△DCEで，

∠BAE＝∠BDC＝∠CDE,

∠AEB＝∠DECより，2組の角がそれぞれ等しいから，△ABE∽△DCE

よって，BE：CE＝AE：DE

BE：2＝8：$\frac{8\sqrt{10}}{5}$

これを解（と）いて，BE＝$\sqrt{10}$cm

別解

線分DEの長さは次のようにしても求められる。

△AEH≡△ADHより，AE＝8cm，EC＝2cm

点Dから線分ACに垂線DIをひく。

△DCI∽△ACDより，△DCIは3辺の比が3：4：5の直角三角形だから，

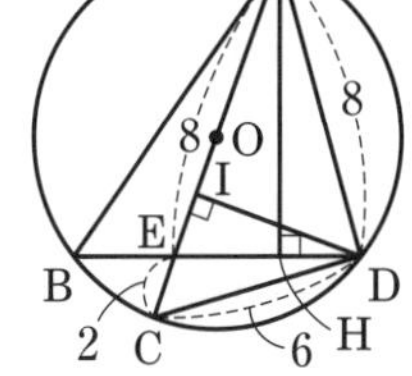

$DI=6\times\frac{4}{5}=\frac{24}{5}$(cm)

$CI=6\times\frac{3}{5}=\frac{18}{5}$(cm)

$IE=\frac{18}{5}-2=\frac{8}{5}$(cm)

△DEIで，$DE=\sqrt{\left(\frac{24}{5}\right)^2+\left(\frac{8}{5}\right)^2}=\frac{8\sqrt{10}}{5}$(cm)

以下は解答と同じ。

3

(1) ① **AD//BCだから，**

∠DAG＝∠BFG＝90°(錯角（さっかく）)

∠EAG＝∠DAG－∠DAC

＝90°－∠DAC　…㋐

∠EGA＝180°－(∠DAG＋∠GDA)

＝90°－∠GDA　…㋑

△ABD≡△DCAだから，

∠GDA＝∠DAC　…㋒

㋐，㋑，㋒より，∠EAG＝∠EGA

よって，△EAGは二等辺三角形だから，

EA＝EG

② $\frac{6\sqrt{65}}{7}$cm

(求め方)

∠AFB＝90°だから，$AB^2=AF^2+BF^2$

BF＝$x$cmとすると，$10^2=8^2+x^2$

これを解くと，$x>0$より　$x=6$

AD//BCだから，

GA：GF＝AD：FB＝8：6＝4：3

よって，$GF=\frac{3}{7}AF=\frac{24}{7}$(cm)

∠GFB＝90°だから，$BG^2=BF^2+GF^2$

BG＝$y$cmとすると，$y^2=6^2+\left(\frac{24}{7}\right)^2$

これを解くと，$y>0$より，

$y=\frac{6\sqrt{65}}{7}$

(2) $\dfrac{770}{29}$cm

解説

(2) A から BC に垂線 AI をひく。

$BI=(14-8)\div2=3(cm)$

△ABI で，$AI=\sqrt{10^2-3^2}=\sqrt{91}(cm)$

△ACI で，$AC=\sqrt{(\sqrt{91})^2+11^2}=2\sqrt{53}(cm)$

B から HC に垂線 BJ をひく。

△ACI と△CBJ で，$\angle CIA=\angle BJC=90°$

$\angle ACI=\angle CBJ$（平行線の錯角）より，

△ACI∽△CBJ だから，

$AC:CB=CI:BJ$

$2\sqrt{53}:14=11:BJ$

$BJ=\dfrac{14\times11}{2\sqrt{53}}=\dfrac{77}{\sqrt{53}}(cm)$

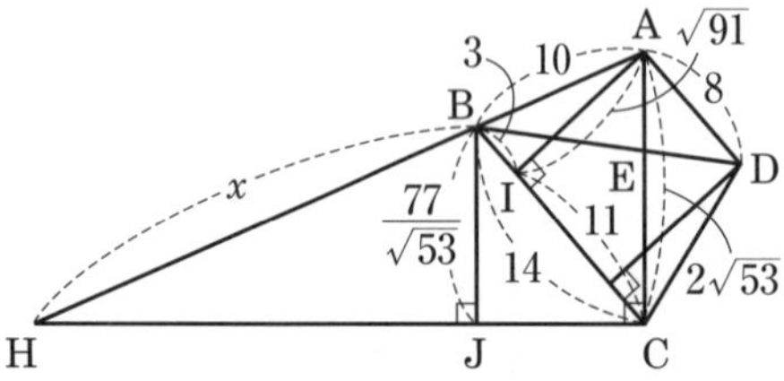

△HAC で，BJ//AC より，BH＝$x$cm とすると，

$x:(x+10)=BJ:AC=\dfrac{77}{\sqrt{53}}:2\sqrt{53}=\dfrac{77}{53}:2$

$2x=\dfrac{77}{53}(x+10)$　　$106x=77(x+10)$

$29x=770$

$x=\dfrac{770}{29}$

13 図形 空間図形・図形の計量

1

表面積…$27\pi cm^2$　体積…$18\pi cm^3$

解説

表面積　$4\pi\times3^2\times\dfrac{1}{2}+\pi\times3^2=27\pi(cm^2)$

体積　$\dfrac{4}{3}\pi\times3^3\times\dfrac{1}{2}=18\pi(cm^3)$

2

$228\pi cm^3$

解説

体積を求める立体は，右の図のように半径 6cm の半球と円錐（えんすい）P を合わせたものから，円錐 Q を取り除いた立体である。円錐 P，Q の高さは，中点連結定理より，それぞれ 8cm，4cm だから，求める体積は，

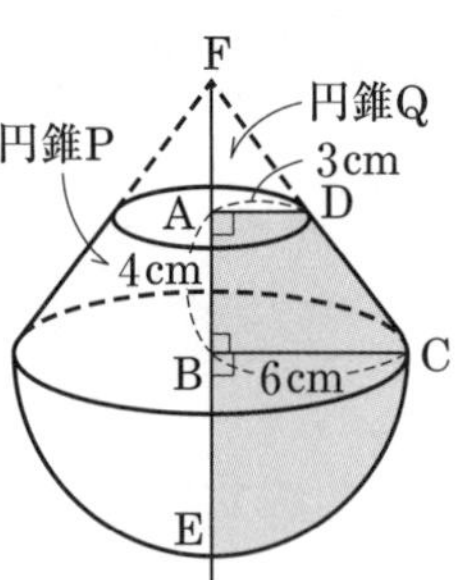

$\dfrac{4}{3}\pi\times6^3\times\dfrac{1}{2}+\dfrac{1}{3}\pi\times6^2\times8-\dfrac{1}{3}\pi\times3^2\times4$

$=144\pi+96\pi-12\pi=228\pi(cm^3)$

3

(1) ㊁　　(2) $18\sqrt{7}cm^3$

解説

(1) ㋐ △CAF は正三角形ではない。

㋑ 平行ではない。

㋒ 平行である。

㊁ ∠B＝90°の直角三角形である。

(2) AB＝$a$cm，BC＝$b$cm，BF＝$c$cm とする。

$$\begin{cases} a^2+b^2=25 & \cdots① \\ a^2+c^2=25 & \cdots② \\ b^2+c^2=36 & \cdots③ \end{cases}$$

①，②より，$b>0$，$c>0$ だから，$b=c$

③に代入して，$2b^2=36$　$b^2=18$　$b=c=3\sqrt{2}$

①に代入して，$a^2+18=25$　$a^2=7$　$a=\sqrt{7}$

よって，直方体の体積は，

$\sqrt{7}\times3\sqrt{2}\times3\sqrt{2}=18\sqrt{7}(cm^3)$

4

12cm

解説

糸をかけた側面の展開図は右のようになる。

糸の長さが最も短くなるのは，直線 PQ のときで，

中点連結定理より，

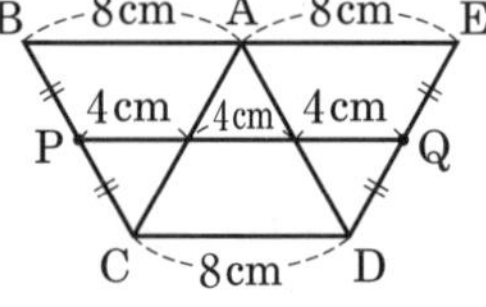

$PQ=4+4+4=12(cm)$

5

(1) ① $8cm^2$　② $5cm^2$　③ $\dfrac{9}{5}$cm

(2) $\dfrac{6\sqrt{34}}{17}$cm

解説

(1) ①点 **P** が点 **D** の位置にきたとき，△**ABP** の面積は最大となる。$\frac{1}{3}\times\frac{1}{2}\times3\times4\times AB=8$ より，

$AB=4\text{cm}$

$\triangle ABP=\frac{1}{2}\times4\times4=8(\text{cm}^2)$

②点 P から辺 BC に垂線 PQ をひく。

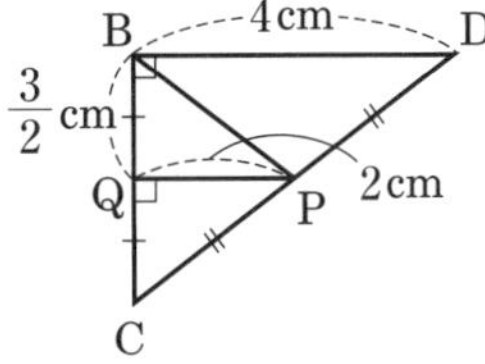

△CDB で，BD∥QP より，

$PQ=\frac{1}{2}BD=2(\text{cm})$

$BQ=\frac{1}{2}BC=\frac{3}{2}(\text{cm})$

△BPQ で，$BP=\sqrt{\left(\frac{3}{2}\right)^2+2^2}=\frac{5}{2}(\text{cm})$

よって，$\triangle ABP=\frac{1}{2}\times4\times\frac{5}{2}=5(\text{cm}^2)$

③点 **P** が，**BP⊥CD** となる位置にきたとき，△**ABP** の面積は最小となる。

∠CBD＝∠CPB，∠BCD＝∠PCB より，

△CDB∽△CBP だから，

CD：CB＝CB：CP

5：3＝3：CP

$CP=\frac{9}{5}\text{cm}$

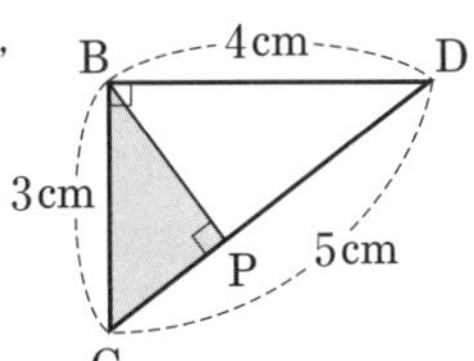

(2) 底面が△ACD，高さが BH の三角錐とみる。

△ABD は直角二等辺三角形だから，

$AD=4\sqrt{2}\text{cm}$

点 C より辺 AD に垂線 CI をひくと，△ACI で，

$CI=\sqrt{5^2-(2\sqrt{2})^2}=\sqrt{17}(\text{cm})$

$\triangle ACD=\frac{1}{2}\times4\sqrt{2}\times\sqrt{17}=2\sqrt{34}(\text{cm}^2)$

$\frac{1}{3}\times2\sqrt{34}\times BH=8$ より，

$BH=\frac{3\times8}{2\sqrt{34}}=\frac{6\sqrt{34}}{17}(\text{cm})$

覚え得　空間のとらえ方

空間図形で形をとらえにくい場合は，立体を１つの平面で切り，その平面を取り出してみると，平面や線分の関係がつかみやすくなる。求めたい線分を含(ふく)む平面で立体を切ると，問題を解く糸口になることがある。

別解

線分 BH を含む平面 ABP で考える。点 P は BP⊥CD となる位置にあるから，(1)の③より，

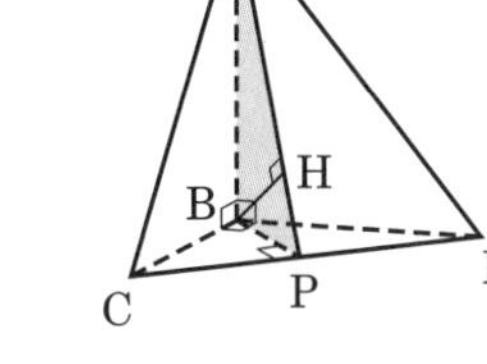

$BP=CP\times\frac{4}{3}=\frac{9}{5}\times\frac{4}{3}$

$=\frac{12}{5}(\text{cm})$

△ABP で

$AP=\sqrt{4^2+\left(\frac{12}{5}\right)^2}=\frac{4\sqrt{34}}{5}(\text{cm})$

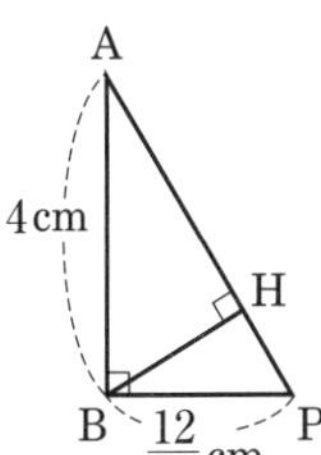

△APB∽△ABH より，

AP：AB＝PB：BH

$\frac{4\sqrt{34}}{5}：4=\frac{12}{5}：BH$

これを解いて，$BH=\frac{6\sqrt{34}}{17}\text{cm}$

14 データ データの活用・確率

1

度数が最も多い階級…20.0m 以上 25.0m 未満の階級

度数…5 人

解説

それぞれの記録が度数分布表のどの階級に入るかを考える。正の字を書いて，度数を正確に数える。

2

イ

解説

ア…この箱ひげ図からは，通学時間が 10 分の生徒がいるかはわからない。

イ…第 2 四分位数が 15 分だから，通学時間が 15 分以上の生徒は少なくとも 16 人いる。

ウ…(四分位範囲)＝(第 3 四分位数)－(第 1 四分位数) だから，19－9＝10(分)である。

3

(およそ)130 頭

解説

印のついたカモシカの割合が，この地域全体と 2 度目に捕獲した 40 頭では等しいと考えられる。

この地域のカモシカの数をx頭とすると，

$x:40=40:12$　　$x=\dfrac{40\times40}{12}=133.3\cdots\fallingdotseq130$(頭)

4

(1) $\dfrac{1}{4}$　　(2) $\dfrac{7}{36}$

解説

2つのさいころの目の出かたは，全部で$6\times6=36$(通り)ある。a，b2つのさいころの出る目の数を$(a,\ b)$と表す。

(1) 出る目の数の和が4の倍数になるのは，和が4，8，12の場合である。

4のとき，(1，3)，(2，2)，(3，1)の3通り。

8のとき，(2，6)，(3，5)，(4，4)，(5，3)，(6，2)の5通り。12のとき，(6，6)の1通り。

全部で，$3+5+1=9$(通り)ある。よって，$\dfrac{9}{36}=\dfrac{1}{4}$

(2) $2a+b$の値は次のように表にして調べるとよい。

$\dfrac{2a+b}{5}$が整数となるのは，$2a+b$が5，10，15のときだから，右の表より，7通りある。

よって，$\dfrac{7}{36}$

b＼a	1	2	3	4	5	6
1	3	5	7	9	11	13
2	4	6	8	10	12	14
3	5	7	9	11	13	15
4	6	8	10	12	14	16
5	7	9	11	13	15	17
6	8	10	12	14	16	18

5

$\dfrac{1}{2}$

解説

A，Bの箱からそれぞれ1個の玉を取り出す場合は，全部で$4\times5=20$(通り)ある。

aがbの約数になるのは，(2，6)，(2，8)，(2，12)，(2，20)，(4，8)，(4，12)，(4，20)，(5，20)，(5，25)，(8，8)の10通りある。

よって，$\dfrac{10}{20}=\dfrac{1}{2}$

6

(1) **6通り**　　(2) $\dfrac{5}{12}$

解説

(1) (4，1)，(4，2)，(4，3)，(4，4)，(4，5)，(4，6)の6通りある。

(2) 2つのさいころの目の出かたは，全部で，$6\times6=36$(通り)で，△OABが鈍角三角形になるのは，

∠OBA＞90°の場合と∠OAB＞90°の場合がある。

・∠OBA＞90°のとき，(1，1)，(2，1)，(3，1)の3通り。

・∠OAB＞90°のとき，(5，1)，(5，2)，(5，3)，(5，4)，(5，5)，(5，6)，(6，1)，(6，2)，(6，3)，(6，4)，(6，5)，(6，6)の12通り。

全部で，$3+12=15$(通り)ある。よって，$\dfrac{15}{36}=\dfrac{5}{12}$

覚え得　3つのさいころの目の出かた

3つのさいころを同時に投げるとき，目の出かたは全部で**6×6×6＝216**で，216通りある。

英語

01 文の構造

1

(1) エ　(2) イ　(3) ウ　(4) ウ　(5) ア

解説

(1)　〈**look**＋形容詞〉で「～に見える」。
(3)　〈S＋V＋O＋to ～〉
(5)　〈keep＋O＋C〉で「O を～にしておく」。アは形容詞の clean。ほかの clean は動(名)詞。

2

(1) **There was**　(2) **ask you**
(3) **cook[make], for**
(4) **makes me**　(5) **it gets**

解説

(1)　過去の文で主語が単数なので，be 動詞は was。
(3)　〈S＋V＋O＋to[for] ～〉の文。動詞が cook[make] なので，前置詞は for を使う。
(4)　「O を～にする」は〈make＋O＋C〉。
(5)　「～(の状態)になる」は〈get＋形容詞〉。

3

(1) イ　(2) エ　(3) ア　(4) オ　(5) ウ

解説

(1)　〈be 動詞＋形容詞〉の〈S＋V＋C〉の文。
(2)　〈**buy**＋人＋物〉(〔人〕に〔物〕を買う)の文。me も a beautiful dress も bought の目的語。
(3)　it rained が〈S＋V〉で，それ以外は修飾(しゅうしょく)語句。
(4)　〈S＋V＋O＋C〉の文。〈**name**＋**O**＋**C**〉で「O を C と名付ける」。

4

(1) **There are**　(2) **was, runner**
(3) **made him**　(4) **teaches us**
(5) **to me**

解説

(2)　「速く走った」を「速い走者だった」と言いかえる。
(5)　〈S＋V＋O＋O〉から〈S＋V＋O＋to[for] ～〉への書きかえ。動詞が show のときは to を使う。

5

(1) ウ→ア→オ→イ→エ
(2) イ→ア→ウ→オ→エ

解説

(1)　〈**show**＋人＋物〉の形にする。
(2)　〈S＋V＋O＋C〉の文にする。「だれかといっしょの食事は，昼食の時間をより楽しくします」

6

(1) **There are two tennis clubs in this city**(.)
(2) (He tried to) **make his son a professional soccer player**(.)
(3) **This book will give you an idea about today's China**(.)

解説

(2)　〈S＋V＋O＋C〉の形。
(3)　give や idea があることから「この本はあなたたちに今日の中国についての考えを与(あた)えるだろう」と考えて，〈S＋V＋O＋O〉の文で表す。

覚え得　よく出る動詞

▷**S＋V＋O＋O の動詞**
… give, ask, send, tell, buy など
▷**S＋V＋O＋C の動詞**… make, call, name など

プラスα

S＋V＋O＋O の 2 つの目的語を入れかえるには to や for の前置詞が必要になる。動詞が give, send などのときは to を，buy, make などのときは for を使う。

02 疑問文・命令文・感嘆文

1

(1) ア　(2) ア　(3) エ　(4) イ　(5) イ

解説

(4)　Who が主語の疑問文。
(5)　肯定文に続く付加疑問なので，否定の疑問形を選ぶ。

社会　理科　数学　英語　国語

2

(1) **Are, Yes, am**
(2) **Why, Because**
(3) **How many** (4) **Be quiet**
(5) **No, doesn't**

解説
(4) 〈be動詞＋quiet〉(静かである)を命令文にするので，be動詞の原形beで文を始める。
(5) 「好きではありません」と否定しているので，Noを使って答える。

3

(1) **When** (2) **Where** (3) **What**
(4) **Which** (5) **Whose**

解説
(4) Which ～, A or B?「AとBのどちらが～ですか」

4

(1) **far** (2) **Let's** (3) **Don't**
(4) **What an** (5) **Leave, or**

解説
(1) How far ～？は距離(きょり)をたずねる表現。
(2) Shall we ～？＝Let's ～.
(3) You must not ～.＝Don't ～.
(5) 「もし～しなければ…」という文を，〈命令文，＋or ...〉(～しなさい，さもないと…)の形に書きかえる。

5

(1) **エ→オ→イ→ウ→ア**
(2) **イ→エ→ア→ウ→オ**
(3) **ウ→ア→オ→イ→エ**

解説
(3) What kind of ～？で「どんな種類の～ですか」。

6

(1) **Which train did he take**(?)
(2) **What a beautiful woman she** (is!)
(3) **How often do you practice soccer** (a week?)

解説
(2) 〈What a[an]＋形容詞＋名詞～！〉の語順。
(3) 頻度(ひんど)をたずねるときはHow often ～？で表す。

覚え得 How ～？の疑問文
▷「どれくらい～か」と程度や数量をたずねるときは，〈How＋形容詞[副詞]～？〉の形にする。

プラスα
〈命令文，＋or ...〉のorのかわりにandを用いると，「～しなさい，そうすれば…」の意味になる。

03 現在・過去・進行形

1

(1) **エ** (2) **エ** (3) **ウ** (4) **イ**
(5) **ウ** (6) **エ**

解説
(2) last weekがあるので過去の文。前置詞がないので，他動詞のvisitedを選ぶ。
(3) 「食べる」の意味のhaveは進行形にできる。

2

(1) **caught** (2) **writing**
(3) **comes[came]** (4) **studying**

解説
(1) catchは不規則動詞で，過去形は**caught**。
(2)(4) 〈be動詞＋-ing〉の進行形にする。

3

(1) **He often plays tennis in the park.**
(2) **She didn't look fine yesterday.**
(3) **They are making cookies for the party now.**
(4) **Was he listening to music then? / Yes, he was.**

解説
(2) 過去の否定文は〈didn't＋動詞の原形〉。

4

(1) **Were** (2) **spent**

(3) **was reading**　(4) **didn't, was**

解説

(2) spend「過ごす」の過去形は **spent**。

5

(1) **has**　(2) **rises**　(3) **missed**
(4) **is practicing**
(5) **was carrying**　(6) **died**

解説

(1)「1週間には7日あります」
(2) 一般的な真理は現在形で表す。
(3) miss the train で「電車に乗り遅(おく)れる」。
(4)(5) 会話の流れから進行形が適する。

6

(1) (My) **sister always gets up at six**(.)
(2) **I was watching TV when** (my mother came home.)
(3) (I'm) **getting tired of taking my vacation at** (the beach every year.)

解説

(1) 副詞の always は，一般動詞の前におく。
(3)「～に飽(あ)きる」は get tired of ～。「飽きつつある」ということなので，進行形を使って表す。

覚え得 よく使われる副詞(句)
▷(過去の文)… yesterday, ～ ago, last ～
▷(現在進行形の文)… now
▷(過去進行形の文)… then, at that time

04 未来の文・助動詞

1

(1) イ　(2) ア　(3) イ　(4) イ
(5) イ　(6) ウ

解説

(2) let's を使って答えているので，Shall we ～？ とたずねていることがわかる。
(5) Must I ～？には，Yes, you must. か No, you don't have to. で答える。
(6) in the future より未来の文。will be able to ～で「～できるだろう」。

2

(1) **must**　(2) **could**
(3) **May [Can] I**　(4) **are, going**

解説

(1)「～にちがいない」という推定は must を使って表すことができる。
(3)「～してもよいですか」と許可を求めるときは，May [Can] I ～？でたずねる。

3

(1) **He will [is going to] go to the library tomorrow.**
(2) **I had to wait for him at the station yesterday.**
(3) **You must not [mustn't] swim in this river.**

解説

(2) must は過去の文では使えないので，**had to** ～で表す。

4

(1) **Shall**　(2) **has**　(3) **He can't [cannot]**
(4) **don't have [need]**

解説

(2) must ～ = **have [has] to** ～
(3)「～するのがむずかしい」という文を，can't を使って「簡単に～できない」という文にする。
(4)「～する必要がない」= don't have to ～

5

(1) **オ→ウ→イ→エ→ア**
(2) **ウ→カ→ア→オ→イ→エ**

解説

(2) must があるので，〈主語＋must＋動詞の原形～〉の順になると考える。

6

(1) **Shall I help you with your homework**(?)

社会 理科 数学 英語 国語

(2) **This book will make her popular(.)**
(3) **He may miss the bus because he left home** (late.)
(4) **You should be quiet when you are in a library(.)**

解説
(2) 〈S＋V(＝will＋動詞の原形)＋O＋C〉の文。
(3) 「～するかもしれない」＝〈may＋動詞の原形〉
(4) 〈should be＋形容詞〉の順にする。

覚え得 **must と have to の否定形**
▷ **must not** …「～してはいけない」(禁止)
▷ **don't have to** …「～する必要はない」(必要・義務)

05 名詞・代名詞・冠詞・前置詞

1

(1) イ (2) ア (3) ア (4) ウ
(5) ウ (6) エ (7) ウ

解説
(4) 主語がIを含む複数なので，ourselves(私たち自身)を選ぶ。
(5) 「3時まで(ずっと)待っている」という文なので，継続を表す前置詞の until を選ぶ。完了の期限を表す by(～までには)とのちがいに注意する。
(6) it だとなくなったペンをさすことになる。「同じ種類の別のペン」をさす one が適する。
(7) one ～ , the other ...「(2つのうちの)一方は～，他方は…」

2

(1) **They** (2) **swimmer**
(3) **knives**

解説
(1)(3) 複数形にする。
(2) 「泳ぐ人」という意味の名詞にする。

3

(1) ***weekend*** (2) ***moon***
(3) ***without*** (4) ***umbrella***

解説
(3) without ～＝「～なしで[に]」

4

(1) **at** (2) **another**
(3) **each other [one another]**
(4) **Some, others**

解説
(1) 「～歳のときに」＝at the age of ～
(2) 「～杯のコーヒー」は ～ cup(s) of coffee で表す。「もう一杯」なので another を使う。
(3) 「お互いに」＝each other [one another]
(4) 「～もいれば…もいる」＝some ～ others ...

5

(1) **nothing** (2) **child**
(3) **It, lot** (4) **on**
(5) **good speaker**

解説
(2) every のあとは単数名詞が続く。
(3) 動詞の rain を使うときの主語は it。
(4) 「誕生日は～である」を「～に生まれた」と言いかえる。
(5) 「とてもじょうずに英語を話す」を「とてもすぐれた英語の話し手」と言いかえる。

6

(1) **You should not say such a thing(.)**
(2) (Why don't you) **wait for him in front of** (the station?)
(3) **It took over half an hour to find your house(.)**

解説
(1) 〈such a＋名詞〉。冠詞の位置に注意。
(2) 「～の前で」(場所)は，群前置詞の **in front of ～** で表す。
(3) 「30分」を half an hour で表す。

プラスα

群前置詞
because of ～「～のために」，instead of ～「～のかわりに」，thanks to ～「～のおかげで」，in front of ～「～の前に」，in spite of ～「～にもかかわらず」，in addition to ～「～に加えて」

06 形容詞・副詞

1

(1) ウ　(2) イ　(3) イ　(4) イ
(5) エ　(6) イ

解説

(2) water は「量」を表す名詞なのでイかエ。文意よりイが適する。
(4) much のうしろには「量」を表す名詞がくる。
(5) 否定文で「〜も(…でない)」と言うときは either を用いる(肯定文では too)。
(6) 副詞の enough は形容詞のあとにおく。

2

(1) **few**　(2) **usually**
(3) **popular**　(4) **first**

解説

(1) 可算名詞に用いる「少しある」「2，3の」の意味の形容詞は a few。
(4) 「始発」→「第一に発車する」と考える。

3

(1) ***favorite***　(2) ***straight***
(3) ***expensive***　(4) ***famous* [*famed*]**

解説

(3) 「高価な」= expensive

4

(1) **no**　(2) **absent**　(3) **half**
(4) **foreign**

解説

(1) not anything to eat = no food
(2) 「会議に来なかった」を「会議を欠席した」と言いかえる。「〜を欠席する」= be absent from 〜
(3) 「30分」を「1時間の半分」と考える。〈half a [an] + 名詞〉で「〜の半分」。
(4) abroad = in [to] a foreign country

5

(1) ① オ　② イ　(2) ① オ　② ウ
(3) ① オ　② キ

解説

(2) often は，一般動詞の前におく。〈help + 人 + with 〜〉で「(人)の〜を手伝う」。
(3) この too は「あまりにも〜すぎる」の意味の副詞。

6

(1) **I can always eat fresh fruit** (for breakfast.)
(2) **Is there anything wrong with this computer**(?)
(3) **Few students remember the name of the English teacher**(.)

解説

(1) 助動詞を含(ふく)む文では，always は助動詞のあとにおく。
(2) 〈anything + 形容詞〉の語順にする。
(3) a のつかない few は「ほとんど〜ない」という意味。可算名詞に用いる形容詞。

覚え得　「多い」「少ない」を表す形容詞

▷ **「数」のとき**… many，a few，few
▷ **「量」のとき**… much，a little，little
▷ **「数」「量」両方**… a lot of，lots of，some / any，no

07 比較

1

(1) ウ　(2) イ　(3) エ　(4) エ
(5) エ　(6) イ

解説

(6) 〈one of the + 最上級 + 複数形の名詞〉=「最も〜な…の1つ」

2

(1) **as[so] well**　(2) **popular of**
(3) **Which，better**
(4) **more，other**

解説

(3) 「AとBとどちらのほうが〜か」=〈**Which 〜 + 比較級 , A or B?**〉

社会　理科　数学　英語　国語

(4) 「いちばん…＝ほかのどんな～よりも…」＝〈比較級＋than any other ～〉

3

(1) **busier** (2) **most precious**
(3) **more** (4) **best**

解説
(3) many の比較級は more。
(4) good の最上級は best。

4

(1) **possible** (2) **more expensive**
(3) **earlier than**
(4) **harder than, student**

解説
(1) as ～ as ... can＝as ～ as possible(できるだけ～)
(3) later の反意語は earlier。
(4) any other のあとの名詞は単数形。

5

(1) **イ→ウ→ア→エ [イ→エ→ア→ウ]**
(2) **ウ→エ→ア→イ** (3) **ウ→エ→ア→イ**

解説
(3) 〈__ times as＋原級＋as ...〉＝「…の—倍の～」

6

(1) **Get up as early as you can**(.)
(2) (We) **have more snow this year than we had** (last year.)
(3) **No other sport is as exciting as basketball**(.)

解説
(3) 〈no other＋名詞〉を主語にする。

プラスα

比較の表現
〈one of the＋最上級＋名詞の複数形〉
＝「最も～な…の1つ」
〈比較級＋than anything else〉
＝「ほかの何よりも～」
〈twice as＋原級＋as ...〉＝「…の2倍の～」

08 受け身

1

(1) **ウ** (2) **ウ** (3) **ア** (4) **エ** (5) **イ**

解説
(3) injure は「けがをさせる」なので，受け身で「けがをする」。
(5) be made from ～＝「～からつくられている」

2

(1) **used** (2) **filled** (3) **spoken**
(4) **sold**

解説
(2) be filled with ～＝「～でいっぱいだ」

3

(1) **interested in**
(2) **surprised at [by]**
(3) **was born** (4) **known to**
(5) **were killed**

解説
(1) 「～に興味がある」＝be interested in ～
(2) 「～に驚く」＝**be surprised at[by]** ～
(3) 「生まれる」＝be born
(5) 空所の数から受け身で表す。「(戦争などで)死ぬ」＝be killed

4

(1) **taken** (2) **built**
(3) **is, eaten**
(4) **was given to**
(5) **broken by**

解説
(3) 上の文の主語 they は「(フランスの)一般の人」のことなので，下の受け身では省略されている。
(4) 〈S＋V＋O＋O〉の文の受け身。to を省略した was given me という表現もある。
(5) 「だれによって～」とたずねているので，前置詞の by が必要になる。

5

(1) **イ→エ→ア→オ→ウ**

(2) エ→ウ→オ→ア→イ

解説

(2) be called ～(～と呼ばれる)という文にする。

6

(1) The book will be read all over the world(.)

(2) No students could be seen in the next (classroom.)

(3) The top of Mt. Fuji was covered with much (snow.)

解説

(2) not ではなく no があるので，主語を〈no＋名詞の複数形〉として否定文にする。主語のあとは〈助動詞 (could)＋be＋過去分詞〉の語順。

(3) 不要な語は many。「雪」は数えられない名詞なので，「多くの雪」は much [a lot of] snow で表す。

覚え得 by 以外の前置詞を使う受け身

▷ be covered with ～「～でおおわれている」

▷ be interested in ～「～に興味がある」

▷ be known to ～「～に知られている」

09 現在完了・現在完了進行形

1

(1) エ (2) ウ (3) イ (4) イ

(5) ア (6) ウ

解説

(3) 現在完了(継続)の文。期間を示す語句の前には for を用いる。

(4) 現在完了進行形の文は〈**have [has] been＋動詞の ing 形** ～〉で表す。

(5) 現在完了(完了)の否定文で「まだ(～ない)」と言うときは，yet を文末におく。

(6) B の返答に対して A が「いつかそれを読むべきだ」と言っているので，B は読んでいない。

2

(1) once (2) dead

(3) hasn't finished (4) been to

解説

(2) 〈has been＋形容詞〉で「(ずっと)～の状態でいる」ことを表す文にする。「死んでいる」という意味の形容詞は dead。

(4) 「～に行ったことがある」＝**have [has] been to** ～

3

(1) Has he done his homework yet?

(2) It has been hot since yesterday.

(3) How many times has Tim seen the movie?

解説

(1) 現在完了(完了)の疑問文で「もう(～しましたか)」とたずねるときは，yet を文末に置く。

(2) 「きのうからずっと暑い」という文にする。

(3) 経験の回数をたずねる疑問文にする。〈How many times have [has]＋主語＋過去分詞 ～?〉

4

(1) have never [not] (2) has been

(3) been to (4) passed since

解説

(2) 動作が継続しているので現在完了進行形の文にする。

(3) 「～へ行って帰ってきたところだ」→「～へ行ってきたところだ」と考える。

(4) 「(時が)過ぎる」＝ pass

5

(1) ① ア ② エ (2) ① オ ② カ

(3) ① エ ② ウ

解説

(2) 選択肢に how, long があるので，「継続」の期間をたずねる疑問文と考える。また，playing, been があることから現在完了進行形の文と考え，〈How long have [has]＋主語＋been＋動詞の ing 形～ ?〉の語順にする。

(3) 副詞の before は文末におく。

6

(1) (I) **haven't seen you for a long time** (.)

(2) Have you ever spoken to the teacher(?)

社会 理科 数学 英語 国語

(3) I have not eaten anything since this morning(.)

解説

(1) 「久しぶり」を「あなたに長い間会っていない」と考える。「継続（けいぞく）」の否定文。

覚え得 have been to ～

▷**「経験」**…「～へ行ったことがある」
▷**「完了」**…「～へ行ってきたところだ」
前後の文の内容やいっしょに使われている副詞から，どちらの意味かを判断する。

10 不定詞

1

(1) エ　(2) ア　(3) ウ　(4) イ　(5) イ

解説

(1) 不定詞は〈to＋動詞の原形〉。
(2) 〈help＋人＋動詞の原形〉＝「(人)が～するのを助ける」。
(3) 〈forget to＋動詞の原形〉で「～するのを忘れる」。
(4) **〈how to＋動詞の原形〉＝「～のしかた」**
(5) **〈want＋人＋to＋動詞の原形〉**で「(人)に～してもらいたい」という意味になる。

2

(1) what to　(2) Let, introduce
(3) was glad [happy] to
(4) tell him to　(5) It is, to

解説

(1) 「何を～したらいいか」＝what to ～
(2) 「(人)に～させる」＝〈let＋人＋動詞の原形〉
(3) 「原因」を表す副詞的用法の不定詞。感情を表す形容詞(glad[happy])のあとに不定詞がくる。
(4) 「～に…するように言う」＝tell ～ to ...
(5) 形式主語の文で表す。〈It is ～ for _ to ....〉。

3

(1) イ　(2) ウ　(3) ア

解説

(1) 名詞的用法で want の目的語。
(2) 目的を表す副詞的用法。
(3) 形容詞的用法で，代名詞の nothing を修飾（しゅうしょく）している。

4

(1) when to　(2) anything to
(3) to see　(4) takes, to
(5) too difficult, to

解説

(1) when I should start「いつ始めるべきか」を，when to ～「いつ～したらよいか」で表す。
(2) 「食べ物」を「何か食べるもの」と考える。否定文なので〈anything＋to＋動詞の原形〉で表す。
(5) **〈so ～ that＋人＋cannot ...〉→〈too ～ for＋人＋to ...〉**の書きかえ。「その質問は私にはむずかしすぎて答えられなかった」

5

(1) 3番目…you　6番目…English
(2) 3番目…no　6番目…practice
(3) 3番目…to　6番目…for

解説

(1) I want you to study English harder.
(2) I have no time to practice the piano.
(3) It's hard to get tickets for that game.
となる。

6

(1) (Could) **you give me something cold to drink**(?)
(2) **She was kind enough to show me her textbook**(.)
(3) **The wind was too strong for Yoko to** (go out yesterday.)

解説

(1) 「何か飲むもの」は something to drink。something のような -thing のつく代名詞を修飾する形容詞はその語のうしろにおく。
(2) ～ enough to ... の形で表す。形容詞の kind は enough の前におく。
(3) 不足している語は too。too ～ to ... の形の文。不定詞の意味上の主語(for Yoko)は〈too＋形容詞〉のうしろにおく。

覚え得 不定詞の重要表現

▷ too ～ to ... …「あまりに～すぎて…できない」
▷～ enough to ... …「…できるくらい(十分に)～」

11 分詞・動名詞

1

(1) ア　(2) ウ　(3) イ　(4) イ
(5) イ　(6) エ

解説

(3) 主語になる動名詞は3人称単数扱(あつか)い。
(5) 〈stop＋動名詞〉(～するのをやめる)，〈stop＋不定詞〉(～するために立ち止まる)。ここでは，stop の目的語になる動名詞が適する。
(6) **look forward to ~ing** で「～するのを楽しみにする」。この to は〈to＋動詞の原形〉の to ではなく，前置詞。そのあとには(動)名詞が続く。

2

(1) **sleeping**　(2) **boiled**
(3) **named**　(4) **getting**

解説

(4) give up ~ing ＝「～するのをあきらめる」

3

(1) **listening**　(2) **running, is**
(3) **rising, seen**　(4) **go shopping**
(5) **without saying**

解説

(3) 「日の出」は「のぼる太陽」と考えて，rising sun で表す。
(5) without ~ing ＝「～しないで」

4

(1) **known**　(2) **spoken in**
(3) **enjoyed playing**
(4) **at playing**

解説

(4) 「とてもじょうずにサッカーをする」→「サッカーをするのがとても得意だ」と考える。

5

(1) **4番目…thinking**　**7番目…to**
(2) **4番目…sitting**　**7番目…of**

解説

(1) My grandmother is thinking about moving to Hawaii.「私の祖母はハワイへ引っ越(こ)すことについて考えています」
(2) The pretty girl sitting in front of me does.「私の前にすわっているかわいい女の子がします(＝最も速く泳ぎます)」

6

(1) (The) **sound heard in the distance came out of** (that plane.)
(2) **Who is the tall man standing by the door**(?)
(3) **How <u>about</u> getting together to prepare for** (the farewell party?)
(4) **Thank you for inviting me to the game**(.)

解説

(3) 「～するのはどうですか」＝How about ~ing?
(4) 不要な語は invite。「～してくれてありがとう」＝Thank you for ~ing.

覚え得 動名詞と不定詞

▷**動名詞だけを目的語にとる動詞**
… enjoy, finish, give up など
▷**不定詞だけを目的語にとる動詞**
… want, decide, hope など

12 関係代名詞

1

(1) イ　(2) ア　(3) ア　(4) エ　(5) イ

解説

(5) spoke to ～で「～に話しかけた」という意味になるので，前置詞の to が必要である。

2

(1) **who [that]**　(2) **which [that]**

(3) **which [that]**　(4) **who [that]**
(5) **you saw**

解説
(5) 空所の数から関係代名詞は使わず，先行詞のあとに直接〈主語＋動詞～〉を続ける。

3
(1) **She is a musician who[that] is known to many people in my country.**
(2) **This comic which [that] I bought last Sunday was interesting to me.**
(3) **I met a woman who [that] is interested in going abroad.**
(4) **Is this the pen which [that] he has been looking for?**

解説
(2) 第2文のitは，第1文のThis comicをさしている。

4
(1) **who [that] has**　(2) **which [that]**
(3) **who [that] lives**
(4) **which [that] was cooked**

解説
(2) 「～によって書かれた本」→「～が書いた本」と考える。
(3) 〈名詞＋分詞～〉を〈名詞(先行詞)＋関係代名詞＋動詞～〉の形に書きかえる。

5
(1) **オ→エ→ア→ウ→イ**
(2) **オ→ウ→イ→ア→エ**
(3) **ウ→ア→オ→イ→エ**

解説
(2) want to のあとは動詞の原形の help がくる。people who are in trouble ＝「困っている人びと」。
(3) 先行詞を「…されている～」と説明するので，which のあとは受け身の形〈be 動詞＋過去分詞〉になる。

6
(1) (Please look at) **this picture Emi took in a park** (in Hyogo.)
(2) **She is a doctor who is respected by many people(.)**

解説
(1) 関係代名詞がないので，先行詞 this picture のあとに〈主語＋動詞～〉を続ける。

覚え得　関係代名詞の種類
▷先行詞が「人」… who(主格)
▷先行詞が「動物・事物」… which(主格・目的格)
▷「人」・「動物・事物」両方… that(主格・目的格)

13 接続詞・間接疑問

1
(1) **エ**　(2) **イ**　(3) **エ**　(4) **イ**
(5) **ウ**　(6) **エ**

解説
(5) 未来の文でも if ～の部分は現在形で表す。

2
(1) **sure that**
(2) **before, too**　(3) **so, that**
(4) **only, but also**

解説
(1) 「きっと～である」→「～であると確信する」
(2) 「手遅れ(ておく)になる前に」→「遅(おそ)すぎる前に」と考える。

3
(1) **She plays both tennis and basketball.**
(2) **I think that reading is important for us.**
(3) **I don't know why she is so angry.**

解説
(3) why のあとは〈主語＋be 動詞～〉の語順。

4
(1) **If you**　(2) **couldn't, it**
(3) **because it rained**
(4) **Neither, nor**

解説

(3) 「大雨のために」→「雨が激しく降ったので」と考えて，〈because＋主語＋動詞〉で表す。

(4) neither ～ nor ...＝「～も…も―ない」

5

(1) 3番目…that　7番目…many

(2) 3番目…until　7番目…can

解説

(1) My mother often tells me that I should read many books.「私の母はよく私にたくさんの本を読むべきだと言います」

(2) Keep practicing until you feel you can speak easily.「楽に話すことができるとあなたが感じるまで練習し続けなさい」

6

(1) (Could you) **tell me how many high schools there are** (in your city?)

(2) (I) **don't want to eat either sushi or** (tempura.)

(3) **Everyone knows smoking is not good for health**(.)

(4) (I will) **ask my father about it as soon as he arrives**(.)

解説

(1) 〈how many＋名詞の複数形＋there are ～〉をtellの目的語にする。

(3) 〈～ know (that)＋主語＋動詞〉の文。接続詞のthatが省略されている。

(4) 「～が…したらすぐに」＝〈as soon as＋主語＋動詞〉

14 仮定法

1

(1) were　(2) go　(3) were

(4) had　(5) could

解説

(1) 仮定法の文ではifのあとの動詞は過去形にする。be動詞は主語に関係なく**were**になる。

(2) 条件の文では未来のことでもifのあとの動詞は現在形にする。

(3) wishのあとの動詞は過去形にする。be動詞は主語に関係なくwereになる。

(4) wishのあとの動詞は過去形にする。haveは不規則動詞で過去形はhad。

(5) 仮定法の文ではifのあとの助動詞は過去形にする。

覚え得 仮定法での助動詞の過去形

▷ **canの過去形**… could(～できるのに)

▷ **willの過去形**… would(～するのに)

プラスα

if節内やI wishに続く部分の動詞にbe動詞を使う場合，主語に関係なくwereを使うことが多いが，会話文ではwasを使うこともある。

2

(1) エ　(2) ウ　(3) エ　(4) ア　(5) イ

解説

(1)(2)(3)(5) 仮定法の文ではifやwishのあとの動詞や助動詞は過去形にする。

(4) 条件の文では未来のことでもifのあとの動詞は現在形にする。

3

(1) were　(2) wish, could

(3) wish, could build

(4) were, wouldn't make

(5) wish, were　(6) If, would

解説

(1)(4)(6) **〈If＋主語＋(助)動詞の過去形 ～，主語＋助動詞の過去形＋動詞の原形 ....〉**の形。

(2)(3)(5) **〈I wish＋主語＋(助)動詞の過去形 ～.〉**の形。

4

(1) wish　(2) If, had　(3) wish, were

(4) If, knew, would

解説

(1) 「彼女の名前を知りたいが，私はそれを知らない」を「私が彼女の名前を知っていればいいのに」と言いかえる。

(2) 「兄弟とテレビゲームをしたいが，兄弟が一人もいない」を「兄弟がいれば，私は彼といっしょにテレビゲームをするのに」と言いかえる。

社会 理科 数学 英語 国語

(3) 「じょうずにピアノを弾きたいが，私はじょうずにピアノを弾くことができない」を「私がピアノを弾くのが得意ならいいのに」と言いかえる。

(4) 「彼の誕生日を知らないので，私は彼にプレゼントをあげない」を「私が彼の誕生日を知っていたら彼にプレゼントをあげるのに」と言いかえる。

5

(1) ① イ ② ア　(2) ① エ ② オ

(3) ① ウ ② カ

解説

(1) (I) wish I could run fast (like you.)となる。wish のあとに〈主語＋(助)動詞 ～〉が続くことに注意。

(2) If you were here now(, you could play tennis with us.)となる。コンマ(,)があるので，If から文を始める。

(3) If I knew how to use (this computer, I would send you an e-mail.)となる。〈how to＋動詞の原形〉で「～のしかた」。

6

(1) **I wish I could cook curry**(.)

(2) **If I were fine, I would go hiking with** (you.)

(3) **If I could understand dogs' words, I could enjoy talking** (with my pet.)

解説

(2) 「ハイキングに行く」は go hiking。

(3) 「～して楽しむ」は enjoy ～ing。

国語

01 漢字 漢字の知識と熟語

1

(1) ① れっか(れんが)　② エ

(2) 部首…ころもへん　画数…ウ

解説

(1) ①代表的な部首の名前を覚えておくこと。「れっか(れんが)」は，火や光，熱などの意味をもつ漢字の部首となることが多い。

(2) 「ころもへん」は，「しめすへん」とよく似ているので注意する。

2

(1) ウ・オ　(2) 五　(3) ア

解説

(1) 行書で書かれた文字を楷書(かいしょ)の文字に直せるようにしておく。「いとへん」などは，楷書と行書では形も画数も異なるので注意する。

(3) 「くさかんむり」の筆順は，楷書と行書で異なることを覚えておく。

3

(1) エ　(2) エ　(3) ア　(4) イ

解説

(1) 「注意」は，「意を注ぐ」という意味と考える。エの「職を兼(か)ねる」が同じ構成である。

(4) 「花鳥風月」は，四字が対等の関係で並んだ熟語。「春夏秋冬」があてはまる。

4

(1) ア　(2) ① ウ ② イ ③ ア ④ エ

(3) 対義語…集合・解散

類義語…改善・改良

解説

(1) 「偶然(ぐうぜん)」の対義語は「必然」。文脈から言葉の意味を推測する。

(3) 「改善」と「改良」は，同じ「改」の字を使っているうえに，「善」と「良」の意味が似通っていることに注目する。

プラスα

行書は，楷書の字画を省略したり，くずしたりしたものである。楷書の「楷」は「正しくきちんとした」という意味。

02 漢字 漢字の読みと書き

1

(1) ① すいこう ② ぎょうし ③ けはい
④ たいだ ⑤ しさ ⑥ おお
⑦ うなが ⑧ さまた ⑨ おちい
⑩ つの
(2) ① くわ ② そっちょく

解説

(1) ②「疑」とよく似ているので，「ぎし」と読まないように注意する。
(2) ②「りっちょく」ではない。

2

(1) ① 獲得 ② 複雑 ③ 興奮
④ 容易 ⑤ 指摘 ⑥ 穏やか
⑦ 補う ⑧ 営む ⑨ 眺める
⑩ 漂う
(2) 以心伝心
(3) ① 道 ② 和 (4) 話

解説

(1) ④「用意」などと書かない。「易」には「エキ」という音読みもある。「貿易」「交易」など。
(3) ①道具，道路，道義，報道の四つ。
②調和，平和，講和，和音の四つ。
(4) 話題，題名，名人，人手，手話，話術となる。

3

(1) イ
(2) ① ア ② イ ③ エ ④ ウ ⑤ ア
(3) ① 構成 ② 後世

解説

(1) 干渉(かんしょう)は「他人のことに立ち入って口をはさむ」という意味。鑑賞(かんしょう)は「芸術作品を味わう」という意味。観賞は「見て楽しむ」という意味。それぞれの言葉の意味の違(ちが)いに注意する。

(2) ③「手で扱(あつか)う」という意味。「かじを執(と)る」など。
④「一糸乱れぬ」とは，ほんのわずかの乱れもないということ。

覚え得 よく出る同音異義語

▷「かんしん」関心・感心，「きかい」機械・機会，「しょうめい」照明・証明，「たいしょう」対象・対照・対称 など。

03 言葉 語句の意味

1

(1) ① ウ ② エ (2) 明るい

解説

(1) ①「程度が大きい」という意味の「重い」を探す。イは「大切，重要」という意味。
(2) 「明るい」には，「物がはっきり見える状態」「ほがらかだ」「よく知っている」などの意味がある。

2

(1) 手 (2) ア (3) 頭 (4) ア

解説

(1) 「手」を使った慣用句は，他に「手に余る」「手を尽(つ)くす」「手塩にかける」などがある。
(2) 「鼻につく」「目につく」「緒(しょ)につく」も慣用句だが，問題文にある意味ではない。
(3) ①「頭にくる」は「怒(おこ)る」という意味。
②「頭をひねる」は「熱心に考える」という意味である。

3

(1) イ・ウ・オ
(2) ① 馬 ② 魚 ③ 虎

解説

(1) アの「呉越同舟(ごえつどうしゅう)」は「敵対する者どうしが同じ目的のために協力する」という意味。エの「五十歩百歩」は「似たり寄ったりである」という意味。

4

(1) ウ (2) 一石二鳥 (3) イ

解説

(1) 「住めば都」は，「どのような場所でも慣れれば良い場所だと感じる」という意味のことわざ。

社会 理科 数学 英語 国語

(2) ①二度あることは三度ある，②千里の道も一歩から，③石橋をたたいて渡る，④立つ鳥あとをにごさず となる。

(3) 「帯に短したすきに長し」は，帯としては短すぎるし，たすきには長すぎる。結局どちらにも使えない中途半端な長さだということ。

覚え得 よく出る語句

▷慣用句…息を殺す，顔が広い，耳が痛い など
▷故事成語…完璧，四面楚歌 など
▷ことわざ…急がば回れ，情けは人のためならず など

04 文法 文法① 文の組み立て

1

(1) 五 (2) 伝えた (3) イ (4) ア
(5) ① アとイ ② ウとカ ③ イとエ
④ アとエ，イとウ

解説

(1) 設問の文を文節に区切ると，
「物語を／読んで／想像の／世界を／ふくらませる。」となる。文節と単語を間違えないように注意する。

(2) 「翌日」が直接つながっている文節を探す。友達と話したのが「翌日」なのではなく，母に伝えたのが「翌日」であることに注意する。

(3) 「ゆっくり」は，「歩く」を修飾しているので，修飾・被修飾の関係。特に，この文には主語がないので，主・述の関係でないことがわかる。

(4) 補助の関係は，下の文節が上の文節に補助的な意味を添える関係である。下の文節は，本来の意味が薄れた動詞（補助動詞）や形容詞（補助形容詞）になる。
（例）話して いる（「いる」が補助動詞）
暑く ない（「ない」が補助形容詞）

(5) ①「花が」を修飾している文節は，「白くて」「小さい」。この二文節が対等の関係で並んでいる。
③接続の関係の場合，条件や理由を示す文節に注目する。

2

(1) 母 午後 買い物 出かけ
(2) イ (3) イ
(4) 異なるもの…④ 活用形…エ
(5) ウ (6) いっそう

解説

(1) 自立語は，単独で文節をつくれる単語。文節に分けたとき，一文節に必ず一つの自立語がある。一方，付属語が文節の初めにくることはない。これらの特徴をよく覚えておくこと。

(2) 「練習すれば」の部分は，「練習する」（動詞）＋「ば」（助詞）なので，イとエに絞られる。エは，「技術は／身につく」の部分が単語に区切られていないので，イが正解。

(3) 設問の文を単語に分けると，
「歩く／人／が／多く／なれ／ば／それ／が／道／に／なる／の／だ。」となる。
上から四番目の単語は，「多く」なので形容詞。

(4) 活用形と活用の種類を混同しないように注意する。①～③は，すぐあとに名詞が続いているため連体形だとわかる。④だけは文末なので終止形である。

(5) 五段活用，上一段活用，下一段活用の動詞の活用の種類を確かめるには，あとに「ない」をつけて読んでみるとよい。「開け」は「開けない」となり，「ない」のすぐ前がエ段の音になるので下一段活用である。同じように選択肢を確認すると，「見ない」（イ段），「出ない」（エ段），「話さない」（ア段）となり，答えがウとわかる。なお，「勉強し」はサ行変格活用「勉強する」の連用形である。

(6) 「とても」は副詞。文章中に副詞は「いっそう」の一語しかない。副詞は主に用言を修飾するので，用言のほうから探すと見つけやすい。

覚え得 単語と活用

▷**活用のある単語**…動詞・形容詞・形容動詞・助動詞
▷**活用のない単語**…名詞・副詞・連体詞・接続詞・感動詞・助詞
※活用があるかないかで品詞がわかることもある。

05 文法 文法② 語の識別

1

(1) ア (2) ① エ ② a (3) イ
(4) 受け身 (5) a…イ b…エ
(6) ① エ ② イ (7) ① エ ② ア
(8) ウ

解説

(1) 「伝聞」は，人から伝え聞いたという意味。助動詞

「そうだ(そうです)」には，伝聞と様態の二つの意味があるので注意が必要。
・雨が降るそうだ。(伝聞)
・雨が降りそうだ。(様態)

(2) ①アは連体詞，イ・ウは動詞，エは補助動詞である。文章中の「ある」は，「乗せて ある」なので，補助の関係となるため，補助動詞。
②b～dは全て形容動詞で，aだけが副詞。形容動詞には活用があるため，「粗末(そまつ)に」「光栄な」「正直に」などのように変化させてみるとわかりやすい。「じつに」には活用がないので，副詞だとわかる。

(3) 設問文の「の」は，「～のもの」という意味で体言の代用となっている。アは，「が」に置き換(か)えることができる。ウは，連体修飾語をつくるはたらき。エは，連体詞「あの」の一部。

(4) 自分が誰(だれ)かに「追い抜(ぬ)かれた」わけなので，意味は受け身である。

(5) 「寒い」は活用があり，終止形は「い」で言い切るので，形容詞。「寒さ」は，活用がなく，主語になることができるので，名詞(「寒い」の語幹に接尾語(せつび)「さ」がついた転成名詞)。

(6) ①「大切に」は形容動詞「大切だ」の連用形なので，この「に」は形容動詞の連用形の活用語尾。アは助動詞「ようだ」の連用形の活用語尾。イは対象を示す格助詞。ウは副詞「大いに」の一部。エは形容動詞「懸命(けんめい)だ」の連用形の活用語尾。
②「春になると」の「と」は，一般条件の接続助詞で，「なると」を「なれば」に置き換えられる。アは副詞「もっと」の一部。イは順接の接続助詞で，「勝つと」を「勝てば」に置き換えられる。ウは引用を示す格助詞。エは動作の共同の相手を示す格助詞。

(7) ①エは「観戦が」「(私の楽しみの)一つだ」という主・述の関係。他はすべて確定の逆接の接続助詞で，「が」を「けれど」に置き換えられる。
②アは形容動詞「きれいだ」の終止形の一部で，「きれいな」と連体形に活用できる。他はすべて断定の助動詞で，「だ」を「な」に活用できない。

(8) 「……というのは」の「の」は，体言の代用を示す格助詞で，「こと」に置き換えて「……ということは」と表せる。アとエは主語をつくる格助詞で，「が」に置き換えられる。イは連体修飾の格助詞。ウは体言の代用を示す格助詞で，「こと」に置き換えて「読むことが」と表せる。

06 文法 敬語

1

(1) ア　(2) エ　(3) ウ
(4) ウ・オ　(5) イ　(6) ウ

解説

(1) 「ください」は，「くださる」の連用形である「くださり」がイ音便化したもの。「くださる」は「くれる」の尊敬語なので，声をかけてくれた保育士さんに対する敬意を示している。

(2) 「申し上げる」は「言う」の謙譲(けんじょう)語。また，「母」は身内なので，敬意を向ける対象とはしない。

(3) 「来る」の尊敬語として使える表現には，「お越(こ)しになる」や「いらっしゃる」などがある。ここでは「お越しになる」を用いた「お越しください」がふさわしい。

(4) 山田さんは，お客さんに対して尊敬語を使うのが正しい。ア，イ，エは尊敬語だが，ウ，オは謙譲語なので正しくない。ウの「いただく」は，「食べる」「もらう」などの謙譲語。オの「申し上げる」は，「言う」の謙譲語である。ウは「召(め)し上がっ」，オは「おっしゃっ」とすると正しくなる。カは，山田さん自身の動作なので，謙譲語「お～する」の形を用いており，正しい。

(5) 「参加する」のは「地域の皆(みな)さん」なので，尊敬語を使うのが正しい。ただ，相手に参加してもらうので，「ご参加いただき」となる。「ご参加されていただき」では敬語表現が過剰(かじょう)になってしまっている。

(6) イの「拝見」は謙譲語なので，「拝見になる」という言い方は正しくない。アとエは，状況(じょうきょう)から考えてふさわしくない。ウの「ご覧になる」は，「見る」の尊敬語である。

07 表現 作文

1

例　私は、意見Cを選びます。話しているときは、自分の意図が正しく伝わるかどうかという点には注意しますが、細かいことなどは気にしなくてもいいと思います。一方で、書き言葉はくり返し読まれるものなので、細心の注意を払って

社会
理科
数学
英語
国語

書くべきだと思います。

ある本を読んでいたとき、漢字の誤りを見つけたことがありました。誤った記述には意図を誤って伝えてしまうおそれがあるだけでなく、その誤りがずっと残ってしまうおそれもあります。書き言葉には注意が必要です。

解説

設問の意図や条件を確認し，設問に適切に答える解答を書くことを心がける。

①意見Ａ～Ｄから一つ選ぶ。

②自分の体験をふまえた文章にする。

③十三行以上，十五行以内で書く。

特に①～③に注意して書くことが重要である。また，書いたあとには必ず推敲し，誤りを修正したり，表現に検討を加えたりすること。そのための時間配分にも注意したい。

2

例　40代以下の世代では携帯電話を手段とする割合が大きく、新聞の割合は小さい。一方、50代以上の世代では新聞を手段とする割合が大きく、携帯電話の割合は小さい。

携帯電話は、インターネット上から最新の情報を得られるが、不確かなものや主観による偏った情報を含む。それに対して、新聞は、情報の伝達は遅いものの、情報が詳しく正確だといえる。これらをふまえ、状況に応じて情報の取得手段を使い分けたい。(190字)

解説

情報の取得手段やメディアに関する作文はよく出題される。特に，若者が新聞や紙の本をあまり読まなくなっていること，インターネットをよく使用していることは，押さえておきたい。また，インターネットの特性も把握しておく。利点としては，知りたい情報にすぐにたどりつけ，たくさんの情報に触れることで，さらに新たな知識を得られるということが挙げられる。それに対して，匿名による信頼性の低い情報が紛れ込みやすい点や，調べようと思ったこと以外の幅広い知識が身につかず，考えの偏りが生じやすいという欠点もある。一方，新聞は発刊までに時間がかかり，また，紙面に載せられる文章量に制限はあるが，報じられている出来事の原因や背景などを含め，事実が中心に書かれているため，信頼性が高いといえる。また，紙面ごとに様々な記事が載っているため，そこから興味をもった情報を，時間をかけてじっくり読むことができる利点もある。

なお，そのほかに，今回のグラフでは，テレビがどの年代でも高い回答率を得ているという点に着目して答えることもできる。テレビは言葉だけでなく，映像と音声で情報をわかりやすく伝えてくれる。また，インターネットや新聞と違い，自ら情報を得ようとしなくても，受け身の状態で見ることもできる。そのような理由から，世代を問わず取得手段として用いられているのだろう。ただし，受け身の姿勢であるため，情報を吟味するといった意識が欠ける点に注意が必要でもある。

解答条件については，後段で自分の考えや意見を書くという点に注意する。自分の考えや意見の根拠となる内容を，前半で取り上げるようにするとよい。

08 読解 文学的な文章①

1

(1) なんだかぜんぶいいや

(2) ニンジン　(3) ア

解説

(1) 「ふんわり」という言葉の語感から，気持ちが軽くなっていることが読み取れる。それを表す部分を探すと，「大変だ大変だ」と感じていたことが，今は「なんだかぜんぶいいや，やだやだベイビーでもぜんぜんいいや，という気持ちになってきた」とある。

(2) 「これ」は，「おハルさんからわたされた小さなニンジン」を指している。小さなニンジンと幼い妹の関連性を捉える。

(3) 育ち具合が「私」くらいだと聞いたニンジンを，「私」は「一生懸命食べます」と言った。それに対しておハルさんが「真剣な様子」で「えらい」とほめたことで，「私」はニンジンが「急に重く感じられた」のである。ニンジンの重さと，命に対する認識の重さを結びつけていることを読み取る。

プラスα

何かを別の何かに重ね合わせる表現は，人物の心情が強く表れていることがあり，読解には重要な部分である。

09 読解 文学的な文章②

1

(1) **古典の短歌**　(2) **エ**　(3) **ウ**

(4) 例**自分の子どもはもう大人に成長しているにもかかわらず、今が一番かわいいと思えること。**

解説

(1) 指示語の指す内容は，指示語よりも前にあることが多い。まずは，前へ遡って探してみるとよい。

(2) 7行目に「その例として」とあるので，何の例として筆者が挙げたのかを確認する。6～7行目に「そこに詠まれた心情は，今に通じるものがある」とあり，選択肢の中でこれに近いものを探すと，エということになる。

(3) 子どもの成長という話題に合わせて，「大喜び大騒ぎ」をどんなときにするのか想像してみる。歩いたり，話したりというように，子どもの成長が顕著に表れたときに，親は「大喜び大騒ぎ」するのである。

(4) 47行目の河野裕子さんの言葉「子どもはね……」から52行目までの部分を根拠とする。社会人と大学院生の子どもに対して今が一番かわいいと思えることが「不思議だ」と言っているのである。

覚え得　随筆の出題

▷随筆は，筆者が感じたことを中心に書かれた文章。文章の話題をまず理解する。

▷和歌や詩などを扱った随筆が多く，和歌や詩についての知識問題が同時に出される場合も多い。

プラスα

筆者の俵万智は歌人。日常的な言葉を用いた親しみやすい作風が特徴。代表作として『サラダ記念日』『チョコレート革命』などがある。

10 読解 論理的な文章①

1

(1) **ウ**

(2) **光が当たると芽を出しはじめる**

(3) **生存の知恵を獲得して驚異的な進化を成し遂げた**

(4) **a…しおれそうになりながら耐えている**

b…歯を食いしばって頑張っている

解説

(1) [A]の直前の「ちぎれた断片の一つ一つが根を出し，新たな芽を出して再生する」という内容を，直後で「ちぎれちぎれになったことによって，雑草は増える」と言い換えて説明している。

(2) 問題文から，「性質」を表す言葉に注目して3段落を読むと，一般的な種子と対比する形で雑草の種子の性質を述べている部分がある。

(3) [　]の直前に「逆境の中で，」とあるので，植物の成長を示す内容があてはまると考えられる。「逆境」という言葉とともにその内容を述べている部分を探すと，8段落に「幾多の逆境を乗り越えて，……進化を成し遂げた」とある。

(4) 「センチメンタルになるかもしれない。しかし……」とあることからわかるように，雑草にとって逆境に生きるのは「センチメンタルになる」ようなことではない。つまり，[a]・[b]にあてはまるのは，「私たち」が植物に対して誤解している捉え方であるといえる。そのような内容を探すと，7段落に「決して……わけでもなく，……のでもない」という形で，「私たち」の感じ方を否定している部分がある。

覚え得　接続語

▷接続語の働きを覚えておく。

・**順接**（「だから」「したがって」など）

・**逆接**（「しかし」「ところが」など）

・**並立**・**累加**（「また」「しかも」など）

・**説明**・**補足**（「つまり」「なぜなら」など）

・**対比**・**選択**（「または」「あるいは」など）

・**転換**（「さて」「ところで」など）

11 読解 論理的な文章②

1

(1) **a…読者にゆだねればよい**

b…無意識のうちに逃れている

(2) **ア**　(3) **ウ**

解説

(1) 「習慣は恐ろしい」とある。筆者にとっての「習慣」とは，評論を書き慣れていることから，「抽象的な論評」「作者の直接の言葉」などで表すことにある。「事物の具体的な表現」により，結論を「読者にゆだねればよい」小説とは対立することをまず確認しておきたい。そのうえで[a]・[b]に何が入るのかを考える。

(2) 評論は「個々の作品」を，そして小説は「山川草木」を「見る」対象とする。――線②にある「衝動」や「感動」はその同じ対象について覚えるものであることを押さえる。

(3) 本文中にある語句と似通った語句が使われていないかどうか，そういった観点で選択肢を吟味する。最終段落の内容に着目し，「具体的で平明な言葉」「普遍性」などの言葉からウを選ぶ。

プラスα

論理的な文章は，主に次の三つの型に分けられる。
- 頭括型(文章の初めに結論が述べられる)
- 尾括型(文章の終わりに結論が述べられる)
- 双括型(文章の初めと終わりに結論が述べられる)

12 読解 詩・短歌・俳句

1

(1) エ　(2) ウ

解説

(1) 「裸体に縞をつける」「筋肉の翅」「花に向って落ち」という部分や，「日に焦げた小さい蜂よ」と呼びかけている部分から蜂にたとえていることを読み取る。

(2) 詩の5行目「あなたは遂に飛びだした」から，飛び込み台から「あなた」がプールに飛び込んだことがわかる。8行目の「花に向って落ち」は，プールの水の中に落ちた様子を表している。10～11行目「花のかげから／あなたは出てくる」の表現から水面に再び現れる「あなた」の姿が想像できる。

2

(1) イ　(2) 砂動くかな

解説

(1) 「かがまりて／見つつかなしも／……」と切れるので，二句が正解。

(2) 結句とは，詩歌の最後にくる句のこと。短歌の場合は五句目にあたる。

3

イ

解説

俳句では季節を表す言葉，季語を詠み込むのが原則である。設問の俳句には「春風や」とあるので，季節は春とわかる。早春に咲く「椿」は春の季語なので，イが正解。「ほととぎす」は夏の季語である。

4

エ

解説

この俳句では，作者の心境は直接には描かれていない。渡り鳥の視点から見た筆者の姿が描かれている。

覚え得 詩の表現

▷詩は比喩表現や修辞法について問われることが多いため，確認しておく。
- 直喩(「～のような」などの言葉を使った比喩)
- 隠喩(「～のような」などの言葉を使わない比喩)
- 擬人法(物を人にたとえる比喩)
- 倒置(語順の入れ換え)
- 省略(文の一部を省く)
- 対句(形や意味が相対する語句を並べる)
- 反復(同じ語句をくり返す)
- 体言止め(名詞止め)

覚え得 句切れ

▷短歌には意味や調子の切れ目によって句切れが生じる。

初句切れ　二句切れ　三句切れ　四句切れ　句切れなし
五　／　七　／　五　／　七　／　七

プラスα

正岡子規…俳人，歌人。「柿くへば鐘が鳴るなり法隆寺」などが有名。
斎藤茂吉…歌人。歌集『赤光』などが有名。

13 古典 古文・漢文①

1

(1) いい(出)でらるるおり
(2) 誠に出で来る　(3) イ

解説

(1) 歴史的かなづかいの問題。助詞と語頭以外の「はひふへほ」→「わいうえお」,「ゐ・ゑ・を」→「い・え・お」などの原則を頭に入れておく。

(2) 本文3行目「誠に出で来るにはあらず」を説明したのが「うはべの心よりただ出でに出で来る」。本当の意味で歌ができるのではなく，うわべだけの意味で歌が出てくるのだ，と言っている。

(3) あるときに，ふと歌を詠むことができなくなって，思い嘆くこともあるが，それが実は「上達すべき関」である，というのだ。

[現代語訳]

常に(歌の師匠が)おっしゃったことは，「だいたい習いはじめのうちは，意外に歌が数多くできたり，思うままに自然と口から出てくるようなこともあるものだ。(しかし)これは本当に歌ができたというわけではなく，考えが浅くてうわべだけの心から出てきただけなのである。期待できることだなどと思ってはならない。あるときには，一日思案しても全く出てこないこともあるものだ。そんなときは，自分の才能が乏しいことを恨んで，『今は詠まないでおこう。これほどできないなんて』と嘆いてしまうものである。(だが)それはむしろ，歌の上達するための関なのである。ここで油断してしまうと，結局この関を越えることができず，途中で詠むことをしなくなってしまう。ここで気を取り直して，気を緩めることなくこの関を越えれば，口がほどけてうまく詠めるようになるのだ。いつも歌に心をゆだねて歌を詠む人は，一年に二度も三度もこの関に行き当たるものなのだ。習いはじめの人々は，ここに注意しなさい。」とおっしゃった。

2

(1) ウ

(2) 例実賢の、餅を持ったままうなずく

解説

(1) ア，イ，エの主語は実賢。ウの主語は江次郎。

(2) 僧正が眠りながらうなずく動作を見て，江次郎は，餅を食べなさい，という意味に解釈したのである。

[現代語訳]

醍醐の大僧正実賢が餅を焼いて食べていたのだが，(実賢は)この上なく眠ってしまうたちの人で，餅を持ったままうとうとと眠ってしまった。その前に江次郎という侍がいて，僧正が眠りながらうなずくのを，自分にこの餅を食べなさいと言っているのだと思い，走り寄って手に持っている餅を取って食べてしまった。僧正が目を覚ましたあと，「ここに持っていた餅は(どうした)」とお尋ねになったところ，江次郎は，「その餅は早く食べなさい，ということでしたので，食べました」と答えた。僧正はおもしろいことだといって，多くの人に語って笑ったそうだ。

3

(1) 勇者は必ずしも仁有らず

(2) ① 例善言をあらわす人が、必ずしも道徳の備わった人物だとは限らない

② ア

解説

(1) 送りがなと返り点に注意して書き下し文を書く。「勇者必仁有不」の順に読む。

(2) ①すぐ前の文と対になっていることに注目する。

②「巧言令色」とは言葉をうまく飾ってうわべをきれいに見せかけること。

[現代語訳]

道徳の備わった人は，徳が善言となってあらわれるものだ。(しかし)善言をあらわす人が，必ずしも道徳を備えているとは限らない。仁者には必ず勇気がある。(しかし)勇気がある者が必ず仁者であるわけではない。

覚え得 歴史的かなづかい

▷古文のかなづかい→現代かなづかいの原則
- 「はひふへほ」→「わいうえお」
- 「ぢ・づ」→「じ・ず」
- 「ゐ・ゑ・を」→「い・え・お」
- 「くわ・ぐわ」→「か・が」 など

14 古典 古文・漢文②

1

(1) 旅人 (2) イ (3) エ

解説

(1) 「過客」は「行き過ぎていく人」という意味で，「旅人」のことである。

(2) 「予」は「私」という意味。「いづれ」は「どれ・どの・誰・いつ」という意味。

[現代語訳]

月日は百代もの時間の旅人であり，行き過ぎていく年もまた旅人である。船の上で生涯をおくる者，馬のくつわを引いて老いを迎える者もその日々が旅であり，旅をすみかとしているのだ。古い時代の人も，

旅の途上で命を終えた人々が多くいた。私もいつの頃からか，一片の雲を運ぶ風に誘われるように，さまよい歩くことへの思いがおさまらず，海浜にさすらい，去年の秋に，川のほとりにあるあばらやの蜘蛛の巣をはらい，しだいに年も暮れて，春に霞のかかる空を見ては，白河の関を越えようと，そぞろ神につかれたように心が騒ぎ，道祖神の招きにあって取るものも手につかない。ももひきの破れをつづったり，笠の緒をつけかえたりして，三里のつぼに灸をすえたときから松島の月がまず心に浮かぶ。住んでいる家を人に譲り，杉風の別宅に移るときに，

元の草庵も，新たな住人を得て雛人形の飾られるような家に変わるのだなあ

と表八句を庵の柱にかけておいた。

2

(1) いえる　(2) うき世の中　(3) イ

解説

(2) 五字とあるのをヒントにする。和歌の「かへらずもがな」に注目する。

(3) 選択肢の合わない点を挙げると，ア 一緒に座って囲碁をうってはいない，ウ 仙人は不思議に思っていない，エ 木こり自身を知っている人がいなかった，ということになる。

[現代語訳]

斧の柄は，腐ったならばまたつけかえられるだろうに，苦しくつらい世の中には帰りたくはなかったのだがなあ

この歌は，仙人がほら穴で囲碁をうって座っていたのを，木こりがやってきて，斧という物を持っていたのを，支えにして，この碁を見ていたところ，その斧の柄が，くだけてしまったので，不思議に思い，家に帰ってみると，家は跡形もなく，昔のことなので，(木こりのことを)知っている人も誰もいなかったということだ。

3

(1) 例蝶がたくさん集まり(9字)

(2) 主人貧　(3) エ

解説

(1) 「蝶(枝に)満ち」の部分にあたる。花が咲けば，その花を目当てに多くの蝶が集まってくる，ということ。

(2) 一，二句と三，四句が対になっていることがわかる。「花がしぼむこと」と「主人が貧すること」が対応している。

(3) 蝶と燕のたとえの違いをつかむ。蝶は花がしぼむとやってこないが，燕は家の主人が貧しく落ちぶれようと，変わらずやってくる。その変わらないという意味を含んだ選択肢を選ぶ。

[現代語訳]

花が咲くと枝には蝶が多く集まり
花がしぼめば，蝶は姿を見せない
ただ古い燕の巣があるだけだが
家の主が貧しくても燕はまたくる

別冊
入試対策模擬テスト

社会 入試対策模擬テスト

1 (1) ウ (2) ア
(3) 記号…C 国名…オーストラリア
(4) 2020年12月31日午後7時(19時)
(5) 県名…山形県 記号…エ
(6) A…三 B…二 C…一

2 (1) ① 大化 ② 足利尊氏
(2) エ (3) イ
(4) 記号…ウ
政策…新田開発を奨励した。

3 (1) 均衡価格
(2) 例開発にあたって事前に環境への影響を調査すること。
(3) エ (4) エ (5) 検察官 (6) イ

4 (1) イ (2) X…イ Y…エ
(3) エ (4) A…エ B…条例

解説

1 (1) 熱帯に位置するシンガポールがあてはまる。
(2) P国はイタリア。首都のローマ市内にバチカン市国がある。
(4) 経度15度で1時間の時差が生じるので，時差は，(東経135度＋西経75度)÷15度で14時間。東京の方が時間が早いので14時間前になる。
(6) 第一次産業は農林水産業，第二次産業は工業，第三次産業はサービス業や商業などである。

2 (2) Bは平安時代のできごとである。アは書院造から室町時代，イは『古事記』や『日本書紀』から奈良時代，ウは浄土真宗や日蓮宗から鎌倉時代とわかる。
(3) ウの琉球王国との貿易は薩摩藩，エのアイヌの人々との取引は松前藩。
(4) 徳川吉宗が行った享保の改革→田沼意次の政治と続いた。石高の増加から答える。

3 (2) 環境アセスメントは，環境影響評価ともいう。
(4) アの裁判員が参加する裁判は，刑事裁判の第一審のみ。

4 (1) アは足利義満，ウは平清盛，エは徳川綱吉の政治。
(3) アは地方交付税交付金，イは自主財源，ウは地方債の説明。
(4) Aエで輸送用機械の製造品出荷額は，1975年が1,151億円×0.156で約179.6億円。1987年は6,696億円×0.078で約522.3億円。

理科 入試対策模擬テスト

1 (1) 葉緑体
(2) 葉を脱色するため。
(3) 薬品A…ヨウ素液
物質名…デンプン
(4) オ (5) ア

2 (1) ① 水酸化物 ② 電解質
(2) ア (3) 3.8 g
(4) 水素 (5) エ (6) イ
(7) $2H_2O \longrightarrow 2H_2 + O_2$
(8) 燃料電池

3 (1) カ (2) 5400 J (3) ウ→ア→イ

4 (1) ① P…地球 Q…木星 ② ウ
(2) 衛星 (3) ① イ ② エ
(4) ① ア ② エ (5) Y…カ Z…ア

解説

1 (4) aとd(またはbとc)の実験結果を比べると，緑色の部分にはデンプンができ，ふ入りの部分にはデンプンができていない。したがって，光合成は緑色の部分で行われることがわかる。

2 (3) 下線部の5.0%のうすい水酸化ナトリウム水溶液75cm³の質量は，密度が1.0g/cm³であるから，
$1.0g/cm^3 \times 75cm^3 = 75g$
水溶液に含まれる水酸化ナトリウムの質量をx〔g〕とすると，
x〔g〕÷75g ×100＝5.0　　x＝3.75g
(5) 気体Yは酸素である。アは二酸化炭素，イは水素，ウはアンモニアの発生方法である。

3 (1) 電流計は回路に対して直列につなぐ。また，電流の大きさが予想できないときは，最も大きな電流をはかることができる－端子を使う。
(2) 電熱線に流れる電流は，
6V ÷ 4 Ω＝1.5A
電熱線が消費する電力は，
6V ×1.5A ＝9W
したがって，電熱線から発生した熱量は，
9W ×(60×10)s ＝5400J

(3) 回路全体に加わる電圧はすべての実験で6Vであるから，電流計に流れる電流が大きいものほど，電熱線から発生する熱量が大きくなって水の上昇温度も大きくなる。並列回路の全体の抵抗はそれぞれの電熱線の抵抗よりも小さくなるので，電流計には最も大きい電流が流れる。また，直列回路の全体の抵抗は，それぞれの電熱線の抵抗の和になるので，電流計には最も小さい電流が流れる。したがって，水の上昇温度が大きいものから並べると，実験Ⅲ＞実験Ⅰ＞実験Ⅱの順になる。

4 (4) 金星が1回公転するのにかかる日数は，

365日×0.62＝226.3日

地球の公転する向きは自転の向きと同じなので，金星が1回公転したとき，地球は右の図のような約8か月公転した位置にあることになる。地球がこの位置にあるとき，金星は日の出直前の東の空に見える。

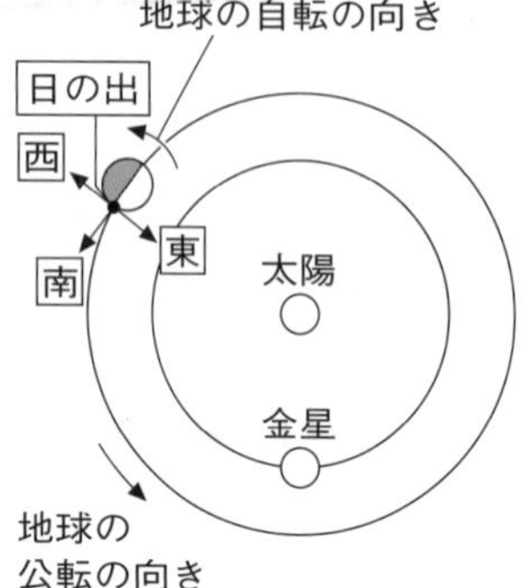

(5) 地球と金星の距離が近いほど，金星の見かけの大きさと欠け方が大きくなる。また，Zのように金星が太陽の右側にくると，金星の左側が光って見える。

数学 入試対策模擬テスト

1 (1) ア…-31　イ…$\frac{3}{4}x-4y$　ウ…6

(2) $(x-9)(x+3)$　(3) $\sqrt{6}$　(4) 96°

2 (1) ア…$x+y$　イ…$0.85x+0.9y$

(2) 電気代…340円　水道代…190円

3 (1) $\frac{2}{5}$　(2) $\frac{11}{15}$

4 (1) 例

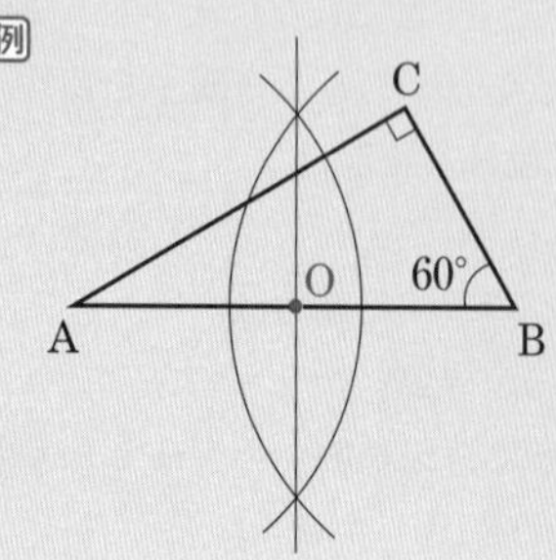

(2) 30°

5 △ABCと△FEDで，

仮定より，∠ACB＝90°　…①

直径に対する円周角(えんしゅうかく)だから，

∠FDE＝90°　…②

①，②より，∠ACB＝∠FDE　…③

また，∠ABC＝90°－30°＝60°　…④

OD//BCより，∠EOD＝60°だから，

OD＝OEより，△OEDの底角は等しいから，

∠OED＝∠ODE＝60°

よって，∠FED＝60°　…⑤

④，⑤より，∠ABC＝∠FED　…⑥

③，⑥より，2組の角がそれぞれ等しいから，

△ABC∽△FED

6 (1) $a=4$　(2) $a=\frac{3}{2}$

(3) $a=6$　直線の式…$y=-2x+12$

7 (1) △AEGと△DEFで，

点EはADの中点だから，

AE＝DE　…①

対頂角は等しいから，

∠AEG＝∠DEF　…②

AG//FDより，平行線の錯角(さっかく)は等しいから，∠EAG＝∠EDF　…③

①，②，③より，1組の辺とその両端(りょうたん)の角がそれぞれ等しいから，

△AEG≡△DEF

(2) (ア) $\sqrt{2}$cm　(イ) $\frac{2\sqrt{3}}{3}$cm

(ウ) $S_1:S_2=3:1$　(エ) $\frac{4\sqrt{2}}{3}$cm²

解説

2 (1) イ　$(1-0.15)x+(1-0.1)y$としてもよい。

$\frac{85}{100}x+\frac{90}{100}y$など分数でもよい。

3 すべての取り出しかたは　(①，②)，(①，③)，(①，④)，(①，❺)，(①，❻)，(②，③)，(②，④)，(②，❺)，(②，❻)，(③，④)，(③，❺)，(③，❻)，(④，❺)，(④，❻)，(❺，❻)の15通り。

(2) 和が6以上にならない(5以下になる)のは，(①，②)，(①，③)，(①，④)，(②，③)の4通り。よって，$1-\frac{4}{15}=\frac{11}{15}$

4 (2) 点PがBCについて点Aと同じ側にあるとき，右の図のようになる。円周角の定理より，

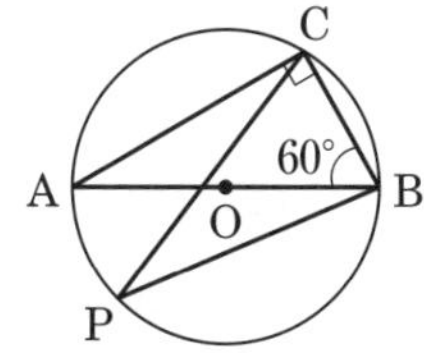

$\angle BPC = \angle BAC = 30°$

6 (2) 四角形BDECが正方形になるのは，BC＝ECのときである。

$B(a,\ a^2),\ C\left(a,\ -\frac{1}{3}a^2\right),\ E\left(-a,\ -\frac{1}{3}a^2\right)$

だから，$a^2 - \left(-\frac{1}{3}a^2\right) = a - (-a)$

これを解くと，$a=0,\ \frac{3}{2}$　$a>0$ より，$a=\frac{3}{2}$

(3) 四角形BDECはy軸について対称だから，対角線の交点はy軸上にある。点(0, 12)を通る直線が四角形BDECの面積を2等分するのだから，(0, 12)が対角線の交点である。

$a^2 - 12 = 12 - \left(-\frac{1}{3}a^2\right)$

これを解くと，$a=\pm 6$　$a>0$ より，$a=6$

2点(0, 12)，(6, 0)を通る直線を求める。

7 (2) (ア) $AC = \sqrt{(\sqrt{6})^2 - 2^2} = \sqrt{2}$(cm)

(イ) △ABC∽△HACより，

AB：HA＝BC：AC

$2 : HA = \sqrt{6} : \sqrt{2}$ より，

$HA = \frac{2\sqrt{3}}{3}$ cm

(ウ) $AB : HA = 2 : \frac{2\sqrt{3}}{3} = \sqrt{3} : 1$　より，

$S_1 : S_2 = (\sqrt{3})^2 : 1^2 = 3 : 1$

(エ) DはBCの中点で∠BAC＝90°だから，円の中心。よって，BC＝AI，∠AJI＝90°，$BC /\!/ IJ$，$IJ^2 = AI^2 - (2AH)^2$ より，

$IJ = \frac{\sqrt{6}}{3}$ cm

よって，台形BIJCの面積を求めればよい。

英語 入試対策模擬テスト

1 (1) ① **Summer**　② **doctor**　③ **Breakfast**　④ **White**

(2) ① イ　② エ　③ ア　④ イ

(3) ① ***have***　② ***Whose***　③ ***either***

2 (1) **mustn't**　(2) **to visiting**

(3) **Some, others**

3 (1) **than any**　(2) **so, that**

(3) **Leave early and**

4 (1) (I don't) **know why he was absent from** (school.)

(2) **Cars made in Japan are used all over** (the world.)

(3) **If I were a cat, I would sleep** (all day.)

5 (1) 例世界でいちばん有名である

(2) イ　(3) ① ***same***　② ***useful***

6 (1) イ

(2) 例自分のお気に入りのものを買うこと

(3) 例**How can [do] we go [get] there?**

(4) 例風と稲穂によってつくられる音

(5) ア　(6) ウ

(7) (a) 例 **It took four hours.**

(b) 例 **Yes, he did.**

(8) イ，オ

解説

1 (1) ①「春と秋の間の日本で最も暑い季節」

②「あなたが病気になったり，あるいはけがをしたときに会いに行く，病院にいる人」

(2) ② 主語の「every＋単数名詞」は単数扱い。

(3) ① don't have to ～＝「～する必要はない」

2 (2)「～するのが楽しみだ」＝「look forward to＋動名詞」

(3)「～もいれば…もいる」＝some ～, others ...

3 (1)「最も背が高い」を「ほかのだれよりも背が高い」と言いかえる。

4 (1) whyのあとに「主語＋be動詞～」を続けて，knowの目的語にする。

(3) 〈If＋主語＋were ～, 主語＋助動詞の過去形＋動詞の原形～.〉の語順。

5 (1) このsoは，直前の有紀(ゆき)のことばのthe watches以下をさしている。

(3) ①「ポストバスと郵便ポストは同じ色です」

②「ポストバスは国内を動き回る多くの人にとても役立っています」

6 (1) agree with ～＝「～に同意する」

(3) 陽翔(はると)のお父さんが“～ by train.”と答えているので，手段をたずねる文が適する。

(5) ア「お米の世話をするのは簡単ではない」

(7) (a) 陽翔の家から陸(りく)の家の近くの駅までにかかった時間をたずねている。It took ～. で答える。

(b) Did ～? の疑問文なので，YesかNoで答える。

(8) イ「陽翔のお父さんは，田舎のよいことを慎(しん)に見せるために，彼といっしょに陸の家に行くように，陽翔に言いました」

オ「陸は陽翔と慎に，彼の家でいっしょに昼食を食べるように言い，そして彼らは昼食をとても楽しみました」

国語 入試対策模擬テスト

1 問一 a…なな b…きんこう c…断

問二 ア 問三 多分その姿

問四 ウ 問五 例恥ずかしい気持ち。

問六 例姉の言葉を、大きくなったのだから人に甘えてはならないという意味に理解し、厳しさのほうにより強く、妹である自分への愛情を感じたから。(65字)

2 問一 A…エ B…ウ

問二 コンピュー(～)でもある。

問三 キーボード上のいくつかのボタンを押すこと(20字)

問四 例コンピュータでは、現象とそのスイッチの間に内的な関係は一切なく、原理を知らなくても命令の言葉を知っていれば事足りるから。(60字)

問五 イ

問六 例所有することで生じるモノへの愛着や執着。(20字)

3 問一 エ 問二 d 問三 うるさい

問四 ア

問五 例人は、名誉や利益を求めず、質素に暮らすべきだという主張。

解説

1 問五 三尺帯を巻いただけの格好で歩いていた「私」は，「恥ずかしい気がした。」(20行目)とある。その気持ちが慰められたのである。

問六 姉の厳しさの中に「姉らしさ」すなわち「きょうだい愛」を感じたのである。

2 問四 直前の「現象とそのスイッチの間には，内的な，あるいは有縁的な関係は一切ない」(18行目)と，直後の「つまり」(24行目)から始まる言い換えの段落からまとめる。

問六 48行目以降から，筆者が失われたと感じているものを探す。

3 問二 許由(きょゆう)が手で水をすくって飲んでいる姿を見たのは，瓢箪(ひょうたん)を与えた人である。

問四 古文Bの1～3行目から，作者が許由を「賢き人」と思っていることがわかる。質素であるところが立派だと考えているのである。

③